초등 학급운영 3

학급문화 가꾸기

초등 학급운영 3

2005년 4월 25일 처음 펴냄
2015년 3월 5일 1판 11쇄

엮은이 · 우리교육
펴낸이 · 신명철
펴낸곳 · (주)우리교육
주소 · (121-841) 서울특별시 마포구 월드컵북로 43
전화 · 02-3142-6770
팩스 · 02-3142-6772
등록 · 제313-2001-52호
홈페이지 · www.uriedu.co.kr

ISBN 978-89-8040-623-4 14370
ISBN 978-89-8040-624-1 (세트)

· 이 도서의 국립중앙도서관 출판시도서목록(CIP)은 e-CIP 홈페이지(http://www.nl.go.kr/cip.php)에서
이용하실 수 있습니다. (CIP제어번호: CIP2005000785)

초등 학급운영 3

학급문화 가꾸기

우리교육

《초등 학급운영》을 펴내며

어린 시절, 누구나 한번쯤 퍼즐 놀이에 골몰했던 기억이 있을 것입니다. 처음 퍼즐 조각을 집을 때에는 완벽하게 다 맞춰서 끝을 보리라는 마음으로 시작하지만, 그 과정은 매우 어렵습니다. 작은 조각들을 여기에 놓을까 저기에 놓을까 망설이다 포기해 버리기도 합니다.

《초등 학급운영》을 만드는 과정이 꼭 이 퍼즐 맞추기 같았습니다. 몇백 개의 조각 퍼즐처럼 전국 각지에서 펼쳐 내는 학급운영 사례를 접하면서 어떤 자리에 올려야 선생님들의 열정과 지혜를 온전히 담아낼 수 있을지 무척이나 어려웠습니다. 그러다 보니 적지 않은 준비 기간을 두었음에도 출간이 많이 늦어졌습니다. 기대를 저버리지 않고 끝까지 기다려 주신 여러 선생님들 덕분에 늦었지만 이제서라도 지난한 작업을 매듭짓게 되었습니다.

책을 마련하는 첫 삽을 뜨기 전, 우리교육에서 내는 학급운영 개론서는 어떠해야 하는지에 대한 고민을 가지고 여러 선생님들을 만났습니다. 선생님들의 공통된 의견은, 프로그램의 나열이 아닌, 각 교실에서 이루어지고 있는 학급운영의 의미를 밝혀, 성찰의 자리를 마련해야 한다는 것이었습니다. 또한 15년의 역사를 가지고 있는 교육 전문 월간지 《초등 우리교육》의 성과를 알차게 모으되 현재의 학급운영 흐름을 비중 있게 반영해야 한다는 의견도 있었습니다. 학급운영과 교과지도, 그리고 생활지도가 톱니바퀴처럼 맞물려 돌아가면서 아이들의 올곧은 성장을 지원해 줄 수 있어야 한다는 점도 강조하였습니다.

이러한 조언들을 밑거름으로 학급운영이라는 바탕을 점검하고, 그간 여러 선생님들이 싹 틔워 낸 다양한 사례로 그 빛깔을 더했습니다. 이 책이 마치 학급운영의 '정답지'인 것으로 오인되지는 말았으면 하는 바람입니다. 이 책은 학급운영이라는 너른 퍼즐판에 길을 잡아 갈 수 있도록 힌트가 되는 몇 개의 퍼즐 조각을 얼기설기 짜 맞추어 놓은 것에 불과합니다. 나머지 퍼즐 조각을 들어 올려 하나하나 제자리에 놓는 것은 독자인 선생님들의 몫입니다. 선생님들이 완성한 퍼즐들은 제각각 다를 테지만, 그 속에는 아이들에 대한 각별한 애정과 헌신, 그리고 열정이 공통으로 들어가 있을 것입니다.

모두 세 권으로 이루어진 이 책은 초등 선생님들의 교육활동을 살펴 일 년의 흐름과 하루의 호흡을 중심으로 구성했습니다. 1권의 주제는 '만남' 입니다. 새 학년 아이들과의 첫 만남부터 학급운영의 든든한 동반자인 학부모와의 만남까지, 그리고 학급임원 선거, 모둠활동, 교실환경 가꾸기 등 학급운영의 골격을 갖추기 위한 일상활동을 망라했습니다. 2권은 선생님의 하루를 따라 아침 시간과 수업, 마침 시간을 잇대어 살피며, 아이들 삶을 보듬는 생활지도와 상담의 지혜를 보탰습니다. 3권은 학급운영의 폭을 넓히고 깊이를 더하는 다양한 학급활동을 소개하며, 평가와 마무리까지 촘촘하게 다루었습니다.
일 년 학급운영에서 가장 중요한 것은 학급이라는 텃밭을 소중히 하는 마음과 그 텃밭에서 커 나갈 아이들을 중심으로 생각하는 것입니다. 각 권에서 다루고 있는 주제에 대해서 여러 선생님들이 생생한 목소리로 아이들과 함께한 [우리 반 이야기]를 들려주며, [한뼘 더]에서 주제에 대한 깊이 있는 성찰을 일깨웁니다. 다양한 학급운영 소재를 상상해 보는 [이런 건 어때요]와 [정보 쌈지]로 학급운영에 윤기를 더하고자 하였습니다.

아이들이 얼마나 재기발랄한 대안의 창조자인지는 아이들을 가르치고 있는 선생님들이 더 잘 아실 겁니다. 아이들과 들숨과 날숨을 같이 하며, 아이들의 번득이는 재치와 귀여운 제안을 들어 보십시오. 그리고 그것을 《초등 학급운영》과 함께 버무려 멋진 일 년 학급운영을 설계해 보시기 바랍니다. 그 성찬에 우리교육이 조금이나마 보탬이 된다면, 지난한 편집 과정의 수고는 큰 영광으로 남을 것입니다.
이 책이 나오기까지 기획과 책임집필을 맡아 주신 신명기 선생님과 기획 단계에서 인터뷰에 응해 주신 선생님들, 좋은 원고로 책을 풍성하게 꾸며 주신 선생님들, 그리고 편집 과정 동안 응원해 주시고 격려해 주신 모든 선생님들께 진심으로 감사하다는 말씀 전합니다.

2005년 4월 우리교육

차례

III. 방학과 마무리활동

초등 학급운영 1권 주요 차례

1권
학급운영 터잡기

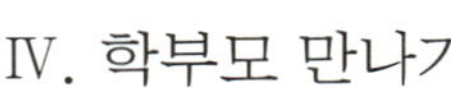

초등 학급운영 2권 주요 차례

우리 반은 무슨 빛깔일까?

I

빛깔이 있는 교실 만들기

01 | 아이들을 살리는 글쓰기 활동 02 | 삶을 가꾸는 일기 쓰기
03 | 그림 그리기 활동 04 | 책과 함께 아이들과 함께

선생님은 어떤 빛깔의 교사입니까

3월 초 교실에 들어서면 눈이 부시다. 까막딱다구리 같은 눈빛도 그렇고 꼼지락거리는 손가락 하나조차도 싱그러운 생명력으로 충만하다. 이제 아이들은 한 해 동안 서로 부대끼며 싹을 틔우고, 각기 다른 솜털 뽀송한 이파리를 내밀며, 그 내밀한 움직임으로 교실을 가득 채울 것이다. 더불어 어울리되, 제각각 다른 자기 모습으로 커 가는 교실은, 야생 텃밭과 꼭 닮아 있다. 이것을 가꾸는 몫은 교사에게 달려 있다. 텃밭은 교사의 손길에 따라 향기가 다르고 빛깔이 다르게 우거진다. 이름 하여 '빛깔이 있는 교실' 이다. 똑같이 3월에는 걸개그림을 그리고, 4월에는 진달래 화전을 부쳐 먹고, 5월에는 천연염색을 하며 한껏 어우러져도, 교실마다 탄성이 다르고 호흡이 다르다. 교사의 손길과 빛깔이 다르기 때문이다.

사람은 누구나 고유한 빛깔을 가지고 있다. 그래서 잘할 수 있는 영역도 제각각 다르다. 그 빛깔 — 소신과 철학을 어떻게 가꾸어 가느냐가 교사의 고유 언어가 되고, 문화가 된다. 이러한 교사의 고유 언어와 문화, 그리고 그것을 가꾸어 가는 노력 그 자체가 아이들에겐 고스란히 교육과정으로 전이된다. 그래서 시간이 지날수록 교실은 교사의 빛깔을 닮는다. 그 안에서 아이들은 교사의 향기, 사랑을 교감하는 방식을 고스란히 빼어 닮으며, 세상을 보는 눈과 지혜를 얻는다.

나는 어떤 텃밭을 가꿀 것인가, 어떤 빛깔의 교사로 거듭날 것인가. 가르침이 즐거운 교실, 아이들과 더불어 행복한 삶으로 가는 단서가 이 궁리 안에 담겨 있다. 다만, 그에 앞서 몇 가지 유념할 것이 있다.

우선, 자기 자신을 살피는 일이 중요하다. 교사 스스로 자신이 무엇을 좋아하는지, 무엇을 잘할 수 있는지 성찰해야 한다는 것이다.

놀이나 연극, 그림보다 글쓰기에 재주와 관심을 가지고 있는 교사가 있다. 그는 글을 통해서 아이들과 소통하는 일이 참 즐겁고 신명이 난다. 글을 통해 아이를 보고 그의 잠재된 심성과 힘을 일깨우는 일이라면 어떤 것도 감당할 수 있다. 그의 교실은 언제나 자신의 글에 스스로 놀라는 아이들의 탄성과 글을 통해 세상을 배우는 아이들의 열기로 가득하다. 연말이면 그 결실이 학급문집에 담겨 서로의 가슴에 놓인다. 제대로 단련된 그의 장점이 맺은 열매이다. 이것이 그의 빛깔이요, 카리스마이다.

물론 자신의 부족한 부분을 채워 가는 노력도 뒤따라야 한다. 사실 이것도 자신에 대한 냉정한 성찰이 뒷받침될 때 충실하게 이루어진다. 결국 교사가 자신의 빛깔을 가꿔 간다는 것은 교사를 뛰어넘어 한 개인으로 완성되는 과정인 것이다. 그런 끊임없는 성찰과 노력이 교사의 교육과정이 되며, 그 자체가 아이들에게 고스란히 교육으로 투영된다.

가장 훌륭한 자녀교육의 본보기는 부부가 화목하고 아름답게 사는 것 그 자체라고 했다. 지당하다. 부부로서 문제상황을 해결하는 과정이, 그리고 한 가정을 일구기 위해 서로 지원하고 노력하는 모습이 가정의 빛깔을 만들고, 그것은 “이렇게 해라, 저렇게 해라.”라는 세세한 지적보다 훨씬 위력적인 교훈으로 자녀에게 전수되기 때문이다. 사람이 사람을 키우고 가르치는 이치는 같다. 교실이라고 다르겠는가.

또 하나는 아이들의 수준을 헤아리는 일이다. 교사가 갈고 닦은 연구와 성찰, 그 아름다운 빛깔도 학급 아이들에게 맞지 않으면 소용이 없다. 아이들의 정서와 발달 단계를 무시한 교사의 일방통행은 폭력에 가까워서, 얻는 것보다 잃는 것이 많다. 고기가 좋다고 이제 젖을 뗀 아기에게 고깃덩어리를 먹일 수는 없지 않겠는가.

그래서 진실로 아이들을 사랑하는 교사는 ‘각색’에 대한 관심이 각별하다. 아이들의 수준과 상황에 맞게 각색된 프로그램은 흥미와 욕구를 자극한다. 그 힘은 곧 교사 활동의 일급 에너지원으로 환원된다. 이른바 ‘반 발짝 앞서기’의 철학이다. 교사가 지나치게 멀리 앞서서 이끄는 경우 아이들은 교사를 잃고 방향점도 잃은 채 좌절에 빠지기 쉽다. 손에 잡힐 듯 서 있는 적정한 거리가 아이들의 지적 욕구와 호기심, 상상력을 자연스럽게 이끌어 낸다. 이렇게 아이들과 손잡을 줄 아는 교사는 실패할 확률이 적다.

마지막으로 새겨야 할 교훈은 일관성과 지속성이다. 아무리 훌륭한 프로그램이라 하더라도 일관된 소신과 지속적인 관심을 유지하지 않으면 아니함만 못하다. 한 교실의 성패를 결정짓는 요소가 일관성과 지속성이다.

흔히 일관성을 잃는 것은 철학과 자신감 부족에서 비롯되는 경우가 많다. 이것이 좋다 싶으면 이것에 매달리고, 저것이 매력적이다 싶으면 저것으로 길을 바꾼다. 물론 다양한 교육활동을 배우고 연마하여 그 방법과 정신을 내 것으로 만드는 과정은 매우 중요하다. 그러나 그것이 '나의 것'으로 환원되지 않고, 생색이나 다양함의 함정에 빠지면 자신의 빛깔도 잃고 아이들도 잃기 쉽다. 무비판적인 다양화와 기능주의적인 활동에 익숙해진 아이들은 그 본질적인 부분을 배우기도 전에 배움에 대한 집중력을 잃어버리기 때문이다.

지속성의 중요함이야 말할 것도 없다. 아이들은, 시작했다가 흐지부지 꼬리를 감추는 지속성의 단절에 아주 예민하다. 그것이 몇 번 거듭되면 아이들은 교사에게 신뢰를 거두고 무관심 속으로 빠져든다.

많은 것을 하는 것은 크게 중요하지 않다. 하나를 하더라도 끝까지 하는 것이 훨씬 중요하다. 그래야 제대로 배우고 가르칠 수 있다. '제대로 배웠다.' 함은 그것을 가르치는 사람의 고민, 즉 근본적인 문제까지 함께 배우는 것을 일컫는다. 결론뿐만 아니라 그 과정의 절차와 이치를 배우며, 일을 완성시키는 고난과 열정을 배운다. (이 지점을 주목해야 한다.) 그래서 제대로 배운 것은 하나를 배웠어도 열, 또는 그 이상을 배운 것이나 다름없다. 모든 배움의 과정, 그것을 가로지르는 이치는 궁극적으로 같기 때문이다. 청소, 혹은 창가 식물 기르기 하나만 제대로 배워도 그를 통해서 세상을 보는 안목을 기를 수 있다. 그래서 종류를 불문하고 각 분야의 전문가들은 서로 통하는 법이다. 어쨌거나 계획보다 중요한 것은 시작이고, 시작보다 중요한 것은 지속성이다.

교육의 목표는 같아도 가는 길은 다양하다. 비유컨대 들꽃이 핀 둑을 걸어갈 수도 있고, 배를 타고 갈 수도 있으며, 수목의 풍광을 살피며 산등성이를 타고 먼 길로 돌아갈 수도 있다. 문제는 어떤 길을 택하든 소신 있게 당당하고 씩씩하게 제 길을 갈 수 있느냐 하는 것이다. 또한 단순히 길을 가는데 그치지 않고 주변을 두루 살피며 길가에 핀 꽃 이름 하나하나 헤아려 주는 넉넉한 여유를 갖추느냐 하는 것이다. 이 모든 것이 자신의 손에 달려 있다. 그래서 빛깔은 품성을 뛰어넘어 노력을 닮는다.

정애순 | 서울 도봉초 교사

01 아이들을 살리는 글쓰기 활동

보통 글쓰기는 국어과 수업에서 주로 하는 활동이라고 생각한다. 그러나 글쓰기는 국어과에만 필요한 활동이 아니다. 글쓰기가 중요한 것은 자기를 표현하는 하나의 방식으로서, 살아가는 데 필요한 여러 가지 능력 가운데 가장 기초가 되기 때문이다. 또한 글쓰기 능력은 논리적으로 사고할 수 있는 바탕이기도 하다. 글쓰기를 하면서 머릿속에서 일어나는 생각을 정연하게 정리할 수 있기 때문이다. 그러한 과정을 거치면서 생각을 키워 나가고 상상력을 바탕으로 한 창의성을 키울 수 있다. 또한 글쓰기는 모든 학문의 기초이다. 어떤 지식도 글로 표현할 수 없다면 나의 것이 되지 못하고 남에게 알리기도 쉽지 않다.

그러나 글쓰기가 창의력을 높이기 때문에, 또는 학문의 기초가 되기 때문에 중요한 것은 아니다. 아이들에게 글쓰기가 중요한 까닭은 글쓰기가 삶이 될 수 있기 때문이다. 아이들이 글쓰기를 싫어하게 된 까닭도 삶이 되는 글쓰기가 아니라 '어쩔 수 없이 써야 하는' 글쓰기가 되었기 때문일 것이다. 스스로를 돌아보고, 생활을 그대로 글로 옮겨 놓아서 삶이 글쓰기가 되고 글쓰기가 삶이 되어야 하는데 그렇지 못하기 때문에 아이들이 힘들어하고 글쓰기를 멀리하게 된다.

글쓰기 다시 보기

먼저, 다음 글을 읽어 보자.

우리 아버지는 정말 못 말려

우리 아버지는 방귀를 잘 뀌신다. 그래서 오늘도 다름없이 방귀를 이불 속에서 뽀옹뽀옹 하며 총알이 날아가는 듯 계속 뀌셨다. 방귀를 계속 뀌시다가 아버지는 이불 속에서 나와 팬티와 런닝만 입으신 채 집안을 휘젓고 다니셨다. 나도 재미있어서 아버지 뒤만 계속 쫓아다녔다. 쫓아다니다가 아버지 팬티를 보고 토할 뻔했다. 아버지 팬티에 설사똥이 묻어 있었던 것이다. 나는 화장실에 가서 토하려고 했더니 이번에는 변기에 똥이 묻어 있었다. 우리 아버지는 정말 못 말리는 분이시다.

(서울 성일초 3학년 채상희)

글짓기 대회에 참가한 아이가 이런 글을 썼다면 어떤 평가를 받을까? 이런 제목으로 글을 쓰려면 글감으로는 어떤 것이 주어져야 할까? 무엇보다 이런 글이 상을 받을 수는 있을까? 아마 쉽지 않을 것이다. 그렇지만 이 글을 아이들과 같이 맛보는 시간을 가져 보라. "저도 글을 쓰고 싶은 생각이 일어나요." "상희랑 상희 아버지 모습이 지금 제 눈앞에 선하게 보이는 것 같아요." 하며 얼마나 즐거워하는지 모른다. 아이들은 '이런 걸 글로 써도 되네.' 하며 글쓰기에 대한 자신감을 얻을 것이다.

아이들이 날마다 겪는 일을 자세히 사실대로, 부끄러운 것까지도 쓰게 하자. 본 대로 들은 대로 한 대로 정성껏 쓰게 하자. 가슴에 맺힌, 말하고 싶은, 억울한, 쓰지 않으면 못 견딜 그런 것들을 거침없이 쓰게 도와주자. 자기 둘레에 있는 모든 것들을 따뜻한 눈으로 바라보며, 남을 밟고 올라서기보다 약하고, 병들고, 외로운 사람들을 감싸 주는 겸손하면서도 비굴하지 않은 사람, 불의를 보면 당당히 맞설 수 있는 용기 있는 사람의 마음을 기르기 위해 글을 쓰는 것이다.

글짓기를 할 때는 착한 천사가 되어 상장을 척척 타내는 아이가 실제 행동은 그렇지 못하다면 무언가 잘못된 것이 아닌가? 자기 생활을 사실대로 쓴 글에 등급을 매겨 상을 줄 수 있을까? 일등보다는 꼴찌들이 쓴, 삐뚤삐뚤 맞춤법도 안 맞는 글이 우리를 감동시킬 때가 더 많다. 잘 길들여진, 눈치 빠른 아이들이 쓴 글로는 아이들의 세계를 들여다볼 수 없다. 참된 글 한 편은 아이들의 생활과 환경을 살필 수 있는 산 자료가 되어, 교육학 이론책 몇 권을 읽어도 알 수 없던 아이들 마음을 읽을 수 있게 해 준다. 또한 어떤 선생이 되어야 하는가를 가르쳐 줄 때도 많다.

참된 글 한 편을 끝까지 써내는 것도 중요하지만, 글을 쓰는 과정 속에서 스스로 커 가는 모습을 더욱 귀하게 볼 수 있어야 한다. 그 글을 쓰기까지 글감을 취재하고, 자세히 살피고, 이것저것 생각하며 구상하는 동안 참다운 마음을 기르게 되고, 자기 마음속에 맺혔던 응어리들도 풀리게 되는 것이다. 머리로 짜낸 글보다 직접 겪은 일을 쓴 글이 더 소중한 까닭이 여기에 있다. 그 무엇보다도 겪은 일 쓰기는 모든 글쓰기의 바탕이 된다.

학년 초에 계획을 세우자

자세히 세울수록 좋겠지만, 적어도 월별로 쓰려는 글의 주제 정도는 미리 생각해 두는 것이 좋다. 월별 글쓰기 주제는 학급운영 계획과 그 궤를 같이 해야 한다. 아이들 글은 생활과 떨어진 것이 아니기 때문이다. 그리고 갑자기 좋은 생각이 떠올라 '지금 쓰면 좋은 글이 나올 것 같다!' 싶을 때는 주저 말고 순발력 있게 글을 쓰게 할 수 있어야 한다. 아이들이 감동적인 체험을 했다면 그 순간을 놓치지 않는 게 중요하다. 이럴 때는 멍석만 깔아 주면 아이들은 술술 토해 내듯 글을 쓸 것이다.

'글 보는 눈' 이 중요하다

글쓰기를 시작하기 전에 지도교사가 꼭 갖추어야 할 것이 있다면 무엇일까? 글쓰기 이론에 대한 해박한 전문지식을 갖추고 있거나 지도능력이 뛰어나다면 좀 더 자신감 있게 글쓰기 지도를 시작할 수 있을지도 모르겠다. 하지만 이런 자질이나 능력이 꼭 필요하다고 볼 수는 없다. 무엇보다 중요한 것은 '글 보는 눈' 이다. 어떤 글이 좋은 글인지 판단할 수 있는 눈만 갖추고 있다면 조심스럽긴 해도 글쓰기 지도를 시작할 수 있다. 아이들이 써 온 글을 읽고 좋은 글에 ☆표를 해 줄 수 있다면, 글은 아이들이 저마다의 방식으로 써낼 것이다. 글을 쓰기 전에 본보기 글을 보여 주거나 들려준다면 더욱 효과가 크겠다.

'어떤 글이 좋은 글인가?' 를 두고 여러 가지 의견이 있을 수 있겠지만, '좋은 글' 은 곧 '감동' 이라고 말해도 틀림이 없다. 이 감동은 글재주에서 오는 것이 아니라 글 속에 담긴 글쓴이의 진정과 글에 나타난 삶의 아름다움에서 오는 것이다. 그러니 세련된 글재주보다 글 속에 담긴 삶에 초점을 맞춰 읽는다면 글쓰기 지도에 초보인 교사도 어렵지 않게 좋은 글, 다시 말해서 감동을 주는 글을 가려낼 수 있을 것이다.

좋은 글을 길게 설명하기보다 본보기가 될 만한 글 두 편을 소개한다. 아이들이든 교사든 좋은 글을 설명으로 이해하려 말고, 많이 맛보고 느끼도록 하면 좋겠다.

중앙 현관

'땡!' 드디어 점심 시간이 돌아왔다. 난 빨리 밖에 나가 놀고 싶어서 밥을 빨리 먹었다. 밥을 빨리 먹은 뒤 규성이와 같이 밖에서 조금이라도 더 많이 놀려고 계단을 마구 뛰어갔다. 규성이는 세 칸을 한 번에 뛰기도 하였다. 드디어 중앙 현관까지 왔다. 그런데 나와 규성이는 가지 못하고 있었다. 그 까닭은 바로 앞에 주번 두 명, 그리고 교감 선생님과 교감 선생님께 혼나고 있는 아이들이 있었다. 마치 그곳에 호랑이라도 있는 듯 발이 더 이상 바닥에서 떨어지질 않았다. 다른 꼬마 아이 두 명도 나와 같은 생각이었는지 중앙 현관을 통과하려 들지 않았다.

그런데, 어떤 꼬마 한 명이 느긋이 걸어오더니 겁도 없이 중앙 현관을 떳떳하게 지나가는 것이다. 그런데 그것이 교감 선생님도 주번도 아무 반응이 없었다. 그래서 우리도 그 아이처럼 뒷짐을 지고 떳떳이 중앙 현관을 통과하였다. 마치 북한에서 휴전선을 넘어 남한으로 온 것 같았다.

(6학년 이웅식)

목욕탕에서

정임이라는 아빠 친구 아이와 협화목욕탕에 갔다. 내부 시설이 많고 목욕탕도 넓었다. 나는 들어가자마자 옷을 벗었다. 그리고 탕 안에 들어갔다. 물은 미지근했다. 씻는 아이는 가지각색이었다. 누워서 씻는 아이, 엎드려 씻는 아이, 울면서 씻는 아이, 샤워를 하면서 씻는 아이, 여러 가지로 씻는 모습이 달랐다.

나는 탕 안에서 물장구를 막 쳤다. 그러자 옆에 씻던 아주머니가 소리를 지르셨다.

"물장구 자꾸 칠래?"

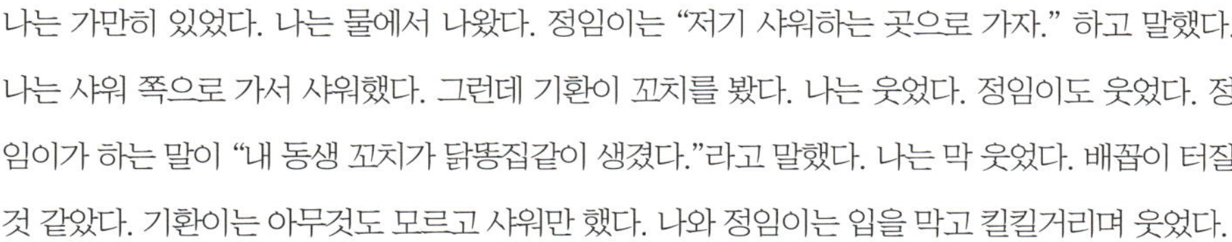

나는 가만히 있었다. 나는 물에서 나왔다. 정임이는 "저기 샤워하는 곳으로 가자." 하고 말했다. 나는 샤워 쪽으로 가서 샤워했다. 그런데 기환이 꼬치를 봤다. 나는 웃었다. 정임이도 웃었다. 정임이가 하는 말이 "내 동생 꼬치가 닭똥집같이 생겼다."라고 말했다. 나는 막 웃었다. 배꼽이 터질 것 같았다. 기환이는 아무것도 모르고 샤워만 했다. 나와 정임이는 입을 막고 킬킬거리며 웃었다.

(4학년 김정례)

무엇을 쓸까?

쓸거리는 사방에 널려 있다. '내 둘레에 있는 모든 것이 글감이 될 수 있다.'는 마음으로 언제나 취재 수첩(글감장)을 가지고 다니면서 그때그때 떠오르는 것, 본 것 따위를 적어 두는 것이 좋을 것이다. 실감 나는 글을 쓰기 위해서는 가장 잘 알고, 잘 쓸 수 있고, 꼭 쓰고 싶은 것을 글감으로 잡는 것이 좋겠다.

글감을 제대로 골랐다면 글쓰기는 이미 반 넘게 한 거나 마찬가지다. 한 일, 본 일, 들은 일 가운데서도 한 일이 가장 좋은 글감이요, 그것도 땀나게 열심히 한 일이라면 더욱 좋은 글감이라 할 수 있겠다. 이따금 집에 가는 길에 만나는 사람에 대해 취재하기 같은 재미있는 숙제를 내주면 아이들이 즐거워한다. '시장 아주머니(아저씨)를 우리 어머니(아버지)처럼'이라는 숙제를 하고 나서 쓴 글을 보자. ▶표는 교사가 고치거나 답으로 쓴 글이다.

할머니

시장에서 야채 따위를 파는 할머니를 대상으로 잡았다. 오랫동안 앉아 있는데 지나가는 사람들이 할머니에게는 전혀 관심을 두지 않았다. 갑자기 눈앞이 흐려지고 코끝이 찡해진다.

30분쯤 지난 후 겨우 할머니께서는 야채 하나를 팔으셨다. 할머니께서 일어나실 때는 정말이지, 쓰러지실 것 같았다.

'저 할머니도 우리 같은 손자, 손녀들이 있겠지. 그래서 저 할머니께서 이 고생을 하시는지도 몰라.' 이 생각을 하니 시골에 계신 우리 할머니가 생각이 난다. 눈물이 주르르 흘러내릴 것만 같다. 그래서 소년동아일보 기자라고 속이고, 할머니에게 접근했으나 할머니께선 슬프신 모양이다. 아무것도 모른다고 하셔서 우린 어처구니없이 쫓겨났다.

우리나라에선 뭘 하는지 모르겠다. 나는 커서 저런 할머니를 위해 최선을 다하겠다. 어쩌면 나도 그런 경험을 할지 모른다. 같이 갔던 건희도 나와 같은 생각인가 보다. 건희 같은 생각을 가진 사람이 많았으면 하는 생각이 든다. 이 일기를 쓰고 있는데 갑자기 콧날이 시큰해진다.

(서울 신명초 6학년 유정욱)

식구들 발 그리기

"엄마, 발 그리기 하자."라고 내가 말했다. "그려야 하니? 그리지 않으면 안 되니?"라고 엄마가 말했다. "안 돼, 그려야 해." 하고 큰 소리로 말했다. "알았어, 그리자. 니 발부터 그리자." 엄마가 말했다. "그런데 아빠 발은 어떻게 그려?"라고 말했다. 내 발을 그리는데 간지러워서 "하하하!" 하고 웃음이 나왔다. 엄마는 아무 말도 안 하시더니 아빠 신발 사이즈는 250밀리미터니까 "자로 재서 그리자." 했다. 아빠 발을 자로 재서 엄마가 그렸다. 제일 작은 발은 내 발, 중간 발은 엄마 발, 제일 큰 발은 아빠 발 차례로 겹쳐서 그렸다. 내게 생각나는 아빠 발은 군화 신발 생각만 난다.

(서울 묘곡초 1학년 임동균)

말하지 않기로 약속 (12. 10. 화요일 맑음)

오늘 말하지 않기로 교실에서 약속을 하였다. 나는 그 약속을 꼭 지키기로 했다. 교실부터 집까지 말하면 작전이 실패한다. 끝까지 말하지 않고 말하고 싶어도 참고 말 시켜도 참고 자꾸자꾸 그래서 말 안 하기가 힘들어졌다. 강보경이 자꾸 말 걸어서 더 힘들었다. 집에 도착하자(▶오니까) 이제야 살 것 같다. 그런데 말하지 못하는 사람은 얼마나 힘들까. 나는 끝까지 선생님과 한 약속을 지켰다. ▶그래, 잘 했어!

(서울 묘곡초 1학년 박진용)

"돌아오는 토요일, 여러분 집을 방문하고 싶거든요. 내가 여러분 집을 찾아갈 수 있게 글로 약도를 그려 보세요."

"선생님, 글로 어떻게 약도를 그려요? 그림으로 그린다고 해야 맞지요."

"글을 그림 그리듯이 쓰면 되잖아요."

"아!"

이렇게 해서 쓴 글이다. 잘 모르는 내용은 괄호를 쳐 놓고, 집에 가면서 발자국 수와 계단 수, 기억나지 않는 가게 이름 따위를 채워 넣어 다음 날까지 완성해 오게 한다. 글 한 편을 완성하는 것보다 날마다 오가면서도 아무 관심조차 없던 이웃들을 살피는 '사랑의 눈'을 키우는 것이 목적이라는 게 옳겠다.

우리 집 찾아가는 길

우리 교실에서 6반 쪽으로 10발자국 가면 계단이 있는데, 그 계단을 걸어서 가려면 40개를 내려가야 한다. 계단 옆에는 독서실이 있고, 옆길로 10발자국 가면 신발 신는 곳이 있다. 그리고 조금 앞으로 가다가 오른쪽으로 20발자국 가면 급식실이 있고, 그쪽으로 36발자국을 가면 운동장이 보인다. 거기서 100발자국 가면 우리 학교 정문이 보인다. 정문에서 앞을 보면 모닝아트와 큰 문구가 보이고, 옆을 보면 놀이터가 보인다.

놀이터 쪽으로 쭉 올라가면 왕마트가 보이고, 그쪽(※왕마트)과 건물 사이의 길을 쭉 올라가면 왼쪽에는 U마트가 있고, 오른쪽에는 덕성떡집이 있고, 다시 왼쪽을 보고 앞으로 7발자국만 가면 대경정육점이 있고, 옆을 보면 공사하는 곳이 있다. 그 사이로 큰 길이 있는데, 쭉 가서 가운데쯤 가면 왼쪽 오른쪽에 골목길이 있고, 오른쪽에 전봇대가 있고 왼쪽에도 있다. 오른쪽에 은색 대문이 있고 거기서 17발자국을 쭉 직진해서 가면 남색 대문이 있는데, 대문에서 쭉 올라가면 우리 집이다.

(서울 면일초 4학년 최샛별)

언제 쓸까

할 수만 있다면 글은 어떤 일이 있고 나서 바로 쓰는 것이 좋다. 생생한 감동과 기억이 사라지기 전에 쓰기 위해서이다. 생생한 글을 쓰기 위해 글쓰기장이나 일기장을 늘 가까이 두고 언제라도 글을 쓸 수 있게 한다. 공부 시간에 있었던 일은 수업을 마치자마자 노는 시간에 쓰고, 심지어는 공부 시간에 쓸거리가 떠오르면 공부 시간 중에 써도 뭐라 하지 않는다. 오래된 일은 아주 특별한 경우가 아니면 글감으로 좋지 않다. 두고두고 잊혀지지 않고 자꾸 떠오르는 일 따위는 오래 되었더라도 절실한 글쓰기의 글감으로 써 볼 만하다.

아이고 분통 터져

1학기 때의 일이다. 그때는 다마고찌 열풍이 불고 있었다. 그래서 나도 하나 장만했다. 그런데 며칠이 안 돼서 우리 학교에서 잃어버렸다. 그래서 학교에서 눈이 빠지도록 찾고, 집에서는 애가 갖고 있다고 거짓말을 했다. 잃어버린 지 3일째 되는 날 우리 반 ○○가 내 것과 아주 똑같이 생긴 것을 갖고 왔다. 나는 물어봤다.

"너, 이거 어디서 샀니?"

"응, 이… 이거 문방구에서 샀어."

1교시가 끝나고 또 물어 보았다.

"너 이거 진짜 산 거야?"

"응……."

그때 그 다마고찌 버튼에 있는 흠집을 보았다.

"어, 이거 내 것하고 똑같은 흠집이 나 있네."

그때서야 ○○는 눈에 눈물이 고였다.

"이거 화장실에서 주웠어."

"이거 내놔!"라고 말하며 뺏자 아무 말도 못한 채 눈물만 고여 있었다.

○○는 시치미를 뗐다.

"이거 진짜 주웠어."

난 ○○가 거짓말을 한다는 것을 다 알고 있었다. 왜냐하면 난 학교에 오면 바지에 있는 고리에 걸어 놓기 때문이다. 난 계속 거짓말을 하는 ○○가 미웠다. 이 소문은 순식간에 퍼져 ○○가 싫다는 말을 많이 했다. 나는 ㅇㅇ에게 미안한 마음도 들었다.

(서울 묘곡초 4학년 김슬기)

어디에다 쓸까

글을 일기장이나 글쓰기장, 특히 원고지에만 써야 한다고 고집하지 말자. 아이들이 편한 마음으로 자연스레 쓸 수만 있다면, 낙서판에 한 낙서도, 반성문도, 이따금 손바닥만한 종잇장에 쓰는 짧은 글도 모두 나름대로 가치가 있는 것이다. 특히 부담이 적은 쪽지 글쓰기를 하면 글 쓰는 힘을 키울 수 있다. 교실 귀퉁이에 이면지를 잘라 놓고 글 쓰고 싶을 때마다 가져가서 쓰게 해도 좋다. 과학 시간에 공해에 대한 공부를 한 느낌을 과학 공책에, 역사 공부를 한 뒤 자기 생각을 사회 공책에 쓰는 것도 마찬가지다.

선생님께

선생님, 전 억울해요. 수정, 민아, 우리 반 여자 아이들은 다 무서운데 왜 저만 놀리고 못살게 굴까요? 선생님이 이야기를 들으시고 아이들을 많이 혼내라는 뜻은 아니에요. 인제는 여자 아이들까지 "이환희는 무섭다. 이환희는 무섭다."라고 얘기해요. 놀림 받는 것은 좋지만 단체로 놀림 받는 것은 정말 싫어요. 선생님, 제가 모두 혼내 주고 싶지만 더 때리면 더 열심히 놀릴까 봐 겁이 나서 못 때리겠어요. 선생님도 제 마음 아시나요?

(서울 묘곡초 2학년 이환희)

교실 뒷게시판이나 벽을 이용하여 아이들이 틈틈이 쓴 쪽지 글을 붙여 놓아 보자. 옆에 쪽지글을 쓸 수 있는 쪽지를 모아 두고 아이들이 쓰고 싶을 때 써서 붙여 놓게 하면 근사한 글모음판이 된다. 이름별로 자리를 마련해 놓으면 누가 쓴 글인지 쉽게 알아볼 수 있다.

글짓기 대회는 어떻게 활용할까

시 쓰기, 독서감상문 쓰기 따위를 할 때, 교과서적인 이론을 내세워 아이들의 넘치는 표현 욕구를 꺾어서는 안 될 것이다. '200자 원고지 다섯 장 이상' 식의 주문은 함부로 해서는 안 된다.

교내 불조심 글쓰기 대회가 있다면 일기장을 글감장 삼아 준비하게 해 보자. 지난 한 해 동안 불 때문에 있었던 일, 불과 관련한 경험 따위를 글감으로 쓴 일기를 모두 찾아보게 하고, 내용을 좀 더 자세하게 취재해 오게 하면 많은 아이들이 관념에서 벗어나 체험이 스며 있는 글을 즐겁게 쓸 수 있다.

아래 아이들 글 중에서 [ ] 속은 교사가 좀 더 자세히 쓰게 하기 위해 지도한 내용이다. 교통안전에 대한 글쓰기나 민족공동체 글쓰기도 이런 방법으로 지도하면 아이들 삶을 조금이라도 가꾸는 행사가 될 것이다.

우리도 불조심을 실천할 수 있다

불은 우리 사람들이 살아가는 데 꼭 필요한 존재이다. 이런 사실과 함께 내 머릿속에 떠오르는 그림은 박물관에서 본 우리 인류의 불을 사용하는 모습이다. 원시인의 모습으로 돌을 서로 부딪쳐 불을 발견하는 모습과 잡은 물고기를 불에 익혀 먹는 모습이었다.

이렇게 오랜 옛날부터 우리 인간에게 꼭 필요한 존재로서 고마운 불은 필요성만큼이나 위험성을 안고 있다. 현대에 와서 간단한 스위치로 작동되는 전기로 발전되어 직접적인 불길을 보지 않아서인지 모르나 그 위험에 대한 조심을 사람들이 항상 인식하지 않는 것 같아 안타깝다. 특히 요즘과 같이 건조한 계절이 돌아오면 더욱 불에 대한 경각심을 가지고 조심해야 한다.

가을이 되면 화재에 대한 뉴스를 심심찮게 보게 된다. 누전으로 인해 불이 났다는 뉴스, 공장에서 방화가 일어났다는 뉴스, 산에서 등산객의 부주의로 큰 산불이 났다는 뉴스처럼, 불의 위험성을 알리는 뉴스는 결코 가볍게 볼 이야기가 아니다. 우리 주위에서 언제든지 일어날 수 있는 우리의 이야기일 수 있다.

나도 빨간 소방차 하면 사회책 속에서만 보고 장난감으로만 갖고 노는 것으로 알았었다. 그런데 그 빨간 소방차를 내 눈으로 직접 보게 된 적이 있다. [4학년 가을에] 우리 동네 공장에서 누전으로 불이 났던 것이다. 공장에 사람들이 없는 한밤중에 누전으로 일어난 불이어서 나와 우리 식구들은 물론 동네 사람들이 자다가 놀라 깨어 서로 119에 전화하며 아우성치던 모습이 생생하게 기억난다.

그때 불이 난 공장은 우리 집에서 [10m쯤] 떨어져 있었는데도 우리 집까지 불이 번져 올 것 같아 얼마나 무서웠는지 모른다. 시커멓게 솟은 연기가 꼭 악마처럼 보였다. 그때 그 무서움을 직접 느껴서인지 나는 집에서도 라이터로 장난하는 일은 결코 하지 않는다. 또 가스렌지를 사용할 때도 엄마의 허락을 받고 조심하여 사용하고 있다. 그런 경험을 한 덕분에 불을 사용할 때는 언제나 머릿속에 조심해야 한다는 생각을 잊지 않고 생활한다.

생각 없이 불을 사용하게 되면, 가스의 경우 중간 밸브 잠그는 일도 잊어버리는 경우가 생긴다. 우리 어린이들도 집에서 가끔 간단한 계란 후라이 정도는 스스로 해 먹는 경우가 있다. 가스를 사용할 때 '중간 밸브를 꼭 잠가야지.' 하고 생각을 하면 꼭 잠그게 된다. 화재는 어른들에 의해서만 일어난다고 생각하지 말고 우리가 알고 있는 불조심에 관한 상식들을 실천해 보자! 우리 집에는 한 콘센트에 여러 개의 플러그가 꽂혀 있지 않나? 또는 어머니께서 중간 밸브를 깜박 잊고 잠그지 않았나? 살펴 우리도 불조심을 실천할 수 있다.

화재는 나뿐 아니라 내 이웃에도 큰 불행을 가져다주며 국가에도 큰 손실이 된다. 따라서 우리 어린이들의 불조심에 대한 작은 실천은 우리나라를 생각하는 애국하는 마음이 될 것이다.

(서울 면일초 5학년 이승례)

자주 발표할 자리를 마련해 주자

가장 좋은 방법은 글모음(학급문집)을 만드는 것이다. 이게 어렵다면 잘 쓴 글을 여러 아이들 앞에서 발표하게 한다거나 교실 한 곳에 게시하는 방법이 있다. 학기 중간쯤 시화전 같은 전시회를 열면 더욱 좋겠다. 욕심을 부린다면 아이들 글 가운데 하나를 소재로 극본을 꾸며 연극 발표를 하면 글 쓴 아이는 매우 뿌듯해할 것이다. 이때 주의할 점은 글 쓴 아이가 제 글을 발표하는 것을 바라지 않을 경우인데, 그럴 경우 본인의 처지를 최대한 존중해 주고 글에 나오는 사람들 누구라도 상처를 받는 일이 없도록 마음 쓰는 것이 옳다.

밉다 미워!

집이란 게 없었으면 좋겠다. 부모님들이 없었으면 좋겠다. 우리 때문에 싸우는 부모! 그런 부모는 없으면 더 좋다. 아버지께서 지방 다녀오시면 우리를 혼내라고 고자질하시는 어머니. 어머니라는 그런 권한을 놓고 일기장을 본 다음 "엄마가 좀 보면 어떠니?" 그런…… 모두가 밉다.

밥을 우리 가족이 오랜만에 같이 기분 좋게 먹고 있는데, 어머니께서 "으휴! 학원 갔다 오면 복습 좀 해라, 복습! 앵무새도 그런 앵무새는 없을 거야, 알았니? 복습 좀 해!" 아버지께 우릴 혼내라는 말투로 말씀을 하셨다. 아버지께서는 우리에게 숟가락을 던져서 맞히셨다. 그리곤 필통을 던지려고 하시자 할머니께서 말리셨다. 아버지께서는 무서운 얼굴을 하시고는 "올라가! 올라가란 말이야!" 너무 무서웠다.

내 방은 없다. 그래서 마음껏 큰 소리를 내면서 울 수도 없다. 모두가 미워, 미워, 미워!

(서울 ㅇㅇ초 6학년)

교사 먼저 글 쓰는 모습을 보이자

아이들에게 "글을 써라." 특히 "일기를 써라."라는 잔소리를 백 번 하는 것보다 먼저 모범을 보이는 것이 훨씬 효과가 크다.

담임교사가 공책 한 권을 마련해서 날마다 일기를 써서 교실 뒤에 걸어 두고 아이들이 보게 하면 아이들은 "야, 선생님도 일기를 쓰네! 이거 내 얘기도 있잖아!" 하며 일기장 앞으로 모일 것이다. 아이들에게 서운했던 점이나 바라는 점을 적어 두면 굳이 큰 소리를 내지 않고도 아이들에게 교사의 마음을 쉽게 전달할 수 있다.

집에서 부모와 아이가 함께 모자일기(부자일기)를 쓰는 것도 좋고, 교사가 이따금 아이들 편에 글감을 전해 주고, 학부모들에게 '나의 어린 시절' 'ㅇㅇ에게 바라는 것' 따위를 글로 써 오게 했다가 학급문집을 만들 때 실으면 좋을 것이다.

글쓰기가 힘들 때, 지루할 때 노가바(노래 가사 바꿔 부르기) 대회를 하면 아이들은 기대 이상으로 즐거워한다. 아이들의 다툼을 '편지로 싸우기'로 화해시켜 주거나, 생일을 맞은 아이나 전학 가는 아이가 있을 때 편지글을 묶어서 전해 주며 생일잔치나 송별잔치를 열어 주면 정다운 교실을 만드는 데도 보탬이 된다. 학년이 바뀌어 헤어진 아이들과는 '그리움 공책'을 마련하여 끈을 이어 보자. 다른 교실이나 다른 학교에 있는 아이들이 이따금씩 찾아올 때 자유로이 쓰게 하는 것이다. 헤어진 뒤에도 글쓰기의 끈을 이어 주는 그리운 고향 사랑방 같은 구실을 한다.

 시 지도는 어떻게 할까

'동시'와 '어린이 시'에 대한 정의를 뚜렷하게

어른 작가가 아이들을 위해 써 준 시를 동시라고 부르는 것이 옳은데, 아직도 아이들이 쓴 시까지 동시라고 부르는 사람들이 있어서 시 지도를 더욱 어렵게 하고 있다. 이들은 아이들이 시를 쓸 때 본보기 글로 동시를 보여 주는 경우가 많다. 그렇게 해서 나온 시를 살펴보자.

사과

동글동글 예쁜 사과/ 활짝 핀 내 얼굴// 길쭉길쭉 미운 사과/ 심통 난 언니 얼굴// 울퉁불퉁 못난 사과/ 우리 엄마 성난 얼굴

(3학년)

이 글에 나오는 '사과' 자리에 '귤'이나 '배', 과일은 아니지만 '감자'를 대신 넣어도 말이 된다. 어떤 감동이 오는가? 시를 이렇게 쓰게 해도 괜찮은가? 말장난 시의 대표가 될 만한 시다. 이런 시를 시라고 봐도 될는지 모르겠다.

아래 비슷한 글감으로 쓴 두 편의 시를 견주어 보며 감동을 주는 시를 찾아보고, 우리가 아이들에게 어떤 시를 쓰게 해야 옳은가 생각해 보자.

할머니

이리 봐도 주름살/ 저리 봐도 주름살/ 수많은 주름살/ 어디서 왔을까?// 알쏭달쏭 모르겠네// 이리 봐도 흰머리/ 저리 봐도 흰머리/ 수많은 흰머리/ 어디서 왔을까?// 알쏭달쏭 모르겠네

(4학년)

할머니의 아픔

할머니가 아침부터/ 배와 다리와 골이 아프다고 해서/ 약을 사 먹었다./ 오줌을 누니 설사똥이 나왔다./ 할머니가/ 죽을라면 지금 죽어라/ 왜 안 죽노 해서/ 너무나 불쌍했다./ 할머니를 따라가 보니/ 물을 먹어 댔다./ 물을 먹지 말라 하니/ 물을 먹어야 죽지 했다./ 나는 할머니를 방으로 모셔 오면서 눈물이/ 기렁기렁 났다.

(경북 온정초 4학년 김병훈)

동시는 아이들이 읽고 아름다운 마음을 기르게 하려고 어른들이 써 준 것이 아닌가? 좋은 동시를 많이 맛보며 감동을 하고, 참삶을 가꾸어 가는 것은 참으로 권할 만한 일이다. 그런데 그 동시가 아무리 좋은 동시라 해도 시 쓰기의 본보기 글로 보여 주는 것은 시 쓰기 교육의 길을 잘못 이끌 수 있으니 삼가야 할 일이다.

시를 쓰는 것은 곧 시를 붙잡는 것이다

"산문을 줄여서 시로 고쳐 보자."는 시 쓰기 교수법을 어떻게 생각하는가? 연을 나누고, 행을 바꾸어서 짧은 글로 고쳐 주면 산문이 시가 될 수 있을까? 시 쓰기 공부를 이렇게 접근해도 괜찮은가?

시가 무엇인가? 시를 설명하려 들지 말고 좋은 시를 많이 맛보며 자연스럽게 느끼게 하자. 그래도 굳이 시를 정의한다면 '자연이나 인간의 삶에서 얻은 감동을 리듬을 가진 형식으로 표현한 글' '사람의 마음을 한 단계 올려놓는(놀라움을 주는, 새로운 것을 발견하게 하는, 높은 곳으로 끌어 올려 주는) 비교적 짧은 글' 이라고 할 수 있다. 시와 산문은 다른 글임이 분명하다. 산문 문장 속에 시가 섞여 있을 수도 있겠다. 다음 일기글 속에서 시처럼 느껴지는 곳이 어디인지 살펴보자.

바람

바람이 많이 부는 날이었습니다. 동생은 라인미술학원에 다녀올 때 바람이 많이 불어 "누나, 바람이 내 등을 미는 것 같았어."라고 말하였습니다.

나는 바람이 방향을 가리키는 것 같았습니다. 내가 왼쪽으로 가려고 하면 왼쪽으로 밀어 주잖아요.

(서울 신명초 2학년 박나리)

글감을 정해서 시를 쓰기 시작하면 조용히 눈을 감고 글감에 대한 기억을 생생하게 되살려 보게 한다. '마음과 몸짓으로' 충분하게 다시 겪어 보기를 마치면 그때까지 떠오른 감흥들이 깨어지지 않게 단숨에 써내려 간다. 쓸 때 '언제 어느 곳에서 어떤 일이 생겼을 때, 바로 그 순간의 장면과 마음의 움직임' 을 놓치지 않고 붙잡아서 생생하게 그림 그리듯 써야 한다.

본보기 글은 늘 넉넉하게 준비해 두자

또래 아이들이 쓴 좋은 시를 틈나는 대로 많이 맛보는 것이 좋다. 그러는 동안에 참된 시가 어떤 것인지, 시는 어떻게 써야 하는지에 대한 나름의 대답도 저절로 솟아날 것이다.

넉넉하게 준비해 둔 시 가운데 그 시간 시 쓰기 공부에 필요한 시를 미리 한두 편 골라 둔다. 본보기 글은 또래 아이들이 쓴, 쉬우면서도 진실한 마음이 담긴 글이 좋다. 글감을 고르고 나서 다시 겪어 보기를 하기 전에 본보기 글을 제시한다. 본보기 글은 시를 쓰려는 아이들에게 '아, 그런 시가 좋은 것이구나!' '나도 쓸 수 있겠구나!' '시는 그렇게 쓰는 거구나!' 하는 자극을 주게 된다.

아이들에게는 시를 쓸 때 절대로 본보기 글을 흉내 내거나, 그 글의 분위기나 느낌을 비슷하게 따라 하지 않도록 미리 일러 둔다. 본보기 글에서 본받아야 할 것은 내용이 아니라 정직함이나 글 쓰는 태도 따위이다.

시 맛보기를 해 보자

내가 쓴 시를

내가 쓴 시인데/ 내가 읽을 때/ 눈물이 날 때가 있다.// 아버지란 시를 쓸 때/ 나는/ 연필을 살짝 책상 위에 놓고/ 노점에서 과자 팔고 계실/ 아버지를 생각한다./ 그리고 입 속에서 중얼중얼/ "아버지, 아버지……." 부른다.// 어머니란 시를 쓸 때/ 지금쯤 엄만/ 어디서 일하고 계실까?/ 점심을/ 길 한복판에서 잡수고 계실까?// 모래 나를 때/ 큰 돌이/ 발 위에 떨어지지나 않을까?// 나는 결코 울지 않는다./ 그러나/ 시를 읽으면서/ 내가 쓴 시를 읽으면서/ 나는 눈물이 날 때가 있다.

(4학년, 외국 어린이)

시는 이렇게 쓰는 거라고 설명하는 대신 같이 읽어 보기만 해도 시 쓰기에 도움을 주는 시이다.

어머니

어머니는 리아카 빵 장사를 한다./ 어머니는 동생을 업고 빵 장사를 한다./ 어머니는 빵 장사를 하며 밤을 깎는다.

(경북 영천초 2학년 박진희)

어머니가 '고생하신다.' '불쌍하다.' 는 말 대신 동생을 업고 밤을 깎으며 빵 장사를 하는 어머니의 모습을 '착한 어린이의 눈' 으로 바라보고 '토해 내듯이' 썼다.

비둘기

비둘기가 사뿐사뿐 걸어가면/ 비둘기 머리도 끄덕끄덕거린다.// 사방을 둘레둘레 보다가/ 날개로 배를 한 번 탁 치고는 날아가고// 비둘기 머리가 내려가면/ 꼬랑댕이는 올라간다.

(부산 감전초 6학년 박정하)

이 시를 쓴 아이는 이 시를 쓰기 위해, 한 달 동안 토요일마다 용두산공원을 찾아가서 비둘기를 꼼꼼하게 관찰하였다. 이런 시를 '사생시' 라고 한다. 2연과 3연의 순서를 바꾸면 더 좋겠다.

비둘기

용두산 공원의 비둘기는/ "빨리 콩 줘."/ 하면서 내 봉투 속까지 들여다본다./ 내가 집으로 돌아가려고 하면/ 넉 줄로 나란히 서서/ 머리를 까댁거리면서 따라온다./ 그러면 나는/ "이젠 콩이 없어. 담에 또 올게."/ 하고 타일러 준다.

(2학년 여)

대상과 마주이야기를 하는 형태로 된 시인데, 2학년다운 시가 되었다.

조용한 식사

엄마가 돌아가신 후부터/ 아빠는/ 엄마의 손때가 묻은 네모난 밥상을/ 안 쓰게 되었다./ "이 상에 다 차려 먹자." 하고/ 둥글고 조그만 상을/ 30촉 전등 아래로 들고 온다./ 두 동생과 나는/ 그 상을 둘러싸고 앉아서/ 아빠가 서투른 솜씨로 썰어 놓은/ 단무지를/ 오독오독 씹으면서/ 조용히 식사를 한다.

(6학년 남)

엄마 없이 밥을 먹는 식구들의 모습을 그림 그리듯 보여 주고 있다. 시 어디에도 "엄마가 보고 싶다." "슬프다."는 표현이 없지만, 이 식구 어느 누구라도 툭 건드리기만 하면 울음보가 터질 것 같다.

애국조회

오늘은 학교 운동장에서 애국조회를 했다./ 애국조회에서 까불어 가지고 선생님한테 혼나고,/ 그것도 1번이 아니라 2번이 아니라 3번이 아니라 4번이 아니라 5번이었다.

(서울 묘곡초 1학년 김도현)

도현이가 제목도 없이 쓴 일기를 담임이 제목 붙이고, 줄 바꾸기를 해 주었더니 그대로 시가 되었다. 정말 그날 도현이는 담임교사에게 정확하게 다섯 번을 걸렸다.

또래가 쓴 좋은 시를 맛본 다음에는 간단하게 느낌을 적어 보는 것도 좋다. 나무 잎사귀나 꽃잎, 물고기 모양으로 재미있게 꾸민 색도화지에 짧게 느낌을 써서 게시판에 붙이면 색다른 맛을 느낄 수 있다.

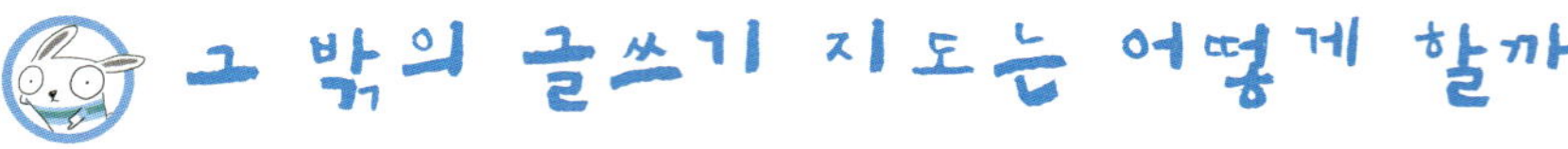

책읽기에 짐이 되지 않는 독서감상문

독서감상문은 감상문, 다시 말해서 느낌글이라고 할 수 있다. 그런데 실제로 독서감상문 쓰는 것을 보면 줄거리 요약하느라 많은 고생들을 하고 있다. 독서감상문을 느낌을 중심으로 쓰게 하자. 줄거리는 느낌을 쓰다가 꼭 소개할 필요가 있을 때나 간단하게 소개하도록 해 보자. 느낌을, 그것도 당당한 자기만의 강한 느낌을 처음부터 드러나게 쓰면 어떨까? 그 느낌의 대표되는 것을 독서감상문의 제목으로 정하고, '〈○○○〉을 읽고'는 딸린 제목(부제)으로 잡으면 모양부터 근사한 독서감상문이 될 것이다.

보통 아이들이 많이 쓰는 독서감상문이 〈독서감상문 1〉 같은 글인데, 〈독서감상문 2〉와 같은 글에 더 가치를 두자. 〈독서감상문 2〉는 책 읽고 나서 동생과 주고받은 이야기를 일기로 쓴 것이다. 일부러 독서감상문으로 쓰기보다 평소에 책을 읽고 난 느낌 따위를 일기장 같은 곳에 간단하게 적어 두는 것이 훨씬 자연스러워 보인다. 독서감상문 쓸 걱정 때문에 책읽기를 소홀하게 되느니 차라리 독서감상문을 안 쓰는 편이 옳다고 본다.

예시 **독서감상문 제목**

> **남아 대장부의 큰 뜻** – 〈임경업 장군〉을 읽고
> **자연과 더불어 살아 봤으면** – 〈말하는 떡갈나무〉를 읽고
> **불행한 사나이** – 〈장발장〉을 읽고

〈독서감상문 1〉 **플루타르크 영웅전**

오늘 플루타르크 영웅전이라는 책을 보았다. 알렉산더는 비록 33세에 죽었지만 세계를 정복하려는 용기가 나를 크게 감동시켰다. 또한 케사르가 로마를 점령하려는 용기가 매우 인상 깊었다. 나도 용감해져야겠다.

(경기 호암초 6학년)

〈독서감상문 2〉 **나폴레옹과 알렉산더 대왕**

익진이가 내가 책을 읽는데 와서 "누나, 나폴레옹이 나쁜 놈이지?" 하고 물었다. 나는, "나폴레옹이 남의 나라 땅을 빼앗아서 누나는 나쁜 놈이라고 생각해." 하고 말해 주었다. 익진이도 내 말에 찬성하면서 "도둑놈!"이라고 했다. 정말 익진이의 말이 맞는 것 같았다. 내가 읽는 책에서 알렉

산더 대왕이 나왔는데, 알렉산더 대왕도 나폴레옹과 똑같은 도둑놈이라고 생각한다. 남의 나라에 쳐들어가고 세계를 정복하려는 허황된 생각을 하는 나쁜 왕이다. 이렇게 남의 나라를 무력을 써서 빼앗는 왕을 훌륭한 위인으로 생각하는 것이 잘못된 것 같다. 나는 나폴레옹과 알렉산더 대왕의 이런 나쁜 점을 본받지 않아야겠다.

(서울 가락초 6학년 장수민)

짧은 동화 한 편을 읽어 주고, 〈독서감상문 3〉과 같은 한 줄짜리 독서감상문을 쓰게 하면 부담스럽지 않아 아이들이 무척 좋아한다. 어떤 아이는 시키지도 않은 그림도 그리고, 시를 쓰기도 한다.

〈독서감상문 3〉 〈겨자씨의 꿈〉을 읽고

- 작다고 까불지 말아야겠다. (이정민)
- 겨자씨는 참 훌륭한 사람이에요. 자기의 꿈도 이루고……. 난 감탄했어요. (채상희)
- 작고 작던 겨자씨 하늘에 닿을 만큼 커졌네. 비웃던 씨앗과 참새들 도움을 청하네. (유재홍)
- 처음에는 겨자씨가 불쌍했는데 끝에 가서는 다른 씨들이 불쌍해졌다. (이제훈)

(서울 성일초 3학년 11반 아이들)

주장하는 글

주장하는 글은 나와 생각이 다른 사람을 설득해서 내가 내세우는 주장에 따라오게 하는 글이다. 그런데 상대가 그럴듯한 명분도 없이 그냥 나를 따라오겠는가? 거기다가 아이들에게 쓰게 한 주제들이 대부분 아이들 체험과 거리가 있는 민족공동체, 자연보호, 금연 같은 것들이었다. 이런 주제가 주어지더라도 아이들 삶을 글 속에 담아내어, "내가 이렇게 저렇게 해 보니 요렇게 좋더라. 그러니 당신들도 나처럼 이렇게 저렇게 해 보시라."처럼 쓰게 이끌어만 준다면 좋겠지만, 어디 그게 쉬운 일인가.

아이들이 날마다 살아가면서 겪는 일 가운데서 너무나 불편한 일, 뜯어 고치고 싶은 일, ○○○에게 꼭 하고 싶은 말 따위를 글감으로 정해서 주장하는 글을 쓰게 하면 아이들 처지에서 주장하고, 내세우고, 설득하고 싶은 것들이 많을 것이다. 쓰고 싶고, 말하고 싶고, 따지고 싶은 것들을 쓰게 하자.

소변기 뚜껑 올리고 오줌 눕시다

우리 옛말에 변소 들어갈 때 마음 다르고 나올 때 마음 다르다는 말이 있다. 이 말이 어울리는 예는 아닌지 모르겠는데 나는 우리 집 남자들에게 화장실 이야기 좀 하겠다.

요즘은 화장실이 수세식이고 깨끗해서 거실에 붙어 있다. 그래서 밤에도, 비 올 때도 화장실 가는 것이 참 편하다. 옛날에는 화장실 가는 것이 귀찮고 무서워서 밤 똥을 닭에게 파는 놀이도 있었다고 한다. 이렇게 편리한 수세식 화장실이 참 찝찝할 때가 있다.

바로 내가, 아니 여자들은 모두 그럴 것인데, 오줌 눌 때이다. 남자들이 그냥 서서 오줌을 누니까, 양변기의 조그만 뚜껑을 올리고 누면 될 텐데 그냥 뻣뻣하게 서서 누니까 옆으로 튀어서 그 다음에 들어가는 여자는 위에 앉아야 되는데, 축축하고 또 그게 바로 남의 오줌이니까 얼마나 더럽겠노.

그 다음에 꼭 여자가 들어가지 않더라도 다시 아까 그 사람이 들어가서 똥을 누려면 자기도 앉아야 되는데 그 생각은 왜 못할까?

전에 엄마가 백화점에 가서 천으로 된 끼우개를 사 와서 끼운 적이 있다. 처음에는 예쁘고 앉으면 폭신해서 좋았는데 우린 빼 버렸다. 처음 한두 번은, 그 위에 오줌이 튀어 가니까 축축하게 젖어서 없는 것이 좋겠다는 결론이 나와서다. 화장실 청소를 해도 냄새가 나는 것은 이렇게 묻지 않아야 할 곳에 오줌이 묻어 있으니까 그럴 거다.

바로 1초만 허리를 굽히고 그걸 위로 올린 뒤에 오줌을 누든지, 똥을 누고 나올 때 그 뚜껑을 올려놓고 나오면 오줌이 묻지 않을 것이다. 내 생각에는 늘 뚜껑을 열어 놓는 것보다는 평소에는 닫아 놓았다가 오줌을 눌 때 위로 모두 올리고 누고, 그 뒤에 닫는 것이 보기에 좋겠다.

가족끼리 사는 데서도 안 고쳐지면 여러 사람이 쓰는 데 가서 더럽다고 어떻게 욕을 할 수 있겠나.

제발 이 버릇을 고쳤으면 좋겠다. 오줌이 급한데도 휴지 뜯어서 닦고 그러고 앉아서 오줌을 누려면 얼마나 짜증이 나는지 모른다. 좀 부끄럽지만 전에 한 번은 오줌을 닦고 앉을라고 하다가 팬티에 오줌을 싸 버린 일도 있다.

(부산 대신초 6학년 신은진)

그 밖에 좋은 주장하는 글쓰기 글감으로 '우리 동네에 서점 좀 세웁시다.' '공중도덕의 시험장인 우리 동네 놀이터' '수영장을 더럽히지 맙시다.' '공터에 축구 골대를 세워 주세요!' '부부 싸움 하실 땐 창과 문을 닫고 합시다.' '담장을 허물자.' 등이 있다. 쓸거리가 이렇게 많은데, 그동안 아이들이 체험과 거리가 먼 글감으로 글을 쓰느라 얼마나 고생이 많았겠는가? 겪은 일 쓰기는 이래서 모든 글쓰기의 밑바탕이요, 출발이기도 한 것이다.

글쓴이 · 도움 주신 분들 김익승 | 서울 화양초 교사

삶이 담긴 시 쓰기로 아이들 마음 가꾸기

김권호 | 서울 일신초 교사

우리 반은 토요일 쓰기 시간을 쪼개서 시를 쓴다. 어떤 시인이 아이들과 함께 토요일마다 시를 쓴다는 이야기를 듣고 그 흉내를 내는 것이다. 물론 이런저런 일로 못 쓰게 될 때가 더 많다. 그러니 한 달에 한두 번 꼴이 되기 쉽다. 학교행사나 학급행사도 있고, 쓰기 교과서 진도도 나가야 하기 때문이다. 아예 한동안 시 쓰기를 쉬기도 한다. 교과서를 살펴보면 시 쓰기가 자주 나온다. 그런데도 나는 정작 별다른 지도도 없이 "그냥 써 보자." 할 때가 많다. 시 쓰기를 어떻게 지도해야 할지 잘 모르기도 하지만 교사용 지도서에도 무슨 특별한 방법 같은 것이 나와 있지 않다. 그저 단계별로 따라서 시키는 대로 써 보라 할 뿐이다. 그러나 교과서가 지시하는 대로 기계적으로 시를 쓰는 것은 시를 싫어하게 되는 지름길이다. 그럴 때 아이들은 어른 동시인이 쓴 동시를 흉내 내는 걸 시라고 쓰게 된다. 그래서 어떻게 하면 아이들이 교과서 동시를 흉내 내지 않고 제 삶을 떳떳하게 여기고 제 말로 제 마음을 표현하며 당당하게 살아가게 할 수 있을까 고민하면서 몇 가지 방법을 써 보게 되었다.

교실에서 시를 쓰라고 하면 대체로 아이들은 금방 다 썼다 하고 장난을 치며 시끄럽게 떠든다. 그래서 줄글 쓰기보다 시 쓰기를 좋아하는 아이들도 있다. 얼른 쓰고 놀 수 있기 때문이다. 그렇게 쓴 시들은, 정해진 틀을 만들고 거기에 알맞게 말 바꾸기 한 게 대부분이다. 아이들이 교과서에서 만나는 동시라고 하는 것들이 대체로 이런 형식이다. 아이들이 그걸 흉내 내서 쓴 것이다. 만약 비를 글감으로 썼다고 하면 '오늘 비가 주루룩 오네/ 주루룩 주루룩/ 비가 차갑네// 오늘 비가 죽죽 오네/ 죽죽죽죽/ 비가 차갑네/ 아이, 추워' 같이 반복되는 말을 넣어 말 바꾸기 하는 경우가 그렇다. 또한 '구름은 요술쟁이' 같은 '-쟁이'를 넣어서 허황된 말장난을 하기도 한다. 게다가 이미 틀에 박힌 표현이어서 새로움이라고는 느껴지지 않는 소리시늉말이나 짓시늉말을 쓰는 경우까지 있어 아이들이 시를 단단히 오해하고 있음을 느낄 수 있다.

구름은 늘 '뭉게뭉게'고, 별은 늘 '초롱초롱'이며, 시냇물은 그 오랫동안 '졸졸'로만 흐른다. 더욱이 3학년 쓰기 교과서가 제시하듯이 '시를 재미있게 써 봅시다.'라는 목표에 충실하다가는 정말이지 아이들에게 '시는 말장난이구나.'라는 착각만을 심어 주게 될 것이다. 초등학교에 들어온 1학년 아이들은 처음 배우는 시를 통해서 문학의 감동을 느끼는 게 아니라 언어 기능 향상이라는 허울 좋은 이유로 '흉내 내는 말 찾기'나 하고 있다. 그러니 아이들이 오해할 수밖에 없다. 시는 말장난이라고.

그래서 우리 반은 토요일 시를 쓰기 전 운동장으로 나가든, 둘레에 있는 논을 둘러보든, 오산천 산책을 하든 체험을 먼저 해 본 다음, 제 체험의 깊이만큼 제 오감으로 받아들이고 느낀 만큼 시를 쓸 수 있도록 지도한다. 체험을 바탕으로 시를 쓰면 초등학교 시 쓰기에 가장 큰 문제로 지적되는 말장난, 말 바꾸기가 자연스럽게 사라지기 때문에 좋다. 오히려 줄글처럼 자세히 쓰려고 해서 늘어지는 게 걱정이지 말장난은 없어진다.

물론 시의 운율은 시를 이루는 중요한 요소이며, 그게 어느 정도 말장난과 통하는 부분이 있는 걸 인정하지 않을 수 없다. 그러나 시가 아이들 곁에서 살아남으려면 어느 정도 운율성을 희생하고라도, 시에 아이들 삶이 담겨야 한다. 그러기 위해서는 무엇보다 시가 말장난이거나 시늉말 흉내 내기라는 잘못된 생각을 바꿔야 한다. 그 다음에 운율이든 리듬이든 가르칠 수 있는 것이다.

체험하고 시 쓰기

예시 1 ■ 비 맞기 그리고 시 쓰기

마침, 비가 내린다. 비를 몸으로 느낄 수 있는 좋은 기회다. 밖으로 나간다. 산성비라 차마 흠뻑 젖을 정도로 맞아 보라는 말은 못하고, 우산을 한동안 젖히고 비를 조금만 맞아 보라 한다. 내가 학교 다닐 때는 자주 비를 맞으며 다녔고, 그것도 나름의 '낭만'이 있었는데 요즘은 낭만이 아니라 재앙이다. 대머리 될 각오하고, 산성비에 머리 빠질 각오해야 비를 맞을 수 있다. 그래도 조금은 아이들과 맞아 본다. 운동장을 크게 한 바퀴 돌며 얼굴에 떨어지는 빗방울도 느껴 보고, 물렁해진 흙도 밟으며 그 느낌을 몸으로 익히고, 고개를 들어 은행나무 잎들도 보고 거기에 매달린 빗방울도 본다. 우산 하나에 서너 명 아이들이 매달려 오종종 비를 피하며 가는 모습도 아름답다. 물웅덩이마다 찰방거리며 물을 발로 걷어차며 장난치는 모습도 예쁘다. 아이들은 비를 맞으면서 무엇을 느낄까. 느낀 만큼, 제 오감으로 받아들인 만큼 시로 써낼 수 있을 것이다. "감각에 들어오는 것, 감각으로 보고 듣고 느낀 것을 붙잡도록 해야 한다. 이게 시 지도에서 기본이다."라고 이오덕 선생님이 말씀하셨는데, 교사인 나도 그걸 가르칠 능력이 턱없이 부족하고, 우리 반 아이들도 아직 많이 부족한 편이다. 그래도 교실 밖으로 나와 좀 더 자연에 가까이 다가가는 건 언제나 즐겁기만 해서, 잠깐 운동장에 나갔다 들어왔는데도 기분이 한결 좋아진다. 그렇게 쓴 시이다.

비

비가 온다./ 모래를 밟으면/ 찰그락찰그락/ 진흙들은/ 묻컹묻컹/ 머리에 한 방울/ 맞으면/ 온 세상 복잡한 일/ 씻겨진다. (임선재)

비

비를 맞아 봤다./ 그런데 머리가 젖었다./ 땅도 밟았다./ 땅이 질어서 발이 푹 빠졌다./ 신발에 흙이 잔뜩 묻었다./ 그래서 물에 신발을 살짝 놓고 흙을 없앴다. (최은빈)

예시 2 ■ 오산천 산책하기 그리고 시 쓰기

우리 학교 둘레에는 오산천이라는 하천이 흐른다. 이 하천 둘레로 산책로가 만들어져 있고, 물이 흐르고, 모래사장이 있고, 뚝방에는 이런저런 들풀이나 들꽃들이 자라고 있다. 또 바로 옆으로는 논이 넓게 펼쳐져 있다. 수확할 때쯤이면 논 사이로 난 좁은 길은 그야말로 황금빛 물결로 아이들 눈높이에서 찰랑거린다. 세상의 어떤 길보다도 아름답다. 공부하다 아이들이 지쳐 보이거나, 산만해져서 더 이상 공부를 진행하는 게 의미가 없다 싶을 때 나는 아이들을 끌고 오산천으로 나간다.

풀이 죽어 있던 아이들이 오산천으로만 나오면 얼마나 생기가 넘치는지 모른다. 모래사장에서 뛰어다니며 장난치며 씨름을 하는 아이들, 소금쟁이 같은 것을 잡아서 머리를 맞대고 앉아 관찰하는 아이들, 모래를 한 움큼 주워 물에 흩뿌리는 아이들, 그저 흐르는 물만 조용히 바라보는 아이들, 흐르는 바람을 제 뺨으로 온전히 맞으며 느끼는 아이들, 토끼풀로 꽃반지를 만들어 서로 제 것이 예쁘다고 뽐내는 아이들, 저마다 제멋대로 논다. 자연은 무궁한 놀잇감을 가지고 있다. 바람 많이 부는 날 오산천 나들이 다녀온 다음 쓴 시이다.

갈대

바람이 불면/ 갈대들은/ 한들한들/ 움직이고/ 바람이 안 불면/ 가만히 있는다. (박남규)

바람

바람은 세다./ 어디에서 시원원 하고/ 날아와서는/ 나무들을/ 흔들리게 한다.// 바람은 튼튼한/ 나무들도 이리저리/ 흔들리게 한다. (이현지)

시 맛보기 그리고 시 쓰기

낮은 학년일수록 체험한 뒤 시를 쓸 때 훨씬 생생하고 좋은 시를 얻을 수 있다. 그러나 모든 시 쓰기가 당장 체험을 하고 써야만 한다면 지도하는 사람 처지에서는 부담이 크다. 학교 안에서 아이들이 체험할 수 있는 것도 한정되어 있다. 그리고 시를 쓰기 위해서 체험을 한다는 게 뭔가 앞뒤가 안 맞는다고 생각할 수도 있다. 체험을 하면서 느끼고 보다가 어느 순간 쓰고 싶을 때 쓰는 게 시가 되어야 하는데, 거꾸로 시를 쓰기 위해서 억지로 체험을 만드는 꼴이 되기 쉽다는 말이다. 그렇다면 어찌해야 할까.

사실 나도 잘 모르겠다. 단지 경험으로 확신할 수 있는 것은 낮은 학년일수록 아이들은 체험을 하고 글을 쓸 때 더 생생하고 감각을 살린 글을 써낸다는 것이다.

그렇다면 아무 체험도 없이 시를 써야 하는 때는 어떻게 지도해야 할까? 그냥 글감을 던져 주거나, 자기가 알아서 시를 쓰라고 해야 할까? 내 경험으로는 이렇게 하면 좋은 시가 나오지 않는다. 동기 유발을 위해서라도 뭔가 이루어져야 한다. 이때 주로 쓰는 방법인데, 대부분 글쓰기 지도하는 선생님들이 다 이렇게들 하시는 줄 알고 있다. 맛보기 시를 읽어 주고, 비슷한 경험이나 체험이 있으면 그걸 끄집어내어 되겪어 보기를 해 보고 시를 쓰는 것이다. 물론 당연하게도 맛보기 시와 비슷한 글이 많이 나오는 게 단점이다. 하지만 아이들마다 제 나름으로 비슷한 체험을 그리 어렵지 않게 찾아낼 수가 있어서 글감 찾기를 어려워하는 낮은 학년에게는 어느 정도 도움이 되는 방법이다.

그런 생각으로 《일하는 아이들》(농촌 어린이 시집, 이오덕 엮음, 보리)에 수록된 〈눈물〉이라는 시를 맛보기 시로 읽어 보았다.

눈물

아침을 먹다가/ 동생이 날 보고 머라 해서/ 눈물이 나온다./ 어머니가/ "눈물도 썩어 빠졌다./ 고마 눈을 콱 쑤셔 불라."/ 하니 할머니가/ "눈을 쑤시면 눈물이/ 더 나오라고?" 하신다./ 나는 눈물이 썩어 빠졌다. (안동 대곡분교 3년 남경자)

시를 함께 소리 내어 읽어 본 다음 자신에게 비슷한 경험이 있는지 생각해 보게 했다. 그리고 비슷한 경험을 마음속에서 찾아냈으면 일이 일어난 처음부터 끝까지 되겪어 보기를 하게 했다. 예시글이 알맞으면 대체로 아이들은 수준에 걸맞는 시를 써낸다. 솔직하게 말하자면 좋은 맛보기 글은 어정쩡한 선생의 쓸데없는 잔소리보다 몇 배나 훌륭한 결과를 가져온다. 그러나 무엇보다 중요한 것은 아이들이 제 마음에 묻어 둔 경험을 부끄럽다 여기지 않고 글로 꺼낼 수 있는가, 라는 문제다. 아무리 훌륭한 '글짓기' 방법을 가진 교사라 하더라도 마음의 문을 열지 못하면 아이들은 제 삶이 드러난, 제 삶을 가꾸는 글을 쓰지 않는다. 그렇다면 결국 아이들의 삶이 드러난 시 쓰기는 교사와 아이의 관계의 질에 달려 있다고 볼 수 있다. 아이들이 마음을 열고 솔직하게 자신을 드러내면 성공하는 것이고 꽁꽁 마음의 문을 닫고 말장난이나 기교를 부리는 쪽으로 흐르면 실패할 것이다. 나는 과연 성공한 교사로 남을 수 있을까. 혜정이가 쓴 시이다.

눈물이 날 때

내가 학원 갔다 와서/ 구몬을 하고 있는데/ 엄마가 구몬 그만 하고/ 예운이를 보라고 했다./ 나는 구몬 다 하고/ 본다고 하는데/ 엄마가 그냥 예운이를/ 보라고 했다./ 그래서 내가 구몬 다 하고/ 본다니까 화를 내면서/ 욕을 했다./ "이 기지배야! 엄마가 보라면 볼 것이지/ 엄마 말을 안 듣고 있어." 하면서/ 머리를 꽉 쥐어박았다./ 너무 아팠다./ 그 순간에 나는 속이 팍 상하면서/ 눈물이 나왔다. 그래서/ 할 수 없이 구몬을 그만 하고/ 예운이를 봤다. 엄마가 빨래를/ 다 하고 나와서 나는 예운이를/ 그만 보고 빨리/ 구몬을 했다./ 구몬을 하고 있는데/ 엄마가 "이놈의 기지배 그렇게/ 한 번에 예운이 보면 얼마나 좋아."/ 그러면서 예운이랑 잠을 잤다./ 나는 눈물이 나오는 걸 꾹/ 참고 구몬을 했다. (김혜정)

※ 이 글은 필자의 전임지인 충북 음성 대소초등학교에서의 이야기입니다.

02

삶을 가꾸는 일기 쓰기

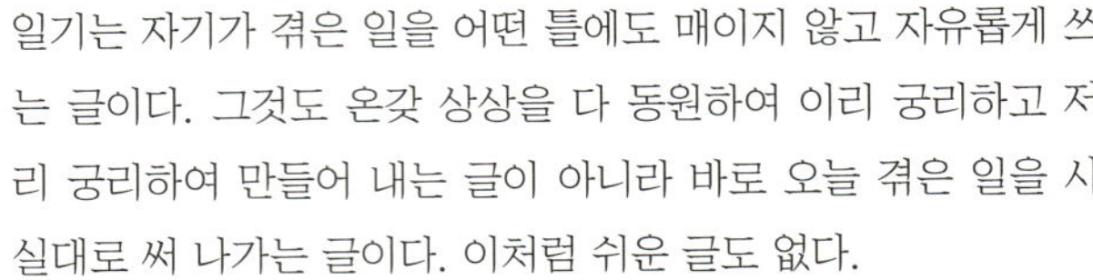

일기는 자기가 겪은 일을 어떤 틀에도 매이지 않고 자유롭게 쓰는 글이다. 그것도 온갖 상상을 다 동원하여 이리 궁리하고 저리 궁리하여 만들어 내는 글이 아니라 바로 오늘 겪은 일을 사실대로 써 나가는 글이다. 이처럼 쉬운 글도 없다.

그런데 아이 어른 할 것 없이 일기 쓰기를 짐스러워한다. 초등학생은 검사만 없으면 당장 일기장을 내던져 버린다. 중 · 고등학생은 공부하느라 일기를 아예 뒤로 미루어 놓았다. 대학생은 취업 준비에 바빠서 잊어버렸다. 어머니, 아버지도 회사일, 집안일이 바빠서 일기장을 밀어내 버렸다. 생각해 보니 일기에 대해서는 초등학교 때 지겹게 쓴 기억뿐이다. 그렇다면 이런 참담한 결과가 뻔한데 왜 일기 쓰기 지도에 우리는 그토록 매달리고 있는 것일까?

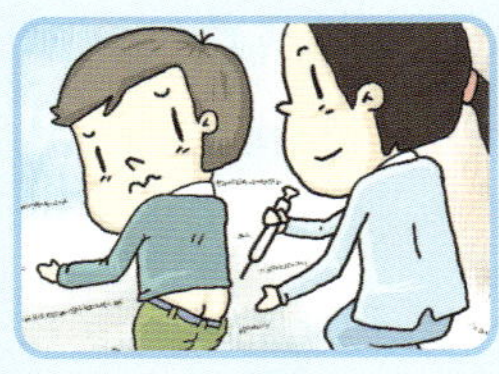

교육이란 기대치가 있어야 하는 것이다. 일기 쓰기는 아이들의 삶을 가꾸는 데 도움이 된다. 아이들은 하루 동안 어른들 눈에 잘 보이지 않는 것들을 알게 모르게 겪으며 조금씩 자란다. 일기 쓰기에 덧씌어 놓은 어른들 생각을 조금만 걷어 내고 보면, 삶을 가꾸는 한 방편으로 일기 쓰기는 여전히 의미 있는 활동이다. 아이들은 일기를 쓰는 동안에 마음속에 뭉쳐 있던 응어리를 풀고 어른들이 보지 못한 아이들 사정과 속마음을 풀어놓게 된다. 글과 삶이 따로가 아니라는 생각, 거기서부터 일기 쓰기를 지도하기 위한 지혜를 찾아야 한다.

일기 쓰기를 어렵게 하는 것들

글쓰기 공부, 국어 공부가 아니다

글자나 글쓰기를 익히기 위해 일기를 쓴다는 생각을 버려야 한다. 일기를 쓰면 글을 쓰는 힘이 생긴다는 말은 사실이다. 또 글자도 익히고 어휘 활용 능력도 늘어나서 국어 공부에 도움이 된다. 그렇지만 이는 일기를 쓰면서 자연스럽게 얻어지는 것이지, 목표여서는 안 된다. 일기를 쓴 지 겨우 일주일이 되는 1학년 아이의 일기글을 한 편 읽어 보자.

기분 나쁜 날

오늘 피아노에 가서 내 책에 낙서해서 그래서 선생님한태 맛지 안고 벌만 섰다. 그래서 나는 기쁘지 아났다. 그래서 친구들과 언니들이 놀렸다. 나는 친구들이 웃으니까 웃지 마라고 말했다. 그래서 나는 개속 참고 있는데 작꾸만 놀렸다. 그래서 난중에 언니들이 와서 웃었다. 그래서 나는 웃지 마레 했다. 그러면 우리 아버지한태 일은대 했다. 그래서 난중에 내가 울었다. 그래서 선생님이 손 내라 했다. 피아노 선생님이 두 명 있는대 머리 긴 선생님도 있고 머리 잡은 선생님도 있었다. 그래서 머리 잡은 선생님이 오라 했다. 그래서 나는 왔다. 그래서 책에 낙서하지 마라 했다. 그래서 나는 책에 낙서 안 하겠습니다 하고 말했다. 그래서 피아노 치고 머리 긴 선생님이 왜 우노 했다. 그래서 나는 말하지 안고 머리 잡은 선생님이 말했다.

(1학년 김보련)

'그래서' 라는 말이 무려 14번이나 들어갔다. '그래서' 가 꼭 들어가야 할 곳은 한 군데도 없다. 완전히 군더더기 말이다. 이것 큰일 났구나, 이어 주는 말을 가르쳐 주어야겠구나 하고 서둘러 친절하게 국어 공부를 시작했다면 당장 그 뒷날부터 '그래서' 를 쓰지 않게 바로 잡을 수는 있을 것이다. 그러나 신나게 일기 쓰기를 시작하려는 마음에 주눅이 들게 해 버리고 말 것이다. 맞춤법 지도도 마찬가지이다. 작은 것을 얻으려다 싹을 뿌리째 뽑아 버리고 마는 무서운 일이, 일기를 국어 공부의 수단으로 삼는 일이다.

맞춤법 공부도 중요하고 글쓰기 공부도 중요하다. 그렇지만 그것은 다른 자리에서 공부해야지 일기장 어깨에 겹겹으로 얹어서 일기장을 뒤뚱거리게 하지 말 일이다.

특별한 일만 쓰면 안 된다

일기감 지도를 어떻게 하고 있는가? 하루 일 가운데서 아주 인상 깊은 일, 즉 특별한 일을 골라잡아 쓰라고 한다면 이 또한 일기를 애물단지로 만드는 아주 큰 걸림돌이다.

날마다 되풀이되는 일상에서 특별한 일을 찾아내기란 쉬운 일이 아니다. 도대체 무엇이 특별한 일인가? 일기장을 내어 놓고 아무리 생각해도 밥 먹고 학교 가서 공부하고 이런 일들만 떠오른다. 그런데 이런 글을 써서는 선생님이나 부모님에게 야단을 맞는다. 아이들이 일기 쓰기에 재미를 붙이지 못하고 짐스러워하는 큰 까닭이 여기에 있다.

아이들은 특별한 일이 일어난 날이면 오히려 일기를 잘 쓰지 못한다. 큼직한 글감이 있어서 일기를 잘 쓰겠지 하고 생각한다면 아이들을 너무 모르는 것이다. 일기를 옳게 지도해 보지 않은 사람이다. 집안에 잔치가 있으면 들뜬 분위기 때문에 차분하게 일기로 나타낼 시간도 없고 그럴 마음도 나지 않는 게 당연하다. 식구들과 여행을 해도 마찬가지다. 특별한 일이 일어나지 않는 일상 가운데서만이 차분하게 글감을 골라서 자세히 잘 쓸 수 있다는 것을 알아야 한다.

그렇다면 일기 쓸 글감을 잡기 위해 어떤 잣대를 주는 게 좋을까?

첫째, 누군가에게 들려주고 싶은 이야기를 글감으로 잡도록 한다. 아이들은 쉴 새 없이 이야기를 한다. 공부 시간에도 손바닥을 맞아 가면서 짝과 이야기를 한다. 그만큼 누군가에게 들려주고 싶은 이야기가 많다는 것이다. 그것을 글감으로 쓰도록 지도하면 된다. 집에서는 학교에서 있었던 이야기를 들어 주고, 학교에서는 선생님이 아이들의 이야기에 귀를 기울여 준다면 그것만으로 좋은 일기 쓰기 지도이다. "그 이야기 일기 쓰면 되겠다." 이야기를 듣다가 이렇게 말해 준다면 더욱 좋겠다. 아이들은 누구에게 들려주고 싶은 이야기는 많은데 그것을 글감으로 잡아 쓸 줄은 잘 모른다.

평소에 아이들이 써낸 일기들을 적절히 뽑아 묶으면 고스란히 학급문집이 된다. 그러나 문집에 담아낼 일기를 학기 말에 한꺼번에 뽑아내는 것은 쉬운 일이 아니다. 어차피 날마다 일기 '검사'를 하니까 그때마다 제 삶을 솔직하게 드러낸 글, 부끄러운 걸 숨기지 않고 쓴 글과 같은 '좋은 글' 옆에 표시를 해 두고 바로 컴퓨터에 입력해 두자. 날마다 '좋은 글'이 나오는 것이 아니기 때문에 일주일에 두세 차례씩 5분 정도만 시간을 들이면 된다. 아이들 글은 대개 짧기 때문에 한 편을 치는 데 5~10분이면 충분하다.

둘째, 남에게 들려주기 싫은 창피하고 부끄러운 이야기를 글감으로 잡도록 한다. 실수한 일, 창피스러운 일, 부끄러운 일, 잘못한 일, 비밀스런 일 따위를 글감으로 잡아 쓰도록 한다. 이는 일기를 쓰는 아이와 일기를 보는 어른들 사이에 탄탄한 믿음이 없으면 안 될 일이다. 어떤 이야기도 일기로 쓸 수 있는 그런 환경을 먼저 만들어야 한다.

셋째, 억울하고, 답답하고, 괴롭고, 속상하고, 슬픈 이야기를 글감으로 잡아 쓰도록 한다. 억울한 일이 있으면 억울하다고 쓰고, 가슴이 답답하면 답답한 이야기를 거짓 없이 쓰면서 자라나야 한다. 그것이 아이를 살리는 교육이다.

그 밖에도 학년에 맞게 글감 고르는 잣대를 줄 수 있다. 가장 중요한 잣대는 누구에게 들려주고 싶은 이야기와 들려주기 싫은 이야기이다. 이 두 가지 잣대만 잘 써먹어도 얼마든지 일기 쓸 글감을 잘 잡을 수 있다.

일기 분량에 얽매이지 말자

반드시 길게 쓴 일기라야 잘 썼다고 할 수는 없다. 한두 줄을 써도 하고 싶은 말을 다 쓰면 된 것이다. 이 '길게 쓰라.' 는 말이 어머어마한 짐이 되어 아이들의 어깨를 무겁게 하고 있다. '길게 쓰자.' 가 아니라 '자세히 쓰자.' 고 말해야 한다.

일기를 자세히 쓰는 공부를 할 때는 날씨를 자세히 쓰는 방법부터 시작하는 게 좋다. 맑음, 흐림, 갬, 비, 눈 가운데서 사지선다형 답 고르듯이 골라잡아 쓸 것이 아니라 하루의 변화무쌍한 날씨를 문장으로 나타내도록 한다.

· 아침에 일어나니 마당에 있는 대야에 물이 꽁꽁 얼었다. 낮에는 조금 따뜻했지만 저녁에는 다시 추웠다.

사건을 쓸 때도 자세히 쓰도록 한다.

· 오늘 누나하고 싸워서 어머니한테 맞았다.
· 나는 오늘 병원에 가서 마구 설쳤습니다. 그래서 간호사 누나에게 야단을 맞았습니다.
· 오늘 어머니가 굉장히 웃겼습니다. 나는 너무 우스워서 눈물이 나올라 그랬습니다.

재미있었다가 아니라 재미있었던 이야기를 쓰도록 한다. 우스웠다가 아니라 우스웠던 이야기를 그대로 자세히 옮겨 보도록 한다. 설쳤다가 아니라 설치는 모습이 눈에 보이듯이 써야 한다. 간호사 누나에게 야단을 맞는 장면이 눈에 보이게, 그리고 간호사 누나가 야단치는 말도 그대로 기억해서 쓰는 것이 자세히 쓰기이다.

일기 자세히 쓰기에서 또 한 가지 중요한 것은 일기 쓰는 시간이다. 일기를 자세히 쓰자면 시간이 많이 걸린다. 아무리 자세히 쓰는 힘이 있는 아이도 짧은 시간 안에 일기를 쓴다면 얼렁뚱땅 쓰지 않을 수가 없다. 그러니 적어도 30분 정도는 지긋하게 앉아서 일기를 쓰라는 지도가 자세히 쓰기와 늘 붙어 다녀야 한다.

일기 쓰는 시간은 따로 없다

일기는 하루 일을 반성하는 글이기 때문에 하루 일을 마감하는 밤에 써야 한다는 생각이 또 일기를 못 쓰게 하는 네 번째 걸림돌이다.

저녁밥도 먹고, 숙제도 다 하고, 텔레비전도 실컷 보고 하여 하루 일을 다 마쳤다. 이제 일기 쓰고 잠만 자면 그야말로 오늘은 끝이다. 제 방에 들어가서 일기장을 펼친다. 다음 차례인 잠이 달콤하게 유혹한다. 이불 밑에 들어가고 싶을까, 일기를 쓰고 싶을까? 물어보지 않아도 뻔한 일이다. 잠과 일기를 싸움시키면 백전백승 잠이 이긴다. 가장 좋은 시간은 학교에 갔다 집에 들어온 때이다. 숙제를 먼저 하든지 숙제에 이어서 하든지 그 시간이 좋다. 하여튼 잠이 와서 눈을 거물거물하면서 써서는 일기가 정나미가 떨어지는 일이 되고 말 터이다. '잠자기 전에 쓰지 말 것' 과 '충분한 시간을 갖고 쓰자.' 는 두 가지 조건에 맞추어 보면 일기는 저녁을 먹기 전에 쓰면 가장 좋을 듯하다. 이 원칙이 몸에 배도록 해야 한다.

꼭 반성만 쓸 필요는 없다

일기 끝에 반드시 다짐이나 반성을 쓰도록 하면 그것이 또 하나의 틀이 되어서 일기 글감을 고르는 것도 어렵게 된다. 뿐만 아니라 생각에도 없는 거짓 글을 쓰게 되는 결과를 가져오고 만다. 백 번 천 번 착한 사람이 되겠다고 다짐하는 글을 쓴들, 그것이 속마음과는 다른 거짓이라면 아무런 소용이 없다. 요즘 사람들이 흔히 자신의 속마음과 다른 그럴듯한 입에 발린 말을 많이 한다고 하는데 이와 크게 다르지 않다.

일기의 생명은 뭐니 뭐니 해도 '정직' 이다. 선생님에게 억울하게 꾸중을 들었다면 선생님이 미워야지, 왜 '우리를 위해 애쓰시는 선생님 말씀을 더욱 잘 듣겠다.' 가 되어야 하는

가? 그렇게 쓰는 아이는 그 일기를 씀으로 해서 억울한 마음이 어느 정도 가라앉기는커녕 도리어 선생님이 싫어질 수밖에 없다. 억울하면 억울하다, 미우면 밉다, 이해할 수 없다면 이해할 수 없다고 솔직하게 쓸 때 비로소 쌓이거나 억눌린 감정이 풀려난다. 그것이 삶을 가꾸어 가는 일이 된다.

어린이 인권의 측면에서 교사가 아이들의 일기를 검사하는 것은 한 번 생각해 볼 문제이다. 일기는 어디까지나 사생활의 영역이므로 아이들의 일기라고 해서 어른들이 그것을 읽을 권리는 없다. 더불어 아이도 교사나 부모에게 일기를 보여 줘야 할 의무도 없다. 교사는 일기 쓰기 지도를 하기 전에 아이들에게 '숨기고 싶은 점이 있을 때는 일기를 보여 주지 않아도 될 권리'가 있음을 알려 주어야 한다. 이를 위해서 일기장을 낼 때 선생님이 보지 않았으면 하는 일기에는 별표를 해 놓는다든가 다른 종이로 덮개를 씌워 놓는 방법을 생각해 볼 수 있다.

생각해 봅시다

생각이나 느낌을 많이 쓰는 일기

아이들의 일기를 보면 어떤 날은 있었던 사실을 죽 늘어놓다가도 또 어떤 날은 자기의 생각을 많이 쓰는 때도 있다. 아이들은 억지로 강요하지 않더라도 생각이나 느낌을 꼭 써야 할 때는 쓴다는 이야기이다.

사실을 쓰는 일기가 왜 가치가 없다는 말인가? 어떤 사실을 사실로서 써야지 반드시 자기의 생각을 쓸 것을 전제로 쓴다면 사실을 충실하게 쓰지 못하게 된다. 어디까지나 일기는 겪은 일을 중심으로 쓰는 사실 기록이다.

반장, 부반장 뽑기

오늘 반장과 부반장 뽑기를 했다. 나도 나갔다.

"복도에서 뛰지 않고 공부도 잘하겠습니다."

나는 이렇게 말했다.

나와 전유리나와 진호 다른 사람도 다 안 됐다. 우리는 다시 선거를 했다. 이번에는 진호와 유리나와 내가 나갔다. 진호는 15점이고 유리나는 11점이고 나는 5점이었다. 이제 진호가 반장이다. 나는 내가 뽑히지 않았는데 진호가 반장이다. 여자 부반장에 나도 나왔다. 나는 말을 했다. 공부도 잘하고 선생님 말씀 잘 듣겠다고 했다. 또 나는 안 뽑혔다. 여자 부반장은 또 현아다.

(1학년 이지선)

반장에 못 뽑혀서 섭섭하다는 생각이 바탕이지만 정작 섭섭하다는 낱말은 어디에도 없다. 사실을 그대로 썼을 뿐이지만 우리는 지선이의 마음을 읽을 수 있다.

일기장 형식에 얽매이지 않도록

일기를 어떤 공책에 쓰게 하든 그게 일기 쓰기와 무슨 관계가 있겠는가 생각할 수도 있다. 그렇지 않다. 틀을 만들어 놓아 아이들의 생각을 틀 속에 가두어 버리는 '일기장' 에는 일기를 쓰도록 하지 말 일이다.

문구점에서 파는 '일기장' 을 살펴보면 아주 괴상하고 복잡하게 틀을 만들어 놓았다. 그 틀이 문제다. 아래위로 복잡하게 만들어 놓은 틀이 거의 반쪽을 차지하고 있다. 규칙에 맞는 생활을 하도록 한다고 만들어 놓은 '일어난 시각과 잠잔 시각' , 착한 어린이로 이끌겠다고 마련한 '오늘의 착한 일, 오늘의 반성,' 계획 있는 생활을 하라고 '내일의 할 일' 따위를 만들어 놓은 칸들은 아이들을 질리게 하기에 충분하다.

아이를 기계로 만들려고 하지 않는다면 전부 필요 없는 잡것들이다. 아이들이 어찌 기계처럼 일어난 시각과 잠잔 시각을 날마다 새겨 가면서 적을 수 있단 말인가. 설령 그럴 수 있다고 해도 아무짝에도 소용없는 일이다. 그렇게 가르칠 필요가 전혀 없다. '오늘의 착한 일, 오늘의 반성, 내일의 할 일' 은 문제가 더 크다. 마음을 다잡아 일기를 쓰고 난 뒤 또 반성을 하고 착한 일 한 것을 쓰라는 말인가.

어른들이 먼저 일기 쓰는 모습을 보여 주자

교육은 말로 되지 않는다. 머리로 가르친다고 되지 않는 게 교육이다. 가르치고자 하는 사람이 몸으로 보여 주는 것만이 가장 확실한 방법이다. 교육에는 왕도가 없다고 하는데, 없는 게 아니라 있다. 몸으로 본을 보여 줄 때 그것이 가장 확실한 왕도이다. 몸으로 보여 줄 때 거기에는 감동이 있다. 감동이 있어야 힘이 있고 설득력이 있다. 자기는 일기 한 장 쓰지 않으면서 선생이고 부모라는 자리 하나로 아이들에게 일기를 쓰게 할 수 있다고 생각한다면 그것은 산에서 물고기를 찾는 어리석음에 다름 아니다. 이건 허황된 망상이고 잠꼬대이다.

만약 아이가 그토록 가치가 있는 일기를 왜 선생님은 혹은 아버지, 어머니는 쓰지 않는가 하고 물으면 무엇이라고 대답하겠는가? 아이가 직접 이렇게 묻지 않더라도 심정으로는 그렇게 묻고 있다고 보아야 한다. 나도 초등학교에 다닐 때는 일기를 많이 썼다. 이렇게 대답할 수밖에 없겠지. 그렇다면 일기는 무엇인가? 초등학교 시절에나 쓰는 게 일기가 되어 버리고 만다. 아이는 얼른 커서 어른이 되면 그 지겨운 일기 쓰기에서 벗어나는구나 하고 생각하고 말겠지. 지금의 어른들도 그렇게 알고 자랐다. 그래서 어른이 된 지금 일기를 훌훌 가볍게 털어 버린 것이다. 그러면서도 머지않아 내버리고 말 일기를 너는 아이이고 나는 어른이라는 이유 하나로 짐을 지우고 있다. 어디 일기가 복수의 도구인가? 이 아이들도 어른이 되면 또 그렇게 가르치겠지.

잘못된 교육은 이처럼 무서운 악순환을 가져온다. 언제나 제자리이다. 고무줄 교육이다. 억지로 잡아당기고 있는 동안만 늘어져 있지 손을 놓아 버리면 제자리로 돌아가 버린다.

일기가 자신의 생활을 뒤돌아보고 반성하는 삶을 살게 해 준다면 이는 아이보다 어른이 먼저 써야 한다. 선생님이, 아버지가, 어머니가 일기를 써야 한다. 이것이 안 되면 절대 아이에게 일기 쓰라는 말도 꺼내서는 안 된다. 그럴 자격이 없다.

톡톡 아이디어

게시판에 담임의 일기를 게시해 보자. 하루하루 쓰는 것이 부담스럽다면 일주일에 한두 번 정도 쓰는 것도 괜찮다. 아이들과 함께한 활동에 대한 느낌이나 교사로서의 일상생활 등을 써 내려가면 아이들은 매우 큰 관심을 가지고 본다. 그리고 선생님도 일기를 쓴다는 사실에 아이들도 일기 쓰는 데 더 힘을 쏟는다. 일기장 중간중간에 아이들에게 섭섭한 마음, 바라는 것 따위를 적어 놓으면 백 마디 잔소리보다 더 큰 힘을 발휘하기도 한다.

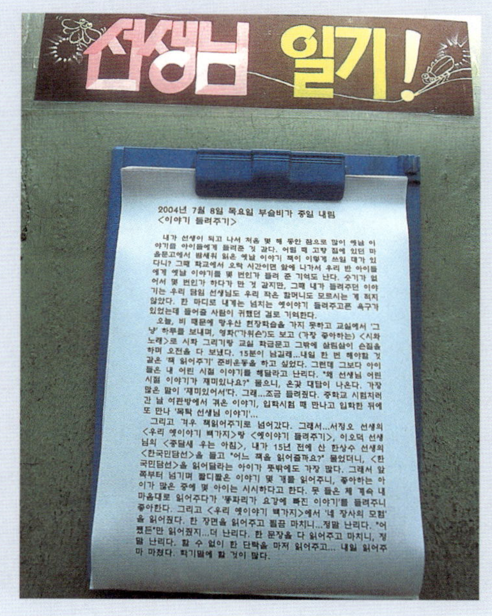

2004년 7월 8일 목요일 부슬비가 종일 내림
<이야기 들려주기>

내가 선생이 되고 나서 처음 몇 해 동안 참으로 많이 옛날 이야기를 아이들에게 들려준 것 같다. 어릴 때 고향 집에 있던 마을문고에서 밤새워 읽은 옛날 이야기 책이 이렇게 쓰일 데가 있다니? 그때 학교에서 오락 시간이면 앞에 나가서 우리 반 아이들에게 옛날 이야기를 몇 번인가 들려 준 기억도 난다. 숫기가 없어서 몇 번인가 하다가 만 것 같지만, 그때 내가 들려주던 이야기는 우리 담임 선생님도 우리 작은 할머니도 모르시는 게 적지 않았다. 한 마디로 내게는 넘치는 옛이야기 들려주고픈 욕구가 있었는데 들어줄 사람이 귀했던 걸로 기억한다.

오늘, 비 때문에 망우산 현장학습을 가지 못하고 교실에서 '그냥' 하루를 보내며, 영화('가위손')도 보고 (가장 좋아하는) <시화노래>로 시화 그리기랑 교실 학급문고 그밖에 살림살이 손질을 하며 오전을 다 보냈다. 15분이 남길래...내일 한 번 해야할 것 같은 '책 읽어주기' 준비운동을 하고 싶었다. 그런데 그보다 아이들은 내 어린 시절 이야기를 해달라고 난리다. "왜 선생님 어린 시절 이야기가 재미있나요?" 물으니, 온갖 대답이 나온다. 가장 많은 말이 '재미있어서'다. 그래...조금 들려줬다. 중학교 시험치러 간 날 여관방에서 겪은 이야기, 입학시험 때 만나고 입학한 뒤에 또 만나 '목탁 선생님 이야기'...

그리고 겨우 책읽어주기로 넘어갔다. 그래서...서정오 선생의 <우리 옛이야기 백가지>랑 <옛이야기 들려주기>, 이오덕 선생님의 <종달새 우는 아침>, 내가 15년 전에 산 한상수 선생의 <한국민담선>을 들고 "어느 책을 읽어줄까요?" 물었더니, <한국민담선>을 읽어달라는 아이가 뜻밖에도 가장 많다. 그래서 앞쪽부터 넘기며 짤디짧은 이야기 몇 개를 읽어주니, 좋아하는 아이가 많은 중에 몇 아이는 시시하다고 한다. 못 들은 체 계속 내 마음대로 읽어주다가 '똥파리가 요강에 빠진 이야기'를 들려주니 좋아한다. 그리고 <우리 옛이야기 백가지>에서 '네 장사의 모험'을 읽어줬다. 한 장면을 읽어주고 필끔 마치니...정말 난리다. "어쨌든"만 읽어줬지...더 난리다. 한 문장을 다 읽어주고 마치니, 정말 난리다. 할 수 없이 한 단락을 마저 읽어주고... 내일 읽어주마 마쳤다. 학기말에 할 것이 많다.

글쓴이 · 도움 주신 분들 윤태규 | 대구 금포초 교감

초등학교에 입학하자마자 서둘러 일기 쓰기를 시키는 학부모들이 있다. 이는 좋지 않다. 아이가 글자를 다 익혔더라도 부모들의 이런 성급함은 아이를 일기 쓰기와 멀어지게 하는 일이 되고 만다. 저학년들의 일기 쓰기 지도는 먼저 아이들이 하고 싶어하는 이야기를 부모나 교사가 정성껏 들어 주고, 짧은 글을 지으며 글쓰기의 바탕을 배우는 데서부터 출발해야 한다.

처음 일기를 시작하는 1학년을 위한 준비

윤태규 | 대구 금포초 교감 · 최경실 | 충남 예산중앙초 교사

자유롭게 말하기

아침에 학교에 오자마자 아이들은 선생님에게 할 이야기가 아주 많다. 학교 끝나고 학원 가서 옆 학교 아이와 싸운 일, 동네에 나가 친구와 논 일, 게임한 일, 부모님이 싸운 일 등 쏟아지는 이야기를 그저 들어 주기만 하자. 웃음으로 이야기를 나누며 이야기를 잘한다고 칭찬해 주는 것은 일기 쓰기 지도뿐만 아니라 글쓰기 지도에도 꼭 필요한 과정이다.

짧은 글짓기하기

먼저, 자기의 생각이나 겪은 일을 써 보는 짧은 글짓기부터 시작하는 게 좋다. 짧은 글짓기도 문장 안에 자기와는 아무 관계도 없는 낱말을 집어넣도록 하지는 말아야 한다.

· **깜짝** : 호랑이를 만난 철수는 **깜짝** 놀랐습니다.

이렇게 제 생활과 동떨어진 문장을 기계처럼 만들게 할 것이 아니라,

· **전학** : 우리 반 초록이가 **전학**을 간다고 해서 우리는 편지를 써 주었습니다. 초록이 집인 벽지 공장에 불이 나서 초록이가 전학을 멀리 갔습니다.

이와 같은 짧은 글짓기를 한다면 제법 긴 글을 쓰는 힘이 길러질 뿐만 아니라 글을 있는 그대로 정직하게 쓰는 버릇도 길러진다. 그런 다음에 일기를 쓰도록 해도 늦지 않다.

본이 되는 일기 읽어 주기

일기 쓰기를 7월부터 시작한다면 한 달 전인 6월부터 또래들이 쓴 일기를 복사하여 함께 읽는 시간을 여러 번 가진다. 이때 읽어 주거나 보여 줄 글의 기준으로는

· 너무 길거나 너무 짧지 않을 것
· 정직하게 쓴 글일 것
· 잘못 쓴 글자가 반드시 들어 있을 것
· 비슷한 환경에 있는 아이들이 쓴 글일 것
· 특별한 이야기가 아니라 누구나 겪을 법한 이야기일 것

1993년 9월 2일 목요일 맑고 선선하다.
나는 오늘 학교 식당에서 밥을 먹고 교실에 왔다가 교실 뒤에 있는 분수대를 보았다. 거기에 있는 고기를 만치고 시펐다. 그래서 참지 못해 고기를 만쳤다. 그때 근재가 와서 야 재미있겠다. 나도 한 번 만쳐 보자 캐서 비겼더니 화분이 너머졌다. 화분이 뿌라지고 하나는 ⓡ흙이 ⓢ쏟아졌다. 그래서 나는 그것을 챙그리노코 선생님한테 야단 마즐까 도망을 갔다.

(1학년 김지웅)

이 글을 읽고 함께 나눌 수 있는 이야기로는

· 날짜와 요일을 정확히 썼구나.
· 날씨를 맑음, 흐림, 비 따위로 쓰지 않고 자세히 썼구나.

· 글자를 모르니까 동그라미를 하고 썼구나.

· 1학년이면 틀린 글자가 있는 게 당연하지.

· '뿌라지고', '챙그리노코' 와 같이 늘 쓰고 있는 사투리를 쓰기도 했구나.

· 선생님에게 야단을 맞을 수도 있는데 거짓말하지 않고 정직하게 썼구나.

이렇게 아이들과 본보기 일기를 두고 공부를 하다 보면 아이들 모두가 자기도 그 정도는 쓸 수 있다는 자신감을 갖게 된다. 일기를 쓰고자 하는 마음이 생기고 실제로 어떤 아이들은 얼른 일기 쓰기를 하자고 조르기도 한다. 그렇지만 계획했던 날까지 참으면서 이런 공부를 몇 번 더 한 다음에 약속된 날짜에 시작을 한다.

여기서 주의할 일은 반에서 일기를 쓰고 있는 아이가 한 사람도 없어야 한다는 점이다. 유치원 때부터 쭉 일기를 써 오던 아이가 있다면 중단시켜 놓고 이런 공부를 할 일이다.

엄마 찌찌는 아주 예쁩니다. 우리 엄마 찌찌에 입고 있는 것은 부라자입니다. 나는 젖을 조금 먹다가 우유를 먹었습니다. 우리 동생도 나하고 똑같이 젖을 먹다가 우유를 먹었습니다. 우리 엄마 젖은 아주 맛있었습니다. 우리 엄마 찌찌는 말랑말랑합니다. 내 기분으로는 선생님의 찌찌는 뽀송뽀송할 것 같습니다. 선생님 아들 환이도 우유도 먹고 찌찌도 먹고 자랐을 것 같습니다.

전남 광양제철초등학교 1학년 이대웅 어린이의 글인데, 아이들에게 읽어 주었더니 아이들이 책상을 치고 웃으면서 무척 즐거워했다. 그리고는 "나도 엄마 찌찌 만지는데." "에, 그건 애기나 하는 거야." 하고 토론이 붙더니 결국 솔직한 글 앞에서 아이들 모두 자신의 마음을 거짓 없이 드러내고 말았다. 우리 반 아이들 대부분이 아직도 엄마의 젖을 만진다는 사실을 고백한 것이다. 이렇듯 자신의 처지와 비슷하면서 솔직한 글을 보면 아이들도 일기를 쓰고 싶어한다.

(최경실 | 충남 예산중앙초 교사)

그림일기를 고집하지 말자

일기 쓰기 지도는 그림일기부터 시작하는 것이 상식으로 되어 있다. 일기 쓰기 교육이 시작된 이래 손톱만큼의 의심도 없이 줄기차게 이어져 온 전통이다. 이렇게 그림부터 시작하는 데는 여러 가지 이유가 있었을 터이다. 글로 쓰는 일기는 글자라는 약속된 기호를 익혀야 가능하지만 그림은 그렇지 않다는 것이 1학년들에게 그림일기를 쓰게 하는 가장 큰 까닭이다. 그리고 아이들은 그림 그리기를 좋아한다는 것도 그 까닭 가운데 하나일 것이다. 1학년에게 그림일기를 쓰게 하는 까닭이 이렇듯 분명한데도 막상 아이들에게 그림일기를 쓰게 해 보면 그렇지 않다는 것을 느끼게 된다. 왜 그럴까? 여기에는 잘못된 생각이 끼어 있어서 그렇다. 글자를 완전히 익혀야만 글자로 쓰는 일기가 가능하리라는 생각이 그것이다. 그 생각은 그만 일기를 국어 공부가 되게 만들고 말았다.

아기가 맘마, 찌찌, 까까, 응아……, 이렇듯 아주 불완전한 말부터 부지런히 쓰면서 말을 배우는 것은 인정하면서 왜 일기는 1학년이 알고 있는 정도의 서툰 글자로 쓰는 것을 인정할 수 없다는 말인가? 입학한 지 대여섯 달만 지나면 다 글로 일기를 쓸 수 있다. 물론 받침이 있거나 자주 대하지 않는 글자는 잘 쓰지 못한다. 그러나 이는 일기 쓰기에 전혀 장애가 되지 않는다. 앞에서도 밝혔지만 맞춤법에 맞게 정확하게 쓰지 않아도 자기가 알고 있는 글자만으로도 일기를 충분히 쓸 수 있다.

톡톡 아이디어

글을 전혀 쓰지 못하는 아이가 있다면 말하기로 일기를 쓰도록 하자. 연필로 그림만 그리고 교사에게 나와서 이야기를 하는 것이다. 그러면 교사가 받아 적어 주거나 녹음 테이프를 만들어 줄 수 있다.

그림일기를 쓰게 해 보면 의도와는 달리 그림과 글자가 서로 부족하고 서툰 점을 메워 주는 노릇을 하지 못한다. 아이들은 그림을 날마다 그려야 하는 것에 굉장한 부담을 갖는다. 1학년 아이들 대부분은 그림을 그렸다 하면 꼼꼼하게 색칠을 하는데, 사실 그게 그리 쉬운 일만은 아니다. 이러니 아이들은 일기 시작부터 진절머리가 나고 만다. 또 그림을 그릴 곳도 문제가 된다. 크기가 정해진 자그마한 직사각형 칸에 그려야 하니 그림에 대담성이 있을 수 없다. 지도하기에 따라서 다를 수 있지만 아이들은 그림을 그려 넣고 아래에 있는 글자 쓰는 칸에는 그림을 설명하는 정도로 쓴다. 겹치기 표현이다. 잘못하다가는 그림도 제대로 못 되고, 글도 역시 제대로 되지 못하는 어정쩡한 일기가 되고 만다.

1. 일기 교육의 희망 '겪은 즉시 일기 쓰기'와 주말 편지

박현희 | 전남 순천 팔마초 교사

일기 쓰기 지도, 희망을 찾다

초등 교사로 살아가는 삶의 햇수가 늘어 가고 아이들에게 일기 쓰기를 지도하는 횟수가 거듭될수록, 고민들이 더해지곤 합니다. 특히 고학년 아이들의 일기 쓰기에 대한 부담을 절감한 후론 뭔가 새로운 '일기 교육'이 필요하다는 바람을 간절히 키웠습니다. 그 무렵 읽게 된 윤태규 선생의 《일기 쓰기 어떻게 시작할까》(보리)는 저의 일기 교육에 새로운 지평을 연 소중한 해후였지요. '줄 공책에 일기 쓰기' '문장으로 날씨 표현하기' '겪은 즉시 일기 쓰기' 등 많은 부분에 공감하고 그것들을 하나하나 저의 일기 쓰기 지도에 접목시켜 갔습니다.

3월과 4월은 앞으로 해 나갈 다양한 일기 쓰기에 필요한 준비활동을 했다. 점을 연결하여 그리기, 내가 살고 싶은 집, 찢어 붙이기 등 학습 결과물과 '흉내 내는 말' '등장인물에게 편지 쓰기' '하루 동안 내가 한 일' 등 교과 시간에 학습한 내용을 주제로 일기를 썼다.

그러면서 나름대로 다시 고민하기 시작한 것도 있습니다. 단지 알려 주고, 안내하고, 가르치는 것 외에 아이들의 일기 쓰기 속에서 내가 함께할 수 있는 부분이 무엇일까 하는 점이었습니다. 그러다 이런 생각이 들었습니다. 다양한 자료를 활용하여 일기를 쓸 수 있다는 걸 경험하게 해 주고, 학교에서 겪은 즉시 일기를 쓸 수 있는 기회를 마련해 주면 보다 다양한 삶의 기록, 보다 즐거운 일기 쓰기가 되지 않을까?

그래서 교과활동이나 재량활동 속에서 일기에 넣어도 좋

은 자료들이 만들어지면 정리 단계에서 곧바로 일기 쓰기를 했습니다. 국어의 쓰기 시간처럼 일기장을 활용해 정리할 수 있는 수업에는 학습장 대신 일기장을 활용했습니다.

"선생님, 이거 일기로 써요"

그 무엇도, 어떤 일도 일기 글감으로 쓸 수 있다는 걸 아이들과 함께 체득해 가는 기쁨은 컸습니다. 수학 시간에 했던 무늬 꾸미기, 사회 시간에 그렸던 백지도, 국어 시간에 했던 광고 꾸미기, 미술 시간에 했던 작은 조각 그림, 그 밖의 많은 것들이 일기 글감이 될 수 있다는 걸 아이들과 궁리하며 여러 가지 방법으로 일기를 써 보았습니다.

이젠 매년 어느 학년을 맡든지 3월엔 의도적으로 학습 시간을 조정해 학습 결과물들을 일기장에 붙이게 합니다. 그리고 학습 과정과 느낌을 함께 쓰게 합니다. 처음엔 오늘은 집에 가서 일기 안 써도 된다는 사실만으로 좋아했던 아이들이 3월이 지나 4월에 이르면 자기 일기장에 담긴 여러 가지 기록들 속에서 기쁨을 발견하게 됩니다. 나중엔 아이들이 먼저 "선생님! 이거 일기로 써요." 하게 되지요.

1학년, 일기 쓰기 첫걸음 떼기

올해 맡은 아이들은 1학년입니다. 유치원 때부터 일기를 써 온 아이도 있고, 제가 시키지 않아도 초등학교에 들어오자마자 일기를 쓰기 시작한 아이도 있습니다. 그러나 앞서 달려가는 아이, 저만큼 뒤처져 오는 아이 모두가 알맞은 시기에 일기 쓰기를 시작할 수 있기를 바라는 마음으로 6월까지는 밑다짐 활동만 했습니다. 밑다짐 활동은 크게 두 가지, '독서일기'와 '약속일기'입니다. 독서일기는 아침 활동 시간에 읽은 책에 대해 한두 줄 정도 기록하는 활동이고, 약속일기는 간직하고 싶은 학습감들이 있을 때마다 줄 공책에 서로가 약속한 간단한 원칙에 따라 자료들을 더해 가는 활동입니다. 자료를 만들어 붙이고 글로 풀어 쓸 수 있는 능력이 다져질 수 있도록 하되, 아이들의 학습발달 상태를 고려해 3, 4월엔 날짜와 주제만을 기록하고 4월 말부터 자료를 넣고 글을 짧게 쓰는 활동을 했습니다. 그리고 7월부터는 본격적인 일기 쓰기를 시작했습니다. 학교와 가정에서 하는 일기 쓰기 지도가 서로 어긋나지 않도록 먼저 일기 쓰는 방법과 취지를 아이들과 학부모에게 알려 주었습니다.

7월 9일, 물감으로 손바닥 찍기 활동을 한 뒤 첫 번째 일기를 썼습니다. 우선 날짜, 날씨, 제목을 함께 생각하고, 각자 자기 손바닥이 찍힌 활동자료를 오려 붙이고, 손바닥을 찍을 때의 느낌을 써 보는 것이었지요.

본격적인 일기 쓰기는 7월부터 했다. 말하기 듣기 시간에 전화할 때 쓰는 인사말을 공부한 뒤, 두 번째 일기를 썼다. 친구 어머니가 전화를 받을 때 뭐라고 말해야 할지에 대해 교과서 삽화를 확대 복사해서 생각주머니에 직접 써 보고, 일기장에 오려 붙였다.

11월. 지금도 우리는 좋은 글감이 생기면 당장 일기 쓰기를 합니다. 먼저 글감에 대해 전체가 함께 생각한 뒤, 각자 글감과 관련된 경험이나 느낌을 중심으로 제 각각 다른 빛깔의 일기를 씁니다. 일기 쓰기를 시작할 때 외치는 구호, "내 마음속의 주인은 누구?" "나!"처럼요.

이젠 함께 쓰지 않아도 아침 독서 시간에 지금 일기를 쓰고 싶으니까 독서활동 대신 일기를 쓰겠다고 하는 아이도 있습니다. 아침 등굣길에 겪은 일을 바로 쓰고 싶었겠지요. 때로는 2교시 끝난 뒤 쉬는 시간에 1, 2교시에 했던 학습 활동 자료들을 가지고 스스로 일기를 쓰는 아이도 있습니다. 그냥 교과서에 붙여 놓기로 한 학습 활동 자료들을 일기로 쓸 거라고 따로 챙겨 놓는 아이도 있습니다. 집에서 써 온 일기 가운데는 신문기사를 스크랩해 놓은 것도 있습니다. 이 모든 것들이 겪은 즉시 일기를 쓰고, 여러 가지 방법으로 일기를 쓰고 있는 모습이라고 생각합니다.

사실 수업을 하면서 일기까지 쓰게 하고 싶은데 시간이 나지 않을 때가 더 많습니다. 네 시간 내내 아우성을 치며 꼬맹이들과 호흡을 맞추다 보면 설사 시간이 난다 하더라도 또 하나의 과제를 끌어안고 낑낑대야 하는 일이 선뜻 내키지 않을 때가 있습니다. 그러나 그 모든 어려움에도 불구하고 이렇게 일기 쓰기를 지도해 보니 아이들이 즐겁게 그리고 자세하게 자신의 일상을 기록하는 습관을 가지게 되어 참 좋습니다. 적어도 날마다 숙제처럼 안고 가서 숙제처럼 쓰는 일기는 아닐 것 같고요.

장애를 가지고 있는 민정이는 글은 읽을 수 있지만 쓰는 것은 힘들어한다. 그래서 아이들이 일기 쓰는 동안 민정이를 대신해서 민정이가 공부하는 모습을 기록하고, 학습 결과물들을 붙여 둔다. 지난 여름방학 동안에는 민정이의 엄마가 민정이의 일과를 기록해 주었다.

선생님 이야기, 주말 편지

겪은 즉시 일기 쓰기와 함께 일주일에 한 번 아이들 일기장에 저의 편지를 붙여 줍니다. 금요일 오후나 밤에 한 주 동안의 생활을 곱씹어 보고, 제 자신을 되돌아보면서 마음껏 칭찬하고, 고쳐 생각하고, 다시 부탁하고, 사과도 하면서 아이들과 마음의 고리를 이어 갑니다. 한 달에 한 번 보내는 학부모통신으로는 다 전할 수 없는 아이들에 대한 무수한 이야기들을 학부모들과 공유할 수 있으면 좋겠다는 바람이기도 합니다.

아이들은 일기장에 붙여 주는 이야기를 보면서 서로 얼마나 사랑하는지, 사랑받고 있는지, 선생님이 어떤 고민을 하고 있는지 제 맘을 알아주는 것 같습니다. 처음 교단에 들어섰을 때부터 우리 아이들에게 주말 편지를 보내 주지 못한 아쉬움이 큽니다. 보다 일찍 '겪은 즉시 일기 쓰기'를 하지 못한 아쉬움도 있고요. 앞으로 만나게 될 아이들과는 지치지 않고 이렇게 계속 해 보고 싶습니다. 매년 아이들의 빛깔 그대로, 진솔하고 성실하게 삶을 기록하고 사랑을 엮어 가고 싶습니다.

〈주말 편지〉

사랑하는 4반
불어오는 바람이 퍽 쌀쌀한 날이야. 너희들 일기 표현대로 꽁꽁 얼 것 같고 어디로 날아갈 것만 같은……. 팔마 학예회, 보다 많은 친구들을 무대에 세우지 못하고, 많은 친구들이 관람만 하게 되어 마음이 많이 아프고 미안했단다. 하지만 무대에 오른 친구들 모두 내내 열심히 마음을 다해 노래를 불러 주었고, 남은 친구들도 모두 교실에서 함께 노래 부르며 그 즐거움을 나누고 격려해 준 점 정말 자랑스럽구나. 중요한 건 사람들 앞에서 얼마나 노래를 잘했느냐 하는 게 아니라 우리 모두 그 노래의 의미들을 얼마나 잘 이해하고 마음을 다해 부를 수 있었느냐 하는 것! 그래서 노래하며 바랐던 것처럼 자연과 생명을 사랑하는 사람으로 자라는 것! 어른들이 보여 주는 세상이 다 아름답지는 못할지라도 노력하는 어른들의 아름다운 모습들을 보고 배우며 우리도 아름다운 세상을 만드는 아름다운 사람으로 자라 가는 것이란다.

2. 문집으로 이어 가는 일기 쓰기 지도

김권호 | 서울 일신초 교사

글쓰기와 함께하는 일기 쓰기 지도

아무래도 문집은 아이들 글을 중심으로 만들기 때문에 학년 초부터 꾸준히 글쓰기 지도를 해야 한다. 글쓰기 지도에 대해서는 '글쓰기연구회' 선생님들이 쓴 좋은 글쓰기 지도 사례 책자와 아이들 글모음이 많기 때문에 지도하기 전에 미리 읽어 보면 좋다. 《아이들과 함께하는 갈래별 글쓰기》(우리교육)도 참고하기에 알맞은 책이다. 꼼꼼하게 읽어야지. 올해에는 다양한 형식의 글쓰기를 지도해서 그 결과를 학급문집에 담고 싶다.

일기 쓰기 지도는 모든 글쓰기 지도의 바탕이자 핵심이다. 일기 쓰기는 몇 번 하고 마는 다른 활동과는 달리 매우 오랫동안 지도해야 하는 교육활동이다. 학년 시작부터 학년 말까지 꾸준히 지도해야 한다. 학급문집이 잘 되고 안 되고는 이 일기 쓰기 지도에 달려 있다고 해도 과언이 아니다. 그렇지만 3

월 초에 조사하면 대체로 아이들은 일기 쓰기를 매우 싫어한다. 전에 만났던 선생님들이 무조건 한 바닥씩은 꼭 써야 한다고 했거나, 일기장에 써 놓은 내용으로 아이를 혼냈거나, 바쁘다고 아예 검사를 안 했거나, 일기장을 맞춤법이나 띄어쓰기 지도 교재로 이용하는 것과 같은 잘못을 했기 때문이다. 그러므로 3월에는 무엇보다 먼저 아이들에게 잠재되어 있는, 일기 쓰기에 대한 부정적인 독을 뽑아내야 한다. 그러기 위해서 일기를 왜 써야 하는지, 일기가 얼마나 소중한 것인지에 대해서 때마다 알리고 깨닫게 해야 한다. 공부보다도, 숙제보다도, 어쩌면 세상 무엇보다도 소중한 것이 일기라고 과장도 하고 늘 알려 주다 보면 한두 명씩 제 일기장을 소중히 여기는 아이들이 생기게 마련이다.

3월 2일 아이들을 처음 만나면 워드프로세서로 A4 크기의 색지에다가 '세상에서 가장 소중한 ○○○의 일기장(1)' 이라는 문구를 넣어 출력해서 일기장 겉장에다 붙여 준다. 일기에 대한 부정적 인식을 없애기 위한 첫 번째 접근이다. 한 권을 다 쓰면 다시 뽑아서 붙이면 된다. 어쩌다 빼먹고 안 붙이면 속상해하는 아이들도 생긴다. 그렇다면 성공이다. 일단 제 일기장에 대한 관심이 생겼으니까.

교사와 아이들 간의 비밀스런 대화, 답글

그 다음에 할 일은 아이들이 일기를 써 왔을 때 답글을 달아 주는 것이다. 아이들마다 한 줄씩이라도 답글을 남겨 주어야 한다. 일기장을 나눠 줄 때면 선생님이 뭐라고 답글을 썼는지 보려고, 아이들 얼굴에는 호기심이 가득하다. 그러다 재미있는 말이 나오면 깔깔거리면서 일기장이라는 사실을 잊고 제 옆에 있는 동무에게도 보여 준다. 일기장을 나누어 줄 때까지 기다리지 못하고 쉬는 시간마다 일기장이 쌓여 있는 내 책상 주변을 어슬렁거리기도 한다. 그러다 내가 자리를 비우면 제 일기장을 찾아 답글을 썼나 안 썼나 미리 들춰 본다. 자연스럽게 일기에 대한 관심이 생기기 시작하는 것이다. 쓰기 싫어하던 일기에 좋은 마음이 조금씩 생기고 일기 쓰기가 재미있다는 아이들도 생긴다. 답글을 써 주면 이런 점이 좋다.

하지만 서른 아홉 명 모두에게 답글을 써 주기가 그렇게 쉬운 일은 아니다. 학교는 출근해서부터 각종 업무처리니 긴급회의니 하면서 정신을 쏙 빼놓기 때문이다. 회의가 있는 날은 쉬는 시간마다 일기를 봐 주고, 점심도 거르면서 답글을 달아 주어도 십여 명이나 되는 아이들 일기에 답글을 남기지 못하고 끝날 때가 많다. 게다가 고민이 있는 아이에게 긴 답글을 남기다 보면 이런 일은 늘 반복된다. 《일기 쓰기 어떻게 시작할까》(보리)를 쓰신 윤태규 선생님은 아침 8시 전에 학교에 출근해서 1교시 시작 전에 아이들 일기를 다 봐야 한다 하시지만, 나는 일찍 출근해서 선생님 말씀대로 해도 늘 시간이 모자란다. 쉬는 시간마다 답글을 달고 있을 때가 많다. 하루 이틀은 괜찮지만 날마다 이렇게 한다는 것은 참으로 힘들다. 그러다 보면 지치고 포기해 버리기 쉽다. 그래서 작년에는 아이들마다 일기장을 두 권씩 마련하게 하고는 한 권은 학교에 내고 가고, 한 권은 집에 가져가 그날치 일기를 쓰게 하고 있다. 다만 몇 줄이라도 답글을 달아 주기 위해서 어쩔 수 없이 쓴 고육지책이다. 좋지 않은 방법이라 말씀하는 분이 계시지만 아직 다른 방법을 찾지 못해서 그냥 이렇게 하고 있다. 그렇지만 분명한 것은 이렇게 답글을 짧게, 간혹 길게 달아 주다 보면 조금씩 아이들 일기가 좋아진다는 사실이다.

특별한 날 일기장에 그려 주는 그림

아이들이 제 일기장을 소중하게 여기고, 일기에 대해서 긍정적인 생각을 갖도록 하기 위해서 학년 초에 쓰는 방법이 또 하나 있다. 일기장에 답글과 함께 그림을 그려 주는 것이다. 가끔 한 번씩 생일이라든가, 야단맞은 날이라든가, 정말 기쁜 일이 생겼을 때 축하하거나 위로하는 그림을 그려 준다.

별난 그림 재주가 필요한 게 아니다. 삽화집에서 적당한 그림을 하나 뽑아 볼펜으로 그려 주고 말주머니를 만들어 그 속에 답글을 달아 준 다음 색연필로 색칠만 하면 끝이다. 학년 초에는 보통 하루에 한두 명은 이렇게 해 준다. 솜씨 없는 내 그림을 보고도 그림을 그려 준 날이면 아이들은 얼마나 좋아하는지 모른다. 아이들 전부 한 번씩 돌아갈 수 있도록 잘 조절해서 그려 줘야 한다. 빠지는 아이가 있으면 절대 안 되기 때문에. 방과 후나 업무가 많은 날은 한두 권 정도 집으로 가져가서 그려 주기도 한다. 하긴 정말 바쁜 날은 우리 반

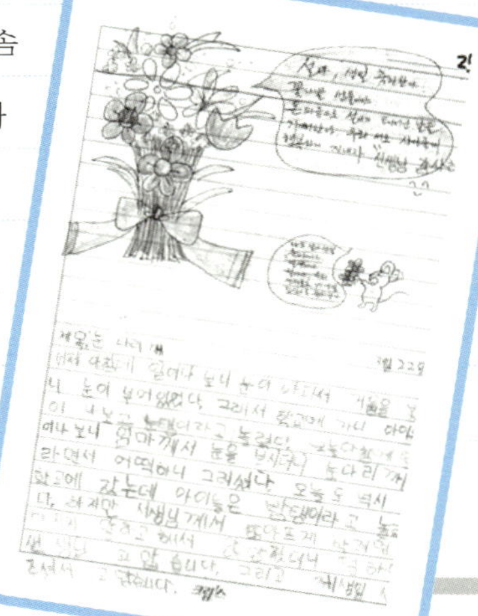

일기장 전부를 집으로 싸 들고 가기도 한다.

일기장에 그렇게 한두 번 그림을 그려 주기 시작하면 여자 아이들은 그림을 그려 주지 않아도 제 일기장을 색연필이나 색종이, 스티커 같은 것으로 예쁘게 꾸미고 아끼기 시작한다. 이 정도만 되면 일단 제 일기장을 보기 싫고 짜증 나는 대상으로 생각하지 않고 예쁜 마음으로 바라보게 된다. 3월에 이 정도면 성공한 거 아닐까.

같은 학교 선생님 한 분은 책읽기 교육과 연관해서 동화책에 나온 삽화를 일기장에 그려 주기도 한다. 그리고 은근히 "이 책 읽어 봤니? 이 책 주인공이 너랑 성격이 참 많이 비슷하던데……." 하면서 접근한다. 책 읽기 싫어하는 아이라 하더라도 학교도서실에서 동화를 찾아 뒤적거리게 마련이다. 좋은 방법이다. 아이들은 조금씩 제 마음을 열어 가기 시작한다. 그렇지 않다 하더라도 '뭔지 모르지만 선생님이 저러는 걸 보니 일기가 진짜 중요하긴 한가 보다.' 라는 생각이 마음속에 싹틀 것이라 믿는다.

좀 더 신경 써야 할 일기장 묶기

그리고 학기 말에는 일기장을 모두 모아 묶는다는 걸 미리 아이들에게 알려 주어야 한다. 일기장을 교사가 모아 보관하면 좋겠지만 교실에 마땅한 장소가 없다면 아이들이 집에서 보관해야 하는데 일기장을 대수롭지 않게 여기는 학부모들이 그냥 버릴 수 있기 때문에 미리 강조해서 말할 필요가 있다.

일기장 묶기는 많은 교사들이 하는 교육활동이다. 대개 테이프로 붙이고 겉장을 두꺼운 종이로 꾸미고 일기장 제목을 붙이는 것들은 다 잘하는 것 같다. 그런데 거기다가 쪽수를 매기고 차례까지 만든다면 더 좋지 않을까. 차례는 제목과 쪽수를 직접 연필로 써서 만들 수도 있고 컴퓨터로 출력해서 만들기도 한다. 묶은 일기장 속지 맨 앞에 '차례' 를 풀로 붙이면 책처럼 완벽한 구조의 제 일기책이 만들어지는 것이라 의미가 크다. 덧붙여 아이들마다 제가 그린 제 얼굴 그림도 붙이고 선생님 얼굴도 붙이고 하면 더 의미 있는 일기책이 되겠지.

이렇게 묶은 일기장이 학급문집의 중심이다. 일 년 아이들 농사가 여기에 다 녹아 있다. 학급문집에서 차지하는 비중도 가장 높다. 솔직하고 진솔한 내용이 많아 여기서 글을 많이 뽑아낸다. 하지만 일 년에 한두 번 만드는 학급문집에는 글을 골고루 실어야 하고 지면의 제한이 있어서 한 아이의 글이 많이 실릴 수는 없다. 그러니 이렇게 일기책을 묶어 놓으면 그대로 소중한 개인문집이 된다. 학기 말에 아이들이 제 글로 된, 제 손으로 쓴 일기장을 묶는다는 건 이런 의미가 있다. 한마디로, 이 일기장 묶음은 제2의 문집이다.

일기 쓰기, 교사부터

훌륭한 선생님들의 학급문집을 보면 대체로 아이들 일기와 함께 교사의 교육일기가 함께 실려 있다. 서울에 글쓰기연구회 사무실이 있을 때, 이주영 선생님이 엮은 학급문집에 실려 있던 교육일기를 본 적이 있다. 생활환경이 어려운 아이 이야기, 글쓰기 지도에 관한 이야기, 동화책을 읽고 쓴 느낌 같은 글들이 빼곡히 적혀 있었다. 읽으며 가슴이 벅찼고 감동스러웠다. 교육대학을 다닐 때라 교사가 되어서 나도 이런 글을 꼭 써 봐야지 다짐했던 기억이 생생하면서도 새삼스럽다. 교육일기에는 교사의 교직관이나 세계관, 아이들에 대한 생각들이 고스란히 드러난다. 그래서 쓰는 본인에게도, 학부모에게도, 아이들에게도, 동료교사에게도 아주 소중한 자료이다. 교육일기는 아이들 한 명씩 일이 있을 때마다 기록할 수도 있고 전체로 묶어서 학급에서 일어나는 일을 기록할 수도 있다. 공동육아 교사들은 아이들 한 명 한 명에 대한 기록 공책을 두고 날마다 있었던 일을 기록해서 부모에게 성적표처럼 보여 준다는 말을 들었다. 공교육 제도 안에서 교사가 날마다 40여 명이나 되는 아이들을 이렇게 기록할 순 없겠지만 컴퓨터에 아이마다 파일을 하나씩 만들고 가끔씩 기록해 나가면 학기 말에는 아이 개인에 대한 가장 중요한 생활 기록이 될 수 있을 것이다. 그렇지만 아무래도 이런 방식은 부담이 참 많겠지. 다만 학년 초 몇 달이라도 이런 식으

로 쓰면 좋겠다. 지난 학년도에 이렇게 몇 달 동안 써 본 일기이다.

최광민

오늘 전학을 갔다. 아이들에게 편지를 쓰라고 했지만 많은 아이들이 전해 주진 않은 것 같다. 광민이 어머님이 오셔서 "광민이가 선생님을 얼마나 좋아하는데요." 했을 땐 얼굴이 화끈거렸다. 녀석을 호되게 야단친 적이 여러 번 있기 때문이다. 그래도 구김 없이 다닌 녀석인데, 아무것도 제대로 가르친 적이 없는데 전학을 갔다. 아이들한테 한 잘못은 쉽게 보상이 안 된다고 하는데 역시 그렇다. 아이들은 교사를 기다려 주지 않는다. (5월 12일)

노승덕, 정현열, 이재현, 이재용

백창우의 〈자두〉를 부르는데 막춤이라고나 할까, 그런 춤을 머리가 어지러울 정도로 흔들어 댄다. 공부에 흥미가 없는 아이들이라 노래 부를 때라도 기를 펴게 하려는 생각에 그냥 두다가도, 분위기를 전혀 엉뚱한 곳으로 흘러가게 만드는 것 같아 오늘은 못하게 했다. 그래도 다시 노래를 부르면 걸상을 밀치고 나와 희한하지만 모두가 재미있어하는 춤을 춘다. 춤을 이렇게 체질적으로 좋아하는 아이들은 처음 본다. (5월 24일)

아이들에게 일기 쓰기를 강요하면서 교사 자신이 일기를 쓰지 않는다면 제대로 된 일기 쓰기 지도는 불가능하다. 기존의 일기 쓰기 지도가 억압적이었다는 걸 인정하고 보면, 그런 현실에서 교사가 일기를 쓰는 건 여러 장점이 있다. 아이들하고 관련된 측면만 따져 보자. 아이들은 일단 어른이, 선생님이 일기를 쓴다는 데 놀란다. 일기란 아주 귀찮은 것이어서 어른이 되면 안 쓰는 줄 알고 있고, 일기를 강제로 쓰기 싫어 얼른 중학생이 되고 싶다는 아이도 있다. 그런 아이들은 처음에 내가 일기를 쓴다는 데 무척 놀란다. 우리 선생님이 일기를 쓰다니……. 조금 지나면 일기 분량에 또 놀란다. 길게는 A4 용지로 다섯 쪽이 넘을 때도 있고 보통 한 쪽은 쓰기 때문이다. 몇 줄 쓰기도 싫어하는 아이들이니 어찌 안 그렇겠나. 그것도 쓰기 싫어 일부러 띄어쓰기도 넓게 해서 쓰는데 몇 쪽이나 쓰다니 황당하기만 하다. 사실 아이들과 마찬가지로 며칠씩 밀리기도 하고, 안 쓰기도 하는데 아이들은 어쨌든 선생님이 일기를 쓴다는 데 놀란다. 그러면서 아이들은 '왜 일기를 그렇게 쓰지?' '도대체 일기가 뭔데 저러지?'라는 생각을 한다. 의문을 품게 하는 것, 그것만으로 충분한 동기 유발이 된다고 나는 생각한다. 아이들은 간혹 내 일기를 훔쳐보기도 한다. 은지와 얼마 전에 나눈 이야기다. "선생님 일기 봤는데 참 슬펐어요." "무슨 일기를 보았는데? 학교 홈페이지 교단일기에 쓴 것?" "아니오." "그럼, 너 컴퓨터에 친 것 보았구나! 일기 마음대로 훔쳐보면 안 되는데……." "참 슬펐어요, 감동적이에요." 은지는 무엇 때문에 슬펐는지, 감동했는지 말하지 않았다. 하지만 은지의 마음에 어떤 출렁거림이 있었던 건 분명하다. 그렇다면 은지는 앞으로 일기를 어떻게 쓸까? 그 전처럼 억지로 쓸까, 아니면 제 아픔과 슬픔을 자연스럽게 쓰게 될까?

3. 마음으로 읽고 쓰는 일기장 이야기

최은희 | 충남 아산 거산초 교사

일기는 아이들 마음의 창이다. 3월 한 달 동안 일기 쓰기 공부－좋은 일기 맛보기, 일기를 어떻게 써야 하는가?－를 한 뒤에 4월부터는 직접 일기를 써 오게 하였다. 아이들이 아침활동을 하는 동안 일기를 읽고 아이들에게 어떤 일이 있었는지, 또 무슨 문제가 있는지 알고 나면 하루 동안 아이들을 어떻게 만나야 할지 그림이 그려진다. 집에서 마음이 아팠던 아이는 집에서 있었던 일을 묻고 들어 주며 마음을 풀어 주고 그것으로도 안 될 때에는 사탕 몇 알을 집어 주며 쉬는 시간에 짬을 내어 얘기를 나눈다. 그러면 아이들은 언제 그랬냐 싶게 얼굴이 환해진다.

일기를 잘 썼느니 못 썼느니 일체 간섭을 하지 않고 내 마음을 일기장에 몇 줄씩 써 주는 일도 빼놓지 않는다. 아이들 일기에 나에 대한 비판이나 불만, 섭섭한 이야기가 있으면 일기장에 답글을 써서 용서를 구하기도 한다.

병원

9월 15일 토요일 / 햇볕은 쨍쨍

병원에 갔다.

"하아 하아 하아 하아 좀 쉬었다 가자."

숨 스무 번 쉬고 앉아서 또 쉬고…….

버스 정류장에 가자 정류장 의자에 앉아서 버스를 기다렸다.

"저 버스 아니야?"

"아니야."

누나가 얼굴을 찡그렸다. 괜히 신경질이다.

"버스 온다."

"휴우 하아 하아. 아이고 힘들다."

버스에 올라가 자리를 잡았다.

"삐이."

"다음 역은……."

병원에 오자 녹초가 되었다.

'내가 얼른 나아야 친구들과 놀 수가 있는데.'

이 생각을 하고 진찰실에 들어갔다.

"기침이 나고 어지러워요."

"엠민 하나 하고……."

난 주사실에 가자 궁뎅이에 힘을 빡 주고 있었다. 주사를 놓려고 할때는 힘을 주지 않고 주사를 맞았다. 그리고 다른 방에서 공기마스크를 쓰고 산소를 들이마시고 뱉었다.

'심심해.'

끝나고 집으로 갔다. (정은수)

은수가 무지 힘들었구나! 그래두 우리 은수 대단하네. 병원두 잘 가구, 주사두 잘 맞구. 더 대단한 건 이렇게 힘들었는데 일기를 자세히 잘 쓰구……. 오늘은 좀 괜찮아?

우리 반에는 어머니가 안 계신 아이가 한 명, 아버지가 안 계신 아이가 한 명, 일상생활을 하지 못할 정도로 정신병원을 들락거리는 어머니를 가진 아이가 세 명이다. 위의 일기를 쓴 아이는 어머니가 정신병원에 계시는데 얼굴을 기억하지 못할 정도로 오래 집을 비웠으며 아버지가 장애를 가진 데다 일을 자주 못하고 있다. 그러다 보니 아이가 늘 자신감이 없다. 공부는 우리 반에서 제일 잘하는 편인데도 얼굴이 어둡고 말이 없으며 항상 비켜 서 있으려 한다.

학년 초에 무료급식을 신청하면서도 아이에게 나의 가난했던 어린 시절 이야기를 들려주며 자존심에 상처를 입지 않도록 배려했으며 일부러 우유당번을 시켜서 우유를 그냥 먹을 수 있게 했다. 그러면서 다른 친구들이 혹여 가난하고 어머니 없는 것을 가지고 놀릴까 싶어서 눈에 띄지 않게 챙겨 주고 배려하는 데 주의를 기울였다. 그러면서 여러 사람 앞에서 은수가 잘하는 것을 칭찬하고 어쩌다 환하게 웃으면 제깍 담임상(환하게 웃는 상)을 주어 기를 세워 주었다. 지금은 아이들 앞에서 발표도 잘하고 회장도 맡아서 책임감 있게 해내는 모습을 보여 주고 있다. 가끔은 공부 시간에 떠들다가 나한테 꾸지람을 들을 정도로 얼굴도 밝아지고 자신감도 많이 생겼다.

남는 건 싫어!

10월 15일 월요일 / 오후에 비가 뚝뚝 떨어졌다.

오늘은 글쓰기를 하는 날이다. 그래서 1시간 동안 난타 연습을 하고 글쓰기를 하러 다시 우리 교실로 가서 특기적성 글쓰기를 했다. 얼마 후 선생님이 어디론가 일하러 가셨다. 나는 아이들이랑 잠깐 논다는 게 그만 다른 아이들이 모두 갈 때까지 놀았다. 나와 놀던 근왕이와 재송이가 갔다. 그런데 현명이만은 나와 함께 남아서 나를 도와주었다. 나는 현명이가 무척 고마웠다. 남아서 글쓰기를 다하고 특기적성 피아노를 하러 갔다. 하지만 문은 잠겨 있었다. 나는 혼자 우울하고 조용히 복도를 걸었다.

그 게으름 나의 활동 때문에 다른 일도 못하게 되었다. 다음부턴 부지런한 생활을 하려고 노력할 거다. 그리고 중간에 이 생각을 절대 잊지 않을 테다. (송근무)

그랬구나! 그렇지만 근무야 힘내. 우리 반 급훈이 뭐냐? '조금 더뎌도 우리는 함께 가요!'잖아. 근무 너는 잘할 수 있을 거야!

이 일기를 쓴 아이는 행동이 굼떠서 선생님이나 부모님께 꾸지람을 많이 들어서 고민을 많이 하는 아이였다. 무슨 일을 맘먹고 하면 아주 세심하게 잘하는 편인데 행동이 느리다 보니 어른들이 아이를 자꾸 재촉하여 기가 죽어 있었다. 느린 행동 때문에 스스로 심하게 스트레스를 받고 있는데 집에서나 학교에서나 아이를 몰아붙여서 어떤 때는 아예 포기하기도 했다.

우리 반 올해 급훈이 '조금 더뎌도 우리는 함께 가요!' 이다. 나 또한 아이들을 "빨리빨리 해라." 하며 몰아붙이는 태도를 반성하며 아이들과 상의한 뒤에 정한 것이다. 어떤 일을 할 때 근무가 꾸물럭거리고 있으면 속에서 불이 날 때도 있지만 꾹꾹 눌러 참고, 재촉하는 대신 의견을 물어서 남아서 하든지, 집에 가서 해 오도록 하였다. 그러면서 "꼼꼼하게 잘했구나! 조금만 더 부지런히 하면 금방 하겠네!" 하며 어깨를 두드려 주었다.

박혜인 때문에…… 억울해

10월 15일 월요일 / 아침에는 선선하면서 점점 날이 흐렸다. 그러다가 오후에 비가 한 방울씩 내렸다.

오늘 종례를 시작하였다.

선영이는 "급식실 예절 지킴이를 뽑아 주세요." 하고 말하였다.

박혜인은 "오늘 급식실 예절 지킴이는 정말 없습니다. 오늘 제 주변에 있는 아이들이 많이 떠들었기 때문입니다." 하고 말하였다.

먼저 이치원은 "야, 니네 조 스티커 받으려고 하냐? 치사하게." 하고 말했다.

나는 그 말을 이어 받아서 "야, 니 주변에는 없어도 내가 앉은 자리에 있는 애들은 다 잘 먹었어!" 하고 말하니, 선생님께서

"야, 왜 이렇게 시끄러워. 이치원 올라가. 또 누가 같이 떠들었어?"

하고 말씀하시니 내 주변의 애들이

"홍승희요."

하고는 중간 목소리로 말했다. 그랬더니 선생님께서

"그려? 홍승희 너두 올라가."

하구 말했다. 그래서 나는 입을 두껍게 내밀었다. 그러니 선생님께서 언제 보셨는지

"홍승희 너 또 입 내밀었어? 얼른 입 못 집어넣어."

하고 말씀하셨다.

'눈치도 빠르셔…….'

하고 속으로 중얼거렸다. 나는 책상 위로 슬그머니 올라갔다. 선생님께서는 여전히 얼굴을 찡그리고 계셨다. 난 생각하면 생각할수록 박혜인에 대해서 분하고 화가 났다. 그리고 억울하다. 그냥 박혜인이 들으라고 했는데…….

하나님 예수님은 내 분하고 억울한 마음을 알 것이다. 책상 위에 슬그머니 올라가서 생각하는데 막 울음이 나왔다.

오늘 봉사활동으로 교실 청소하면 엄마가 꼭 가라고 하는 컴퓨터를 조금밖에 배우지 못하겠다는 생각에 울음이 자꾸 나온다.

나는 속으로 '선생님, 급식실 예절 지킴이를 더 착실한 애로 뽑아 주세요. 박혜인은 매일 스티커 욕심 때문에 다른 애들을 잘 안 뽑는단 말예요.'

나도 급식실 예절 지킴이가 되고 싶어서 말도 안 하고 기도도 잘하는데……. 내 마음을 아무도 몰라준다. (홍승희)

승희야, 미안해. 내가 네 말은 안 듣고 무조건 벌부터 줘서. 그런데 혜인이가 급식실 예절 지킴이를 못한다고 자꾸 생각하는 네 생각도 다시 한 번 되돌아보면 어떨까? 다른 애들은 그런 말이 없는데 승희만 자꾸 그러잖아? 또 네가 보면 혜인이가 스티커 때문에 그런다고 하지만 혜인이도 힘들지 않겠니? 다시 한 번 곰곰이 생각해 보구 그래도 네가 해 보고 싶으면 그때 다시 얘기하자. 그리구 어제 너 벌주고 입 내밀었다고 얼굴 찡그린 거 미안해.
참, 너는 활짝 웃을 때가 제일 예쁘다고 내가 한 말 잊지 않았지?

승희는 욕심이 무척 많은 아이다. 유난히 내 잘못이나 실수를 꼬집어내며 비판을 한다. 내가 한 말에 대해, 행동에 대해 이의를 제기하는 게 어떤 때는 은근히 부아가 나기도 하지만 – 권위주의적 근성을 버리지 못해 – 타당한 것에 대해서는 여러 아이들 앞에서 깨끗하게 내 잘못을 이야기하고 용서를 구한다.
또 집에서 모든 것에서 1등이어야 한다는 부모의 요구를 들으며 자라다 보니 다른 아이들 행동에 사사건건 불만이 많다. 능력은 못 미치고 욕심은 많다 보니 다툼도 잦고 울기도 잘한다. 다행인 것은 아이가 일기장에 자기 마음을 털어놓아서 내가 가끔 답글로 이야기를 해 주고, 교사 책상 정리를 잘해서 그 일을 가지고 칭찬을 많이 해 주었다. 그러나 더불어 사는 삶을 강조하는 교사와 뭐든 1등을 해야 한다고 강요하는 학부모 사이의 간극은 좀처럼 좁혀지지 않고 있다. 학부모 교육의 필요성을 절감하는 경우이다.

9월 22일 금요일 / 맑음

오늘 아빠가 팔을 다처다. 칼로 누가 때렸다. 누가 칼로 때러니 이펀(입원)도 하셨다. 바늘로 꼬맸다. 푼데도(붕대도) 가마고 그랬다. 병원에도 안 갔다. 정말 아프겠다. 겐찬다. 엄마가 등에 올라가먼 안 덴다고 했다. (민수현)

저런……. 어쩌다가 그러셨니? 나래가 아버지 얼른 낫게 기도 드려라!

어릴 때 열병을 앓고 가끔 발작을 해서 신경안정제를 먹고 있는 아이이다. 약 기운 때문에 수업 시간에 코를 골며 자기도 하고 특수학급에 가야 하는데 우리 반이 더 재미있다며 특수학급에 가길 완강히 거부해서 그냥 우리 교실에서 공부를 한다. 학습능력이 매우 낮아서 1학년 수준의 공부를 따로 하고 있지만 그것도 창피하다고 안 하려고 해서 나를 곤혹스럽게 한다.

수현이 때문에 밝히기 부끄러운 내 초등학교 때의 모습을 아이들에게 많이 들려주었다. 초등학교 1학년 때 빵점 맞고 시험지를 뒤주 속에 숨겨 놓았던 이야기며, 4학년 때까지 걸핏하면 오줌 싼 이야기를 자주 해야 했다. 아이들은 내가 이런 이야기를 하는 것을 가장 좋아한다. 어쩌면 내 이야기를 통해 자기들도 잘할 수 있다는 희망을 갖게 되기 때문인지도 모른다. 아울러 수현이처럼 조금 부족한 친구를 놀리거나 얕보는 일도 그만큼 줄어들었다. 그러다 보니 12월 반장 선거 때 수현이가 단짝 신혜의 추천으로 부반장에 입후보하고 아이들이 수현이한테도 잘할 수 있는 기회를 줘야 한다며 부반장으로 뽑아주었다. 자랑스러워서 어쩔 줄 몰라 하는 수현이를 보며 괜히 내 눈이 뜨거워졌다. 그 덕분인지 수현이는 올해는 한 번도 발작을 일으키지 않았고, 얼마 전에 받은 정기검진에서 뇌파도 많이 안정이 되어 방학 동안 지켜보고 내년부터는 약을 먹지 않아도 될 것 같다는 이야기를 들었다.

아빠랑 시장

8월 30일 목요일 / 덥다.

아빠랑 나랑 시장에 갔다.

시장에서 우유도 사고 아이스크림도 샀다. 그리고 팬이버서(팽이버섯)과 햄과 조이팝을 샀다.

그리고 또 콩나물도 샀다. 아빠랑 나랑 아이스크림을 먹으면서 갔다.

나는 자전거를 타고 집에 왔다. 그리고 집에서 밥 먹고 잤다. (김도연)

병원에 계신 엄마 대신 아빠가 엄마 노릇을 해 주시네? 엄마가 나아서 오실 때까지 우리 도연이 씩씩하게 살자, 응?

도연이는 어머니가 정신질환을 앓는데 학교까지 찾아와 몇 번 소란을 피운 일이 있어 아이들과 내 눈치를 자주 보고 자신이 없고 의기소침한 아이다. 학습능력도 떨어지는 편이고 늘 불안해하고 어떤 일에 대해 아주 예민하게 반응한다. 그래서 나는 이 아이가 잘하는 것을 찾아 – 청소를 아주 깨끗하게 한다. – 칭찬해 주고 자주 불러서 집안 이야기를 나누었다. 아침엔 뭘 먹었고, 어머니는 요즘 어떠시고, 아버지랑 뭘 하며 지냈는지 자질구레한 일을 물어서 아이의 답답한 가슴을 터 주려고 하였다.

다만 안타까운 것은 해도 해도 끝없는 일더미에 묻혀 지내다 보니 아이의 어미 노릇을 대신 해 주지 못해 그것이 늘 마음에 걸린다. 그래도 아이는 제 마음을 헤아려 준다는 생각이 드는지 가끔 귤 한두 개를 내 책상 위에 갖다 놓는다. 만져 보면 귤이 뜨뜻하다. 내가 눈으로 '고마워!' 하고 인사하면 배시시 웃고 말지만.

※ 글에 나오는 아이들의 이름은 가명입니다.

03 그림 그리기 활동

초등학교에 입학하기 전 아이들에게 그림 그리기는 '학습'이기 이전에 '놀이'이다. 아이들은 언어(문자)보다는 그림으로 소통하는 것을 훨씬 더 일찍 쉽게 배운다. 별달리 그림을 그리는 법을 배운 적도 없는데도 아이들은 필기구가 눈에 띄면 벽이나 방바닥에 '그림'을 그려 댄다.

아이들이 그림을 그릴 때에는 순수하고 솔직하게 표현하게 해야 한다. 이를 위해서는 자신의 생각을 가장 쉽게 표현할 수 있도록 배려하는 교육이 필요하다. 아무리 잘 그리고 잘 정리된 그림이라도 모방했거나 외형만 묘사한 것이라면 그 그림은 형식적이고 설명적인 그림으로 끝나고 만다.

아이들의 그림 속에는 즐거운 감정의 표현도 있지만 깊이 들여다보면 부모에 대한 고발, 자신의 신체적 문제, 정신적 압박과 같은 어른들이 전혀 생각지 못했던 문제가 표현되기도 한다. 그러나 어른들은 아이들이 그림 그리는 과정에서 처음부터 단계를 밟아 나가도록 가만 놔두질 않는다. 천천히 단계를 밟아 가며 그림 그리는 활동을 하면 경쟁사회 속에서 뒤진다는 생각 때문에 좀 더 빨리 눈에 드러나는 결과를 얻기를 바란다. 그림 그리기의 목적을 아이가 자신의 솔직한 감정을 표현하고 여러 사람과 어울려서 당당하게 살아가는 데 두기보다는 장래의 가치성으로 연결시켜 보려는 생각이 강하다.

그림 지도는 무엇보다도 아이들이 그림을 그리는 과정 속에서 자신의 생각과 감정을 다른 사람의 감정에 잘 융화시킬 수 있게 하는 것이 중요한 목적임을 잊어서는 안 되겠다.

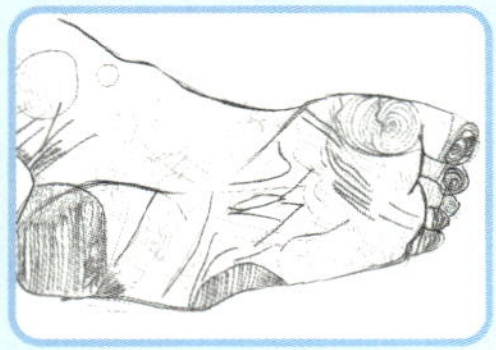

그림 그리기 활동에 들어가기 전에

그림 그리기를 해 보려고 하는데, 아이들한테서 "왜 그림을 그려야 하나요?" 또는, "저는 그림 그리는 것 싫어요." 하는 말을 들으면 어떻게 해야 할까? 그림 그리기에 이미 흥미를 잃었거나, "저는 화가 안 될 건데요." 하고 핑계를 댈 때에는 어떻게 해야 할까?

말을 하지 않았다 뿐이지, 아무 소리 하지 않고 교사가 시키는 대로 하고 있는 아이들도 어쩌면 속으로는 이런 생각을 하고 있을지 모르겠다. 목표나 성취 동기 없이 그저 시키니까 한다는 식으로 그리면 그림 그리기가 즐거울 리 없다.

그림 그리기를 하기 전에는 먼저 아이들이 그림 그리는 것을 재미있어하고 그림 그리는 시간이 기다려지게 해야 한다. 저학년과 고학년이 다른데, 저학년 아이들에게는 시시콜콜 설명을 많이 하기보다는 그림 그리기에 재미를 붙일 수 있도록 해야 한다. 자꾸 "그거 틀렸어. 이렇게 해!" 하면서 교사가 억지로 이끌어 가려고 하지 말고, 무엇을 어떻게 그렸건 아이들의 표현을 존중하고 인정해 주면서 아이들이 차츰차츰 주제를 여러 가지로 넓혀 갈 수 있도록 안내해야 한다.

고학년은 좀 복잡하다. 이미 그림 그리기에서 자신감을 잃은 아이가 많기 때문이다. 그래서 그림을 그리기 전에 그림을 왜 그려야 하는지, 그림 그리기를 하면 무엇이 어떻게 좋은지를 이해할 수 있게 안내하는 시간을 마련하는 것이 좋다.(3권 84쪽 참고) 아이들이 그림 그리기를 왜 하는지 이해하지 못한 채 그림 그리기를 학급활동이나 교과활동으로 이어 간다면 어려운 숙제처럼 힘든 일이 될 것이다. '아, 그림 그리기는 이래서 좋구나. 나도 해 봐야지.' 하는 마음이 들도록 아이들이 가진 그림 그리기에 대한 생각과 교사의 교육의도를 나누는 밑작업이 있어야 그림을 통한 학급운영이 원활하게 이루어질 수 있다.

그림 그리기를 어렵게 하는 것들

고학년 아이들과 그림 그리기를 할 때에는 그림 그리기에 대한 잘못된 생각을 깨뜨려 주는 것이 먼저다. '잘 그린 그림' 에 대한 오해, 기법 위주의 그림 그리기 방법이 그것이다. '내가 본 세상을 열심히 표현한 것이 가장 좋은 그림' 이라는 생각을 갖게 해야 한다.

둘째, 그림 그리는 도구를 다루는 방법을 제대로 가르치고 몸에 익도록 해야 한다. 아이들이 그림을 제대로 그리지 못하는 것은 도구를 사용하는 방법을 잘 몰라서인 경우가 많다. 교사들은 대부분 아이들의 '작품' 에만 관심을 둔다. 아이들이 사용하는 미술도구와 그 사용 방법에 대해서 자세하게 안내해 주는 사람은 많지 않다. 그러나 미술도구를 자유롭게 사용하면 표현 또한 자유롭게 할 수 있다.

아이들의 잘못된 미술도구 사용 방법에는, 물통에 붓을 꽂아 놓아 붓을 꼬부라지게 만드는 일, 그리기 직전에 팔레트에 물감을 짜서 물감의 양을 조절하지 못하여 색을 섞는 데 어려움을 겪는 일, 팔레트를 반대로 드는 일(혼색하는 부분이 몸 쪽으로 와야 한다. 제대로 혼색하지 않으면 그림의 톤이 매우 단조로워질 수밖에 없다.) 따위가 있다. 하고 싶은 표현을 제대로 할 수 있는 질 좋은 도구에 대한 안내도 필요하다.

셋째, 표현을 막는 잘못된 버릇을 고쳐 가야 한다. 잘못된 버릇 때문에 애꿎은 시간만 흘려보낼 뿐, 만족할 만한 성과를 얻지 못하는 경우가 많다. 스케치하는 데 시간을 거의 다 보내고 색칠하는 시간은 10분도 안 걸리는 점(스케치하는 것보다 색칠하는 데 더 많은 시간과 공을 들여야 한다.), 혼색하지 않고 그림물감의 색을 그대로 칠하는 점, 도화지가 보이지 않을 정도로 꼼꼼하게 칠하는 미술학원식 '잘 그린 그림' 을 수채화 그림에도 그대로 적용하는 점 등이 문제이다.

넷째, '번듯한 작품 만들기' 보다는 '무엇을' '왜?' 그리는지에 관심을 두어야 한다. 비록 작품을 제대로 완성하지 못하더라도 지금 하고 있는 일이 무엇인지, 왜 이런 활동을 하고 있는지 이해할 수 있도록 교사의 교육적 의도가 분명해야 한다.

무엇을 그리게 할까

현대사회에서는 이미지가 넘쳐 난다. 다들 본인의 의사와는 무관하게 눈만 뜨면 수많은 이미지 홍수 속에서 살아간다. 눈앞에 보이는 이미지 가운데에는 이로운 것보다는 몸과 마음을 병들게 하는 해로운 것이 더 많다. 현대인에게 중요한 것은, 수많은 이미지 가운데서 가치 있는 것을 골라내고, 이미지가 갖고 있는 내용을 해석하는 일이다.

아이들이 그리는 그림도 마찬가지이다. 아이들도 자연을 떠나 도시에 살면서 어른들이 만들어 낸 수많은 해로운 이미지 속에서 살다 보니, 어려서부터 자신이 그리는 그림이 어떤 뜻을 가지고 있는지 확인할 겨를도 없이 그냥 그려 대고 있다.

그림 그리기를 지도할 때에는 '잘' 그리는 것보다 '무엇을' 그리게 할 것인가를 중심에 두어야 한다. 무엇을 '그리게' 할 것인가 하는 문제는 무엇을 '보게' 할 것인가의 문제이다. 무엇을 '보게' 할 것인가의 문제는, 아이들이 세상을 보는 틀, 즉 가치관과 세계관의 문제이다. 지금 우리 아이들이 보고 있는 것은, 그야말로 좋지 않은 것들이 대부분이다. 보고 있는 것이 이미 '좋지 않은' 것이니, 본 것을 표현하는 아이들 그림이 좋을 리 없다.

아이들과 함께 그려야 할 그림은, '가치 있고', '살아 있고' 그래서 '목숨을 살리는' 그림이어야 한다. 기능적으로 잘 그린 그림 속에는, 그림 속에 아이들 모습이 들어 있지 않다. 오직 기술만 들어 있다. 보는 사람도 처음에만 "참 잘 그렸다."고 할 뿐, 보면 볼수록 싫증이 나고 답답해진다. 이런 그림은 그야말로 '죽은 그림'이다.

그럼 '가치 있고, 살아 있고, 목숨을 살리는' 그림은 어떤 그림일까? 그것은 그린 사람의 모습이 고스란히 드러나는 그림이다. 선이 삐뚤고 서툴더라도 아이가 바라본 세상이 보이는 그림이다. 또 대상에 대한 애정을 느낄 수 있는 그림이다. 그림을 보면서 그린 이의 마음을 헤아리게 되고, 보면 볼수록 또 보고 싶은 그림이 좋은 그림이다.

어떻게 그리게 할까

자신이 본 모습을 정확히 그려 내는 것은 그림 그리기의 기본이다. 아이들이 그린 그림이 늘 보던 그림, 누구나 똑같이 그리는 도식적인 그림이 되고 마는 것은 그려야 할 대상을 잘 살펴보지 않고 대충 보고 그리기 때문이다. 또는 제대로 살펴보지도 않고 잘 안다고 생각하여 알고 있는 것을 버릇처럼 그리기 때문이다. 따라서 그림을 그릴 때에는 가장 먼저 그릴 대상을 자세히 살펴보는 시간을 가져야 한다. 그 다음에 살펴본 것을 그대로 표현해야 한다. 살펴보거나 본 모습을 그대로 그리려면 온 마음을 모아야 한다. 이런 과정을 거치면 좋은 그림이 나올 뿐만 아니라 마음을 차분히 다스리는 데에도 도움이 된다.

같은 대상을 보고 모든 사람이 똑같이 나타낼 수는 없다. 똑같은 물체를 사진기로 찍어도 찍을 때마다 다른 사진이 나온다. 보고 해석하고 그려 내는 방법이 각각 다르기 때문에 그림도 다 다를 수밖에 없다. 사람마다 경험이 다르고, 눈에 더 들어오는 부분이 다르고, 색깔에 대해서도 느끼고 받아들이고 표현하는 정도가 다 다르기 때문이다.
따라서 그림을 그린 결과를 보고 다른 사람과 비교해서 '잘' 그렸다, '못' 그렸다고 판단하는 것은 큰 잘못이다. 또 그림이 삐뚤어지고, 대상과 닮지 않게 그렸다고 비난해서도 안 된다. 온 마음을 모아 열심히 그린 그림 속에는 그린 사람의 세상이 고스란히 들어 있다. 그림은 그린 사람의 세계이다. 그림은 사람을 이해하는 여러 가지 창 가운데 하나이다.

자세히 보고 그리기의 순서와 실제

자세히 관찰하기

병아리가 모이를 주워 먹듯이 관찰하고 표현하기를 자주 반복해서 천천히 그리도록 한다. 필요하면 부분부분 만져 보고 이리저리 위치를 달리해서 대상을 보며 새로운 것을 발견하도록 시간을 넉넉하게 준다. 절대 빨리 하라고 다그쳐서는 안 된다. 지나치게 관찰에 집중하면 전체적인 구도를 놓치므로 관찰하고 그리기를 적절히 병행하도록 교사가 중간중간 개별 지도를 하는 것이 중요하다.

전체 → 큰 모양 → 작은 모양 → 자세히

먼저 큰 덩어리로 사물을 인식하도록 도와준다. 눈을 가늘게 떠서 사물을 바라보게 하는 식으로 전체의 형태감을 인식하고 도화지에 구도를 잡도록 한다. 그 다음 크게 보이거나 눈에 띄는 것에 관심을 갖도록 안내하자. 작업의 마지막 부분에서는 사물의 자잘한 무늬에 흥미를 갖도록 하면 좀 더 색다른 느낌의 작품을 완성할 수 있다.
대충 그려 놓고 다 했다는 아이, 작은 부분에 집착하여 전체의 형태감을 놓치는 아이들이 늘 있게 마련이다. 개인별로 관찰하고 지도하면서 그때그때마다 자세히 지적해 주는 것이 가장 좋다.

가깝게 보이면 진하게 멀게 보이면 흐리게

이상하게 생각되어도 자꾸 고치지 말고 보이는 대로 천천히 그려 보게 한다. 가깝고 뚜렷하게 보이면 진한 선으로, 멀어서 뚜렷하게 보이지 않는 부분은 흐린 선으로 그리도록 지도하면 초등학생에게 다소 어려운 빛과 명암 관계에 대해 어느 정도 익힐 수 있다.

곡선으로 그리기

직선과 사선은 묘하게도 마음을 긴장시킨다. 반면 곡선은 부드럽고 편한 느낌이 든다. 살아 있는 모든 것들은 곡선으로 되어 있는데 왜 아이들은 메마르고 딱딱한 직선으로 표현할까? 한 줄 서기에 익숙한 우리 어른들이 자라나는 아이들의 마음을 자로 잰 듯 반듯이 구획 지어 놓은 것은 아닌지……. 마치 직선처럼 보이지만 약간씩 굽은 곳을 자세히 관찰하고 그대로 표현하면 훨씬 생동감 있는 그림을 그릴 수 있다.

붓 그리기를 해 봅시다

처음부터 어렵고 복잡한 것을 그리면 아이들은 금방 싫증을 낸다. 붓은 짧은 시간 동안 온 마음을 모아서 보고 그릴 수 있는 소재로 알맞다.

붓은 한 사람에 한 개씩 다른 것을 주는 것이 좋다. 또 새 붓보다는 쓰던 붓이 더 좋다. 쓰던 붓은 붓털이 여러 방향으로 나 있어 자세히 살펴야 하기 때문이다.

붓을 그릴 때에는 '그린다.'고 생각하지 말고, 붓의 선을 '찾아간다.' 고 생각하면서 그려 나간다. 붓은 다 그릴 때까지 움직이지 않게 앞에 두고, 같은 크기로 그린다고 생각하고 그리는데, 붓털쪽이든 붓대쪽이든 자신이 그리기 쉬운 쪽부터 시작한다. 붓을 다 그릴 때까지 몸을 움직이지 않고 보이는 그대로 그려 나간다. 보이지 않는 부분은 그리지 않는다. 자신이 없으면 처음부터 한 번에 그리려고 하지 말고 짧게 이어 나가면서 선의 각도를 찾아 그려 나가는 것이 좋다.

붓털을 그릴 때에는 붓털 하나하나를 자세히 살펴보면서 시작과 끝, 붓털이 나아간 방향을 정확히 살펴서 그린다. 추측해서 그리지 말고, 천천히 털 한 개 한 개 자세히 살피면서 그려 나간다. 그러기 위해서는 무엇보다 마음을 느긋하고 정성스럽게 먹어야 한다. 다 그릴 때까지 온 마음을 모아 그릴 수 있도록 분위기를 조용하게 하는 것이 좋다.

틀렸다고 해서 지우거나 새로 그리지 않는 것이 좋다. 다시 그릴 때는 같은 붓을 그리게 하지 말고 다른 붓을 그리게 하는 것이 좋다. 붓을 그리면서 자세히 보고 그리기 방법을 익히게 되면, 그 다음에는 무엇이든지 마음을 모아 천천히 그려 나가면 충분히 잘 그릴 수 있게 된다.

색 찾아 그리기

"선생님, 저는 스케치는 어느 정도 하겠는데요, 색을 칠하면 망쳐요." 하는 말을 자주 듣는다. 색깔을 쓰는 방법을 잘 모르기 때문이다. 아이들은 하늘은 하늘색, 땅은 황토색, 나무줄기는 고동색, 나뭇잎은 초록색이나 연두색, 물은 푸른색, 꽃은 빨강색이나 노란색으로 칠한다. 이것이 바로 아이들이 가지고 있는 색깔에 대한 도식이다. 자신이 본 색깔 그대로

칠하는 것이 아니라, 머릿속에 알고 있는 색을 칠하는 것이다.

또한 그림물감을 섞어서 쓸 줄 모르고 물감으로 만들어진 색을 그대로 칠하는 것도 문제다. 그림물감의 색깔은 세상에 존재하는 수없이 많은 색깔 가운데 대표 색깔만 모아 놓은 것이다. 자연에 있는 색 가운데는 그림물감을 그대로 칠해서 나타낼 수 있는 것이 거의 없다. 색을 섞어서 자신이 본 색깔을 만들어 낼 줄 알아야 한다.

여러 가지 색깔 만들어 보기

그림을 그리기 전에 그림물감에 들어 있는 색을 어떻게 섞으면 어떤 색깔이 나오는지 잘 알고 있어야 한다. 그러기 위해서는 그림물감의 색깔을 섞어 여러 가지 색깔을 만들어 보는 활동을 많이 해 보아야 한다.

먼저 한 가지 색깔을 정해 물의 양을 조절해서 칠해 본다. 물의 양만 가지고도 색의 느낌이 달라지는 것을 알 수 있다. 두 번째로는 두 가지 색깔을 정해 각각의 양을 조절하면서 칠해 본다. 서로 섞이는 양에 따라 다양한 색깔을 얻을 수 있고, 여기에 물의 양을 조절하면 더 많은 색깔을 얻을 수 있다. 다음에는 서로 다른 세 가지 색깔을 섞어 본다. 흰색과 검정색도 조금씩 양을 늘려 가며 섞어 본다. 이렇게 색깔을 섞어서 또 다른 색을 만들어 보는 활동을 여러 번 해 보면 눈에 보이는 색을 그대로 표현할 수 있게 된다.

아이들에게 질문하기

그림 그리기 지도를 할 때에는 잘못된 곳을 곧바로 지적하여 알려 주거나 고쳐 주지 말고, "네가 그린 손가락은 잘 구부려지지 않을 것 같구나." "음, 이 운동화는 어디로 발을 집어넣어야 하는지 궁금한데?"와 같이 그림을 보면서 질문을 해 주는 것이 좋다. 이렇게 살짝 건드려 주면 아이들은 '아!' 하는 표정으로 잘못된 곳을 스스로 찾아 자세히 관찰하고 표현해 보려고 애쓴다.

이때 반드시 잘 표현된 부분을 먼저 칭찬해 주어서(다소 유치하더라도) 아이가 실패감을

느끼지 않도록 하는 것이 중요하다. “여기는 틀렸어!” “이렇게 해라!” 하는 억압과 일방적 지시로는 창의적이고 다양한 표현이 나오지 않는다. 아이들에게 시간을 넉넉하게 주고 완성에 대한 강박관념 없이 좀 더 자세히 관찰하고 천천히 표현하도록 한다.

나뭇잎 그리기

색에 대한 이해를 돕기 위해서는 색종이, 형광색, 인공색소가 들어가 있는 사물을 보는 것보다 시시때때로 달라지는 자연의 빛깔이 녹아 있는 사물을 고르는 것이 좋다.

나뭇잎을 살펴보면 그 속에 수많은 색깔이 들어 있음을 알 수 있다. 나뭇잎 속에 얼마나 다양한 색깔이 숨어 있는지 살펴보려면, 나뭇잎 한 개를 자세히 살펴보면서 그려 보는 것이 좋다. 이렇게 그려 보면 은행잎이 노란색이 아니고, 단풍잎이 빨간색이 아니라는 것을 저절로 알게 된다. 이렇게 살펴본 색을 그림물감의 색깔을 섞어 나타내는데, 색깔을 자세히 칠하기 위해서는 굵은 붓보다는 3호나 5호 정도의 가는 붓이 좋다.

나뭇잎을 그려 본 뒤에는 나뭇가지도 그려 보는 게 좋다. 나뭇가지를 그리다 보면 색깔이 나무마다 다르고, (아이들이 머릿속으로 나뭇가지 색깔이라고 알고 있는) 고동색뿐만 아니라 여러 색깔로 이루어져 있음을 깨닫게 된다. 땅도 마찬가지로 자세히 들여다보면, 흙의 성분에 따라, 물기에 따라, 그늘이 졌느냐 햇빛이 비치느냐에 따라 색이 다 다르다는 것을 알게 된다.

예시 **자세하게 살펴보고 그리기 차례 (4, 5, 6학년)**

첫 번째 마당 | 선 찾아(살려) 그리기

· 대상을 자세하게 살펴보고 자신이 본 그대로의 모습을 자기만의 선으로 그리는 활동이다.
· **준비물** : 플러스펜이나 HB연필, 도화지

물건

1. 붓(털) 그리기
2. 필기도구 그리기 : 뒤꽂이가 달린 필기도구가 좋다.
3. 그 밖의 학용품 그리기 : 풀, 가위, 컴퍼스, 칼, 집게
4. 물건 그리기 : 빨래집게, 물통, 리코더, 분무기통, 쓰레받기, 주전자, 병, 필통, 실내화 가방, 가방, 안경
5. 바구니 그리기 : 대바구니, 왕골 바구니, 짚으로 엮은 바구니
6. 빗자루, 솔 그리기
7. 털실로 짠 옷의 겉면이나 소매 끝 그리기
8. 가방 끈 그리기, 마루 바닥 그리기
9. 운동화, 실내화 그리기
10. 신문지나 종이 구겨 그리기
11. 책상, 걸상 그리기

동물

1. 곤충 그리기 : 파리, 나비, 벌, 잠자리, 배추벌레, 사마귀
2. 집짐승 그리기 : 개, 고양이, 소, 닭, 토끼, 돼지, 염소
3. 새 그리기
4. 개구리, 두꺼비, 거미, 달팽이 따위 그리기

채소와 과일

1. 채소와 과일 그리기 : 오이, 당근, 양파, 고구마, 감자, 파, 호박, 참외, 마늘, 배추, 무, 고추
2. 채소나 과일 자른 면 그리기 : 양파, 피망, 오렌지, 키위, 양배추, 배추

사람

1. 지문 그리기
2. 손톱 그리기
3. 손바닥, 발바닥 그리기
4. 손가락, 발가락 부분 그리기
5. 얼굴의 한 부분 그리기 : 눈, 코, 입, 귀
6. 머리 뒷모습 그리기
7. 얼굴 옆모습 그리기
8. 얼굴 앞모습 그리기
9. 여러 가지 표정 그리기 : 웃는 표정, 찡그린 표정, 자는 표정, 화난 표정
10. 허리까지 그리기(앞, 뒤)
11. 앉은 모습 그리기(앞, 옆, 뒤)
12. 서 있는 모습 그리기(앞, 뒤)
13. 두 사람이 같이 있는 모습 그리기
14. 여럿이 정지한 모습 그리기
15. 움직이지 않는 모습 그리기 : 공부하는(책 읽는) 모습, 자는 모습, 생각하는 모습
16. 움직이는 모습 그리기 : 청소하는 모습, 일하는 모습, 운동하는 모습

식물

1. 풀 한 포기, 곡식 달린 것 그리기
2. 나뭇잎 그리기 : 나뭇잎이 한 개 혹은 여러 개 붙은 것
3. 꽃 그리기 : 꽃눈, 작은 풀꽃
4. 나무나 꽃의 한 부분 그리기
5. 나뭇가지 부분 그리기 : 나뭇가지 부분 확대해서 그리기
6. 나무 전체 그리기(봄, 여름, 가을, 겨울)
7. 화분 전체 모습 그리기
8. 심어 놓은 채소 그리기

장면

1. 꽃밭 그리기
2. 채소밭 그리기
3. 여러 가지 물건이 놓여 있는 장면 그리기(실내, 실외)
4. 집 한 채, 자동차 그리기
5. 집이 잇달아 있는 동네 그리기
6. 주변 풍경 가운데 한 장면 그리기 : 골목, 길거리, 산, 수돗가 따위
7. 사람들이 있는 장면 그리기 : 교실 안 모습, 시장 모습, 공사장 모습, 거리 모습, 가게 모습, 집안에 있는 가족 모습, 차 안 모습

두 번째 마당 | 색깔 찾아(살려) 그리기

· 주변의 색깔을 자세하게 살펴보고, 자신이 본 그대로의 색깔을 만들어서 칠해 본다.
· **준비물** : 물감(전문가용 18색 물감), 물감을 차례로 다 짜서 굳혀 놓은 팔레트(함석으로 된 큰 팔레트), 붓(5호 안팎, 10호 안팎, 15호 안팎), 도화지(200g/㎡), 물통
· **주의할 점** : 먼저 연필로 스케치하지 말고 직접 색을 만들어 칠하도록 한다.

색깔 만들기

1. 한 가지 색깔을 정해 놓고, 다른 색깔을 섞어 여러 가지 색깔 만들어 보기
2. 두 가지 색깔을 정해 두 색깔의 양을 서로 다르게 해서 여러 가지 색깔 만들어 보기
3. 물의 양을 조절해서 여러 가지 색깔 만들어 보기
4. 느낌이 있는 색깔 만들어 보기(차가운 색, 따뜻한 색, 여름색, 가을색 따위)
5. 단어에 맞는 색깔 만들어 보기(행복, 사랑, 슬픔, 엄마, 학교 따위)
6. 색깔로 현재 자신의 마음을 자유롭게 표현해 보기

자연에 있는 색깔 보고 만들어 그리기

작은 도화지(32절 또는 16절)를 주어 대상의 한 부분을 그려 보게 한다.

1. 땅
2. 하늘 : 맑은 날, 흐린 날
3. 책상, 걸상
4. 마룻바닥, 콘크리트 바닥
5. 나무줄기(부분)
6. 담 : 벽돌담, 축대, 블록담
7. 보도블럭
8. 돌, 바위
9. 나뭇잎 한 개(봄, 여름, 가을, 겨울)
10. 꽃잎 하나

세 번째 마당

· 위 두 가지 방법을 병행하여 자세하게 살펴보고 선을 찾아 그린 다음, 역시 색깔도 자세히 살펴보고 스스로 만들어 칠해서 그린다.

글쓴이 · 도움 주신 분들 김은실 | 인천 주안초 교사 · 이부영 | 서울 고덕초 교사

아이들은 누구나 그림 그리기를 좋아한다. 적어도 학교에서 그림 그리기를 배우기 전까지는. 그러다 점점 고학년으로 올라갈수록 그림 그리기를 힘들어하고 싫어하고 지겨워한다. 왜 그럴까? 놀이처럼 즐기던 그림 그리기가 학교에서는 배워야 할 무언가로 바뀌면서 아이들이 점점 흥미를 잃는 것이다. 저학년에게 그림 그리기는 재미있는 놀이가 되어야 하고 자기 의사를 적극적으로 표현하는 수단이 되어야 한다.

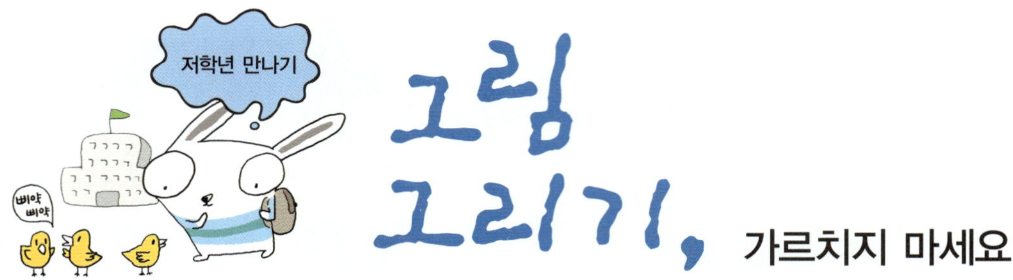

그림 그리기, 가르치지 마세요

이부영 | 서울 고덕초 교사

저학년 아이들 그림의 특징

저학년 아이들은 사물의 모습을 똑같이 보고 그리는 것이 아니라, 대상에 대한 느낌과 그것에 대해 알고 있(다고 생각하)는 것을 그린다. 이 시기의 아이들에게는 다음과 같은 특징이 나타난다.

첫째, 똑같은 대상을 똑같은 색깔로 계속 그린다.

둘째, 여러 장면을 한 곳에 그린다. 앞에서, 옆에서, 뒤에서 본 모습을 한꺼번에 그리는가 하면, 여러 곳의 모습이나 서로 다른 때 일어난 모습을 한 곳에 그리기도 한다.

셋째, 보이지 않는 곳까지 그린다. 집을 그리면서 집안에 있는 사람의 모습을 그린다든지, 나무를 그리면서 땅 속 뿌리를 그린다든지, 동물의 뱃속까지 그리는 것을 볼 수가 있다.

넷째, 사물도 사람처럼 그린다. 나무, 구름, 꽃에 눈, 코, 입을 그려 넣기도 하고, 동물의 얼굴을 사람 얼굴로 그린다.

다섯째, 전개도처럼 펼쳐서 그린다.

여섯째, 옆으로 나란히 늘어놓으면서 그린다. 처음에는 도화지 아래쪽 선에 붙여서 나란히 그리다가 점점 도화지 위에 선(기저선)을 그린 뒤에 선 위에 나란히 붙여 그린다.

그림 그리기, 어떻게 지도할까?

첫째, 자꾸 이렇게 저렇게 가르치려 들지 말아야 한다. 자꾸 간섭하면 아이가 그리는 그림 속에 생각이 나타나지 않을 뿐만 아니라 점점 그림 그리는 일에서 도망가게 된다.

둘째, 지나치게 많이 그리지 않게 한다. 그리고 싶지 않고 그릴 것도 없는데 자꾸 억지로 많이 그리라고 하기 때문에 아이들은 늘 그렇고 그런 그림을 버릇처럼 그리게 된다. 아이들이 충분히 그리고 싶은 마음이 들도록 이런저런 일을 경험한 뒤에 그리도록 한다.

셋째, 몸으로 체험하는 일을 많이 하게 해야 한다. 아이들 그림이 늘 그렇고 그런 것은 생생한 경험을 해서 마음에 새겨 둔 것이 없기 때문이다. 단지 눈으로만 보는 것보다는 몸을 움직이면서 직접 만져 보고, 냄새 맡고, 소리를 들어 보는 경험을 많이 해야 한다.

넷째, 가장 좋은 그림도구는 몸이다. '그림' 하면 무조건 '그림도구'를 먼저 생각하는데, 몸이야말로 가장 좋은 표현 재료이고, 방법이다. 그림을 그리기 전에 몸으로 느끼고 표현하는 일을 충분히 많이 하는 것이 좋다.

다섯째, 가장 훌륭한 미술교사는 자연이다. 요즘 아이들 그림이 생생하지 않고 다 똑같게 된 것은 아이들이 온통 인공적인 환경에 갇혀서 살기 때문이다. 누가 가르쳐 주지 않더라도 변화무쌍하고 다양한 것을 온몸으로 체험하고 표현할 수 있는 자연 속에 아이들을 자주 데리고 가면 '미술교육'은 저절로 이루어진다.

여섯째, 아이들의 표현을 존중해 주어야 한다. 아이들이 그림에서 멀어지는 첫 번째 까닭은, 그림을 보고 어른들이 "못 그렸다."고 할 때이다. 그림으로 순위를 매겨 상을 주는 일을 절대 하지 않아야 한다.

일곱째, 그림도구를 탐색한다. 어떤 도구로 그릴 것인가에 앞서 그림도구에 대한 충분한 탐색활동이 필요하다. 크레파스의 성질, 그림물감의 성질, 여러 가지 붓의 모양, 다양한 도화지의 질감, 물감의 여러 가지 색과 물의 관계 같은 것을 충분히 경험하게 하는 것이 좋다.

초등학교에서 가장 중요한 시기가 바로 3학년이 아닐까 싶다. 3학년 아이들은 심리적으로 볼 때 현실세계를 인지하는 시기에 놓여 있다. 따라서 그림을 그릴 때도 대상을 정확히 살펴보고 그리려 하고, 자신이 그린 그림과 대상을 견주어 보기도 한다.

한편으로는 여전히 도식적인 그림을 그리는 습관이 남아 있다. 그래서 아이들은 대체로 3학년이 되면 그림 그리는 데 혼란과 갈등을 경험하게 된다. 따라서 이 시기의 아이들과는 자세히 살펴보고 그리기를 해 보는 것이 좋다. 자세하게 그리기를 한 뒤 표현한 결과에 대해서는 평가하지 말고, 단지 어린이의 관점을 이해하는 수단으로 삼는다.

생각해 봅시다

그림 그리며

고학년 아이들에게 들려주는 이야기

이부영 | 서울 고덕초 교사

고학년 아이들에게 그림을 그리는 것이 왜 필요하고 중요한지에 대한 이야기를 들려주면 그림 그리는 데 자신감을 잃었거나 재미없어하는 아이들에게 용기와 호기심을 불러일으킬 수 있다.

세상을 체험하게 한다

우리가 늘 옆에 두고 보는 것을 실제로 다 알고 있다고 생각하나요? 누구나 다 알고 있다고 생각하는 연필도 실제로 그림을 그려 보면 똑같이 그리기는 힘들어요. 자세히 보지 않았기 때문이지요. 또 대상을 보기만 해서는 자세히 알기 힘들어요. 그냥 보는 것보다 사진을 찍어 보면 대상을 좀 더 자세히 알 수 있겠지요. 사진 찍기보다 더 대상을 자세히 관찰할 수 있는 방법은 대상을 그려 보는 것입니다. 자기가 직접 보고 손으로 공을 들여 그려 본 대상은 잘 잊혀지지 않습니다. 그림을 그릴 때에는 꼭 눈으로만 '보는' 것이 아니라, 오감(눈, 코, 입, 귀, 손)으로 봅니다. 그러면서 세상 곳곳을 살펴볼 수 있지요.

세상과 소통하게 한다

해외여행을 해 본 사람이 있나요? 해외여행을 해 보면 그 나라의 언어를 잘 몰라도 의식주 문제라든가 교통기관을 이용하는 데에는 별 문제가 없다는 것을 알 수 있어요. 바로 그림이나 기호로 된 표지판 때문이지요. 언어를 몰라도 그림과 기호는 누구나 이해할 수 있습니다. 한 번도 본 적 없는 선사시대 사람들이 어떤 생활을 하였는지 우리가 알 수 있는 것도 바로 그 사람들이 바위나 동굴 벽에 그려 놓은 그림 때문이지요. 그림은 이 세상의 공통 언어입니다. 배운 사람과 못 배운 사람, 가진 사람과 못 가진 사람, 사는 곳이 달라도 그림은 누구나 그릴 수 있고, 그래서 누구에게나 평등하지요. 그림 그리기 활동은 나 자신뿐만 아니라 나와 다른 사람, 나와 세상, 나와 작품을 이어 주는 역할을 한답니다.

내가 하고 싶은 표현을 할 수 있게 한다

'임금님 귀는 당나귀 귀' 라는 옛이야기를 아시나요? 마음에 담고 있던 말을 했을 때, 막혔던 체증이 뚫리는 것같이 후련했던 경험이 있을 것입니다. 그림은 말이나 글 또는 행동으로 표현하기 어려운 사람들이 할 수 있는 또 다른 표현 방법이랍니다. 마음속에 있는 것을 몸 밖으로 잘 표현해 내는 사람은 몸과 마음이 건강합니다. 그림으로 내가 하고 싶은 표현을 자유롭게 할 수 있는 것은 대단한 행복이지요.

서로 다름을 이해할 수 있게 한다

이 세상에 똑같은 사람은 없습니다. 생김새도 성격도 능력도 환경도. 그러니까 서로 다름을 이해하고 인정해야 합니다. 그러나 우리 주변을 살펴보면, 서로 다름을 인정하지 않아서 생기는 문제들이 너무나 많습니다.

누구나 똑같이 두 눈을 지니고 있다 하더라도 세상을 보는 방법은 그 사람을 둘러싸고 있는 환경에 따라 다 다르겠지요. 똑같은 재료를 가지고도 표현하는 방법 또한 다 다를 수밖에 없습니다. 다른 사람의 모습과 생각, 다른 표현을 인정하고 이해하며 함께 어울려 살아가는 세상을 이루려는 태도를 그림 그리기로 길러 나갈 수 있습니다.

문제를 해결하는 힘을 키워 준다

미술 시간에 그림을 그리다가 "망쳤어요." 하고는 그리던 것을 구겨서 쓰레기통에 버리는 친구가 있지요? 그런 친구는 처음부터 새로 다시 그리겠다고 합니다.

실수하지 않으면 누군들 무슨 일인들 못하겠어요. 망쳤다고 생각했을 때, 하던 것이 맘에 들지 않을 때 해야 할 일은 하던 것을 버리고 새로 시작하는 것이 아니라 망친 까닭을 살펴보는 것입니다. 그리고 고칠 수 있는 방법을 생각해 봐야 합니다. 잘못된 것을 고쳐 볼 생각을 하지 않고는, 새로 시작한다 해도 먼저보다 잘할 수가 없습니다.

이런 어려움은 여러분이 살아가면서 수없이 많이 겪게 됩니다. 그럴 때마다 죽고 다시 태어날 순 없지 않겠습니까? 망쳤다고 생각했을 때, 잘못 살았다고 생각했을 때 정신을 바짝 차리고 하나하나 고쳐서 바르게 해 보려는 노력, 문제가 있을 때 문제를 차근차근 풀어 나가려는 태도를 그림을 그리면서 길러 봅시다.

신체와 두뇌를 고루 발달시킨다

요즘은 컴퓨터로 모든 걸 다 해내려는 세상이지요. 그래서 뼈와 근육을 잘 쓰지 않게 됩니다. 그러다 보니 우리 몸이 제 기능을 점점 잃어 가고 있습니다. 그림 그리기는 잘 쓰지 않아서 힘을 잃어 가는 몸의 기능을 되살리는 데 도움이 된답니다.

그림을 그리다 보면 머리도 많이 쓰게 됩니다. 어떻게 그릴지 이렇게 저렇게 궁리해 보면서 그림을 완성하는 동안 두뇌가 고루 발달하게 되는 것이지요. 또 여러 가지 감각으로 세상을 체험하면서 타고난 감성을 되살리고 가꾸어 가기도 합니다.

특기와 재능을 살릴 수 있다

그림을 그리자고 하면 여러분 중에는 "저는 원래 그림 잘 못 그리는데요." "저는 그림에 소질이 없어요." 하고 말하는 친구가 있어요. 하지만 조금만 깊이 생각하면 그것은 열심히 해 보지 않은 채, 조금 또는 아무렇게나 해 보고 나서 하는 말이라는 것을 알 수 있습니다. 누구나 조금 노력하고 잘할 순 없습니다. 그렇게 말하는 친구들에게 선생님은 이렇게 말하고 싶습니다.

"자기 분야에 뛰어난 재능을 발휘하고 있는 사람들도 그 자리에 거저 올라가 있는 것이 아니다. 그렇게 잘한다는 사람도 남들이 쉬거나 놀 때 부지런히 연습하고 또 연습한다. 하물며 못한다고 생각하는 사람은 어떻게 해야겠니? 겨우 몇 번 해 보고 안 된다고, 소질이 없다고 단정하는 것은 말이 되지 않는다. 소질이 없다고 생각할수록, 못한다고 생각할수록 여러 번 반복해서 해 보고 또 해 봐야 한다. 지금은 재미없고 힘들고 안 되더라도 열심히 하다 보면, 자신도 모르게 소질이 길러질 수 있다."

노동의 즐거움을 맛볼 수 있다

여러분은 매일 컴퓨터 게임에 학원에 아주 바쁘지요? 그런데 컴퓨터 게임이나 학원 공부는 모두 실내에서 하는 활동입니다. 몸을 움직여서 하는 일은 거의 없습니다. 또 필요한 것이 있으면 얼마든지 상점에서 살 수 있습니다. 필요한 것을 스스로 만들어 본 경험이 있는 사람은 몇이나 될까요? 하지만 스스로 몸을 움직여서 만든 것을 사용하면 몇 갑절의 기쁨을 맛볼 수 있답니다.

내 손과 몸을 움직여서 무엇인가를 그려 내는 기쁨은 해 본 사람만 느낄 수 있습니다. 그림 그리기는 인간의 본래 기쁨인 노동의 즐거움을 되찾아 준답니다.

성취감을 맛볼 수 있다

그림 그리기는 하얀 도화지 위에 새로운 것을 완성해 내는 것입니다. 표현하는 동안 어려움이 많습니다. 미술도구가 손에 익지 않거나 좋지 않아서 하고 싶은 표현을 할 수 없을 때도 있고, 마음처럼 표현이 안 되어서 포기하고 싶은 때도 여러 번 있지요. 그러나 모르는 것을 배워 가며 어려움을 모두 이겨 내어 끝까지 완성했을 때의 즐거움은 이루 말할 수 없습니다. 그림을 그리면서 맛본 성취감은 다른 일을 할 때에도 자신감을 가지고 도전해 볼 수 있는 용기를 준답니다.

가치 있는 생활태도를 길러 준다

그림을 그리면서 세상을 고루 살펴보고 새로운 세계와 만나면서 가치 있는 태도와 마음가짐을 가지게 됩니다. 우리가 그림을 그리는 이유는 아름다운 작품을 만들어 내기 위해서만은 아닙니다. 다른 사람들과 더불어 함께 어울려 살아가는 옳고 밝은 세상을 위한 가치를 배우기 위해서이기도 합니다. 그러니까 반드시 잘 그린 작품을 만들겠다는 부담은 버려도 되겠지요.

이렇게 많은 선이 있는지 몰랐어요!

김은실 | 인천 주안초 교사

기대를 갖고 시작한 수업을 부산스레 끝내고 나면 '어휴, 우리 반 애들은 왜 이렇게 못 그릴까? 저학년 수준을 벗어나질 못하네! 늘 똑같은 나무에 사람……. 역시 그리기는 타고난 재능이 있어야 해.' 하고 절로 한숨이 나온다. 선생님의 기대에 못 미치는 것을 알아챈 아이들도 마찬가지이다. 사물이나 자기 생각을 잘 표현하고 싶지만 완성된 작품이 실제의 모습이나 의도하던 것과 매우 다르다는 것을 확인하게 되면 그림 그리기가 더 이상 즐겁지 않게 되고 점점 더 거리감을 느끼게 된다.

대부분의 교사들과 마찬가지로 나 역시 아이들이 느끼고 생각하는 바를 잘 펼치도록 하려고 여러 가지 시도를 해 본다. 그림을 그리는 아이의 느낌과 생각, 꿈이 잘 표현되어야 재미있고 살아 있는 그림이 될 것이라는 생각에 그리고 싶은 것을 자유롭게 표현해 보라고 한다.

하지만 의도한 것과는 다르게 아이들은 늘 같은 모양으로 그림을 그린다. 로봇 같은 사람 다리, 서양 아이를 닮은 인형 같은 눈, 만화 주인공 같은 어색한 웃음, 솜사탕 같은 나무, 삼각형 모양의 산……. 개성도 없고 내용도 없는 이러한 그림은 살아 있는 느낌을 주지 못한다. 좀 더 생동감 있는 그림을 그리게 할 수는 없을까? 도식적인 표현에서 벗어나 눈에 비친 그대로를 표현해 볼 순 없을까?

그림 그리기는 꼬마 미술가를 기르기 위한 연습이 아니기에 자신이 갖고 있는 생각의 틀에서 벗어나 사물이나 세상의 일을 있는 그대로 볼 수 있는 안목을 갖도록 지도하고 싶었다. 두려움 없이 자신의 생각과 마음을 맘껏 펼치도록 자신감을 길러 주고 싶었다. 이러한 의도에 보다 가깝게 접근할 수 있을 것이라는 기대로 '자세히 보고 그리기'를 일 년 동안 꾸준히 해 보았다.

운영 방법

· **대상 학년** : 4학년
· **시간** : 아침활동 시간을 활용하여 20~30분(주 4회 정도)
· **주제** : 선 그리기, 간단한 사물 그리기로 시작하여 차츰 복잡한 물건이나 사람을 그리며, 한 주제에 대한 완성 기간을 충분히 갖는다.
· **재료와 용구** : 화지에 대한 두려움을 줄이기 위해 16절지를 활용하도록 하며 자주 지우는 습관을 고치고 대담성을 기르기 위해 사인펜, 색연필, 볼펜, 붓펜 등 여러 가지 도구로 시작한다.
· **감상과 평가** : 교사가 확인 평가를 꼭 해 주고 완성된 작품을 지정된 장소에 두어 수시로 친구들의 작품을 감상할 수 있도록 한다.

● 여러 가지 선 연습 (3월 1~2주)

연필, 사인펜, 색연필, 붓펜 등 재료의 특성을 살려 여러 가지 선 연습을 한다. 손쉽게 구할 수 있고 다루기 쉬운 도구들이지만 여러 가지 효과를 낼 수 있다. 대상을 묘사하기에 앞서 재료의 특성을 충분히 알아보는 것이 필요하다.

옆으로 똑바로 긋기부터 시작하며, 흐린 선부터 시작하여 점점 진하게 연필선 하나하나가 잘 보이도록 힘을 조절한다. 연필을 옆으로 뉘어 선을 뭉개 버리지 않도록 주의시킨다. 누르는 힘에 따른 효과를 금방 구별할 수 있는 붓펜으로 선 연습을 하면 재료가 주는 묘미에 푹 빠져 재미있게 활동할 수 있다.

● 느낌 나타내기 (3월 3~4주)

아침에 교실에 잔잔한 음악을 틀어 놓았다. 하나 둘씩 교실로 들어오는 아이들에게 "어떤 느낌이 드니?" 했더니, 장난꾸러기들이 "이상해요. 선생님, 신나는 것으로 틀어 주세요." 한다. 강한 비트의 댄스음악에 더 익숙한 탓일까? "지금 나오는 음악과 어울리는 선이나 떠오르는 모양을 자유롭게 그려 볼까? 그림을 그리는 나의 마음에 따라 아주 재미있는 표현을 할 수 있단다." 했더니 종이를 몇 장씩 가져가서 연방 웃음을 터뜨리며 즐겁게 그렸다. 자유로운 선의 움직임은 마치 살아 있는 동물의 자취를 연상케 하고 딱딱하게 굳어 있는 마음을 풀어 준다.

● 질감 나타내기 (3월 5주~4월)

- 벽돌 자세히 그리기 : 창문 너머로 벽돌을 한 장씩 들고 씩씩하게 등교하는 아이들이 보였다. 자기들끼리 무슨 영웅담이라도 이야기하듯 자랑스럽게 재잘거렸다. 아이들은 오늘 벽돌 속에 꼭꼭 숨겨져 있는 수많은 알갱이를 발견하고 어떤 이야기를 나누게 될까?

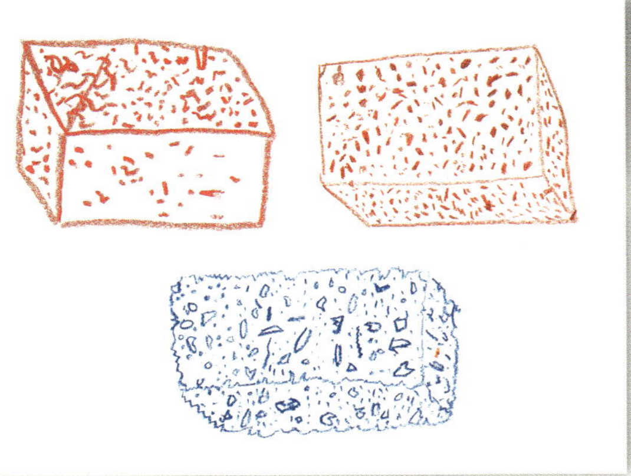

아이들은 처음에 두부처럼 매끈한 육각기둥 모양을 그리고는 점을 콕콕 찍어 표현했다.

"벽돌을 만져 보면 어떤 느낌이 날까?"

"손이 아플 정도로 까칠까칠해요!"

"선생님, 벽돌에서 뭐가 자꾸 떨어져요. 모래같이 조그만 알갱이 같아요!"

여러 번 관찰하고 만져 보게 하였더니 울퉁불퉁한 벽돌의 재질감을 실감나게 표현하기 시작했다. 벽돌을 이루고 있는 작은 알갱이의 무늬와 깨어진 부분까지 빠뜨리지 않고 꼼꼼하게 그렸다.

- 과일 자세히 그리기 : 먹는 것을 유난히 좋아하는 우리 반 아이들이 제일 조용하게 활동한 주제이다. 완성할 때까지 만지작거리며 먹고 싶은 것을 꾹 참았던 아이들이 그림을 다 그리고 나서는 먹기가 아깝다고 배시시 웃었다.

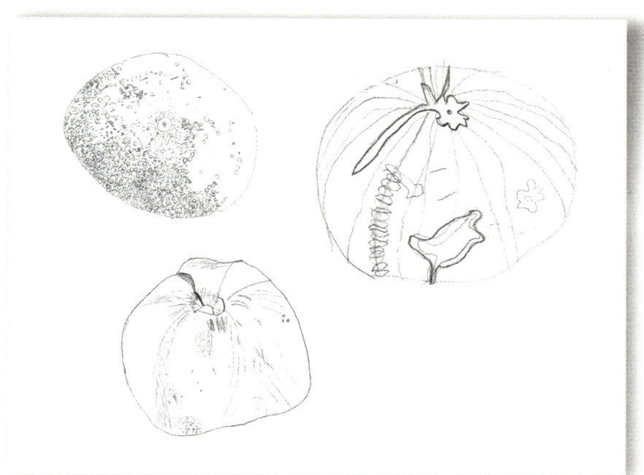

"언제 이렇게 많은 동그라미가 있었지?"
하진이는 귤을 그리며 약간(?) 괴로워했다. 또 가까운 곳은 진하게, 조금 멀게 보이는 곳은 흐리게 그려 보자 말했더니 참외를 그리던 슬기는 둥글게 돌아간 부분까지 살려 실감나게 묘사하였다. 토마토에는 줄무늬가 없는데도 완규는 세로선을 넣어 그렸다. 그랬더니 입체감이 살아났다. 항상 느끼는 것이지만 아이들의 눈은 참 신선하다. 그림을 다 그리고 나서 복숭아를 가만히 보던 아이는 갑자기 까르르 웃는다. "선생님, 제 복숭아가 썩은 것 같아요."

● 소품 그리기 (5월~7월)

- 나뭇잎 그리기 : 물오른 가로수의 싱싱한 초록빛에 눈이 부셨다. 이 좋은 소재를 놓칠 수 없지! 과학 교육과정에 등장하는 '톡톡이(물방울요정)' 이야기로 쉽게 동기 유발을 할 수 있었다. 톡톡이가 어떻게 식물의 몸에서 이동할까? 즐거운 상상과 함께 그리기를 시작했다.
"너희들이 그리는 것이 톡톡이가 여행한 길이란다." 아이들은 자신들이 따 온 나뭇잎(플라타너스와 같이 크고 넓적한 것이 좋다.)을 옆에 놓고 톡톡이의 길 찾기 놀이에 아주 열중하였다. 나뭇잎을 자세

히 관찰하여 전체 모양을 먼저 그리게 한 뒤 큰 잎맥을 표현하게 했다. 그 다음 잎맥과 잎맥 사이의 그물 무늬를 자세하게 나타내도록 하였다.

"선생님, 너무 힘들고 복잡해서 못하겠어요. 이제 그만 그리면 안 돼요?"

볼멘 투정이다.

"음, 그럼 물방울들이 나뭇잎 구석구석까지 갈 수 없게 되잖아. 네 나뭇잎이 금방 시들게 될걸?" "에이, 그럼 안 되지!"

좋은 작품은 언제나 인내심을 필요로 한다. 아이들이 참을성 있게 작품을 완성하도록 끝까지 동기 유발을 하는 것은 그리 쉬운 일이 아닌 것 같다.

- **음료수 병 그리기** : "선생님! 이제 마셔도 돼요?" 그리는 것보다 훨씬 관심이 가는 문제이다. "자세히 관찰해서 칭찬받을 때마다 한 모금씩!" 내가 너무했나?

둥글고 부드러운 곡선과 투명하게 보이는 안쪽 선까지 스스로 찾아낼 수 있도록 참을성을 가지고 아이들과 함께 이야기를 나눈다.

"바닥이 너무 둥글면 페트병이 어떻게 될까? 저 안쪽에 보이는 페트병 선은 진하게 보이니? 흐리게 보이니?"

궁금한 게 너무 많은 아이들에게 '이건 이렇게 저건 저렇게' 라고 지시하기보다는 잘못된 부분과 이상한 부분에 대한 답을 스스로 발견하도록 발문해 주면 금세 환하게 웃으며 자리에 앉는다. 자세히 그리는 활동을 꾸준히 해 와서 그런지 아이들은 이젠 가르쳐 주지 않아도 둥글고 오돌오돌한 표면의 느낌을 잘 잡아낸다.

● **신체 표현 (9월)**

- 손 그리기 : 태어나서 지금까지 늘 보고 다루는 손이지만 표현하기 참 힘든 주제이다. 신체는 사물과 달리 잘못 그린 부분을 누구라도 쉽게 발견하니 말이다. 여러 가지 소품들을 자신 있게 그렸던 아이들에게 손을 그려 보자 했더니 굵은 기둥에 가느다란 다섯 개의 막대기를 그렸다.

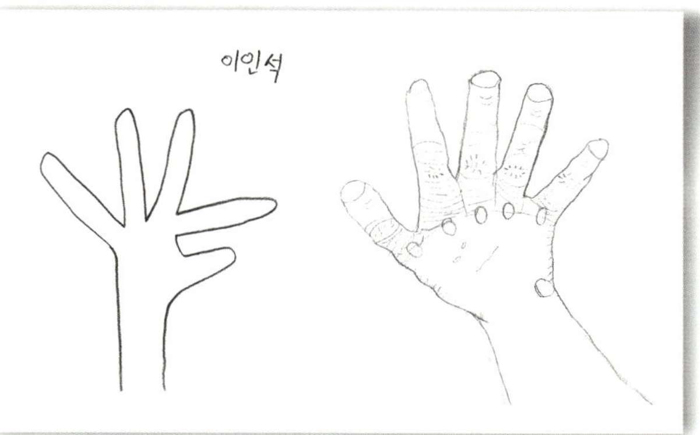

아……, 잠시 허탈한 생각이 들었지만 자신의 손과 그림을 비교하며 같은 점과 다른 점을 찾고 더 자세히 관찰해서 그려 보게 하였다. 몇 장씩 연습하고 나니 드디어 아이들은 손의 부드럽고 섬세한 곡선과 손바닥에 담겨 있는 무수한 손금, 그리고 예쁜 손톱을 발견하고 재미있게 그리기 시작했다.

- 발 그리기 : 발 그리기를 하자 하니 아이들은 바지를 걷어 올리고 양말을 벗으며 냄새 난다고 코를 찡그리고 야단법석이다. 발가락을 마치 처음 본다는 듯 만져 보고 책상에 발을 걸쳐 놓고, 요가를 하는 것처럼 몸을 배배 꼬고……. 아이들은 앉아서 연신 발바닥을 들여다보고 또

들여다본다. 교실은 순식간에 북새통이 되었다. 어쩐지 이번 주제는 더 좋은 작품이 나올 것 같은 예감이 들었다.

"발은 우리 몸무게를 하루종일 지탱하고 걷고 뛰며 쉬지 않고 일하는 소중한 부분이란다. 발이 참 고맙지?"

발바닥에 있는 지문이 일정한 방향으로 주름져 있다는 것을 잘 관찰하여 그리는 동안 저절로 발 근육이 묘사되어 금방이라도 발차기를 할 것 같은 살아 있는 그림이 되었다.

● 친구 그리기 (10월~12월)

- **친구의 얼굴** : "야! 진성이 콧구멍 봐라! 하하하!" 아이들이 장난스레 떠들어 대니까 진성이가 골이 났다. 진성이가 화내는 모습을 민기가 재빨리 재미있게 표현했다. 민기 그림을 힐끗 본 아이들이,

"선생님, 얘는 주름살을 꼭 늙은 사람처럼 그렸어요." 한다.

"너희들도 화를 내면 이렇게 미운 얼굴이 된다." 아이들은 꼭 증명사진처럼 그려야 잘 그리는 것인 양 정면을 노려보는 모습을 만드느라 애를 썼다.

충분히 관찰하지 않고 생각으로 그리면 눈, 코, 입의 위치가 제멋대로 잡히고 머리만 큰 가분수형 인물이 되기 쉽다. 가분수식 인물 표현에서 쉽게 벗어나지 못하는 아이들에게 모델이 된 친구의 어깨와 머리 부분을 가까이에서 만져 보고, 멀리 서서 연필 끝으로 각각의 부분들이 얼마만큼의 비율이 되는지 재 보라 하였더니 눈에 띄게 나아졌다. 좀 더 오래 관찰하고, 대상과 자기가 표현한 그림을 충분히 비교하고 고친 끝에 모델의 머리와 어깨의 비를 균형 있게 맞출 수 있게 되었다.

그제서야 아이들은 앉은자리에서 제 눈에 비치는 얼굴의 모습을 있는 그대로 표현했고, 약간 옆으로 돌아가면 얼굴형과 눈이 찌그러져 보인다는 것을 드디어 알아냈다.

"선생님, 얼굴에 그림자는 어떻게 하지요?"

아니! 명암이 보이기 시작한 것일까? 어떻게 나타낼까 기대가 되었다.

"실눈을 뜨고 친구의 얼굴을 쳐다볼래? 그리고 눈에 보이는 대로 어둡게 보이는 부분을 너무 진하지 않은 선으로 표시해 보렴."

아이들은 꼬불꼬불한 친구의 머리카락과 코 밑의 보송보송한 솜털이며 약간 쌍꺼풀 진 눈도 너무 예쁘게 그렸다.

무엇을 보고 그대로 그리는 활동을 통해 아이들은 사물의 본래 모습과 만나고 감추어진 재능을 싱싱하게 살려 낸다. 뿐만 아니라 지나치게 즉흥적이고 산만한 아이들에게 사물이나 친구의 모습을 그리는 활동은 인내심과 집중력, 성실성을 기를 수 있는 좋은 기회가 된다. 주제별로 한 작품씩 완성해 나가다 보면, 대상이 되는 사물과 사람에 대한 관심과 사랑을 키울 수 있다.

지난 일 년 동안 아이들은 조금씩 조금씩 달라졌다. 스스로 완성한 그림을 보며 자신감을 가졌다. 도무지 산만해서 10분도 제자리에 앉지 못했던 개구쟁이들이 집중력 있게 그림을 그려 내는 것을 보면서 나는 흐뭇한 마음을 감출 수 없었다. 예상치 못한 창의적인 표현에 깜짝깜짝 놀라기도 하였다. 수업 시간에 말 한마디 못하는 수줍은 아이들이 입을 열었고, 숨겨진 자신의 능력을 발견하며 즐거워했다.

우리는 이미 무엇을 지도해야 하는지는 잘 알고 있다. 다만 어떻게 지도해야 하는가, 어떻게 실천에 옮기는가 하는 것이 우리가 고민해야 할 문제가 아닐까? 아직도 그리기 활동은 진행 중이다.

I. 빛깔이 있는 교실 만들기

04 책과 함께 아이들과 함께

책을 읽는 일은 즐거워야 한다. 책을 읽어 가며 자연스럽게 책 읽는 재미를 느끼고, 모르는 것을 깨쳐 가면서 세상을 배우고 지혜를 얻는 것이 독서의 즐거움이다. 그런데 학교에서 하는 독서지도는 책읽기의 즐거움을 위한 것이라기보다 보여 주기 위한 활동 중심으로 흘러가는 경향이 있다. 때로는 지나친 독서행사나 경쟁적인 다독상 때문에 오히려 아이들에게 독서가 '귀찮고 하기 싫은 공부'가 되기도 한다. 아이들에게 책을 읽어 보았더니 좋았더라 하는 체험을 할 여유를 주는 학교가 되면 좋겠다. 책 읽을 시간을 주고, 책 읽을 공간을 만들어 주고, 책을 잔뜩 사 주는 학교. 책을 읽을 때 지켜봐 주고 조언을 해 주거나 함께 이야기를 나눌 수 있는 선생님. 그래야 책 읽는 일이 특별한 행사가 아닌 즐거운 행위가 된다. 책을 읽은 뒤에 예쁜 그림을 그리고 만화로 표현하고 주인공에게 편지를 쓰는 활동들은 책읽기의 즐거움을 배가시킬 수 있는 훌륭한 독후활동이지만, 이것이 중심이 되어 버리면 독서지도의 방향은 표류할 수밖에 없다. 감상 표현에 초점을 맞춘 독서지도는 자칫 아이들에게 독서의 즐거움을 체험케 한다는 독서지도의 근본적인 목적을 해칠 수도 있다. 무엇보다 독서지도는 아이들 스스로 책읽기의 즐거움을 체험하고 터득하게 한다는 목적에 충실해야 한다.

책 읽어 주는 선생님 되기

책을 고르는 안목 키우기

아이들과 책 읽는 일이 즐거워지기 위해서는 우선 교사가 책읽기를 즐겨야 한다. 책은 교사에게, 교사가 아이들에게 전달해야 하는 풍부한 지식과 정보를 제공해 준다. 또한 인생의 선배로서 스승으로서 아이들 삶에 개입하고 조언할 수 있는 혜안을 마련해 주기도 한다. 교사는 자신을 위해, 그리고 아이들을 위해 책을 사랑하는 마음으로 읽어야 한다. 더 나아가 아이들 책의 동향을 살피며 좋은 책과 나쁜 책도 가려 줄 줄 알아야 한다.

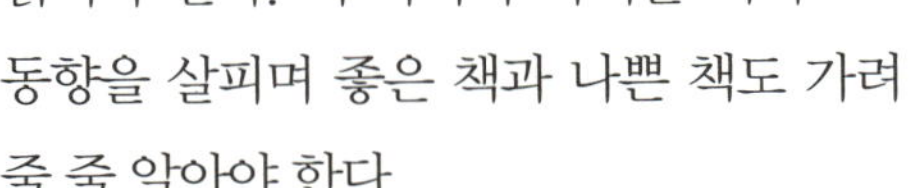

그러기 위해서는 우선 시간을 들여야 한다. 시간과 공을 들여야 새로 나온 책을 파악하고 좋은 책을 골라 아이들에게 소개해 줄 만한 안목을 키울 수 있다. 가까운 도서관이나 서점에 자주 가 보자. 아이들에게만 가라고 하기보다 아이들을 데리고 직접 학교 도서관에 정기적으로 가 보는 것도 좋다. 도서관에 새로 들어온 책을 확인하고, 한두 권 정도는 대출하여 읽어 보면 더욱 좋다. 서점에 가서도 항상 어린이책 코너에 들르자. 어린이책의 출판 흐름과 요즘 아이들에게 유행하는 책, 권해 주고 싶은 책들을 쉽게 골라 볼 수 있다. 많은 아이들이 유행을 타는 만화책을 선호하는데, 무조건 그런 책을 읽지 말라고 하기보다 서점에서 직접 살펴보고 구체적으로 조언해 줄 수 있다면 더욱 좋겠다. 그리고 교사나 부모들을 위한 책 코너에도 들러서 읽을 만한 책을 골라 보자. 교사의 전문성을 높이고 어린이책 전문가로서의 길을 닦는 밑거름이 될 것이다.

시간이 없다면 인터넷 서점이나 출판사 홈페이지, 신문의 북 섹션 등을 검색하여 책에 대

일간지의 북 섹션이나 《열린어린이》, 《동화 읽는 어른》, 《우리교육》 등을 보면 어린이책을 소개하는 꼭지가 있다. 소개글을 보고 좋은 것이 있으면 오려서 게시판에 붙여 두자. 신문에서 소개한 책이 집이나 교실, 학교도서관에 있으면 아이들은 좀 더 많은 관심을 가진다. 게시판 앞에 서서 책 이야기를 할 때, 놓치지 말고 슬쩍 옆에서 읽고 싶은 책을 골라 보라고 꼬드기면(?) 어떤 아이들은 직접 사서 보기도 한다.
조금 더 욕심을 부린다면, 우리 학교에 갖추었으면 하는 책이나 우리 교실에 있었으면 하는 책도 의논해서 목록으로 정한 다음 학교 도서 담당 교사에게 도서 신청을 부탁할 수도 있다. 아이들이 서로 의논해서 정한 책이 도서관에 있으면 기분 좋게 그 책을 읽을 수 있을 것이다.

한 정보를 부지런히 찾아보도록 한다. 어린이책을 중심으로 운영하는 사이트나 상세한 책 소개와 먼저 책을 읽은 이들의 서평이 실리는 인터넷 서점 사이트를 자주 들르는 것이 좋다. 그 밖에 어린이책 전문 출판사의 홈페이지도 책 정보는 물론 출판사 행사나 독후감 대회 등 책읽기 행사에 대한 안내 정보를 챙길 수 있어 좋다. 신문 북 섹션에는 일주일 동안 쏟아지는 책 가운데 소개할 만한 책에 대해 전문가나 기자들이 쓴 서평이 실린다. 신문을 꼼꼼히 챙겨 읽다 보면 최근에 나오는 책의 동향은 물론, 책을 이해하는 데에도 도움을 얻을 수 있다. 그러나 이와 같은 정보들은 상업적인 측면이 강하기 때문에 무조건 신뢰하기보다는 최근 어린이책의 흐름을 파악하고 안목을 높여 가는 참고자료 정도로 삼는다.

지속적인 관심을 가져야만 책에 대한 안목이 생긴다. 책에 대한 정보를 늘 가까이 하다 보면 책에 대한 관심도 커지고 책 읽는 일도 즐거워진다. 그러다 보면 독서지도는 부담스럽지도 어렵지도 않은 즐거운 교육활동이 될 것이다.

독서지도, 책 읽어 주기부터

아이들이 책을 읽어 달라고 하는 것은 그 책에 담긴 내용을 즐기기 위해서이기도 하지만 책을 읽어 주는 엄마나 아빠와 함께 있는 것이 좋아서이기도 하다. 아이들은 책을 읽어 주는 동안 사랑받고 있다는 느낌을 갖는다. 교실에서도 마찬가지이다. 교사가 책을 읽어 주면 아이들과의 거리를 좁힐 수 있을 뿐만 아니라 책을 좋아하지 않는 아이들에게도 책과 만날 수 있는 기회를 줄 수 있다.

책을 읽어 주면 좋은 점이 참 많다. 먼저, 책 내용을 들으면서 문자를 통하지 않고도 이야기의 매력을 깨달을 수 있다. 아이들은 교사가 읽어 주는 책 이야기를 들으면서 책과 친해진다. 책은 지루하고 읽기 힘든 게 아니라 재미있는 놀잇감이라는 사실도 깨닫게 된다. 서점이나 도서관에서 본 책을 선생님이 읽어 주면, 꼭 다시 그 책을 펼쳐 보게 된다. 책 내용을 이미 알고 있지만 스스로 다시 한 번 읽고 싶은 생각이 드는 것이다. 아이들이 직접 책을 꺼내 읽고 싶은 생각이 들게 하는 것은 책 읽어 주는 활동의 가장 큰 목적이다.

그리고 좋은 이야기, 재미있는 이야기를 판단하는 안목을 키울 수 있다. 선생님과 즐겁게 읽은 책의 느낌으로 단지 흥미만 자극하는 저급하거나 왜곡된 책과 자기에게 맞는 책을 구별할 수 있게 된다.

또 교실에서 함께하는 활동이기 때문에 책을 읽어 주는 선생님이나 함께 이야기를 듣는 친구들과 강한 유대감을 느낄 수 있다. 책을 함께 읽다 보면 함께 이야기할 거리도 생기고 공감의 폭도 넓힐 수 있다. 이렇게 꾸준히 책을 읽어 주는 활동을 진행하면 다양하고 풍부한 독서 경험을 쌓을 수 있다. 교사가 매일 책을 읽어 준다면 그림책의 경우 일주일에 6권, 한 달이면 25권 정도, 일 년이면 200권 정도를 읽게 되는 셈이다. 물론 책의 분량에 따라 다를 수 있다.

톡톡 아이디어

아이들에게 책을 읽어 주고 싶지만 무엇부터 시작해야 할지 자신이 없다면 옛이야기부터 들려주자. 아이들은 이야기 듣기를 좋아하며, 특히 선악의 대립이 명확한 단순한 구조의 옛이야기를 무척 좋아한다. 옛이야기 들려주기가 처음이라면 서정오의 《우리가 정말 알아야 할 우리 옛이야기 백 가지 1, 2》(현암사)를 교사가 먼저 읽어 보고 재미있는 것을 발췌하여 읽어 주면 된다. 그러다가 옛이야기를 여러 권 묶어 낸 《옛이야기 보따리》(보리), 《한국 전래동화집》(창비), 《남북 어린이가 함께 보는 전래동화》(사계절)로 점점 범위를 넓혀 읽어 주면 좋다.

책을 읽어 주는 활동을 할 때 가장 어려운 점은 많은 아이들을 어떻게 집중하게 할 것인가 하는 점이다. 아이들마다 개성도 다르고 집중력이나 호기심의 정도도 다르다. 그래서 수업을 할 때도 많은 노력과 아이디어가 필요하다. 책 읽어 주는 활동에서 모든 아이들이 조용한 가운데 잘 듣기를 바라는 마음으로 시작한다면 금세 지칠지도 모른다. 책 읽어 주는 시간은 책을 즐기는 시간이라는 전제를 두고 지켜야 할 기본적인 약속만 몇 가지 정하면 된다. 알림장을 다 쓴 아이부터 나와 순서대로 선생님 둘레에 앉기, 늦게 오는 친구는 뒤에 서서 듣기, 시간이 끝나면 조용히 제자리로 걸어 들어가서 가방 메고 밖에 나가 줄서기 같은 약속이다.

좀 산만한 아이에게는 맨 앞에 앉아서 책을 좀 더 가까이 볼 기회를 주거나, 얌전하지만 집중하지 못하는 아이에게는 중간에 질문을 하거나, 의성어나 반복되는 구절이 나오면 함께 큰 소리로 읽어 보면서 주의를 끄는 등, 상황에 따라 책에 집중할 수 있는 추임새가 곁들여지면 좋다. 책 읽어 주는 시간을 정하여 아이들의 기대를 북돋는 것도 좋은 방법이다. 그러나 가장 중요한 점은 어떤 책을 읽어 줄 것인가에 대한 지속적인 고민과 꾸준히 읽어 주려는 자세이다.

책 읽어 주는 방법

소장하고 있거나 도서실에 비치된 책 가운데 아이들 수준에 맞으면서 이야기가 살아 있는 그림책과 창작동화, 동시, 지식책 등 다양한 종류의 책을 골라 골고루 읽어 준다. 계절과 교과 내용, 아이들의 독서능력에 따라 책을 골라서 날마다 한 권씩 꾸준히 읽어 준다. 특히 이전 학급에서 아이들에게 좋은 반응을 얻었던 책은 기억해 두었다가 교사의 '보물 목록'으로 챙긴다.

● 매일 정해진 시간에 꾸준히 읽어 주기

책은 매일 읽어 주는 것이 좋다. 그래서 어려울 수 있다. 가끔씩 읽어 주는 것도 나쁘지 않지만 이왕에 독서지도에 뜻을 두었다면 매일 꾸준히 읽어 주는 것이 아이들에게 기대감과 신뢰를 줄 수 있다.

수업과 관련된 책을 수업과 연결하여 읽어 주거나 수업 중에 여유가 생길 때 읽어 주는 방법도 좋다. 그러나 이왕이면 정해진 시간에 꾸준히 읽어 주어서 책 읽어 주는 시간이 되면 아이들이 스스로 준비하고 책에 마음을 집중할 수 있도록 하면 좋겠다. 매일 하교하기 직전에 읽어 주면 아이들이 집에 돌아가서도 책에서 얻은 여운을 오래 간직할 수 있고, 반대로 하루를 시작하는 아침 시간에 읽어 주어도 차분하게 하루를 시작할 수 있다.

● 직접 책을 보여 주며 읽어 주기

실물화상기로 확대해 가면서 책을 보여 주거나 인터넷 동영상 동화를 보여 주는 것도 좋지만 그보다는 직접 책을 보여 주고 읽어 주는 게 좋다. 모니터를 통해 아이들과 관계를 맺기보다 직접 교사와 눈도 맞추고 목소리도 듣는 방법으로 책과 친밀감을 갖게 한다. 시각적 효과와 집중을 위해서 가끔 OHP나 실물화상기를 이용하거나, 커튼 치고 읽어 주기, 운동장 그늘에서 읽어 주기 등 분위기에 변화를 주는 것도 재미있다.

● 그림책부터 시작해서 넓혀 가기

고학년도 그림책부터 읽어 주면 좋다. 그림책은 글이 적은 반면, 그림 안에 많은 이야기를 담고 있어 아이들의 감성과 상상력을 자극한다. 많은 아이들을 데리고 함께 보기에는 그림책이 좋다. 그러나 그림책 가운데는 분량이 많거나 혹은 서사적인 줄거리가 없어 아이들에게 읽어 주면서 함께 보기 힘든 책도 있다. 아이들의 흥미와 독서능력을 고려하여 책을 선택해야 한다. 차츰 시간이 지나면 단편과 장편도 읽어 주도록 한다. 일주일 동안 한 권을 읽어 주거나 아예 한 달 동안 같은 책을 읽어 주는 방법도 좋다.

● 교실 밖에서 읽어 주기

더위가 좀 남아 있는 9월부터 서늘한 바람이 불기 시작하는 10월, 이 무렵에는 체육 시간이 끝난 뒤에나 수업 시간에 조용한 운동장 나무 아래서 아이들을 땅바닥에 앉게 하고 책을 읽어 주면 좋다. 어느 한가로운 시골로 아이들과 여행 온 기분이 든다.

가끔은 책이 가득한 학교도서관에 가서 읽어 주는 것도 좋다. 도서관을 잘 안 가는 아이들에게도, 자주 가는 아이들에게도 좋은 경험이 된다. 도서관에서 고른 책을 읽어 주면 끝난 뒤 아이들도 같은 책을 대출해 온다. 한번 도서관에서 책을 찾아 읽기 시작하면 아이들은 시키지 않아도 도서관을 들락거리며 좋을 책을 골라 읽고 도서관 이용법도 자연스럽게 배우게 된다.

학교도서관이 잘 정비되어 있다면 사서 교사와 연계하여 한 달에 한 번 너댓 권의 책을 '이달의 책'으로 선정하여 게시판에 붙여 두자. 아이들은 그 중에서 읽고 싶은 책을 골라 책 이름 아래에 자기 이름을 적어 둔다. 이렇게 하면 현재 누가 어떤 책을 읽고 있는지 시시때때로 확인할 수 있다.

책을 읽어 준 뒤에 하는 활동

독후활동을 너무 지나치게 많이 하거나 보여 주기식 행사로 진행하면 아이들이 책 읽는 집중력을 잃어버릴 수 있다. 이는 독서의 목적에서 벗어나는 일이다. 독후활동은 읽은 내용에 대해 깊이 생각하고 그 생각을 나누기 위한 활동이다. 여러 가지 독후활동을 펼치기 전에 우선 독서지도가 꾸준히 이루어져야 함은 물론이고, 책과 관련된 활동은 특별한 시간에 하는 특별한 활동이 아니라 기초적이며 지속적인 활동으로 이어져야 의미가 있다.

독후활동으로는 독후감 쓰기뿐만 아니라 선생님이 읽어 준 책으로 책 만들기, 독서 퀴즈, 가장 재미있었던 책 이야기하기, 만화로 표현하기, 책과 관련된 비디오 보기, 독서신문 꾸미기, 책 읽은 뒤 연극으로 꾸며 보기, 친구들에게 책 읽어 주기, 책 주인공 얼굴 똑같이 그려 보기, 뒷이야기 꾸미기, 독서 토론 등 여러 가지가 있다. 이 가운데서 학급의 특성이나 아이들의 흥미를 고려해 적절히 활용하는 것이 좋다.(구체적인 독후활동은 3권 108쪽 참고)

교실문화를 살찌우는 학급문고 만들기

학급문고를 어떻게 마련할까

'학급문고를 만들자.' 는 제안을 하기 전에, 아이들이 책을 읽고 싶어하도록 분위기를 띄우는 것이 필요하다. 먼저 교사가 읽어 본 책 가운데 짧고 재미있는 부분을 골라 수업 시간에 읽어 주거나 구연을 해 준다. 그리고 책의 제목을 말해 주고 책을 아이들 눈에 잘 띄는 곳에 꽂아 둔다. 그러면 아이들은 자연스럽게 책을 빌려 가게 되고, 이런 책이 더 있으면 좋겠다는 소리도 나온다. 이런 분위기가 되면 교사가 골라 둔 좋은 책 목록을 알려 주고 학급문고를 마련해 볼 것을 제안한다.

교사가 좋은 책 목록을 100여 권 제시하고, 아이들이 각자 자신이 사고 싶은 책을 서점에서 한두 권씩 사 오면 좋다. 여기에서 중요한 것은 학부모들의 적극적인 관심과 참여를 유도하는 것이다. 서점에 가기 전에 학급문고 마련에 대한 학부모통신을 보내도록 한다. 학부모통신에는 학급문고 설치 취지와 독서교육의 중요성에 대한 교사의 의견을 전하고 좋은 책 목록을 덧붙인다. 그리고 아이들이 책을 사 올 수 있도록 도와 달라는 말씀을 드린다. 학부모들의 도움으로 아이들이 직접 서점에 가서 책을 한두 권씩 사 오는 것도 독서교육의 한 방법이다. 이때 사 오는 책이 중복되지 않도록 미리 조정해 주는 것이 필요하다. 그러면 여러 종류의 책을 구입할 수 있다.

학급문고를 마련하는 과정에서 아이들과 함께 서점에 가서 책을 고르는 방법까지 지도할 수 있다면 무엇보다 훌륭한 독서지도가 될 것이다. 토요일이나 일요일을 이용해서 도서부원들과 함께 다녀오는 것도 좋겠다.

학급문고를 어떻게 운영할까

여러 방법으로 책을 모으고 난 뒤, 학급문고 운영 방법은 학급어린이회의에서 논의하면 좋다. 학급문고 보관 장소와 대출 기간, 책을 분실하거나 반납 예정일에 반납하지 못했을 때의 처리 방법 따위를 논의하고, 도서부를 상설 운영하여 학급문고의 관리와 독서지도의 도우미 역할을 맡기면 아이들도 책임감 있게 잘해 나간다.

책 대출 기간은 보통 일주일 정도가 적당하다. 일주일 동안에 다 읽지 못한 아이는 도서부원에게 일단 반납했다가 다시 빌리도록 한다. 반납 예정일을 반드시 지키도록 강조한다. 반납일을 잘 지키지 않으면 책을 잃어버릴 수도 있다. 반납 예정일이 지났는데도 책을 반납하지 않는 아이에게는 도서부원이 반납을 독촉하도록 한다.

좀 더 엄격하게 하는 방법은 얼마 동안 책을 빌릴 수 없게 하는 벌칙을 주거나 약간의 연체료를 물게 하는 것이다. 도서부원이나 교사가 신경을 써도 한 학기에 보통 대여섯 권 정도는 책이 없어진다. 책을 잃어버렸을 때는 잃어버린 아이가 그 책을 사 오는 것으로 학급어린이회의에서 규칙을 정한다. 그러나 책이 없어져도 누가 잃어버렸는지 알 수 없을 때도 있다. 책을 잃어버린 사람이 누구인지 모를 경우에는 학급 전체가 돈을 모아 마련하도록 한다.

책을 손상시키지 않도록 미리 책 관리에 대해서도 일러둔다. 양장본으로 나온 책도 있지만, 그런 책은 비싸서 적은 돈으로 사기에는 적합하지 않다. 그렇기 때문에 책을 읽을 때는 벌과 나비가 꽃에서 꿀을 찾듯이 해야 한다. 꿀을 찾되 그 꽃은 망가뜨리지 않게 말이다. 책을 읽더라도 책에 낙서를 하거나 찢어지지 않게 항상 주의하도록 강조해야 한다.

책 안내 자료집 만들기

아이들이 학급문고에 있는 책을 알 수 있도록 책 안내 자료집(〈예시 1〉 참고)을 마련하고, 아이들이 쉽게 볼 수 있는 곳에 게시한다. 학급문고 주변에 게시하는 것도 좋다. 책 안내 자료집을 읽어 보고 바로 관심이 가는 책을 빌려 볼 수 있을 것이다. 아이들에게 책을 읽으라고 얘기만 해서는 학급문고가 관심을 받지 못한다.

책 안내 자료의 내용은 아이들 모두가 한두 권씩 나누어서 읽고 각자 적어 내거나 이미 읽은 책의 내용을 정리하도록 한다. 친구에게 권하는 책의 목록을 만들어 보는 것도 독서지도의 한 방법이다. 그리고 각 출판사별로 안내집이 나오거나 책을 안내하는 전문도서도 나와 있기 때문에

예시 1 **책 안내 자료집**

번호	분류번호	책 이름	지은이	출판사	쪽수	책 내용	책 주인
85	97-24	못나도 울엄마	이주홍	창비	254	풍자와 재치로 웃음을 주는 글이다. 다리 밑에서 떡을 파는 할머니가 진짜 엄마라고 생각한 명희. 처음에는 더럽고 흉하게 여기지만 어느새 할머니를 가엾게 생각하고 같이 있으려고 한다. 깨어 보니 꿈이었다는 《못나도 울엄마》는 어린이들이 가난한 부모, 형제, 조국을 멸시하지 않고, 가난한 제 것을 귀하게 여기는 자주 정신을 가질 수 있도록 하려고 쓴 작품이다.	전순옥

자료집을 만드는 것은 어렵지 않다.

● 도서 대출부와 도서 카드 만들기

도서부에서 관리하는 도서 대출부(〈예시 2〉 참고)와 함께, 학급문고 뒤표지 안쪽에 도서 카드(〈예시 3〉 참고)를 마련해 활용하면 책을 잃어버리는 일도 방지하고 그 책을 얼마나 많은 아이들이 읽었는지도 쉽게 알 수 있다. 도서실에서 주로 쓰는 방법대로 학급문고 관리를 하면 좋겠지만, 도서 카드에 쓰고 다시 도서 대출부에 쓰는 일이 번거로울 수 있다. 그럴 때는 도서 카드만 써도 된다.

도서 카드는 복사지에 여러 장 인쇄하여 오려서 쓰면 된다. 도서 카드가 찢어지지 않도록 약간 두꺼운 종이에 인쇄하는 것이 좋다. 도서 카드를 끼우는 봉투는 도서실에서 쓰는 두꺼운 봉투나 편지봉투를 반으로 오려서 쓰면 된다. 책의 뒤표지 안쪽에 양면 테이프나 풀로 붙여서 떨어지지 않게 하면 오래 사용할 수 있다.

톡톡 아이디어

학급문고를 비치하는 방식도 고민이 필요하다. 일률적으로 교실 한 면의 책꽂이나 컬러박스에 꽂아 두는 것보다는 전시 방식을 달리해 보는 것이다. 예를 들어 낮은 책장이나 책상 위에다 '새로 들어온 책'을 일주일이나 보름 단위로 펼쳐놓고 관심을 끄는 것도 좋고, '이달의 우리 반 인기 도서'를 뽑아 한쪽에 서점 판매대처럼 눕혀 놓는 것도 한 방법이다. 이달의 인기 도서를 뽑을 때는 책 앞표지 뒷면에 종이를 한 장 붙여 놓고, 읽은 사람은 모두 기록하게 한 뒤, 읽은 아이가 많은 책을 뽑으면 된다. 저학년 아이들은 그 난에 자기 이름을 올리기 위해서 책을 읽는 경우가 많다.

● 도서 대출과 반납

도서 대출부와 도서 카드를 보관할 수 있는 튼튼한 상자를 마련하여 관리하면 아주 편리하다. 상자에 따로 보관하면 도서 카드가 찢어지거나 없어지는 것을 막을 수 있다. 물론 도서부원의 꼼꼼한 관리가 필요하다. 도서 대출부에 기록하고 도서 카드에 쓰는 일이 도서부원에게 힘든 일이기는 하지만, 아이들은 대체로 잘해 낸다.

도서부의 역할을 미리 강조해서 안내하면 도서부에 들어오고 싶어하는 아이들도 꽤 있다. 특히, 새로운 책이 들어왔을 때 가장 먼저 책을 볼 수 있는 특권을 도서부원에게 주면 그 효과는 더 크

예시 2 도서 대출부 예시

번호	분류번호	책 이름	지은이	출판사	대출자	대출일	반납 예정일	반납일	결과
85	97-24	못나도 울엄마	이주홍	창비	원동영	○○○○. 3. 13.	○○○○. 3. 16.	○○○○. 3. 15.	○
203	95-2	상계동 아이들	노경실	산하	양아영	○○○○. 3. 13.	○○○○. 3. 17.	○○○○. 3. 20.	연체(3일)
315	99-17	꼬까신	최운식	보림	김남춘	○○○○. 3. 13.	○○○○. 3. 16.		분실

다.

책을 빌려 보고 싶은 아이는 책을 빼서 도서 카드 내용을 쓰고 도서부원에게 빌리면 된다. 책을 반납할 때는 반드시 도서부원의 확인을 받도록 한다. 책을 다시 꽂아 놓는 것은 도서부원이 직접 하는 것이 좋다. 책을 제 위치에 제대로 정리하게 되어 나중에 책을 찾기도 쉽고 관리하기도 편하다. 학생 수가 많은 학급에서는 이 일도 쉽지 않기 때문에 도서부원 전체가 일주일 단위로 돌아가면서 나누어 맡도록 한다. 학급 아이들이 이번 주에는 누구에게 책을 빌릴 수 있는지 그 역할을 안내 자료집과 함께 게시한다.

예시 3 **도서 카드 예시**

분류번호		99-14		책주인	최성진	
책 이름		날아가는 교실				
지은이		에리히 캐스트너		출판사	사계절	
순서	번호	대출자	대출일	반납 예정일	반납일	결과
1	32	황영명	○○○○. 4. 2.	○○○○. 4. 9.	○○○○. 4. 7.	○
2						

글쓴이 · 도움 주신 분들 강백향 | 경기 안산 반월초 교사 · 전순옥 | 충남 천안 신계초 교사

1학년은 특별한 지도가 없어도 교사가 책을 읽어 주면 자연스럽게 받아들인다. 유치원에서 선생님들이 동화를 자주 읽어 주어서 익숙하기도 하고, 또 아이들은 원래 이야기를 좋아한다. 학교에서 자연스럽게 책과 친해질 수 있도록 자주 읽어 주고, 학급의 공동 관심사나 이야깃거리를 책 활동과 연결시켜 보는 것도 좋다.

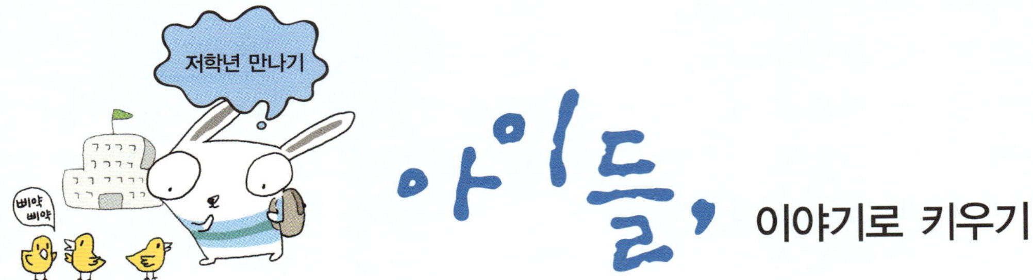

아이들, 이야기로 키우기

강백향 | 경기 안산 반월초 교사 · 조성실 | 서울 누원초 교사

목표는 소박하게 저학년은 고학년과 달리 책을 읽어 줄 때 집중하지 못하는 경우가 많다. 목표를 너무 거창하게 높이 잡지 말고 마치 이야기 나누듯 책을 읽어 주고, 즐기는 분위기로 만들어 주어야 한다. 저학년 때 그림책과 옛이야기를 읽는 데 재미를 붙이면 아이들은 중 · 고학년으로 올라가면서 자기 스스로 좋은 책을 골라 읽으며 책읽기의 맛을 알아가게 될 것이다.

책을 읽듯이 자연스럽게 아이들은 권선징악이 분명하게 드러나는 옛이야기나 간단하지만 유쾌하고 따뜻한 감동을 주는 이야기를 좋아한다. 저학년이라고 해서 굳이 동화 구연을 하듯이 읽어 줄 필요는 없다. 책을 읽듯이 자연스럽게 읽어 주면서 가끔씩 어려운 낱말이 나오면 설명을 덧붙이거나 반복되는 낱말이 나올 때 함께 외쳐 보거나 외국 주인공 이름은 칠판에 잠깐씩 쓰면서 익히도록 하는 것이 내용 이해를 돕는 좋은 방법이다.
읽어 준 책 목록을 교실에 붙여 두는 것도 좋다. 아이들은 책 제목을 보면서 그 책을 다시 한 번 읽게 되거나 책을 많이 읽었다는 뿌듯한 기분을 느낀다.

그림책부터 시작하기 그림책부터 시작해서 차츰 글이 많은 책으로 나아가는 것이 좋다. 이때도 교사가 매일 책을 읽어 주면서 글이 많은 이야기책에 흥미를 갖도록 하는 것이 효과적이다. 그림책은 아이들도 혼자서 곧잘 보지만 글이 많은 책을 읽는 데는 시간이 많이 걸린다. 그림책은 학급문고에 마련해 두어 쉬는 시간이나 짬이 날 때 언제나 읽게 하고, 2학기 때부터는 글이 많은 책도 함께 읽도록 하는데, 도서관에서 빌리거나 아이들이 한 권씩 준비해서 돌려 읽기를 해도 좋겠다.

글이 많은 책을 혼자 읽기 어려워하는 아이들은 집에서 학부모가 읽어 주도록 학부모통신을 보내 협조를 구할 수도 있다. 교사나 부모가 읽어 주는 책은 이야기처럼 아이들을 즐겁게 해 주고 글 읽기에 자신이 생기면 자연스럽게 아이들도 혼자서 잘 읽게 된다.

독후활동으로 이어 가기 저학년 아이들에게 책을 읽어 주고, 함께 읽은 책으로 독후활동을 하는 것은 공동의 이야깃거리, 공동의 문화를 가꿀 수 있는 좋은 기회이다. 저학년 독후활동에서는 교사가 중심이 되어 아이들을 이끌어야 한다. 예를 들어 책을 읽고 주요 장면을 연극으로 만들어 볼 때 교사도 등장인물을 하나 맡아 보는 것이다. 교사와 함께 읽은 내용을 연극으로 꾸며 본 아이들은 이야기를 듣고 자기들끼리 연극으로 만들어 표현하는 것도 곧잘 하게 되고 무척 좋아한다.

《지각대장 존》(글, 그림 · 존 버닝햄, 비룡소)을 읽어 주고 나서 선생님이 털북숭이 괴물에게 잡혀서 매달리면 구해 줄 거냐고 한 명 한 명 물어본 적이 있다. 개구쟁이 남자 아이들은 능글능글 웃으며 구해 주지 않겠다고 했고, 여자 아이들도 제각각 구해 준다, 구해 주지 않는다며 옥신각신 떠들었다. 그 가운데, 아주 수줍음을 많이 타는 여자 아이가 나에게 조용히 와서 작은 목소리로 저는 선생님을 좋아하니까 꼭 구해 주겠노라고 말을 하기도 했다. 늘 지각을 하는 아이에게 악어가 나타나면 실랑이하지 말고 신발주머니를 던져 주고 뛰어오라고 하자 "세상에, 악어가 어디 있어요?" 하고 선생님이 한심하다는 듯 큰소리치더니 신기하게 그 다음부터 지각을 하지 않았다.

(조성실 | 서울 누원초 교사)

독후활동을 중심으로 꾸린 일 년 학급운영

안수영 | 서울 영훈초 교사

독서지도의 목적은 아이들 스스로 책을 읽고 싶도록 만드는 것이다. 독서의 즐거움을 알게 되는 것은 평생 가장 든든한 동반자를 사귀는 것이다. 그러나 독서 영역이 교과로 정해져 있는 것은 아니기 때문에 교사의 관심에 따라 학급활동의 들러리가 될 수도 있다. 독서지도에 조금만 신경을 쓰고 관심을 기울인다면 획일적이고 재미없는 책읽기나 강압식 독후감 쓰기에서 벗어나 아이들에게 책 읽는 즐거움과 창의적인 사고력, 글쓰기 실력까지 키워 줄 수 있다.

예시 **연간 독서지도 계획**

월	내용	월	내용
3월	· 권장도서 목록 준비 · 학부모통신 보내기 · 도서부 꾸리기(고학년)	9월	· 동화 속 인물 비평하기 · 독서 토론하기(우화, 전래동화)
4월	· 독서 기록장, 독후감 공책 준비 · 5분 책 읽어 주기 · 책 소개문 쓰기	10월	· 세상에서 하나뿐인 내 그림책 만들기 (전래동화 다시 꾸며 작은 책 만들기, 종합 이야기책 만들기)
5월	· 독서 빙고 · 이야기를 만화로 그리기	11월	· 등장인물 캐릭터 만들기 · 등장인물, 소품, 주변 환경을 다양한 방법으로 꾸미기
6월	· 취재기자가 되어 기사 쓰기 · 등장인물이 되어 일기 쓰기	12월	· 동화 읽고 마임 놀이, 인형극 놀이 · 독서 가장행렬 놀이 · 학급문집 만들기
7월	· 게임과 퀴즈 한마당 · 독서왕 시상		

3월 | 준비하는 달

3월은 아이들 읽기, 환경 정리, 수업 준비만으로도 버거운 달이다. 이때는 실질적인 독서지도를 서두르기보다 독서지도 준비 기간으로 삼는 것이 좋다.

● **권장도서 목록 만들기** : 가장 먼저 할 일은 학급의 학급문고를 파악하는 것이다. 학급문고는 교사의 독서지도 관심도에 따라 학급마다 수준 차가 심하므로 구비되어 있는 학급문고를 정확히 파악하여 아이들에게 알맞은 권장도서를 정리해야 한다. 권장도서를 준비하는 일은 일 년 독서지도의 바탕이 되는 중요한 일이므로, 공신력 있는 여러 단체(어린이도서연구회, 어린이 전문 도서점, 각 출판사 등)의 권장도서 목록을 참고하거나 동료교사와 의논하여 준비한다. 이렇게 권장도서 목록이 정해졌으면 가능하면 직접 도선관이나 서점에 나가서 책을 확인해 보는 것이 좋다. 서점에 가서 실제로 책을 보면 권장도서 목록에는 들어 있지 않으나 학년 수준에 맞는 신간이나 좋은 책들을 발견할 수 있다.

● **학부모통신 보내기** : 권장도서 목록을 만들면 학부모통신으로 학급문고에 대한 안내를 한다. 이렇게 하면 학부모로부터 학급운영에 대한 협조를 얻을 수 있을 뿐만 아니라 학급문고를 꾸리는 데 많은 도움을 받을 수 있다. 학부모통신이 나간 뒤 2주 동안 책을 걷고 학급문고를 만든다. 가지고 오고 싶은 책은 직접 고르도록 하고 아이들이 가지고 올 책 이름을 적어 겹치지 않도록 한다. 우리 반의 경우 창작동화, 전래동화, 역사, 인물, 과학, 외국동화, 기타(동시나 잡지, 만화)로 나누어 책표지에 각각 다른 색 스티커를 붙여 구분하였다. 이 색 스티커는 아이들 독서 기록표에 읽은 종류별로 붙여서 자신의 독서 성향을 알 수 있게 하여 편식하지 않는 독서 습관을 기르게 해 주는 자료가 된다.

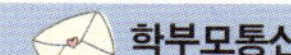
학부모통신

○학년 ○반 부모님께

꽃샘추위가 어느새 따사로운 햇살로 바뀌었습니다. 안녕하시지요?

새 학년이 시작되고부터 아이들이 나름대로 학교생활에 무척 의욕적이고 열심입니다. 저는 새로운 마음가짐으로 5학년 생활을 시작하는 우리 아이들에게 먼저 책 읽는 습관을 길러 주고 싶습니다. 습관은 하루아침에 만들어지는 것이 아닙니다. 특히 일상적으로 책을 읽는 습관을 들이는 것은 더 어렵다고 생각합니다. 그래서 아이들에게 조금이라도 도움이 될 만한 책을 읽고 즐길 수 있는 환경을 만들어 주고 싶어 학급문고를 준비하고 있습니다. 함께 보내 드리는 도서 목록표는 제가 나름대로 자료도 많이 찾아보고 직접 서점에 가서 확인도 하면서 작성한 것이니 참고하시면 좋을 것입니다. 물론 집에 있는 책을 가져와도 되지만 아이의 손을 잡고 책방에 가셔서 이 좋은 봄에 책 한 권 사 주십시오. 책보다 더 큰 사랑을 느끼실 것입니다. 요즘은 대학 논술시험 때문에 글쓰기에 관심을 갖는 부모님이 많은데 그것을 떠나 사람이 자신의 생각을 글로 표현할 수 있다는 것은 아주 좋은 일일 것입니다. 아이에게 글쓰기 공부를 시키시려면 먼저 많이 읽게 하는 것이 가장 좋은 방법인 것 같습니다. 읽지 않고는 쓸 수 없으니까요. 저도 이를 위해 일 년 동안 다양한 독서활동을 계획하고 있습니다. 학급문고를 꾸리는 데 많은 협조와 관심을 부탁드리며 늘 가정에 따뜻한 봄 햇살같이 기쁜 일만 가득하시기를 기원합니다.

○○○○년 3월 20일 담임 안수영 드림

● 학급문고 관리 : 학급어린이회의 시간에 학급문고 규칙을 정하고 도서부를 조직하여 학급문고를 관리하도록 한다.

4월 | 가볍게 읽는 달, 쉽게 쓰는 달

처음부터 독후감을 쓰게 하면 무엇을 어떻게 써야 할지 몰라 아이들은 아주 힘들어한다. 심지어 독후감 쓰기 때문에 책읽기를 지겨워하기도 하므로 다양한 독서활동으로 책에 대한 흥미와 습관을 들인 뒤에 점차 독후감 쓰기를 지도하는 것이 좋다. 4월 중순경에 책 이름과 지은이, 주인공 이름, 기억에 남는 단어나 문장, 느낌 등을 간단하게 쓸 수 있는 독서 기록장이나 독후감 공책을 준비하게 하고 공책 앞에 개인 도서 목록표를 붙인다.

● 책 읽어 주기 : 자투리 시간이나 수업 시작 전 5분 동안 책을 읽어 주거나 동화책 이어서 읽기를 한다. 가끔은 책 대신 교사가 직접 연극배우처럼 이야기를 해 줘도 아이들이 무척 즐거워한다. 이야기를 들려줄 때 아이들이 많이 알고 있는 내용(옛이야기, 이솝우화)이면 뒷이야기를 새롭게 꾸며 보게 하는 것도 좋다. 동화책 이어서 읽기는 쉬는 시간이나 점심 시간에 하는 것이 좋은데, 저학년은 묵독보다 소리 내어 읽는 것이 도움이 된다. 정확한 발음과 문장으로 뜻을 전달하는 연습을 하면서 표현력이나 발표력을 키울 수 있고, 띄어 읽기를 통해 띄어쓰기를 쉽게 터득할 수 있다. 남에게 피해를 주지 않을 정도로, 짝과 함께, 모둠끼리, 가끔 선생님과 함께 이어서 읽기를 하면 자연스럽게 발음 교정과 모르는 낱말을 지도할 수 있다.

● 책 소개문 쓰기 : 자기가 읽은 책을 친구에게 소개하는 활동이다. 색도화지에 여러 가지 모양의 도안을 복사하여 오려서 바구니에 담아 놓고 자유롭게 가져다 쓰게 한 다음 게시판에 붙인다.

5월 | 책과 놀기

5월이 되면 학교행사와 공휴일, 기념일 등이 겹쳐 아이들 마음이 들뜨기 쉽다. 이럴 때 가볍게 독서 빙고와 독후 만화 그리기 활동을 해 보면 재미있다.

● 저학년 독서 빙고 : 학급문고에 있는 책 가운데 자신이 읽었거나 알고 있는 책 제목, 혹은 책 속의 주인공 이름으로 9칸 빙고나 16칸 빙고 놀이를 한다. 먼저 빙고를 외친 아이에게는 사탕과 같은 보상을 주어도 좋다.

● 고학년 독서 빙고 : 낱말과 낱말 뜻을 함께 이용하는 빙고 놀이이다. 색종이를 2등분하여 한 곳에는 읽은 책 속의 낱말을 크고 진하게 쓰고, 다른 한 곳에는 낱말 뜻을 작게 쓴다. 낱말을 쓴 종이는 칠판에 자석으로 붙이고 낱말 뜻을 쓴 종이는 낱말 게임 상자에 넣는다. 아이들은 빙고판을 만들어 칠판에서 선택한 낱말을 써 넣는다. 각 모둠별로 한 사람씩 돌아가며 상자에서 낱말의 뜻을 뽑아 큰 소리로 설명하면 자신의 빙고판에 있는 해당 낱말에 표시하여 먼저 빙고를 외친 아이가 이긴다. 낱말을 정확히 이해하고 책을 정독하는 습관을 기를 수 있으며 어휘력과 듣기 능력을 키울 수 있다.

● 독후 만화 그리기 : 아이들이 가장 좋아하는 활동 가운데 하나이다. 동화를 읽고 줄거리를 말해 보라고 하면 입을 못 떼는 아이도, 글쓰기에 흥미를 못 느끼는 아이도, 만화나 그림을 그려 보라고 하면 즐겁게 참여한다. 처음에는 아주 간단한 우화나 옛이야기 가운데 하나를 선택하여 4컷, 8컷짜리 만화로 완성해 보게 한다. 사건 순서에 맞게 모둠원이 각각 한 장면씩 그려서 이야기를 완성하는 방법도 있다. 이야기의 앞부분만 들려주고 다음에 이어질 내용을 상상하여 그려 보게 하는 것도 재미있고, 재능과 흥미를 느끼는 아이가 있으면 직접 창작하게 하는 것도 좋다.

6월 | 등장인물이 되어

초여름 날씨로 접어드는 6월이 되면 아이들과 함께 사건 취재기자가 되어 기사문을 써 보거나 등장인물이 되어 일기 쓰기 같은 활동을 해 보는 것도 재미있다.

● 사건이 있는 곳에 우리가 간다 : 먼저 아이들과 함께 이야기 속 장면이나 사건을 정하여 이야기 속으로 취재 여행을 떠난다고 생각하고 각자 기사를 쓴다. 기사를 쓸 때는 육하원칙에 따라 객관적이고 실감나게 쓰도록 지도한다. 기사가 완성되면, 9시 뉴스처럼 책상과

의자를 준비하고 아나운서나 특파원이 되어 발표하게 한다.

① 텔레비전 틀을 만들고 아나운서, 기자, 인물 등 여러 가지 역할을 정하고 대본을 만든다.

② 긴 종이로 만든 자막에 발표 작품이나 작가에 대한 간단한 소개 등을 적어, 발표하는 동안 화면 아래로 자막이 흐르게 하면 더욱 재미있다.

〈양치기 소년과 늑대〉를 읽고 — 거짓말이 부른 불행

1998년 3월 15일 충청북도 진천군 진천읍 장관리 지장골에서 늑대가 양치기 소년과 양들을 공격하였다. 양치기 소년은 큰 부상을 입고, 양들은 모두 습격을 당해 죽었다. 늑대가 나타났을 때 양치기 소년은 마을을 향해 소리쳤으나 사람들이 귀담아듣지 않은 것으로 추측된다. 전에 소년이 두 번씩이나 이 사건과 같은 거짓말을 하였으므로 이번에도 또 같은 거짓말이라고 생각했다고 마을 사람들은 말한다. 거짓말을 하지 말자. 우리에게도 이와 같은 일이 일어날지 모르기 때문이다.

— 〈소년 겨자씨 신문〉 유나영 기자

● 등장인물이 되어 일기 쓰기 : 등장인물을 한 명 정하고 대표적인 사건이 있었던 날의 일기를 써 보는 활동이다. 등장인물에 대한 좀 더 깊이 있는 탐색을 할 수 있다.

〈양치기 소년과 늑대〉를 읽고

나는 마을에서 조금 떨어진 언덕에서 양떼를 보살피고 있었다. 온종일 양떼를 지키고 있자니 심심하고 지루했다. 재미있는 일이 없을까 하고 궁리하던 끝에 "늑대가 나타났어요." 하고 거짓말을 계속했다. 아무것도 모르고 올라오는 마을 사람들 모습이 정말 재미있었다. 그런데 12시경 양떼를 보고 있는데 나무 뒤에서 진짜 늑대가 나타났다. 나는 너무나 겁이 나 "정말 늑대가 나타났어요." 하고 소리쳤지만 두 번이나 속은 마을 사람들은 아무도 오지 않아 나까지 잡아먹혔다. 지금은 늑대의 뱃속이다. 어지럽다. 죽을 것 같다. 양떼들의 시체를 보니 소름이 끼친다. 앞으로는 거짓말을 하지 않겠다고 했지만 지나간 일이니 할 수 없다. 후회된다. 어두컴컴하다. (진한나)

7월 | 생각이 자라는 달

1학기 말인 7월이 되면 교과 진도를 마치고 일주일 정도 여유가 생긴다. 이때 아이들과 함께 독서 퀴즈 대회와 게임을 하면 좋다. 독서 퀴즈와 게임은 놀이의 성격이 짙어서 아이들에게 쉽게 다가갈 수 있다. 또한 문학작품의 구성과 배경, 책 제목, 등장인물에 대한 여러 정보를 자연스럽게 얻을 수 있다.

- 책 제목 스피드 게임 : 모둠별로 A4 용지 스무 장에 아이들이 알고 있는 책 제목을 써서 카드로 만들어 놓는다. 준비가 끝나면 한 명은 제목 카드를 머리 위에 들고 있고, 또 한 명은 책 내용을 설명하고, 나머지 모둠원들은 책 제목을 알아맞히는 게임이다. 1분 안에 가장 많이 맞힌 모둠이 이긴다. 모르는 문제는 '통과' 라고 하면서 넘길 수 있지만, 세 번 이상 사용하지 못하도록 제한을 둔다.

- 제목 알아맞히기 : 책 내용을 문제로 낸 뒤에 제목을 맞혀 보는 활동을 할 수도 있고, 어떤 낱말을 제시해 주고 이 단어로 시작하는 책 제목이나 연관이 있는 책 제목을 찾아보는 활동을 해 볼 수도 있다. 이런 활동은 모둠끼리 겨루어도 좋다.

● 독서 퀴즈 대회(모둠별 대항)

① 모둠별로 각자 서로 다른 동화를 한 권씩 읽게 한다. 한 모둠이 여섯 명이면 여섯 권이 된다. 여섯 명이 읽은 책은 다 달라야 한다. 그러나 모둠별로 읽은 책은 똑같아야 한다. 예를 들어 《몽실언니》(권정생, 창비)가 선정되면 여섯 개의 모둠에서 한 명씩은 모두 《몽실언니》를 읽어야 한다. 결국 한 반에서 여섯 명은 같은 책을 읽게 되는 것이다.

② 모둠별로 겨루며, 문제는 여섯 권의 책에서 골고루 낸다.

③ 우수 모둠을 선정하여 독서 티켓을 준다.

9월 | 비평과 토론의 달

9월이 되면 주위에서 가을은 '독서의 계절'이라며 새삼 책읽기를 강조한다. 책을 읽는 일에 특정한 기간 또는 계절을 정해 두는 게 아무래도 어색하지만 전반적으로 독서 분위기를 강조하기 때문에 그에 맞게 독서지도를 하는 것이 좋다.

● 동화 다시 읽기 : 당연하게 여기며 지나쳐 왔던 동화 속 주인공의 생각이나 행동을 다시 한 번 생각해 보면서 다양한 시각과 사고력을 기를 수 있다. 생각해 볼 주제는 읽은 책의 내용 가운데서 정하되, 아이들이 직접 정해도 되고 교사가 정해 주어도 된다.

예시 **〈박쥐와 족제비〉에서 박쥐의 행동은 슬기로운가 간사한가**

슬기롭다	간사하다
박쥐는 슬기롭다. 그 이유는 살기 위해 거짓말을 했지 다른 이유로 한 것은 아니기 때문이다. 박쥐는 자기가 쥐라고도 하고 새라고도 했지만 어차피 새도 쥐도 아니다. 또 족제비는 새, 또는 쥐만 먹는다고 했지, 박쥐과의 박쥐를 먹는지는 알 수 없다. 박쥐는 익수목에 속하는 포유류이고 쥐는 설치류에 속하는 포유류이고 새는 조류이다. 뭐 하러 이유도 당치 않은데 하나님과 부모님이 주신 몸과 생명을 함부로 버리겠는가? 그래서 나는 자신의 목숨을 구한 박쥐가 슬기롭다고 생각한다. (5학년 김종호)	나는 박쥐가 간사하다고 생각한다. 그 이유는 박쥐는 자신의 신체적 특징을 가지고 목숨을 유지했기 때문이다. 박쥐는 자기는 쥐고, 또 새라고도 했는데 박쥐는 새도, 쥐도 아닌 것이 정답이다. 그리고 족제비 두 마리를 만났을 때 "난 새도 아니고 쥐도 아니다."라고 정직하게 말해도 죽지 않았을 것이다. 그러므로 박쥐가 거짓말을 한 것은 꾀를 잘 썼다고 할 수 없다. 그래서 박쥐는 간사하다. (5학년 김동은)

● **독서 토론** : 책을 읽고 난 뒤에 같은 책을 읽은 아이들끼리 책에 대해 이야기를 하는 독서 토론을 해 보자. 아이들 스스로 각자 책을 어떻게 읽었는지 서로 생각을 나눌 수 있고, 또 교사도 아이들의 독서 태도와 책에 대한 관점을 엿볼 수 있다.

① 동화 속 인물의 성격이나 행동에 대하여 다시 생각해 보면서 자기 생각을 정리하게 한다.
② 자신의 주장을 뒷받침해 줄 수 있는 근거를 세 가지 이상 공책에 쓰도록 한다.
③ 같은 의견을 가진 사람끼리 모인다. 어느 한쪽의 인원수가 많아도 그대로 진행한다.
④ 여러 관점의 다양하고 창의적인 의견이 나올 수 있도록 자유로운 분위기를 조성하여 학급 전원이 참여할 수 있도록 한다.(독서 토론의 구체적인 사례는 3권 128쪽 참고)

10월 | 세상에서 하나뿐인 나만의 그림책 만들기

세상에서 하나뿐인 나만의 작은 그림책을 만들어 보자. 이야기 전개 과정을 알아보고, 장면을 상상하여 직접 그림책으로 꾸며 본다. 그림책을 만드는 활동은 '이야기 정하기 → 이야기를 단계별로 나누기 → 단계별로 중요 장면을 뽑아서 그림을 그리거나 꾸미기 → 내용을 간단하게 쓰기 → 책 표지 만들기 → 책 광고하기'로 이어 나간다.

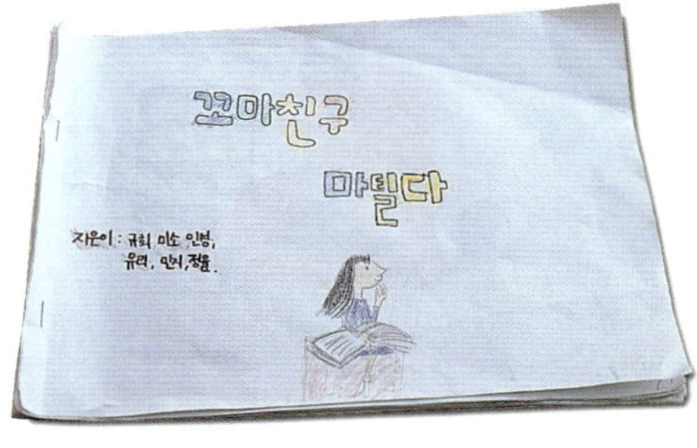

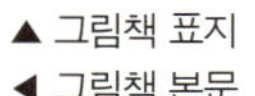
▲ 그림책 표지
◀ 그림책 본문

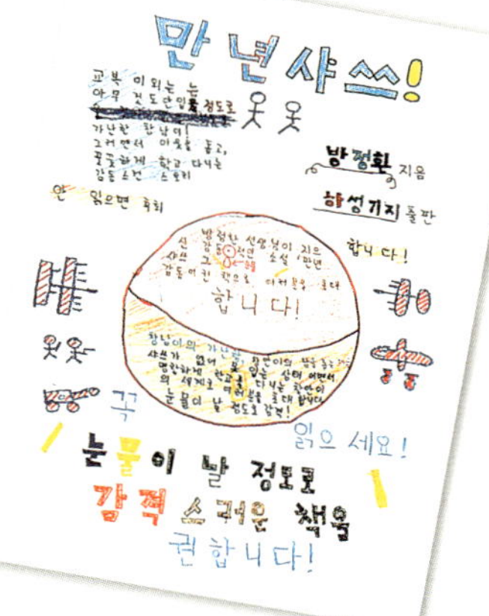

◀ 그림책 광고

● **창작 그림책 만들기** : 어느 정도 이야기 그림책 만들기에 익숙해지면 창작 그림책이나 종합 이야기책을 만들어 보게 한다. 예를 들어 식물이나 동물 가운데 자신이 평소 관심 있었던 것을 골라 자료를 찾아보고 직접 관찰한 다음 종합적으로 관찰 대상의 모양, 구조, 특성, 관련된 이야기, 전설, 창작동화, 만화, 작가 소개, 추천문, 가격 등을 모두 넣어 종합 이야기책을 만들어 보게 한다.

11월 | 동화 속 장면 만들기

11월에는 미술과 통합하여 동화 속 주인공을 직접 만들어 보자. 아이들은 손으로 무엇을 만드는 것을 참 좋아한다.

① 모둠별로 동화 한 편을 정해 함께 읽고 번갈아 가며 줄거리를 간단하게 발표한다.
② 동화 내용 가운데 가장 기억에 남는 장면을 정하고 등장인물과 장면을 어떻게 꾸밀지 상의한다. 각자 역할을 분담하여 인물과 소품을 나눈다.
③ 등장인물의 특징을 살려 간단하게 스케치한다.
④ 다양한 재료(찰흙, 지점토, 칼라믹스, 종이 접기 등)를 이용하여 특징이 잘 나타나게 표현한다.

12월 | 움직이는 달, 표현하는 달

겨울방학이 다가오는 12월은 방학에 대한 기대감과 교과 진도를 거의 마친 느긋함, 그리고 수행평가와 실기평가에 대한 부담을 함께 느끼는 달이다. 마무리잔치로 마임 놀이와 인형극, 또는 가장행렬을 해 보는 건 어떨까. 재량활동 시간과 국어과를 통합하여 마임 놀이를 해 보면 아이들에게는 잊지 못할 즐거운 독후활동으로 기억될 것이다.

● **마임 놀이** : 먼저 아이들에게 마임놀이를 지도해 본다. 마임놀이는 말없이 몸짓만으로 표현하는 연극적 요소와 공연을 목적으로 하지 않고 과정을 중요하게 생각하는 놀이적 요소를 접목한 것인데, 1인 마임과 모둠별 마임으로 나누어 지도한다.

● 손가락 젓가락 인형극 : 동화 속 이야기를 연극이나 가면극으로 표현해 보는 활동을 많이 하는데, 이 활동을 조금 변형해 손가락이나 젓가락 등으로 인형극을 해 볼 수 있다.

① 짧은 이야기나 이야기의 일부분을 가지고 간단한 극본을 만든다.

② 색종이로 종이 인형을 만들거나 장갑에 등장인물의 특징을 그린다.

③ 손가락에 씌우거나 젓가락에 붙인 뒤 등장인물의 입장이 되어 움직여 가며 연극을 한다.

● 삼각무대 속의 인형극 : 종이 상자나 도화지를 이용해 무대와 배경을 만들어 인형극을 해 볼 수도 있다.

① 한 면이 없는 사면체를 만들어 배경을 그려 넣는다. 사진에서와 같이 삼각무대 안에 배경을 더 그려 넣은 종이들을 가운데에 붙여, 필요할 때마다 넘겨 가며 배경을 바꿀 수도 있다.

② 종이에 인물들을 그려 오린 뒤 철사나 실을 붙여 조종할 수 있게 한다.

③ OHP와 셀로판지를 이용해 조명을 만들면 훨씬 생생하고 재미있는 무대를 만들 수 있다.

● **가장행렬** : 독서 가장행렬 놀이는 지금까지 읽었던 동화 가운데 자신이 가장 좋아하는 인물로 분장하고 잔치마당을 펼치는 활동이다. 이때 아이들은 자신이 분장한 인물의 이름과 책 제목을 적은 이름표를 달아서 자신이 어떤 인물인지 알 수 있게 한다. 그 인물에 어울리는 분장과 의상을 준비하고 그 등장인물이 되어 하고 싶은 말을 준비하여 발표한다. 가장 인물의 특색을 잘 나타낸 아이를 뽑고 교실을 돌며 가장행렬을 한 다음 기념사진을 찍는다.

● **독서활동 학급문집에 담기** : 월별 독서활동 결과물과 꾸준히 해 온 독서공책, 그리고 독후감 쓰기 등을 모아 학급문집을 만든다.

어린이책에 입문하기

임덕연 | 경기 여주 상품초 교사

초등학교 교사의 동화책에 대한 경험이 《신데렐라》니 《백설공주》니 하는 외국 번역본이 전부라면 좀 문제가 있다. 국어 교과서에 나오는 대부분의 텍스트가 동화(전래동화 포함)인데, 동화에 대한 이해 없이 그냥 교과서 동화를 읽고 뒷부분에 나오는 문제 몇 개 풀어 주는 것으로 끝나서는 아이들을 문학을 사랑하는 어린이로 키워 낼 수 없다. 오히려 책을 안 읽는 사람으로 자랄지 모른다. 좀 바쁘더라도 아이들과 함께 우리나라 창작동화를 읽어 보자.

동화의 시작, 방정환

우리나라 창작동화에 관심을 두고 처음으로 동화를 읽으려면 먼저 시대순이나 작가 중심으로 읽는 것이 좋다. 우선 우리나라 어린이운동, 동화운동을 시작한 방정환 동화를 읽자. 1920년대 어려운 환경 속에서 어린이운동을 시작한 방정환은 《어린이》란 잡지를 만들어 많은 동화를 소개하였고, 자신도 몇 편의 동화를 남겼다. 방정환의 동화를 잘 모아 놓은 책으로 《사랑의 선물》(우리교육)이 있다. 또 방정환에 대한 이야기와 동화를 함께 감상할 수 있는 《뚱보 방정환 선생님 이야기》(이재복, 지식산업사)를 읽자.

교과서에는 〈만년샤쓰〉와 〈양초귀신〉이 소개되어 있다. 〈만년샤쓰〉는 일부만 소개되어 있어 전문을 읽어 볼 필요가 있다. 왜 방정환 동화가 '동심천사주의', '영웅주의' 인가도 알 수 있다. 〈양초귀신〉은 서울 간 양반이 선물로 사 온 양초를 두고 시골 양반들이 벌이는 사건을 그린 작품이다. 〈칠칠단의 비밀〉은 한때 유행했던 명랑동화를 보는 듯하다. 곡마단에 있던 남매가 중국까지 가서 곡마단을 탈출하는 이야기이다.

떡배단배의 마해송

다음으로 읽을 동화는 마해송의 〈바위나리와 아기별〉이다. 마해송은 방정환과 같은 시대에 함께 어린이운동을 했지만 방정환 동화와 조금 다른 맛이 있고, 우리나라 동화의 맥을 해방 후까지 이어 간 작가이다.

우리나라 첫 창작동화라고 꼽는 〈바위나리와 아기별〉은 조혼한 마해송이 일본 유학을 마치고 와 사귀게 된 소학교 여선생님과 이루지 못한 애틋한 사랑의 경험을 바탕으로 쓴 것이라 더욱 관심이 간다. 마해송 동화는 여러 출판사에서 출판됐는데, 잘 선택해야 한다. 서로 비슷한 작품이 실려 있지만 어느 책에 실린 작품이 어느 책에는 빠져 있다. 《사슴과 사냥개》(창비), 《떡배단배》(신구미디어), 《성난 수염》(우리교육), 《모래알 고금》(우리교육) 등이 있다. 마해송의 자서전 《아름다운 새벽》(성바오로출판사)을 보면 보다 솔직한 모습의 마해송을 만날 수 있다.

〈토끼와 원숭이〉, 〈떡배단배〉 등의 동화를 통해 해방 전후의 우리나라 모습을 볼 수 있다. 〈모래알 고금〉에서는 모래알이 세상을 돌아다니며 해방 후 혼란스런 사회 모습을 보여 준다. 〈바위나리와 아기별〉은 〈바위꽃과 아기별〉로 개작되어 오랫동안 교과서에 실렸다. 원작을 보면 교과서 동화와 감동이 다를 것이다. 비교하면서 읽으면 좋은 동화 읽기가 된다.

또 다른 봉우리, 카프 동화

방정환 동화나 마해송 동화와는 다른 봉우리로 카프 동화가 있다. 카프는 프롤레타리아 문학을 표방하고 있어 우리나라 동화에 이런 것도 있을까 싶게 색다른 동화가 많다. 카프 동화라고 해서 한군데 모아 놓은 것은 없고, 여러 잡지에 실린 동화를 모아 펴낸 《야구빵 장수》(창비)로 카프 동화의 맛을 볼 수 있다.

적파의 〈꿀단지〉는 소작을 떼이지 않으려고 봉물로 꿀단지를 바치러 가는 수동이의 심정이 잘 나타나 있다. 카프 동화 속의 어린이는 어른들 세상에서 구체적인 행동을 한다. 일제 시대 어린이가 받는 고통과 진실한 삶의 모습이 그려져 있으나 한편으로는 너무 조숙한 청년 같은 아동을 그리고 있다는 비판을 받았다.

이태준과 현덕

이태준 동화를 읽다 보면 소설가로 이름이 높은 이태준이 '이런 동화도 다 썼네.' 하고 놀랄 것이다. 일본 유학을 마치고 온 이태준은 먹고살 길이 없어 막막해하다가 방정환이 만드는 《어린이》 잡지 편집 일을 맡아 동화를 쓰게 된다. "동화가 별것인가? 자기가 겪은 일을 아이들 입맛에 맞게 써 내는 것이다." 이렇게 소박하게 시작해 이태준만의 특색 있는 동화를 내게 되었다. 〈슬픈 명일 추석〉은 작은 집에 사는 남매가 추석날 겪는 슬픔을 사실적으로 그려 냈고, 〈쓸쓸한 밤길〉은 고아가 된 영남이가 살던 집에서의 고통을 뿌리치고 무작정 자기 삶을 찾아 떠나는 이야기이다. 〈몰라쟁이 엄마〉는 유아 동화의 모습을 보여 주는 귀중한 자료이다. 이 단편들은 《몰라쟁이 엄마》(우리교육)로 한 권에 묶여 새로 나왔다.

이태준 동화를 딛고 주옥 같은 동화 봉우리가 솟는데, 바로 현덕 동화이다. 《집을 나간 소년》(산하), 《너랑 안 놀아》(보리), 《나비를 잡는 아버지》(창비)로 현덕 동화를 만날 수 있는데, 1940년대 서울 어느 변두리쯤에서 덧문을 열고 골목에서 노는 아이들을 물끄러미 보는 듯하다. 재미있게 이야기를 따라가다 어느새 애틋한 슬픔에 눈물이 난다.

이쯤 되면 우리나라 창작동화에 재미를 느끼고 더 찾아 읽을 만한 힘이 생길 것이다. 이후로 읽을 책은 방정환 시기부터 현재까지 한국 근현대사를 함께 살아온 이주홍, 이원수, 권정생 등의 책으로, 한국전쟁에서 최근까지 동화 속의 어린이를 만날 수 있을 것이다. 이들의 작품은 좀 더 시간을 들여 읽을 필요가 있다.

· 이주홍 동화 : 《못나도 울엄마》, 《아름다운 고향》, 《사랑하는 악마》(이상 창비)
《톡톡 할아버지》, 《청어 뼉다귀》(이상 우리교육)

· 이원수 동화 : 《이원수 문학 시리즈》(웅진닷컴)

· 권정생 동화 : 《하느님의 눈물》(산하), 《몽실언니》(창비), 《깜둥바가지 아줌마》(우리교육)

1. 책으로 학습 수준 살피기

최은희 | 충남 아산 거산초 교사

학년 초에 아이들의 학습능력을 파악하는 것은 간단한 일이 아니다. 진단평가를 한다고 하지만 아이들의 전체적인 학습능력이나 학습에 대한 태도 따위를 판가름하는 데에는 부족한 면이 있다. 그래서 나는 진단평가를 참고하면서 아이의 독서 수준을 부진아 판별을 가늠하는 가장 중요한 잣대로 삼는다. 독서능력은 아이들의 학습발달에 기초적인 토양이므로, 책을 읽는 능력이 떨어지는 아이는 다른 학습에서도 무척 힘들어하기 때문이다.

나는 아침마다 옛이야기를 들려준다. 특히 학년 초에는 아이들의 독서 수준을 파악하기 위해 매일 다양한 수준의 이야기를 들려주는데 이야기 수준에 따라서 아이들의 듣는 태도가 확연히 달라진다. 조금 이해하기 어렵거나 깊이 생각해야 하는 이야기를 들려주면 매우 지루해하고 이야기에 집중하지 못하는 아이들이 있는데, 이런 아이들은 독서능력뿐만 아니라 다른 교과의 학습능력이나 학습에 대한 흥미도 역시 자기 학년의 수준에 미치지 못하는 경우가 많다. 이렇게 수준을 달리한 이야기를 매일 들려주고 그 이야기를 듣는 아이들의 모습을 잘 관찰해 보면 아이들의 독서 수준, 인식 수준을 어느 정도 가늠해 볼 수 있다.

또 다른 방법은 아이들에게 보고 싶은 책을 스스로 골라 보게 하는 것이다. 우리 반에는 다양한 종류와 수준의 책이 많이 구비되어 있기 때문에 거기에서 고르게 하지만 만약 그렇지 못하다면 학교도서관을 이용할 수도 있다. 그러면 아이들은 제각각이다. 같은 3학년이라도 활자가 무척 큰 그림책을 고르는 아이, 만화책만 고르는 아이, 글씨가 깨알 같은 추리소설을 고르는 아이……. 이런 활동을 두세 번 정도 해 보면 결과는 항상 비슷하게 나온다. 아이가 고른 책의 유형을 꼼꼼하게 살펴보면 그 아이의 독서 수준을 어느 정도 짐작할 수 있다. 아울러 그 아이가 어떤 분야(교과)에 관심이 많고, 수준은 어느 정도인지도 짐작할 수 있다. 또한 아이의 독서 수준이 학습 수준과 어느 정도 비례하는 부분이 있다는 점을 인정한다면 그 아이의 전반적인 학습 수준의 실태까지 짐작해 볼 수도 있다.

이렇게 아이의 독서 수준(학습 수준)에 대한 판단이 어느 정도 서고 나면 유난히 자기 학년, 자기 나이에 걸맞지 않게 독서능력이 떨어지는 아이들이 눈에 보인다. 나는 이런 아이들에게 책을 한 권씩 선물해 준다. 3학년이라도 1학년 수준의 독서능력을 가진 아이라면 1학년에 맞는 그림책을 선물해 주는 식으로. 그런 다음 그 내용에 대해 슬쩍 물어본다. 아이는 자기 수준에 맞는 책을 선물 받았기 때문에 책을 읽는 데 부담을 느끼지 않고 재미있게 읽는다. 그리고 그 책의 내용에서 질문을 하기 때문에 역시 부담 없이 대답할 수 있고, 그런 과정 속에서 자신감을 가진다. 이런 과정을 몇 번 되풀이하고 나면 아이는 어느새 스스로 도서관에 가서 자기에게 맞는 책을 고르고 그 수준을 점점 더 높여 간다. 그런 과정을 통해 책으로부터 멀어진 아이들을 끌어오고, 차츰 학습에 대한 자신감도 붙여 주고 있다.

작년에 가르쳤던 원희는 처음 몇 달은 만화책 외에는 눈길도 주지 않던 아이였다. 나는 연작 《맹꽁이 서당》(윤승운, 웅진닷컴)과 《아기공룡 둘리》(김수정, 키딕키딕)를 선물했고, 그 다음에는 활자가 큰 그림책 《강아지똥》(글 · 권정생, 그림 · 정승각, 길벗어린이), 《까막나라에서 온 삽사리》(글, 그림 · 정승각, 초방책방) 따위를 빌려 주었다. 그러면서 독서 수준을 조금씩 높여 주었다. 그러던 10월 중순쯤, 첫 수업이 시작되었는데도 아이가 자리에 없었다. 집에 전화를 해도 없고, 학교 뒤 문구점을 샅샅이 뒤져도 없었다. 어찌된 일인가, 무슨 사고라도 났나, 애를 태우는데 녀석이 슬그머니 교실 문을 열고 들어오는 것이었다. 반갑기도 하고 화도 나서 어디 갔었느냐며 소리를 빽 질렀더니 이 녀석 눈물이 글썽해지며 "도서실에서 책 보다 왔는데요……." 하는 것이었다. 독서를 통해서 책상으로부터 공부로부터 멀어져 있던 원희를 조금씩 다가오게 만든 것 같아 참 기뻤다.

어제 아침에도 나는 아이들에게 책을 고르게 했다. 꼼꼼히 살펴보니 4학년인데도 저학년 수준의 책을 골라 오는 아이가 두 명 눈에 띄었다. 공부 시간이면 늘 고개를 푹 숙이고 있거나 책상에 엎드려 있는 녀석들이다. 그 녀석들이 집어 온 책을 보며 나는 그냥 웃으며 머리를 쓰다듬어 주었다. 어떻게 가야 하는지 길이 보이기 때문에.

2. 고학년에게도 그림책을 읽어 주세요

정현주 | 경기 남양주 금곡초 교사

실패한 작전 1호

"선생님, 저 다른 책 읽으면 안 되나요? 저 그 책들 어릴 때 다 읽었거든요……."

우리 반 똘똘이 나라는 연작 《삼국지》와 세계 여러 나라의 여행에 관한 책에 심취해 저의 책 권하기와 다른 노선(?)을 걷는 친구입니다. 이번에 제안한 책읽기에 대해서도 나라는 제게 곤란한 얼굴로 물어 왔습니다.

저는 이번 책읽기를 위해서 방학이 끝날 무렵 이틀 동안 45권의 책을 읽었습니다. '우와 45권?' 하고 놀라시겠지만, 가능합니다. 그림책으로요. 먹음직스런 그림책을 자리에 쌓아 놓고 만화책 읽던 실력을 발휘해서 한 권 한 권 읽어 가며 삼매경에 빠졌거든요.

이 그림책들을 아이들에게 어떻게 권할까 고민하다가, 처음부터 무조건 읽자고 하는 것보다 즐겁고 재미있게 시작하는 것이 좋겠다는 생각이 들었습니다. 그래서 먼저 그림책을 애니메이션으로 만든 작품을 감상했습니다.

준비한 작품은 〈나무를 심은 사람〉, 〈너는 특별하단다〉, 〈산타클로스의 휴일〉 등 세 편입니다. 햇볕 따가운 늦여름 오후에 비디오를 보자고 하니 다들 행복해하며 아우성이었습니다. 그런데 〈나무를 심은 사람〉을 보면서 점점 분위기가 이상(?)해졌습니다. 비디오 상태가 좋지 않아 중간중간 칙칙거리며 화면이 잘 안 나온 탓도 있었지만, 희미한 윤곽의 그림 분위기와 시종일관 계속되는 한 사람의 해설이 모두에게 최면을 거는 듯했습니다. '아…… 명상용 애니메이션.' 우리 열세 살 아이들에게는 너무 고차원이었나 봅니다.

"얘들아, 다음 것은 괜찮아. 약간 어린 친구들을 위한 영화지만 너희들 정신연령과 잘 맞을걸." 나의 매운맛 멘트에 부스스 정신을 차린 아이들에게 보여 준 두 번째 애니메이션은 〈너는 특별하단다〉입니다. 〈나무를 심은 사람〉보다는 활기가 넘치지만 나무 인형 사람들과 그 인형을 만든 엘리라는 사람의 관계에서 지나치게 종교적인 색채가 드러나서 별로 재미가 없었나 봅니다. 어찌됐건 저의 작전 1호는 실패였습니다. 다음 날 일기장에는 대부분 감동적이지만 지루했다, 수업을 안 해서 좋았다는 이야기가 있었고, 똘똘한 친구 몇몇이 나름대로의 감동적인 감상을 써 왔습니다.

아이들을 사로잡은 그림책

다음 날, 저는 모든 희망을 다 버리고 단도직입적으로 '다시 읽는 그림책' 리스트를 내주었습니다. "너희들 요즘 날씨도 덥고 오랜만에 학교 다니려니 적응도 잘 안 되지? 그럴 때에 읽으면 쿨~한 그림책들이 너무 많아서 같이 읽자고 목록을 만들어 주는 거야." "선생님 이걸 언제 다 읽어요?" "아니야, 이건 다 읽자는 게 아니라 내가 읽은 목록이야. 그 곁에 내가 느낀 짤막한 소감이나 평가도 있잖니. 보고 맘에 들거나 읽고 싶은 책을 골라 읽어 보고 그 목록에 없어도 너희들이 읽은 그림책을 다음 빈칸에 더 많이 채워 가는 것도 좋을 거야. 아마도 나중에 어린 친척 동생이나 조카들 책 골라 줄 때 좋은 자료가 될 거야."

읽기 시간에 도서실로 가니 다들 좋아했습니다. 별 기대도 안 하고 와글거리며 들어간 도서실에서 한 시간 동안 상상도 못한 굉장한 장면이 펼쳐졌습니다. 책과 중얼중얼 대화를 나누며 흥분해서 읽는 친구, 글씨 하나도 없는 그림책을 보며 명상에 잠긴 친구, 그림의 화려함에 감동 받아서 읽은 책을 또 보고 또 보는 친구, 책상 위에 그림책을 수북히 올려놓고 만화책 읽는 모드로 심취해서 읽는 친구 등, 모습도 가지가지였습니다. 오후에 책 읽으러 온 저학년 동생들 몇몇은 어리둥절 쳐다보았습니다. 학교에서 제일 큰 언니, 오빠들이 그림책에 푹 빠져 낄낄거리며 읽는 모습을요.

아무튼 그림책과 만난 그 한 시간은 그동안 수세에 몰렸던 저의 계획이 다시 공세로 전환하게 된 시점이었습니다. 그림책은 읽기 싫다던 나라도 《여행 그림책》에 감동받아 자주자주 보겠다 하고, 그간 그림책을 꾸준히 읽어 온 친구들은 당당하고 자랑스럽게 친구들에게 자신이 읽은 좋은 책을 소개하기도 했습니다. 소감 쓰기에서는 제가 기대한 것 이상으로 많은 찬사(?)들이 쏟아져 나왔습니다.

어릴 때는 '이 그림 멋있네.' 하며 읽었지만 이제는 여러 생각이 든다. 이 그림을 그린 사람이 무슨 생각으로 그렸는지도 생각해 보았다. (수환, 단비, 한나, 강주, 별희 그 외 다수)

어릴 때 그림책을 좋아했다. 많이 읽었는데 요즘은 거의 안 읽었다. 그런데 느낌이 확 다른 것 같다. 글씨 많은 책보다는 그림책이 더 좋다. (신형)

어렸을 때에는 《위층 할머니 아래층 할머니》 같은 이야기를 읽어도 그런가 보다 했는데, 이제는 할아버지 돌아가신 생각도 나고 전보다 감동받고 기뻐하는 정도가 심해진 것 같고 글과 그림을 감상할 수 있게 된 것 같다. (이슬)

어릴 때엔 그림에만 관심을 가지고 뜻을 잘 이해하지 못했다. 지금은 글을 먼저 읽고 그림을 본다. 생각이 더 많아지는 것 같고 내용도 깊이 이해가 된다. (현경, 지원)

어릴 때에는 그냥 멋있다고 대충 읽었는데 열세 살이 되니 그린이의 생각이나 인내심(?)을 알게 되었고 나도 그런 인내심을 가지려고 노력할 것이다. (성만)

기억에 남는 몇 권의 그림책

15년 전쯤, 지하철 안에서 우연히 만난 고등학교 동창이 초등 교사에게 더 의미 있을 책 같다며 자신이 들고 가던 그림책을 제게 준 적이 있습니다. 그때 친구에게 받은 《백두산 이야기》(글, 그림 · 류재수, 통나무)는 그림책에는 전혀 관심도 없던 저에게 큰 감동을 주었습니다. 북청 사자들의 힘찬 기상과 대동놀이의 신명난 춤사위가 너무도 멋지게 표현된 그림에 감동받아 해마다 그 그림책을 아이들에게 읽어 주곤 했습니다. 지금도 학교도서관에 가면 나란히 꽂혀 있는 여러 권의 《백두산 이야기》를 손으로 쓰다듬어 봅니다. 6학년 아이들에게 그림책을 꼭 다시 읽게 해야겠다고 생각한 이면에는 이 《백두산 이야기》가 자리 잡고 있었을 것입니다. 이 책은 다음에 특별히 한 시간을 따로 내어 읽어 주려고 목록에서도 빼고 아무에게도 안 가르쳐 주었습니다.

《세상에서 제일 힘센 수탉》(글 · 이호백, 그림 · 이억배, 재미마주)도 정말 권하고 싶은 책입니다. 글, 그림 모두 아이들뿐만 아니라 나이 들어가는 우리 어른들에게 위안이 되는 멋진 책입니다. 우리나라 특유의 화려한 민화풍 그림도 한동안 눈길을 잡아 둡니다. 다른 그림책과는 달리 얇은 종이 표지를 사용한 것도 마음에 들었습니다. 겉데기가 두껍지 않아도 책은 제 역할을 한다고 생각하는데 요즘 그림책들은 너무 딱딱하게 만들어져서 여러 권 구입하려면 그 비용이 만만치 않거든요.

이번 책읽기를 통해 그 밖에도 《리디아의 정원》(글 · 사라 스튜어트, 그림 · 데이비드 스몰, 시공주니어) 《오른발 왼발》(글, 그림 · 토미 드 파올라, 비룡소) 《돼지책》(글, 그림 · 앤서니 브라운, 웅진닷컴) 《비오는 날》(글, 그림 · 유리 슐레비츠, 시공주니어) 등의 많은 그림책들이 고학년 아이들과 청소년들, 그리고 어른들과 대화를 나누고 싶어하며 기다리고 있다는 것을 알았습니다.

그림책 두 번 만나기

그림책 읽기가 마무리된 뒤, 미술 시간에는 오랜만에 아주 쉬운 작업을 했습니다. 일명 '그림책 작가 따라잡기'.

가장 기억에 남거나 추천하고 싶은 그림책을 하나 골라서 장면을 따라 그려 보는 것입니다. 창의적이지 못한 '따라 그리기' '본떠 그리기' 수업이지만 저는 의미를 둡니다. 그리는 실력을 떠나서 그림책을 한 번이라도 더 열심히 보게 될 테니까요. 짧은 글만 읽고 책장을 휙 넘기던 것도 한참 들여다보면서 작가가 표현하려는 의미를 구석구석 되짚어 볼 수 있고, 무엇보다도 다시 한 번 그 책과 내밀한 대화를 나누게 됩니다. 다음에 여유가 있으면 아까 말씀드린 《백두산 이야기》를 모둠별로 크게 본떠 그리고 길게 이어 붙여서 제가 좋아하는 2학년 선생님 학급에 선물로 드리려고 합니다. 그렇게 만들어 붙이고, 다 만든 것을 감상하면 우리 아이들은 《백두산 이야기》를 세 번 네 번 더 깊이 만나게 되겠지요.

3. 아이들과 책을 나누는 문학 토론

강승숙 | 인천 남부초 교사

권정생의 《몽실언니》로 토론하기

우리 반에서는 반 아이들이 모두 모인 자리에서 늘 책을 읽고 이야기를 나눈다. 하지만 이런 자리에서는 깊은 이야기를 나누기가 어렵다. 그래서 두 해 전, 4학년 아이들을 맡았을 때는 몇 명씩 모여서 하는 독서 토론회를 해 보았다. 달마다 읽을 책을 정하고 책을 읽은 아이들만 모여서 토론회를 하기로 했는데 아이들이 다 참여하지 못하는 아쉬움은 있지만 독서 게시판에 읽을 책을 알리고 책을 사서 다 읽은 사람은 자기 이름을 써 놓게 하니까 책에 관심을 갖는 아이들이 여럿 생겼다. 그해 6월에는 《몽실언니》(권정생, 창비)를 정해서 읽고 토론회를 열었다.

토론회를 하는 날, 나는 아이들 아홉 명과 책상을 둥글게 놓고 둘러앉았다. 아이들은 들떠서 가만있지를 못하고 엉덩이를 들썩거렸다.

"너네들 모두 긴 이야기 읽느라 고생했으니까 토론회 끝나면 시원한 하드 사 줄게."

"우와!" 모두 좋아서 입이 헤 벌어졌다.

"음, 먼저 우리가 할 이야기를 몇 가지씩 써 놓고 나서 이야기하자. 한 세 가지 정도로 이 책을 읽으면서 느낀 것, 뭐 하고 싶은 말, 그런 걸 쓰자."

종이를 한 장씩 나누어 주니 열심히 썼다. 5분 지나서 이야기를 시작했다.

"음, 그만 쓰고. 처음이니까 얼마나 시간이 걸려서 읽었는지, 재미가 있었는지, 그런 얘기를 쭉 돌아가며 해 보자. 성진이부터 해 봐."

"전요. 하루 세 시간씩 책을 읽어 가지고 3일 만에 다 읽었어요."

"그렇게 재미있었어?"

"저요, 오락도 안 했어요. 늘 하던 게임도 4일 동안 안 해 가지고 아버지가 마이크까지 사 줬는데요!"

"오락을 4일 동안 한 번도 안 했다고?"

"네. 원래는 맨날 하는데 이 책 읽을 때는 정말 안 했어요."

"책도 읽고 선물도 받고 좋네. 그래, 지현이는?"

"저는요, 하루 한 시간씩 읽었어요."

지현이는 짧게 말하고는 더 이상 이야기를 하지 않았다. 자연스레 효정이한테 이야기가 넘어갔다.

"전 정말 재미있었구요, 감동적이었는데 마지막 가파른 고갯길에서 난남이와 몽실이가 헤어질 때 슬펐고 음, 그게 잊혀지지 않아요. 그 장면이요."

"담이는 어떻게 읽었니?"

"전요, 3일 동안 저녁마다 잠자기 전까지 읽어서 다 읽었어요."

아이들 이야기를 들어 보니 다들 재미있게 읽은 것 같다. 재승이는 책을 읽는 데 보름이 걸렸다고 했다. 아이들이 웃었다. 그래도 재승이는 "난 원래 천천히 읽어요." 하면서 아이들이 웃는 게 도리어 이상하다는 듯 말했다. 나는 재승이의 당당한 모습이 마음에 들었다. 재승이는 공부도 열심히 안 하고 친구도 많지 않지만 이 토론회에 참여하기 위해 가장 애를 썼다. 군것질을 참고 돈을 모아서 책을 산 것이다. 책 읽는 데 걸린 시간을 이야기하고 이어서 느낌 나누기를 했다. 차례 없이 자유롭게 말했다. 재승이가 제일 먼저 손을 들었다.

"몽실이가 너무 불쌍해요. 처음에 아버지 나오는 데까지는 좀 재미가 없었거든요. 그런데 몽실이가 다리 다칠 때부터 계속 재미있었어요."

재승이 말이 끝나자 몇몇 아이들이 자기네들도 재승이가 말한 부분부터 재미가 있었다고 했다. 지현이는 용기를 잃지 않고 몽실이가 난남이를 돌보는 것이 훌륭하다고 했고 담이는 암죽을 끓여 동생을 먹이는 장면이 기억에 남는다고 했다. 아영이는 절뚝이는 발로 멀리 산을 보며 우는 것이 슬펐고 몽실이가 편하게 살았으면 좋겠는데 끝까지 희생을 하는 것이 마음 아프다고 했다. 재승이는 늘 엉뚱한 이야기를 잘하는데 몽실이가 어릴 때 난남이를 키워 봐서 곱추랑 결혼을 해서 조금 안됐지만 아들, 딸은 잘 키울 수 있게 된 것 같다고 했다. 효정이는 곱추랑 결혼을 해서 안된 점도 있지만 보통 사람이 모를 장애인의 마음을 알고 장애인끼리의 비밀이 잘 통할 것 같다고 했다.

돌아가며 짤막짤막하게 이야기를 나누었는데 생각 밖으로 아이들 생각이 깊고 날카로웠다. 한 시간 가까이 정답게 이야기도 나누고 글도 쓰면서 늘 이렇게 공부하면 얼마나 좋을까 하는 생각을 했다. 마무리는 토론회에 참여한 느낌을 말하는 것으로 했다. 성진이는 글쓰기 과외에서 독서 토론을 한 일이 있기는 하지만 이렇게 많은 아이들과 토론을 하니까 더 재미있다고 했다. 선아도 아이들 생각을 알게 되어서 더 많은 것을 배우게 되었다고 했다. 나도 마찬가지이다. 반 아이들 모두가 의견을 주고받는 것도 좋지만 일 년에 한두 차례는 이런 방법으로 모인 아이들과 또는 모둠별로 남아서 토론을 해 보는 것도 좋겠다.

현덕의 유년동화 《너하고 안 놀아》 연작 읽어 주기

현덕이 쓴 유년동화 《너하고 안 놀아》(글 · 현덕, 그림 · 송진헌, 창비)는 내가 아끼는 동화책이다. 그래서 해마다 이 동화책에서 이야기를 몇 편씩 골라 아이들한테 읽어 주곤 한다. 실은 처음부터 끝까지 빠짐없이 읽어 주고 싶지만 아이들이 재미를 덜 느끼는 작품도 있기 때문에 그렇게 하지는 못했다. 그런데 생각지도 않게 올해 맡은 3학년 아이들한테는 4월부터 시작해서 방학 전까지 서른 편 넘게 읽어 주었다. 이상하게도 올해 만난 아이들은 한 편씩 읽어 줄 때마다 너무나 즐거워했다.

"하나만 더 읽어 줘요!"

3, 4분이면 다 읽어 주는 짧은 이야기가 끝날 때마다 아이들은 몹시 아쉬워했다.

"선생님, 내일은 그거요, 《너하고 안 놀아》 읽어 줄 거예요?"

이런 말을 들으면 정말 기분이 좋다. 바빠서 깜빡 놓친 날은 공부 시간에 장난만 치거나 딴 척하기 일쑤인 형석이나 백철이가 책 언제 읽어 주냐고 물었다. 이 아이들은 책 읽어 주는 시간만큼은 열심이다. 처음 읽어 준 작품은 〈고양이〉이다. 이 작품은 '길벗어린이'에서 그림책으로 따로 나왔다. 나는 먼저 《너하고 안 놀아》에 실린 〈고양이〉를 읽어 주면서 장면을 머릿속으로 그려 보라고 했다. 첫 작품을 읽어 줄 때부터 아이들은 관심을 보였다. 고양이 소리 '아옹 아옹'이 자꾸 되풀이되니까 여러 아이들이 고양이 소리를 내기 시작했는데 아이들 가운데 몇은 행동까지 흉내 내면서 이야기를 들었다. 그러다 보니 다른 아이들도 즐거워했고 제법 분위기가 돋우어졌다. 이어서 이형진이 그림을 그린 그림책 《고양이》(길벗어린이)를 펼쳐 들었다. 글을 이미 읽었으니까 그림만 천천히 보여 주었다. 다 읽고 나서 느낌 나누기를 한 뒤 고양이 흉내 내기를 했다. 서너 명이 나와서 고양이 흉내를 내는데 아주 그럴듯했다. 이때부터 쉬는 시간에 화장실에 갈 때면 나는 "고양이 걸음!" 하고 말한다. 그러면 아이들은 뛰다가도 놀이를 하듯이 고양이처럼 걷는다.

〈물딱총〉도 아이들이 좋아했다. 부잣집 아이 기동이는 가난한 집 아이 노마한테 대야에 물을 떠 오면 물딱총을 한 번 쏘게 해 주겠다며 약속을 해 놓고는 끝내 지키지 않았다. 참다못해 노마는 서러워 우는데 아이들은 이러한 노마의 처지를 몹시 안타까워했다. 이야기를 듣고 나면 느낌 말하기를 하지만 시간이 모자랄 때는 공책에 느낌을 한 줄만 쓰라고 한다.

이야기를 꾸준하게 이어서 듣다 보니 여기에 나오는 동무들이 이웃집 동생들처럼 생각되는 걸까. 작품 읽어 주기가 책의 반을 넘어서니까 아이들은 작품 속 아이들의 생활이 자신의 생활이 된 듯 관심을 가지고 이들의 하루하루를 궁금해했다. 뭐가 그리 신나는지 이야기를 읽어 주는 중간에도 할 말이 있다며 손을 들었다. 손을 자주 들어서 읽어 주기가 방해될 때에는 내가 입에 손가락을 대어 끝나고 질문하라는 뜻을 보이기도 하지만 대부분 질문을 들어 주었다.

〈대장 얼굴〉을 읽어 주고 났을 때이다.

"벌써 끝이에요? 더 읽어 줘요."

이야기가 짧으니 아이들은 갈증이 난 듯 다음 이야기를 더 해 달라고 했다.

〈둘이서만 알고〉를 읽어 줄 때이다. 윤희가 손을 들었다.

"윤희야, 왜?"

"저기요, 노마하고 영이하고 나이가 비슷하지요?"

"응, 그래. 그런 것 같은데……. 왜?"

"저기요, 나이도 비슷하고 둘 다 가난하고 그러니까 둘이 좀 좋아하는 것 같아요. 기동이는 빼고 둘이서만 비밀을 갖고 있잖아요."

"하 그래. 그렇게 생각할 수도 있겠네. 그래, 더 들어 보자."

〈암만 감아두〉를 읽어 줄 때에는 예나가 대단한 무언가를 발견한 듯 흥분하며 손을 들었다.

"이예나!"

"선생님, 있잖아요. 여기에는 되풀이되는 말이 많아요. 계속 그러잖아요."

"그래 맞아, 그래서 내가 몇 번 읽어 주다 보면 너희들이 다음에 나올 말을 알고 따라 하잖아."

〈대장얼굴〉을 읽어 주고 나서는 노마와 똘똘이의 마음이 어떻게 달라졌을까 하고 물으니까 전학 온 남호가 처음으로 발표를 했다.

"집에 가면서요, 노마가요, 기동이를 때려 주고 싶었을 것 같아요."

교과서에 있는 작품을 읽고 이야기를 나누었더라면 남호는 이렇게 손을 들어 발표하지 않았을 것 같다. 이 작품을 여러 차례 읽어 주면서 남호는 발표를 하기 시작했다. 아마 자기가 겪었던 마음을 작품 속에서 많이 읽어 내는 것 같았다. 열 번째로 〈과자〉를 읽어 줄 때이다. 과자 때문에 얽힌 이야기인데 영이와 노마가 기동이한테 과자 좀 주면 너하고만 친구 한다고 했다가 과자가 다 없어지니까 언제 그랬냐는 듯 기동이를 모른 척하게 되고 기동이는 약올라한다. 아이들 사이에 충분히 있을 수 있는 이야기인데 여기서는 기동이가 친구들한테 당하는 꼴이다.

"이번에는 기동이하고 노마하고 바뀐 것 같아요."

"기동이가 사기당했어요."

아이들은 노마를 좋아하고 노마 편에 서 있으면서도 기동이를 동정하기도 한다. 참 아이들다운 마음이다. 더러 심심한 작품도 있지만 시간이 갈수록, 읽어 주는 작품 수가 많아질수록, 아이들은 이야기 속 동무들의 세계에 푹 빠져들어서 조금 싱거운 듯한 이야기까지 귀담아들었다. 〈바람은 알건만〉은 시에 가까운 이야기다. 나는 특별한 사건이 없는 이 이야기에 아이들이 별 재미를 못 느낄 거라 생각했는데 그렇지 않았다.

《너하고 안 놀아》는 국어 시간에 한 편씩 읽어 주었는데 나중에는 자연스럽게 교과 공부로 이어졌다. 연작이다 보니 아이들은 인물의 성격을 입체적으로 이해하게 되었다. 삼분의 이 가량 읽어 주고는 여러 작품에서 드러나는 인물의 성격을 발표하고 인물의 성격에 대해서 썼는데 이렇게 공부를 하니까 아이들은 인물의 여러 면을 잘 짚어서 썼다. 재미있는 데다, 인물의 성격이 뚜렷한 작품이라 아이들이 풍부하게 이해하였다.

책을 읽는 재미는 아이들 스스로 책을 사는 데까지 이어졌다. 보통 책을 읽어 주면 그 책을 보여 달라거나 빌려 달라고 하는 데서 그치는데, 이번에는 그렇지 않았다. 한두 명씩 책을 사더니 나중에 보니 《너하고 안 놀아》를 갖고 있는 아이가 열 명이나 되었다. 놀라웠다. 아이들은 내가 읽어 주는 이야기를 들으면서 다음 이야기가 궁금하고 내가 가지고 있는 책을 너무나 갖고 싶었던 것이다. 책에 나온 이야기를 연극으로 꾸며 보기도 했다. 이 작품은 연극으로 해 보기에 아주 좋다. 반 아이들 모두가 한 명도 빠지지 않고 연극에 참여했는데, 처음에는 자유롭게 짝을 짓도록 하고 짝이 없는 아이들은 따로 모아서 하게 했다. 아이들은 쉬는 시간이나 점심 시간에 두세 번 연습을 하고는 준비를 끝냈다. 실린 이야기들이 모두 자기들 이야기라 극본을 만들어 대사를 외울 필요도 없었다. 이야기 속 아이들이 겪는 다툼, 놀이, 심부름들이 자신의 이야기처럼 실감 나기 때문에 그 자리에서 바로 말을 주고받을 수 있었다.

아이들한테 책을 읽어 주거나 이야기를 들려주는 일은 아주 소중하다. 어른이 책 읽어 주는 소리를 들으면서 아이들은 행복에 젖고 위로를 받는다. 또한 공부가 아닌 놀이로 생각하기 때문에 아이들은 저절로 무언가를 배운다. 여기서 아이들이 맛보는 즐거움을 한 차원 끌어 올려 주는 일은 교사의 몫이다.

4. 아이 한 명 한 명을 배려한 독서지도

이주영 | 서울 송파초 교사

세진아, 같이 읽자!

나는 학급운영의 중심 기둥을 글쓰기와 글읽기 지도로 삼는다. 그래서 3월 초에는 글쓰기 능력을 측정하고, 중순부터 글읽기 능력을 측정하기 위해 힘쓴다. 누구나 비슷하겠지만 글읽기 능력을 측정하기 위한 관찰 방법으로는 '돌려 읽기'가 가장 좋다. 돌려 읽기는 한 문장씩 읽도록 한다. 그래야 돌아가는 속도가 빨라 아이들이 긴장한다. 마흔 명이나 되기 때문에 끝까지 다 읽자면 시간이 걸리지만, 그래도 자기가 읽어야 한다는 긴장감 때문에 아이들이 읽기에 집중한다.

읽기 차례는 앞줄에서 시작해 뒤로 ㄹ자로 읽기, 뒷줄에서 시작해 앞으로 ㄹ자로 읽기, 왼쪽 줄부터 오른쪽 줄로 읽기, 오른쪽 줄에서 왼쪽 줄로 읽기, 바깥쪽 줄부터 안쪽으로 달팽이 모양으로 돌아가면서 읽기처럼, 일정한 선을 따라가면서 돌려 읽도록 한다. 그러다 익숙해지면 한 명씩 건너뛰면서 읽기, 세 명씩 건너뛰면서 읽기, 한 문장을 같은 번호인 남자와 여자가 같이 읽기를 한다. 한 문장 읽기가 잘되고 시간이 넉넉하면 한 문단씩 돌려 읽기를 한다.

한 문장씩 돌려 읽기를 하면 읽기 능력이 부족한 아이를 쉽게 찾아낼 수 있다. 자기 차례가 되었는데도 읽지 못하는 몇몇 경우가 있다. 글씨를 몰라서 읽지 못하는 아이, 글씨는 알지만 더듬거리는 아이, 읽기 속도가 늦어서 미처 따라잡지 못해 자기가 읽어야 할 문장을 모르는 아이, 집중력이 약해 놓친 아이, 행동이 산만해서 놓친 아이들이다.

또 읽기가 싫어서 안 읽는 아이, 읽는 것이 두려워서 땀만 뻘뻘 흘리는 아이, 수줍어서 몸만 비비꼬는 아이, 작은 소리로 웅얼거리는 아이, 너무 크게 소리 지르듯이 읽는 아이들도 있다.

돌려 읽기를 처음 하던 날, 세진이 차례가 되었는데 읽으려고 일어나지도 않았다. 세진이는 우리 반에서 덩치가 제일 커서 맨 뒷줄에 앉아 있는 남자 아이이다. 두세 번까지는 세진이 차례가 되면 내가 옆에 가서 읽어 주고, 아이들한테 박수로 격려하게 했다. 그 다음에는 짝한테 도와주도록 했다. 글씨를 모른다고 생각했기 때문이다. 세진이한테 물었더니 2학년 때도 책을 안 읽었다고 하고, 일기도 안 썼다고 했다. 책을 보고 몇 문장을 쓰게 했는데도 맞춤법을 틀리게 쓰고, 1학년처럼 큼직하게 쓰는 데다가 빨랫줄 글씨를 섞어 썼다. 그래서 글씨를 읽거나 쓰지 못한다고 판단했던 것이다. 그래서 먼저 글을 가르치려고 했다. 방과 후에 남아서 30분씩 책을 읽고, 글씨 쓰는 연습을 시켰다.

글을 모르는 아이를 가르칠 때는 그림책이 좋다. 학급문고로 갖다 놓은 그림책 다섯 권을 내 책상에 늘어놓고 세진이에게 읽고 싶은 책을 고르라고 했다. 책을 많이 갖다 놓고 고르게 하면 두려워할 거라고 생각했기 때문이다. 또 내가 무조건 어떤 책이 좋다고 한 권 골라 주면서 읽으라고 하면 자발성이 안 생길 것 같았다. 그래서 좋은 그림책 다섯 권을 놓고 그 가운데서 선택하도록 했다. 그런데도 한참을 골랐다.

이 책 저 책을 보더니 10분 정도가 지나서야 겨우 한 권을 정했다. 10분을 기다리면서 '이런 수준이라면 세 권 정도만 줄 걸.' 하는 후회가 들기도 했다. 그렇지만 포기하지 않고 계속 골랐기 때문에 참견하지 않고 기다렸다. 세진이가 스스로 무엇을 선택하는 데 얼마나 자신이 없는지를 알았다. 세진이가 고른 책은《오소리네 집 꽃밭》(글 · 권정생, 그림 · 정승각, 길벗어린이)이다. 글은 모르니까 그림을 보고 선택했을 텐데, 나중에 생각하니 정말 세진이한테 꼭 어울리는 그림책을 골랐다는 걸 알게 되었다.

한 열흘 정도 걸려서 그림책을 세 권 읽었다. 그런데 더 이상 남아서 읽기 싫다고 했다. 다른 아이들은 안 남는데 자기만 날마다 남아서 공부하니까 창피하다고 했다. 그러면서 집에서 혼자 읽겠다고 했다. 좀 의심이 들기는 했지만 나머지 공부라는 걸 눈치 챘고, 나머지 공부가 싫은 까닭이 자존심에 관한 것이고, 당당하게 집에서 혼자 읽겠다고 주장하는 것만도 기특해서 그렇게 하라고 했다.

대신 가지고 갈 책은 내 책상 위에서 골라 가고, 읽은 다음에는 내 책상 위에 갖다 놓으라고 했다. 책을 고를 때마다 그 책에 얽힌 이야기를 잠깐씩 해 주면서 잘 골랐다고 칭찬했다. 그리고 다 읽었다고 가져오면 읽느라고 수고했다고 하면서 꼭 안아 주었다. 세진이는 5월 초부터 책을 당당하게 큰 소리로 읽었다. 그리고 일기도 쓰기 시작했다. 일기를 쓰면서부터는 책읽기보다는 일기 쓰기 지도에 집중했다. 요즘에는 날마다 공책 반 장 정도를 쓴다. 읽기도 잘하고.

독서지도를 하면서 나중에 알게 된 사실이지만 세진이는 처음부터 글씨를 몰랐던 것이 아니었다. 물론 맞춤법이 좀 틀리기는 했지만 글씨는 알고 있었다. 다만 읽거나 써 보지 않았기 때문에 틀렸을 뿐이었다. 그런데 세진이가 글씨를 안다는 것을 주변 사람들은 몰랐다. 어쩌면 스스로도 정확하게는 몰랐던 것 같다. 남들이 공부 못한다고, 글씨 모른다고, 책을 못 읽는다고 하니까 스스로도 그렇게 알았던 것 같다. 그리고 그걸 당연하게 받아들이고 있었다.

륜나야, 친구들과 같이 놀자!

많지는 않지만 가끔 책벌레를 만난다. 책을 많이 읽는 아이를 보고 무조건 '책을 잘 읽으니 좋겠다.'고 생각하면 곤란하다. 이렇게 책에만 매달리는 아이 가운데 문제가 있는 경우도 있기 때문이다.

어떤 경우에 문제가 되는가? 한 가지 종류의 책만 읽는 경우, 내용도 기억하지 못하면서 대충대충 건성으로 읽는 독서편향자, 자기 연령에 맞지 않는 책을 마구 읽는 독서조숙아, 정상적인 생활이 안 될 정도로 읽는 독서과다자, 책의 내용과 현실 생활을 구별하지 못하고 혼동하는 독서분열증 등 다양하다. 책을 읽는 자세나 태도가 잘못된 경우도 더 자세히 나눌 수 있다. 얼굴을 책에다 파묻듯이 하고 보는 경우, 몸을 이리저리 꼬면서 읽는 경우, 조금 읽다가 다른 책으로 계속 바꾸는 경우, 책을 험하게 보는 경우들이다.

나는 처음에 륜나를 독서과다 아이로 판단했다. 륜나는 책을 빨리 읽고, 많이 읽었다. 웬만한 동화책은 40분 정도면 다 읽었다. 책상 서랍에는 학급문고가 항상 5~6권씩 들어 있다. 학급문고에 책이 쌓여 있으니 걱정하지 말고 한 권씩만 가져다 보라고 충고를 해도 다음 날 보면 몇 권씩 갖다 놓고 읽는다. 성격이 예민하고, 아주 빠른 말로 논리정연하게 상대편을 비판하고, 자기 주장이 강하다. 다른 아이들이 다 놀 때도 책을 보고, 쉬는 시간에도 책을 본다. 공부 시간에도 교과서 밑에 책을 숨겨 두고 보거나 무릎에 놓고 본다. 체육 시간에도 교실에 남아 책을 읽으면 안 되느냐고 묻곤 한다.

그래서 단순히 책을 좋아하는, 너무나 좋아하는 줄로만 알았다. 륜나가 읽는 책을 가만히 살펴보니까 정말 다양했다. 이렇게 다양한 책을 많이 읽는 여자 아이한테서 흔히 발견되는 독서조숙아 경향도 나타나지 않았다. 독서조숙아는 자기 연령에서 볼 만한 책보다 높은 연령에 맞는 책에 집중하면서 동시에 성과 관련된 책을 읽는 경우가 많다. 이런 경우 성교육을 하거나 편향적인 성지식을 극복할 수 있는 책을 권해 줄 필요가 있다. 《노란 가방》(글 · 리지아 보중가 누니스, 그림 · 에스페란자 발레주, 비룡소)처럼 사춘기를 통과하는 성장동화를 권할 필요도 있다. 하지만 륜나는 독서조숙아 경향도 보이지 않아 긴장을 풀었다.

그런데 5월 말경에 륜나가 따돌림을 당하는 현상이 나타났다. 처음부터 친구들과 잘 어울리지는 않았다. 책을 많이 보는 아이들은 친구들과 어울려 노는 데 관심이 없는 경우가 많아서 별 걱정은 안 했는데, 따돌림 현상이 나타나는 것을 보고 걱정이 되었다. 스스로 혼자 있는 것과 집단으로 따돌림을 당하는 것은 다르기 때문이다. 이 문제를 풀어 가는 과정에서 나는 또 다른 비밀을 알게 되었다. 여자 아이들은 3학년 때부터 돌아가면서 한 아이를 따돌려 온 것이다. 한 아이가 짧게는 2~3주, 길게는 2~3달씩 따돌림을 당했다고 한다. 그리고 그 따돌리는 집단의 중심에는 항상 한 아이가 서 있었다.

륜나는 그런 경험 때문에 다른 친구들하고 어울리는 데 공포심을 느끼고 있었다. 그 공포심 때문에 스스로 혼자 있기로 결심했고, 그 탈출구로 책을 선택한 것이다. 단순한 책벌레가 아니라 도피성 책벌레였다. 다른 친구들한테 눈길을 잘못 주면 따돌림을 당할 염려가 있으니까 아예 책에만 눈길을 둔 것이다. 물론 책을 좋아하고 읽어 낼 능력이 있어서 자연스럽게 선택하게 된 도피 방법이겠지만 자칫하면 문제가 심각해질 수 있었다.

이런 경우는 먼저 한 사람이라도 믿을 수 있는 인간관계를 만들어 줄 필요가 있다. 물론 학급에서는 담임을 믿고 따르게 할 필요가 있다. 그래서 먼저 따뜻하게 안아 주기를 시도했다. 먼저 스스럼이 없는 아이부터 시작했다. 격려를 하거나 칭찬을 하는 방법으로 "아주 잘했어요. 선생님이 안아 주고 싶은데, 괜찮겠지?" 이렇게 해서 한 명씩 자연스럽게 안아 주었다. 얼마 안 가서 륜나도 자연스럽게 안아 줄 수 있게 되었다. 처음에는 쑥스러워했지만 곧 풀어졌고, 우리 반에서는 자연스런 칭찬 방법이 되었다. 륜나는 신경질적으로 굳어졌던 마음이 부드럽게 풀리면서 다른 친구들과도 어울리게 되었다. 따돌림도 풀어지고 교우 관계가 좀 나아졌다. 그 무렵 친구들이 륜나에게 가장 많이 했던 말이 "륜나야, 책은 그만 보고 우리 같이 놀자."였다.

그런데 여름방학이 끝나고 2학기가 시작된 지 얼마 안 돼서 이번에는 문제가 다르게 나타났다. 다시 따돌림 현상이 나타났는데, 이젠 륜나가 공격적이 된 것이다. 이제는 친구들을 이해하고, 상대편을 배려할 줄도 알게 해야겠다 싶었다. 그래서 학급 친구들 사이에 일어나는 갈등과 서로 돕는 이야기가 담긴 《제닝스는 꼴찌가 아니야》(글 · 앤터니 버커리지, 그림 · 최정인, 사계절), 《내 친구 비차》(니콜라이 노소프, 사계절), 추운 겨울 길에 떨어진 비좁은 장갑에 여러 동물이 함께 들어가 사는 《장갑》(글, 그림 · 에우게니 M. 라쵸프, 다산기획) 등을 권했다. 륜나가 친구들과 같이 놀기를 바라면서…….

민주야, 시를 골라 줄래?

책을 아예 안 읽는 아이들이 있다. 우리 반에도 아예 책을 거들떠보지도 않는 아이들이 있었다. 민주도 그런 아이였다. 나는 '어린이도서연구회'에서 달마다 펴내는 《마음을 살찌우는 글읽기》를 40부 사다가 나누어 주고 읽으라고 주었다. 선생님이 특별히 읽으라고 주는 거니까 대개 다 읽는다. 그런데 민주는 조금 읽다가 덮어 놓고 딴 짓을 했다. 학급문고에 있는 책을 갖다 보는 모습도 보기 힘들었다.

왜 이렇게 독서에 관심이 없을까? 글을 읽을 수 있는데도 독서에 관심이 없다면 먼저 그 까닭을 찾아봐야 한다. 그 까닭이 독자 자체, 곧 아이 자체에 있을 수 있다. 책 자체에 아예 흥미나 관심이 없는 경우, 책을 읽어야 할 필요를 느끼지 않는 경우, 다른 한 가지에 폭 빠져 있는 경우, 정서가 불안하고 행동이 아주 산만한 경우들이다. 또는 가정의 독서환경에 문제가 있을 수도 있다. 집에 읽을 만한 책이 거의 없거나 어릴 때부터 생활 속에 책이 낄 틈이 없는 경우, 책 때문에 좋았던 기억보다는 싫었던 기억이 더 많거나 강한 경우, 책을 읽을 만한 안정된 공간이 없는 경우, 독서하는 분위기나 모범을 경험하지 못한 경우다. 독서도 습관이다. 어릴 때부터 자연스럽게 독서문화를 경험해야 생활의 한 부분으로 자리 잡는다.

독서에 무관심한 까닭이 대개 복합적이듯이 민주도 좀 복합적인 요인이 겹쳐서 나타났다. 우선은 책 자체에 별 흥미가 없었다. 춤과 축구에 폭 빠져 있었다. 그리고 정서가 조금 불안하지 않을까 싶을 정도로 산만한 태도를 보였다. 두 달이 되도록 진지하게 책 읽는 모습을 볼 수가 없었다. 일주일에 한 번씩 독서 시간을 줄 때나, 2주일에 한 번씩 학교도서실에 가서 책을 읽을 때도 안 읽었다. 책장 앞에서 왔다 갔다 하면서 책 고르는 흉내를 내는 시간이 많았다. 골라 오더라도 한두 쪽 보다가는 바꾸러 갔다. 또는 책을 펼쳐만 놓고 혼자서 놀았다.

그런데 오락 시간은 거의 민주의 독무대였다. 언제고 "노래 부를 사람?" 하면 가장 먼저 나왔다. 춤도 마찬가지다. "춤 출 사람?" 하면 가장 먼저 나와서 춤을 췄다. 친구들이 들어가라고 할 때까지 췄다. 축구를 하면 숨이 꼴깍 넘어갈 때까지 뛰었다. 결국 얼굴이 하얘지면서 숨을 할딱거리게 되어서야 주저앉았다. 춤과 축구를 좋아하니까 그와 관련된 책을 한 권 권해 볼까? 우선은 한 권이라도 책을 끈기 있게 다 읽는 경험을 갖게 해 줄 필요가 있겠다 싶었다.

평소 책읽기에 관심이 없는 아이들도 자기가 좋아하는 분야에 관한 책을 주면 대개 끝까지 읽고, 그런 경험을 기회로 다른 책에도 관심을 갖기 시작한다. 마침 우연하게 민주의 관심을 끌 수 있는 책을 찾아냈다. 음악 시간에 〈나물 노래〉를 가창하고, 가사를 써넣어 부르는 시간이 있다. 새로 써넣을 가사를 폭넓게 고르게 하기 위해 모둠마다 '우리교육'에서 나온 학년별 동시집을 여섯 권씩 나누어 주고 참고하도록 했다. 이 책에는 여러 갈래의 동시와 시조, 전래동요들이 있어 어휘가 풍부하다. 모둠마다 한 가지 나물 노래를 새로 만들고 노래에 맞는 율동을 만들었다. 발표회를 했는데, 민주네 모둠이 단연 인기를 끌었다. 민주가 주도한 랩을 흉내 낸 노래와 막춤 때문이었다.

민주는 그날부터 동시집 여섯 권을 맡아 놓고 읽었다. 그러다 전학을 가서 아이들이 아주 섭섭해했고, 가끔 민주가 그립다는 이야기를 한다. 책이 노래와 이어지는 순간부터 민주한테는 독서의 필요성이 생겼다. 필요하면 관심이 생긴다. 민주가 중간에 전학을 갔지만, 동시집을 열심히 읽은 경험이 앞으로 다른 책으로까지 넓혀지기를 바란다.

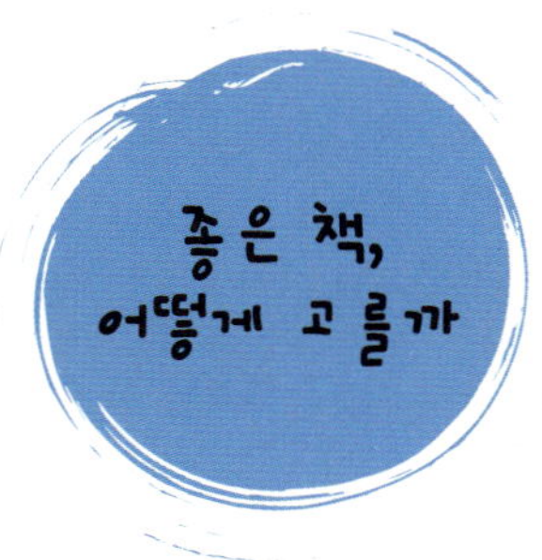

강백향 | 경기 안산 반월초 교사

매일 수많은 책들이 쏟아져 나오고 있다. 그 많은 책들을 다 읽을 수도 없고, 다 읽을 필요도 없다. 그래서 도서관이나 서점을 가득 채우고 있는 많은 책들 가운데 어떤 책을 골라 읽어야 할지는 늘 고민스러운 문제이다. 더구나 아이들 책의 경우 정확하지 않은 정보를 담은 책, 편견이나 왜곡된 가치관을 갖게 하는 책, 책에 대한 흥미를 떨어뜨리는 책이라면 오히려 읽지 않는 것이 나을 수도 있다. 아이들에게 무조건 책을 읽으라고 권하기 전에 이왕이면 좋은 책을 권해 주면 좋겠다. 좋은 책의 기준은 사람마다 다르다. 관심 분야, 지적 수준, 책을 읽는 목적에 따라 다양한 기준이 생길 수 있기 때문이다. 그래서 절대적인 기준은 없을 수도 있다. 한때 금서로 지정되었던 책이 이데올로기나 사회 변화에 따라 필독서가 되기도 하니 말이다.

《말괄량이 삐삐》로 유명한 아스트리드 린드그렌은 이 세상에 있는 모든 책은 다 좋은 책이라고 했다. 삶에 어떤 영향이든 미치기 때문에 특별히 가려 읽을 필요는 없다는 것이다. 하지만 우리에게 주어지는 책은 너무 많다. 일단 모든 책을 수용할 수 있다는 관점에서 아이들에게 권해 줄 수 있는 책을 어떻게 가려낼지 살펴보자.

기억에 남는 좋은 책 목록을 만들어 보자

그동안 읽어 왔던 책을 되짚어 보면서 기억에 남는 책의 목록을 적어 보자. 그리고 그 책들이 가진 공통 조건을 생각나는 대로 적어 보자. 그렇게 해서 만들어진 항목들이 바로 좋은 책의 조건이라고 할 수 있다. 그 정도의 조건이라면 당당하게 아이들에게 권할 수 있다.

삶의 보편적 의미와 가치를 담고 있는가

독서는 세상을 통해서 나를 보는 방법이다. 내가 일일이 겪어 보지 못한 세상, 또는 나와 비슷한 경험을 하는 세상 이야기를 읽으면서 다시 나를 들여다보는 것이다. 따라서 시공간의 한정된 영역을 뛰어넘는 인류 공통의 보편적 세계관의 관점에서 누구에게라도 감동을 주는 이야기라면 좋은 책이다.

전에 읽어 보지 못한 새로운 느낌을 주는가

모든 예술은 이전의 형식과 내용을 뛰어넘을 때 가치를 인정받는다. 따라서 위대한 작품들은 창의적인 소재와 표현 방법으로 주목받고 사랑을 받는다. 어디선가 읽어 본 것 같은 느낌을 주는 비슷비슷한 소재와 표현 방식이라면 이미 좋은 책의 조건을 벗어난 것이다. 같은 소재라도 새로운 시선으로 바라보거나 보통 사람들이 지나쳐 버린 소재를 찾아내어 새롭게 다루는 작가의 노력이 독창적일 때 더욱 가치 있다.

주변 사람이나 아이들에게 권할 만한가

읽어 보고 권할 만한 책이라면 좋다. 딱 꼬집어서 이유를 말하기 어렵더라도 주제나 표현 방법, 이야기의 흐름, 주인공의 활약상 등에서 공감할 만한 가치가 있는 책이기 때문이다. 아이들끼리 읽은 책을 서로 권해 주는 방법도 좋다. 학급문고를 운영하면서 한 달에 한 번씩 권할 만한 책을 뽑아서 이야기해 보는 것은 어떨까. 아이들은 보통 비슷한 환경에서 자라고 있기 때문에 다른 아이들이 읽어도 감동을 받게 된다.

베스트셀러와 스테디셀러를 주목해 보자

베스트셀러는 일단 상업적인 책이라고 평하는 경우가 많다. 그러나 책이 많이 팔리게 된 데는 분명 관심을 끌 만한 이유가 있게 마련이다. 무조건 의심의 눈초리로 바라보지 말고 아이들이 왜 이 책을 좋아하는지 꼼꼼하게 살펴볼 필요가 있다. 베스트셀러를 넘어 꾸준히 인기 있는 책들도 있다. 그러한 책 가운데는 아이들의 흥미와 시대적인 관심사를 잘 살려 낸 기획작들이 많다. 때로 감동적인 문학작품도 있다. 아이들이 어떤 책을 좋아하는지 짚어 보고, 그 가운데 권해 줄 만한 책을 찾아보자.

이야기 구조가 탄탄한가

아이들에게 인기가 없는 동화는 너무나 뻔한 이야기 구조를 가지고 있다는 공통점이 있다. 영상문화를 쉽게 접하는 요즘 아이들은 다의적인 이야기 구조를 재미있어한다. 그런데 착한 어린이로 살아야 한다는 너무나 뻔한 교훈과 이야기 흐름을 보여 준다면 아이들이 재미없어하는 것은 당연하다.

좋은 책은 겉으로 드러난 이야기 속에 또 다른 의미들도 내포하고 있다. 그래서 인생의 다른 측면을 들여다보기도 하고, 뒤집어 보기도 하고, 비교해 보기도 하면서 자신의 삶에 비추어 생각할 거리를 풍부하게 보여 준다. 즉, 독자의 몫을 섬세한 방식으로 남겨 주어 고차원의 독서를 가능하게 하는 책이다.

아이들의 나이와 관심사에 맞는가

아이들마다 개인차는 매우 크다. 나이와 관심사에 따라 독서력은 얼마든지 달라지기 때문이다. 무조건 학년에 맞는 권장도서를 읽거나, 학년을 뛰어넘어 수준 높은 책을 읽는다고 해서 박수를 칠 일은 아니다.

책을 읽는 일은 자신의 경험세계와 깊은 관련이 있다. 아이들은 그만한 연령대에 비슷한 경험을 하면서 자라게 마련이다. 아이들 개인의 독서능력에 맞는 책, 나이와 관심사에 맞는 책이 가장 좋은 책이다.

주제나 소재가 문체와 잘 어울리는가

작가에게는 글 솜씨가 우선이다. 글 솜씨는 문체를 통해서 드러난다. 같은 주제나 소재를 다루고 있는 작품이라고 해도 읽는 이에게 공허한 느낌을 줄 수도 있고, 억지로 꾸민 듯하거나 유치하고 때로는 난해한 느낌까지 줄 수 있다. 주제와 소재를 살려 내는 간결하고도 정선된 언어로 이루어진 문체여야 한다.

제목, 목차, 본문, 표지 등이 매력적인가

좋은 책을 고르는 가장 손쉬운 방법은 책을 직접 살펴보는 것이다. 제목과 표지, 목차와 본문을 훑어보면 아이들의 관심사를 반영하고 있는지, 어떤 목적으로 쓰인 책인지, 작가의 문체 흐름은 어떤 방향인지, 정확한 지식과 정보를 담고 있는지 한눈에 파악할 수 있다. 조잡한 편집과 장정이 요란한 책, 선정적인 제목과 목차, 시류에 영합한 무성의한 본문 구성 등이 쉽게 구별된다.

믿을 만한 작가와 출판사인가

작가와 출판사는 책에 대한 신뢰도에 큰 영향을 미친다. 이미 좋은 작품을 발표하고 평이 좋은 작가의 작품이라면 대부분 믿을 만하다. 출판사도 마찬가지이다. 각종 권장도서 목록에 추천을 받은 책이 많은 출판사라면 일단 믿어도 좋다. 늘 그런 것은 아니지만 신뢰받는 작가나 출판사의 경우 대부분 오랜 기간 동안 작품에 대한 정열을 쏟아 책의 완성도를 최대한 높여서 출간하기 때문이다.

독서 전문가의 추천을 주시하라

많은 책을 일일이 읽고 평하기가 어려우므로 교사, 평론가, 문학 담당 기자, 독서지도사 등 독서 전문가들이 추천한 책들을 주목한다. 그들은 책을 먼저 읽고 평하기 때문에 그 가운데서 고르면 좋다. 독서 전문가들이 쓴 서평이 실린 일간지나 월간지, 인터넷 사이트, 텔레비전이나 라디오의 추천 프로그램 등을 자주 보거나 들으면 책의 흐름도 파악하고 책을 고르는 안목도 높일 수 있다.

어떤 행사를 준비할까~

01 | 자연을 배우는 학급활동 02 | 사회와 교실을 잇는 계기 수업 03 | 현장 체험학습과 문화활동

아이들이 중심에 선 학급행사

교사마다 학교행사와 학급행사를 받아들이는 생각이 다르다. 학교행사나 학급행사 때문에 교과 수업이 부실해진다는 입장을 가진 교사도 많다. 각 학급에 대한 고려 없이 천편일률적으로 진행되는 학교행사가 교과 진도에 방해가 되고, 학급운영과 학급행사를 동일하게 취급하면서 학급행사 역시 교과에 도움이 안 된다는 것이다. 실제로 학급운영이 행사에 치우친 면이 없지 않았다. 그 내용도 흥밋거리 위주로 대부분 일회성 반짝 행사에 그치는 것이었다.

학급운영과 교과가 분리될 수 없듯 교과와 동떨어진 학급행사 역시 있을 수 없다. 아직도 학교나 학급행사 중에는 행사를 위한 행사가 남아 있는 것이 사실이지만 행사에서 교육적 의미를 되살리고 본래 자리를 차지하도록 하는 것은 교사들의 몫이다. 학급행사는 교사의 교육관에 따라 언제든지 바꿀 수 있는 문제이다. 학급행사를 할 때 왜 이 행사가 필요하며, 학급운영에서 이 행사가 갖는 의미가 무엇인지, 행사를 통해 얻고자 하는 목적이 무엇인지에 대해 교사 스스로 답할 수 있어야 한다. 그리고 학부모와 아이들에게 학급행사가 교과활동의 일부분이라는 것을 이해시켜야 한다.

학급행사에 대한 교사의 철학이 분명해질 때 학급행사는 학급운영의 꽃으로 피어난다. 교사가 지향하는 교육관에 따라, 우리 반 아이들이 어떤 가치를 가지고 어떤 방향으로 성장하길 바라는지에 따라, 학급행사를 대하는 아이들의 태도도 달라진다. 아이들의 성장을 돕는 학급행사로, 학급문화를 살찌우는 행사로 이끌기 위해서는 학년 초 어떤 행사들로 일 년 학급운영을 해 나갈지에 대한 계획이 분명히 서 있어야 한다. 그 실행 과정도 세밀하게 검토해야 한다.

저학년 아이들은 학교나 학급에서 하는 행사를 매우 좋아한다. 일상생활에서 잠시 벗어나 색다른 것을 해 보는, '새로운 경험' 에 대한 기대 때문일 것이다. 그러나 교사 입장에서 아직 경험이 많지 않은 저학년 아이들과 행사를 진행하는 것은 무척 어려운 일이다. 전 학년에서 이런저런 것들을 많이 해 본 고학년 아이들과는 달리 저학년 아이들은 하나하나 다 챙겨 주어야 하고, 과정을 세심히 보살펴야 하며, 많은 경우 학부모의 도움까지 받아야 하기 때문이다. 그러나 과정이 힘들면 보람도 큰 법이다. 저학년 아이들과 조촐하지만 의미 있는 행사를 마련하면 아이들이 즐거워하는 모습에 교사의 기쁨은 두 배가 된다.

저학년 학급행사는 교육과정과 밀접하게 접목되어야 한다. 학급행사의 큰 주제는 '자연'과 '친구'이다. 자연과 함께 자라는 아이는 삶이 풍요롭다. 자연을 친구처럼 느끼는 학급활동은 저학년에서는 필수적인 활동이라 할 수 있다. 친구의 생일을 축하하고, 축하의 마음을 여러 가지로 표현하는 방법을 공부하는 생일잔치도 저학년 교육과정에서 아주 중요한 역할을 한다. 어떻게 생각하면 저학년 학습은 주제를 정하고, 그와 연관 있는 여러 가지 활동을 하고, 평가하고, 느낌을 말하는 주제 학습의 전 과정이 학급행사의 역할을 한다고 볼 수 있다. 무엇이든 활동하면서 공부한다면 더 폭넓고 깊게 공부할 수 있고, 그에 따라 마음과 일상생활의 변화까지 바랄 수 있다.

학교행사는 주로 고학년을 위주로 진행하는 경향이 있다. 몇 년 전까지만 해도 전교 아이들이 모두 운동장에 나와서 교장 선생님의 훈화를 듣는 조회를 많이 했었다. 줄을 설 때도 고학년은 학교를 대표하여 앞줄에 서고 저학년은 뒷줄에 서게 했다. 그런데 뒤에 서 있는 저학년의 눈높이에서는 선배의 뒷머리만 보인다. 마이크 소리는 웅웅거리고, 앞은 보이지 않는 상태에서 저학년 아이들은 그저 서 있기만 했던 것이다.

교사는 주체가 아이들이어야 한다는 점을 염두에 두고 학교행사에서 계획할 필요가 있다. 특히 저학년 아이들은 행사 진행 과정에서도 소외되는 경우가 많으므로 아이들의 입장을 대변한 교사의 의견이 학교행사에 반영되도록 애써야 하겠다.

학급행사에서 학부모의 도움은 큰 역할을 한다. 준비물을 준비하는 과정이나 행사 도중에 도우미 역할까지 부모가 보조교사의 역할을 하는 경우도 많다. 이때도 학부모는 단지 의무적으로 해야 할 일을 하는 사람이라는 생각보다는 교육목표에 도달하기 위해 함께 머리 맞대고 의견을 나누는 동반자라는 생각을 해야 한다. 교사의 태도에 따라 학부모의 보람도 달라질 것이며, 그 마음이 아이들에게도 영향을 끼치게 될 것이다.

신명기 | 서울 영훈초 교사 · 조성실 | 서울 누원초 교사

II. 학급행사와 문화활동

01 자연을 배우는 학급활동

어른보다 바쁜 일상을 보내는 요즘 아이들은 자연과 계절의 변화를 느낄 여유가 좀처럼 없다. 계절을 느끼고 계절에 맞는 행사를 하고 계절에 알맞는 놀이를 해 보는 것은 아이들의 닫힌 마음을 여는 일이다. 계절에 맞는 행사를 통해 계절이 바뀌는 것도 제대로 모르고 자라는 아이들에게 자연의 아름다움을 일깨워 주고, 자연이 우리에게 주는 신비로움을 가르치며, 자연과 함께 살아가는 생태 공동체의 의미도 되새겨 볼 수 있게 한다.
교과서에도 계절에 맞게 구성된 '마당'들이 꽤 많다. 계절에 따라 사람들의 생활 형태도 바뀐다. 그만큼 계절은 우리들 삶과 밀접한 관계가 있다. 제철 과일이 몸에 좋다는 말처럼 학급운영에 제철에 맞는 내용이 포함된다면 아이들은 바쁜 생활 속에서도 밤하늘을 한 번 쳐다보고, 바쁘게 달려가다가도 친구를 위해 걸음을 멈춰 줄 수 있지 않을까?

봄을 느끼며

봄, 시작과 약동의 계절이다. 사람도 자연의 일부라 긴 동면에서 깨어나 꿈틀대는 생명을 보면서 무엇인가 새롭게 시작할 수 있는 용기를 얻게 된다.

아이들과 첫 만남을 나누는 봄이 오면 교사도 아이들도 마치 봄나무들이 물을 한껏 빨아올려 기지개를 켜듯 무엇인가를 새롭게 시작한다는 설렘과 새 생활에 대한 각오로 마음이 분주해진다. 자연의 변화를 함께 느끼고 서로 따뜻한 기운을 나눌 수 있는 계절 수업, 학교생활에 대한 즐거운 예감이 빛난다.

새싹 관찰하기

● 관찰 대상 정하기 : 교사가 한두 번 아이들을 직접 데리고 나가 학교 운동장이나 화단, 담장에 자라는 나무의 새순이나 새싹이 돋아나는 것을 관찰한다. 몇 가지 대표적인 나무나 풀에 대해 이야기를 해 주면서 새싹이 돋아나는 모습을 보게 하면 더 좋다.

한두 번 교사와 함께 새싹을 관찰했으면 개인별로 자세히 관찰할 대상을 하나씩 정하도록 한다. 학교에 있는 것도 좋지만 집 근처에 있는 것을 정해도 괜찮다. 개인별로 관찰할 때에는 관찰일지를 쓰도록 한다. 보통 3주 정도로 관찰 기간을 정하도록 한다. 관찰일지는 따로 공책을 마련해도 좋고, 관찰일지 양식을 교사가 만들어 주어도 좋다. 관찰일지에는 새싹이 자라는 모습을 그림이나 사진으로 담도록 한다.

● 관찰한 것 발표하기 : 관찰이 끝나면 관찰 내용을 발표하는 시간을 마련한다. 그림이나 사진을 실물화상기로 보여 주면서 발표하면 아이들이 집중해서 들을 수 있다. 발표는 5분을 넘지 않도록 한다.

발표할 때에는 먼저 관찰한 풀이나 나무의 이름을 정확히 대고, 관찰하면서 알게 된 특징,

즉 어디서 자라며, 꽃은 언제 피고, 어떤 색깔인지 등을 상세히 설명한다. 그리고 실물화상기로 직접 그린 그림이나 사진을 보면서 자라는 과정을 함께 설명한다. 마지막으로 인터넷이나 백과사전에서 새싹이 다 자란 모습을 찾아 보여 주면서 발표를 마친다.

봄꽃과 함께

새싹을 관찰하고 나면 아이들은 자기가 관찰한 식물에 관심을 갖는다. 이때 아이들과 함께 꽃이 무더기로 핀 곳에 나가 꽃의 아름다움을 직접 느껴 보는 것도 좋고, 모둠별 혹은 가정학습으로 '봄꽃과 함께' 라는 숙제를 내주어 봄을 느껴 보도록 하는 것도 좋다.

- **공원에 가기** : 아이들과 봄기운도 느끼고 꽃구경도 하려면 큰 공원에 가는 것이 제격이다. 공원에 있는 꽃은 자생적이라기보다는 인공으로 가꾸어 놓은 것이기 때문에 들판에서 보는 것과 느낌이 다르지만 가까운 곳에서 봄을 느끼기에는 충분하다.

- **이름난 꽃길 나들이** : 자연 발생적으로 한 종류 혹은 두세 종류의 꽃이 집단으로 서식하는 곳을 찾아 학급 나들이를 가 보자. 진달래꽃이 많이 피는 낮은 산도 좋고, 개나리가 사열하듯 피어 있는 개천길도 좋고, 작은 들꽃이 넓게 자리 잡은 들녘도 좋다. 아이들과 함께 꽃길을 걸으면서 할 수 있는 놀이나 함께 부를 수 있는 노래를 준비해 가면 더욱 좋겠다.

- **사진에 담아 오기** : 학급이나 가족끼리 혹은 모둠 단위로 봄꽃 구경을 가게 되면 사진을 찍어 와 반 친구들에게 소개하는 시간을 마련해 보자. 꽃무더기가 다 나온 사진과 꽃만 크게 찍은 사진을 각각 골라 와 교실에서 사진 전시회를 열어도 재밌다. 사진을 전시할 때, 식물의 이름과 찍은 날짜, 그리고 간단한 설명글을 붙여 두면 꽃사진 전시뿐만 아니라 생태교육을 겸할 수 있다.

나물 먹으며 봄 맛보기

학교 주변에 쑥이나 냉이 같은 봄나물을 캘 수 있는 곳이 있다면 아이들과 함께 직접 나가 보자. 방과 후에 한 시간쯤 따뜻한 햇살을 맞으며 봄나물도 캐고, 어른들 들살이 구경도 하고, 모처럼 흙냄새도 맡아 보는 것이다. 주변에 마땅한 곳이 없다면, 시장에 가서 조금씩 사와서 교실에서 봄기운을 느낄 수도 있다. 나물을 다듬어 실과실(조리실)에서 국을 끓이고 떡을 해 먹어도 좋다. 떡 만들기를 해 보지 않아서 부담스러운 교사들은 우리 전통떡에 대한 책자를 참고하거나 학부모 명예교사의 도움을 받도록 한다.(학부모 명예교사 활용 사례는 1권 303쪽 참고)

게시판에 봄동산 꾸미기

하늘, 들, 강, 땅 속을 나타내는 밑그림을 뒷게시판에 붙여 둔다. 각각의 장소에서 볼 수 있는 봄의 모습을 한 가지씩 도화지에 그려 색칠하고 오려 붙인다. 봄의 느낌을 한 문장 정도 적거나 그림 옆에 말풍선을 달아 어울리는 대사를 적어 붙인다. (예 : 개구리는 "아함! 잘 잤다." 꽃은 "나 이쁘죠?" 들판은 "냉잇국을 끓이세요." 등)

봄을 그려 본 미술 시간

이부영 | 서울 고덕초 교사

- 주제 : 봄, 다시 보기
- 일시 : 4월 둘째 주
- 대상 : 4~6학년
- 준비물
  - 교사 : 녹화자료 〈위협받는 우리 들꽃, 메꽃 - KBS 일요스페셜〉, 참고 작품
  - 참고 도서 : 《쉽게 찾는 우리 나무 1 · 산나무 - 봄》, 《쉽게 찾는 우리 나무 2 · 산나무 - 여름, 가을》, 《쉽게 찾는 우리 나무 3 · 도시나무 - 봄》, 《우리가 정말 알아야 할 우리 나무 100가지》(이상 이유미, 현암사), 《쉽게 찾는 우리 꽃》(김태정, 현암사)
  - 아이들 : 식물도감, 수채화 도구, 5호 이하의 가는 붓, 팔레트에 물감 차례로 다 짜서 굳혀 오기

수업은 텔레비전에서 방영한 적이 있는 〈위협받는 우리 들꽃, 메꽃〉의 녹화 테이프를 보여 주는 것으로 시작했다. "왜 제목을 '위협받는 우리 들꽃, 메꽃' 이라고 했을까?"라는 질문과 함께 여기에 나오는 꽃은 봄에 우리 주변에서 흔히 볼 수 있는 꽃이므로 꽃과 이름을 자세히 살펴보라고 일러 주었다.

비디오를 켜자 화면 가득 큰길 가장자리에 노랗게 핀 민들레가 나왔는데, 설명을 하는 해설자가 우리 민들레가 아닌 서양민들레라고 하였다. 이어서 봄에 볼 수 있는 우리 들꽃과 메꽃이 나오면서 이름에 얽힌 얘기가 나왔다. 아이들은 설명을 귀 기울여 들으면서 놀라워하기도 하고, 재미있는 꽃이름이 나올 때마다 깔깔거렸다.

서양민들레를 비롯한 개망초, 개쑥갓, 개불알꽃이 개항 이후 우리나라에 들어온 외래종이라는 설명이 나오는 대목에서 비디오를 잠시 멈추고 이야기를 시작했다. 우리가 관심을 갖지는 않았지만 집 앞 화단이나 길가에 작은 풀꽃들이 많이 있다고, 그리고 우리의 먹을거리나 생활 모습이 그러한 것처럼 이런 들꽃도 우리 것보다는 외래종이 판을 치고 있다고. 달나라에 산다는 전설이 있는 계수나무가 우리 학교에 다섯 그루나 있다고 말하자, 아이들은 "정말요?" 하며 놀란다.
아이들과 밖으로 나갔다. 먼저, 우리 학교에 있는 느티나무 아래에 서서 5학년 미술 교과서를 보여 주면서 이 나무 이름이 뭐냐고 묻자 아무도 아는 아이가 없었다. 우리 학교 나무인데도 아이들은 느티나무를 모른다. 느티나무 이름을 가르쳐 주면서 쓰임과 특징을 이야기해 주었다. 그리고 학교 울타리에 심어 놓은 다른 나무들에 대해서도 이야기를 해 주었다. 열매가 쥐똥 같아 쥐똥나무, 불에 태우면 자작자작 하는 소리를 내서 자작나무, 라일락이라는 서양 이름으로 유명하지만 원래 우리 나무인 수수꽃다리……. 차근차근 우리 학교에 있는 나무와 풀꽃 이야기를 해 주었다. 그리고 아주 작고 흔한 풀꽃, 꽃마리 꽃을 뽑아서 자세히 보게 했더니 아이들이 정말 예쁘다며 감탄했다.
하트 모양의 씨가 다닥다닥 붙은 냉이꽃을 보여 주면서 좋아하는 친구나 부모님께 선물하라고 했더니, 아이들이 평소에 관심 갖지 않았던 냉이꽃을 한 움큼씩 뽑아 들었다. "선생님, 저는 사랑이 이렇게 많아요." 하면서.
씀바귀 잎을 따서 쓴맛 나는 흰 즙을 맛보고, 감자맛 나는 허연 메꽃 뿌리도 먹어 보고, 신맛 나는 괭이밥도 먹어 보면서, 아이들은 "선생님, 또 먹어 볼 것 없어요?" 한다.
벌써 아이들 손에는 한두 가지씩 풀꽃이 들려 있다. 다시 교실로 들어가, 그 풀꽃을 그리기 시작했다. 알아주지 않아도 열심히 살아가는 사람들이 세상을 만들어 가듯이, 자연도 역시 화려하고 유명한 것보다 작아서 눈에 띄지 않는 것들이 그 대부분을 이룬다는 나의 말에 아이들은 금세 진지해진다. 그리고 그 풀꽃들에도 이름이 있다는 것을 몇 번이고 강조했다.
아이들은 자세히, 열심히, 꼼꼼하게 그림을 그렸다. 큰 붓으로는 도무지 그려 낼 수 없는 작은 풀꽃, 그 꽃을 그리면서 아이들은 말한다.
"선생님, 잎마다 색깔이 다 달라요."

"줄기에 자주색도 들어 있어요."

"수수꽃다리의 꽃이 다섯 개짜리도 있어요."

나도 처음 알게 된 사실들이다. 이렇듯 아이들은 그리면서 많은 것을 알아낸다. 철쭉꽃의 암술과 수술의 모양을, 냉이꽃씨가 돌려나 있다는 것을, 잎의 모양과 색깔이 서로 다르다는 것을 발견하고 신기해한다.

"그래, 이런 것은 우리가 그려 보지 않으면 알 수 없어요. 이렇게 자세히 그리기가 바로 옛날 식물학자들이 연구하던 방법이에요. 기술자, 의사, 작가, 어떤 일을 하든 이런 방법과 태도는 필요해요. 그래서 무슨 일을 하든지 자세히 살펴보고 그려 보는 것이 필요하죠."

아이들이 그린 그림에 꽃 이름을 쓰게 하고, 날짜와 자기 이름을 써 두라고 이르며 수업을 마무리했다. 아이들은 오늘 처음 인사를 건네고 의미를 알게 된 작은 풀꽃을 그린 그림을 가슴에 안고 총총 자리를 정리했다. 아름다운 만남이 있던 날이다. 우리 아이들 주위의 삶들이 곧 그림이 되어 들어온 날이다.

여름으로 뛰어들기

'여름' 하면 절로 물이 연상된다. 아이들도 물놀이를 참 좋아하지만, 학교생활을 하면서 물놀이를 할 수 있는 기회는 거의 없다. 대부분의 학교장은 안전사고 때문에 아이들을 데리고 물놀이 가는 것을 매우 싫어한다. 더운 여름, 시원한 물이 절로 생각나는 계절에 어디 가지 않고서도 학교에서 쉽게 할 수 있는 물놀이를 소개한다.

물풍선 놀이

물풍선 놀이는 교사도 어린 시절 한 번쯤 해 보았을 것이다. 아주 더운 여름날을 골라 체육 시간이나 재량활동 시간에 한두 번 하면 아이들이 무척 좋아한다.

① 일인당 3~4개의 물풍선을 준비한다.

② 운동장 한쪽에 피구장을 그린다. 피구장 크기는 평소보다 좀 작게 해야 한다.

③ 피구장 밖으로 나가면 안 되고, 안에서만 물풍선을 던져야 한다.

④ 놀이 규칙은 물풍선을 한 번 맞아서 죽는 게 아니라, 물풍선이 모두 없어질 때까지 상대 편에게 물풍선을 던져 터뜨려야 한다.

간이 수영장 놀이

수영장에 갈 수 없을 때 혹은 수영장에 가더라도 물과 친해지기 위해 할 수 있는 놀이이다.

① 미리 조사를 해서 아이들이 어릴 때 사용했던 유아용 비닐 풀장을 네 개 정도 구한다.

② 운동장 한쪽에 피구장처럼 칸을 만들고 두 개씩 양쪽에 이어서 놓고 물을 풀장의 세 칸 정도 높이까지 차도록 담는다.

③ 반 전체를 두 편으로 나누고 각 편에서 두 명씩 네 명이 가운데로 나와 상대편을 수영장

에 빠뜨리기 놀이를 한다.

앗 차가워! 물 튀기기

무더운 여름날 물을 뿌려 주면 아이들은 무척 좋아한다. 처음에는 꽥꽥 소리를 지르며 피하지만 나중에는 더 뿌려 달라고 몰려든다. 물을 조금씩 튀기면 일순간 시원함을 느끼며 정신이 번쩍 든다. 이런 활동은 아주 무더운 날 잠시나마 더위를 잊게 하고 또 가라앉아 있는 교실 분위기를 바꿀 수 있다. 특히 점심 식사 후 오후 시간에 몰려오는 졸음을 쫓을 수 있는 방법으로 안성맞춤이다.

여러 명에게 동시에 뿌릴 때에는 책이나 공책이 젖지 않도록 주의해야 한다. 처음에는 몇 방울씩 뿌리는 식으로 하다가 흥이 나면 조금 양을 늘려도 된다. 이렇게 하는 순간 교실은 아수라장이 되지만 분위기가 밝게 바뀐다. 이 활동을 한 다음 수업을 진행할 때는 쓰기, 그리기 등 혼자서 열심히 할 수 있는 활동을 하는 것이 좋다. 흥분된 분위기를 가라앉혀야 하기 때문이다. 여름이라 얼굴이나 옷에 묻은 물기는 금방 마른다.

페트병 물총 놀이

햇볕이 쨍쨍 내리쬐는 날 운동장에서 한껏 달리면서 물총 놀이를 해도 재밌다. 내 편 네 편 할 것 없이 서로 쏘아 대기 때문에 누구나 옷이 흠뻑 젖는다. 처음에는 물총으로 쏘지만 나중에는 뚜껑을 열고 몸에 물을 들이붓는 아이들도 생긴다. 그래도 기온이 높고 햇빛이 좋아 한 시간이면 모두 마른다. 페트병 물총은 못으로 뚜껑에 구멍을 뚫기만 하면 바로 물총으로 쓸 수 있다. 용기가 커서 한 번 물을 담으면 오래 쓸 수 있어 좋다.

유의점

① 페트병은 무른 것일수록 좋다. 과일 주스 용기 같은 딱딱한 것은 잘 안 눌러지기 때문에 물살에 힘이 없다. 사이다 병이나 마요네즈 병 같은 무른 용기가 좋다.

② 뚜껑에 구멍을 뚫을 때는 지름이 약 2~3mm 정도 되는 못을 불에 달궈서 사용하면 된다. 뚫는 방향도 뚜껑 안쪽에서 바깥으로 뚫어야 플라스틱이 밀려 나가면서 생기는 부리가 물줄기를 막지 않는다. 못을 망치로 때리거나 나사못을 돌려 뚫으면 트실트실한 티가 붙어 있어 물줄기가 멀리 나가지 않는다.

③ 물이 용기에 가득 찼을 때는 물줄기가 멀리 나가지만 반 정도로 줄어들면 병을 눌러도 잘 나가지 않는다. 구멍이 있는 병 윗부분에 공기가 차서 눌러도 바람만 빠지기 때문이다. 이럴 땐 다시 물을 가득 채워 쏘든지 아니면 병을 높이 들고 병 주둥이를 아래로 기울인 상태에서 쏘아야 한다. 권총 모양의 고무 물총을 쏠 때 총 끝을 들었다가 앞으로 뿌리듯 숙이면서 쏘는 것처럼 페트병 물총도 아래쪽의 물이 위로 쏠리도록 하면서 쏜다.

④ 물총 놀이를 한 다음 교실에 들어가기 전에 옷을 말리는 동안 물총으로 운동장에 그림을 그리면서 놀 수도 있다.

모래밭 조형 놀이

흙은 조형감각을 키울 수 있는 아주 좋은 소재이지만 요즘은 학교 운동장 말고는 흙놀이를 할 만한 곳이 마땅치 않다. 여름날 나무 그늘 아래에서 오랜만에 아이들과 흙놀이를 해 보자. 교실에서 미리 4~6명씩 모둠을 지어 무엇을 만들지 계획을 세운 뒤 운동장으로 나간다. 미술공작용으로 많이 쓰는 찰흙이 작고 정교한 작품 제작에 알맞은 재료라면 모래는 크고 거친 작품을 만드는 데 알맞다.

유의점

① 모래만으로는 응집력이 없으므로 모래성 같이 흙을 뭉쳐서 쌓는 조형물을 만들 때는 양동이로 물을 부어서 모래에 물기를 더하거나, 비 온 뒤 땅이 젖었을 때 활동한다. 모든 미술작품이 그렇겠지만 처음부터 완벽한 계획을 세워서 제작할 수는 없다. 일단 대강의 형태만 구상한 다음 만들면서 생각하고 보완하도록 해야 한다.

② 모래밭에서 할 수 있는 조형 놀이는, 구멍 파기, 굴 파기, 한 손을 흙에 묻고 토닥거려 두꺼비집 만들기, 구멍 파서 다리 만들기, 성 쌓기, 탑 쌓기, 긴 외성 쌓기, 구덩이를 길게 파서 물길 만들기, 뭉쳐서 알 만들기 등 여러 가지가 있다. 무작정 나가서 만들라고 하는 것보다 조형 놀이에 대해서 한 차례 설명하고 난 다음 하면 훨씬 재미있는 작품을 만들어 낸다.

③ 주변의 작은 돌멩이나 나뭇가지, 나뭇잎 등을 이용해 울타리를 만들거나 깃발을 만들어 꽂거나 하면서 장식을 할 수도 있다.

④ 모래밭 조형 놀이는 미술, 음악, 체육의 통합교과 활동으로 알맞다. 비교적 큰 규모의 조형물을 만들기 때문에 체육활동을 겸할 수도 있고, 또 조형 놀이를 하면서 〈두껍아 두껍아〉와 같은 전래동요나 〈햇볕은 쨍쨍〉 같은 동요를 가르쳐 줄 수도 있다.

비를 맞으며

비가 오면 대부분 실외활동을 꺼리게 되는데, 비가 오는 날 밖에서 할 수 있는 수업이 몇 가지 있다. 우산을 쓰고 수업을 하는 것이 대부분이지만 때로는 그냥 비를 맞아 가며 수업을 할 수도 있다. 직접 비를 맞으며 하는 수업은 아이들에게 '선택권'을 주는 것이 좋다. 비 맞기 싫어하는 아이에게 억지로 수업에 참여하도록 하는 것은 오히려 불쾌감을 줄 수도 있다.

● 국어과 관련 : 비 오는 소리, 비 오는 모습, 빗물이 흘러가는 모습, 비가 나뭇잎이나 풀잎에 닿을 때의 모습 등을 자세히 관찰하고 느낌을 나타내 본다. 느낌은 시나 생활글로 써도

되고, 그림으로 나타내어도 좋다. 우산을 쓰고 나가면 우산 위에 비가 내리는 소리를 적어 보게 할 수 있고, 땅에 떨어지는 빗소리와 어떻게 다른지 알아볼 수 있다. 비가 많이 오면 빗물이 모여 내려가는 모습이나 소리, 빗물이 운동장에 만들어 놓은 물길 등을 자세히 관찰해 볼 수 있다. 우산을 쓰지 않고 그대로 비를 맞아 보고 그 느낌을 써 보게 하는 것도 좋다.

● 사회 · 과학과 관련 : 비가 많이 올 때 운동장 흙의 쓸림 현상과 비가 올 때 지렁이가 나오는 모습을 관찰하면 좋다. 지렁이 관찰은 학교 화단 둘레에서 할 수 있다. 빗속에서 소리 전달 놀이를 해 볼 수도 있고, 사회과와 관련하여 댐 만들기를 운동장에서 직접 해 볼 수 있다.

● 체육, 전래놀이 : 체육 수업이 든 날 비가 온다면 체육 시간을 제일 마지막 시간으로 배치해 비를 맞으며 수업을 해 보자. 남자 아이들은 축구를 좋아하고, 여자 아이들은 긴줄넘기나 모래장에서 하는 두껍이 놀이를 좋아한다. 모두 어울려 모래장이나 운동장 한 모퉁이에서 물길 만들기를 해도 아주 재미있다.

● 음악과 관련 : 비와 관련된 노래가 꽤 많다. 전래동요 〈비야 비야 오지 마라〉부터 창작동요 〈우산 속의 요정〉까지. 그림동화와 노래가 어우러진 《노란 우산》(그림 · 류재수, 작곡 · 신동일, 재미마주) 등은 모두 우산을 쓰고 나가 노래를 직접 부르면서 할 수 있는 수업자료이다. 활동이 끝난 뒤 교실에 들어와 느낌 쓰기나 그림 그리기를 하면 훨씬 좋다.

● 비 오는 날 맨발로 걷기 : 도시 아이들은 비 오는 날 젖은 흙을 맨발로 밟아 본 경험이 거의 없을 것이다. 비 오는 날 운동장을 한번 맨발로 다녀 보자. 발에서 느껴지는 흙의 부드러운 느낌이 색다른 재미를 준다.

① 교실에서 양말을 벗고 바지가 흘러내리지 않도록 걷어 올린 뒤 맨발로 운동장에 나간다.
② 한 줄로 서서 교사를 따라 운동장 곳곳을 다니면서 발의 느낌과 운동장 물의 흐름 등 자연현상을 관찰한다.
③ 마음에 맞는 친구끼리 모둠이 되어 흐르는 물을 막아 댐을 만들거나 물길을 내거나 흙을 주무르며 손과 발로 흙의 감촉을 체험한다.
④ 손발을 씻고 교실에 들어와 손발의 느낌을 그림으로 그리거나 글을 쓰거나 시를 쓰는 등 표현활동을 한다.

유의점

① 옷차림은 반바지, 반소매 티셔츠 정도로 간편하게 한다. 교실에서의 사전지도가 꼭 필요한데, 특히 우산 때문에 안전사고가 일어나지 않도록 주의한다. 우산살이 날카롭게 빠진 것은 사용하지 말고 대신 친구의 우산을 같이 쓰도록 하고, 여러 사람이 있는 곳에서 우산을 펴거나 우산을 돌리는 등 위험한 장난은 하지 않도록 특별히 주의시킨다. 비 오는 날 운동장에서는 통제가 어려우므로 반드시 질서를 지키고 교사의 말에 귀 기울일 것을 당부해 둔다.
② 교실에서부터 양말을 벗고 맨발로 운동장에 나간다. 처음에는 익숙치 않아서 발을 움츠리면서 껑충껑충 뛰기도 하는데, 이내 차분하게 잘 걷는다. 교사가 맨 앞에 서서 아이들을 이끌며 곳곳을 돌아다닌다. 보드라운 흙이 있는 곳, 까칠까칠한 흙이 있는 곳, 물이 고여 있는 곳, 물이 흐르는 곳, 물이 빠지는 곳 등을 몸으로 느끼며, 운동장에 내리는 빗물의 움직임을 관찰한다.
③ 그런 다음에는 물이 흐르는 곳을 찾아 물을 막고 물길을 돌리고 흙을 반죽하며 냇물 놀이를 해 볼 수 있다. 이때는 마음 맞는 아이들끼리 서로 모여 운동장 여기저기 흩어져 놀이를 하게 한다. 팔, 다리, 얼굴 등에 흙물이 튀어 지저분하게 되지만 아이들은 개의치 않는다.

④ 들어올 때는 먼저 수돗가에 가서 손발, 팔다리, 얼굴을 깨끗이 씻고 교실로 들어간다. 건물 안에 들어와서도 맨발로 걷다 보면 또 더러워지므로 간단히 씻을 수 있도록 현관과 교실 앞 복도에 물이 든 양동이를 준비해 둔다. 차례로 줄 서서 양동이에 한 번 들어갔다 나오는 정도로 씻는다. 복도 쪽 양동이 앞에는 타월을 하나 깔아 두어 물기를 닦을 수 있도록 한다. 그런 뒤 자기 자리에 가서 양말을 신는다.

⑤ 교실에 들어와서 흙을 밟고 만질 때의 느낌이 어땠는지를 중심으로 발표한다. 또 도화지에 자기 손과 발을 대고 그린 다음 그곳에 느낌을 적어 본다. 느낌은 글뿐만 아니라 색연필이나 사인펜, 물감, 연필을 가지고 추상화로 표현할 수도 있다. 색이나 점, 선, 번짐 효과 등 여러 가지 회화 기법을 살려 쓸 수 있다. 시간이 있으면 그림 옆에 시를 짓게 하면 더욱 좋다. 그림이나 시는 경험을 하고 난 다음 바로 해야 생생한 감정을 그대로 표현할 수 있다.

가을과 함께 익어 가기

가을이 되면 주로 운동회나 학예회 등을 하는데, 전체 학년을 단위로 하다 보니 아이들 수준에 맞는 아기자기한 맛을 제대로 살리지는 못하는 것 같다. 전체 행사로 자칫 분주해지기 쉬운데, 이럴 때 우리 반만의 차분한 가을맞이 행사를 펼쳐 보자. 물론, 자연을 한껏 가슴에 담는 행사로 말이다.

· **준비물**
아이들 : 16절지 크기 줄 없는 종합장, 연필, 지우개, 크레파스, 투명 테이프
교사 : 동 · 식물 도감, 보기글, 벌레 물린 데 바르는 약
· **장소** : 학교 운동장 낙엽이 있는 나무 그늘과 교실, 또는 학교에서 가까운 곳에 동산이나 공원이 있으면 직접 나가서 하는 것도 좋다.

무슨 냄새인지 알아맞히기

주변의 냄새를 맡아 본다. 냄새를 잘 맡을 수 있는 방법을 찾아보게 한다. 냄새의 느낌과 무엇에서 나는 냄새인지 알아본다. 흙 냄새, 나뭇잎 냄새(은행잎, 솔잎, 단풍잎), 낙엽 태우는 냄새 등을 맡아 볼 수 있다.

낙엽 지는 모습 그리기

나뭇잎이 떨어지는 모습을 잘 관찰하여 그 모습을 연필이나 크레파스로 그려 보게 한다. 점이나 선 또는 색깔로 나타낼 수 있다.

맨발로 낙엽 밟기

낙엽을 밟을 때 나는 소리를 들어 보고 그 느낌을 말해 보게 한다. 신발과 양말을 벗고 낙엽을 밟게 할 수도 있다. 교사는 혹시 발에 상처를 낼 수 있는 물건이 있는지 미리 확인해 둔다.

예쁜 낙엽, 못생긴 낙엽 찾기

주변에 떨어져 있는 나뭇잎을 모둠별로 줍는데, 되도록 모양, 색깔, 크기가 골고루 섞이도록 모으게 한다. 나무에 달려 있는 나뭇잎을 억지로 떼거나 나뭇잎을 떨어뜨린다고 나무를 발로 차지 않도록 한다. 학년에 따라 개수를 정해 주고 모으게 할 수도 있다.

낙엽 모양 살펴보기

낙엽의 모양을 살펴보고 비슷한 모양끼리 모으게 한다.

예) 길쭉한 것 – 소나무, 협죽도, 버드나무, 그 밖의 외떡잎 식물
넓적한 것 – 라일락, 사철나무, 은행나무, 목련
유선형인 것 – 밤나무, 도토리나무, 벚나무
톱니가 없는 것 – 라일락, 배나무, 목련
갈래진 것 – 단풍나무, 버즘나무
잎이 여러 개 달린 것 – 아카시나무, 장미
잎이 작은 것 – 회양목, 쥐똥나무
털이 있는 것 – 떡갈나무
잎이 두꺼운 것 – 사철나무, 소나무, 회양목

색깔별로 나뭇잎 모으기

나뭇잎을 색깔이 비슷한 것끼리 모아 본다. 노란 것(은행나무, 개나리, 생강나무, 소나무, 무궁화), 붉은 것(단풍나무, 옻나무, 감나무), 갈색인 것(밤나무, 도토리나무) 등으로 나눌 수 있다.

나뭇잎 집 찾아 주기

먼저 교사가 여러 종류의 나뭇잎을 구해서 아이들에게 제시한다. 그리고 어느 나무에서 떨어진 나뭇잎인지 그 나무들을 찾아본다. 도감을 찾아보기도 하고 직접 나무들을 찾아보기도 하면서 이름을 익히는 활동을 같이 한다.

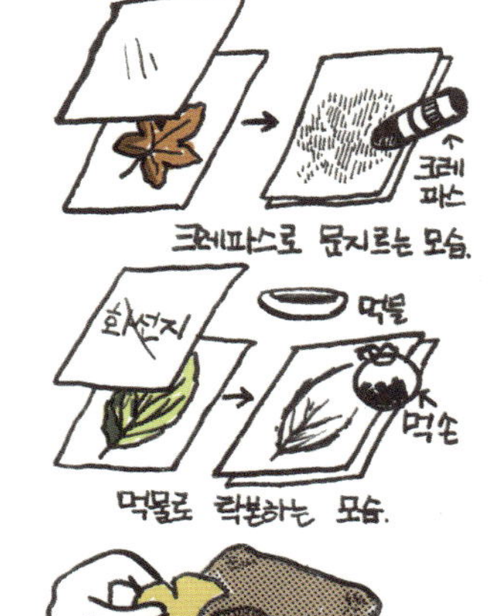

나뭇잎 모양 찍어 보기

· 크레파스로 하는 방법 – 나뭇잎을 잎맥이 잘 나타나도록 뒤로 하여 도화지 아래쪽에 놓고 크레파스로 문질러서 무늬를 새긴다.

· 물감으로 하는 방법 – 나뭇잎 뒤쪽에 물감을 묻혀서 도화지에 찍는 방법도 있고, 나뭇잎 위에 화선지를 올려놓은 다음 먹손에 먹물을 묻혀 톡톡 두드려서 무늬를 찍어 내는 탁본 방법도 있다.

· 찰흙으로 하는 방법 – 찰흙으로 평평하게 판을 만든 다음, 그 위에 나뭇잎을 찍어 나타낸다.

찰흙판에 찍는 모습

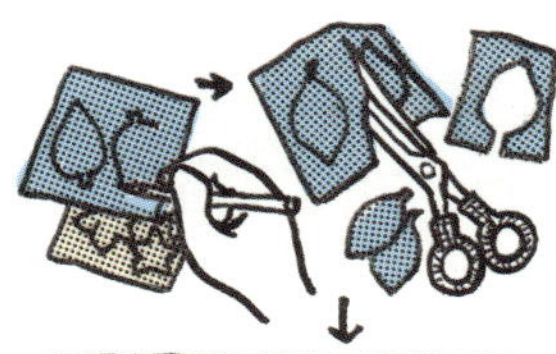

낙엽 만들어 붙이기

낙엽을 보면서 모양과 색깔이 똑같게 그려 본다. 연필이나 까만색 펜으로만 그리거나, 크레파스나 물감으로 색칠하여 나타내기도 한다. 또 색칠하여 나타낸 나뭇잎을 오려서 그린 나무에 달아 본다. 나뭇잎뿐만 아니라 나무의 줄기를 자세하게 그려서 나무 그림에 붙여 본다.

나뭇잎 관

4절 도화지를 띠처럼 오려서 양 끝을 투명 테이프로 붙이거나 스테이플러로 찍어 머리띠를 만든다. 이 띠는 교실에서 미리 만들어 와서 나누어 주면 좋다. 여러 가지 모양의 나뭇잎을 주워서 머리띠처럼 만든 도화지에 투명 테이프로 붙인다. 다 만든 관을 머리에 쓰고 인디언 노래 등 나뭇잎 관에 어울리는 노래를 불러도 재미있다. 마치 요정이나 인디언이 된 것처럼. 그리고 멋지게 사진도 한 컷 찍으면 더 좋겠다.

나뭇잎 옷

커다란 검은색 비닐 봉지에 머리와 팔이 들어갈 자리를 맞추어 구멍을 낸다. 구멍을 낼 때에는 입고 벗기 편하게 목 부분을 조금 넓게 한다. 모둠별로 한 사람을 정해 옷을 입혀 놓고 나머지 사람들은 여러 종류의 나뭇잎을 주워 와서 비닐 옷의 겉면에 투명 테이프로 붙인다. 이때 비닐 옷 여기저기에 양면 테이프를 미리 붙여 놓아도 편하다.
나뭇잎을 많이 붙여야 하므로 여섯 명 정도를 한 모둠으로 해서 공동 작업을 하고, 나뭇잎 옷을 번갈아 가며 함께 입어 보거나 한 사람을 숲의 요정으로 정해서 간단한 연극 놀이를 해 본다.

나뭇잎 목걸이 만들기

먼저 가장 마음에 드는 나뭇잎을 고른 뒤 아무 꾸밈없이 나뭇잎을 코팅한다. 코팅한 나뭇잎의 가장자리를 깨끗이 오려 낸 뒤 위쪽에 구멍을 뚫고 요즘 유행하는 가죽 목걸이 끈(액세서리 가게나 문구점에서 몇백 원이면 살 수 있다.)을 연결하면 아주 근사한 인디언 목걸이가 된다. 이때 코팅한 나뭇잎에 구멍을 두 개 내어 끈을 꿰면 균형이 잡혀 나뭇잎이 뒤집어지지 않고 앞쪽에서도 반듯하게 보인다.

낙엽 위에 시 쓰기

말린 낙엽에 포스터 칼라나 물감으로 시를 쓰고 그림을 그린다. 말린 낙엽을 그대로 코팅해서 쓰기도 하고, 시를 쓰고 그림을 그려서 코팅할 수도 있다.

→ 포스터칼라.

나뭇잎 따라 그리기

주워 온 나뭇잎으로 그림을 그려 보자. 종합장이나 A4 용지를 반으로 접은 뒤 왼쪽에는 나뭇잎을 붙이고 오른쪽에는 옆에 붙인 나뭇잎을 똑같이 그려 본다. 연필로 자세히 보고 그리기를 해도 좋고, 여러 가지 물감으로 나뭇잎과 똑같은 색을 만들어 칠해 보아도 좋다. 자세히 그리기를 할 때는 잎맥이나 나뭇잎의 질감까지 나타내도록 꼼꼼히 안내한다.

물감으로 색을 칠해 보는 이 활동은 아이들에게 자연에 있는 모든 것들이 다 고유의 색을 가지고 있으며, 그 고유한 색이 자연의 빛깔로 어우러진다는 점을 알게 한다. 아이들이 가지고 있는 색에 대한 고정관념(살색에 대한 고정관념, 나뭇잎은 초록색, 해는 빨간색이라는 고정관념이 아이들의 자유로운 표현을 얼마나 가로막고 있는가!)을 없애 줄 수도 있다. 또한 수채화의 기본 기법을 가르칠 수도 있다.

교실 게시판 꾸미기

낙엽을 교실에 주워 와 수업을 한 뒤 낙엽을 교실 앞뒤에 뿌려 놓는다. 아이들은 이 낙엽을 서로 몸에 던지기도 하고, 숲처럼 밟고 다니기도 한다. 낙엽이 뿌려져 있는 교실 분위기도 그만이지만, 교실 안에 가득한 낙엽 냄새가 다른 쾨쾨한 냄새를 없애 주기도 한다. 또 교실 게시판을 나뭇잎이나 억새로 다 같이 꾸며 본다. 그냥 걸어 놓거나 붙여 놓기만 해도 교실 안에서 가을의 정취를 느낄 수 있다.

겨울 껴안기

사계절 중에 겨울은 활동에 제약을 가장 많이 받는 계절이다. 날씨가 춥다고 움츠려 있지 말고, 이 계절에 즐길 만한 겨울 놀이를 아이들과 함께 해 보자. 놀이문화가 많이 바뀌어 썰매보다는 스케이트나 스키를 타는 아이들이 훨씬 더 많고, 연도 직접 날려 본 아이들이 드물다. 겨울 바람을 가르며 아이들과 운동장에서 연도 날려 보고, 눈 오는 날에는 직접 비닐 썰매를 만들어 눈길을 내달리다 보면, 추위도 저만큼 물러날 것이다.

날아라 내가 만든 연

연은 오랜 옛날부터 우리 민족이 즐겨 했던 겨울 놀이이다. 삼국시대 김유신 장군이 불을 매단 연을 날려 이상한 별똥별로 보이게 하는 방법을 써서 적군을 동요하게 했다는 이야기는 너무나도 유명하다. 연이라 하면 전통적인 방법으로 한지를 이용해 만들었던 방패연, 가오리연만 생각하기 쉽다. 이런 전통연도 좋지만 조금 생각을 바꾸어 새로운 창작연을 만들어 보자.

● 비닐 봉지로 연 만들기 : 아주 간단하게 만들 수 있는 연이다. 연 만들기에서 가장 어려운 과정은 댓살 다듬기와 붙이기, 종이 자르기, 실 매기이다. 이 과정을 생략한다면 1학년도 쉽게 연을 만들 수 있다.

준비물 : 비닐 봉지 1장, 실 3m, 색종이, 접착 테이프, 본드 또는 딱풀, 한지 약간

만드는 방법

① 비닐 봉지 손잡이 부분에 어깨줄을 맨다. 이때 어깨줄의 좌우는 길이가 같아야 하고 등줄은 어깨줄보다 짧아야 한다. 저학년은 매듭을 지을 줄 모르므로 접착 테이프로 실을 고정한다.

② 어깨줄과 등줄이 붙은 쪽에 꼬리를 단다.

③ 자기가 꾸미고 싶은 대로 연을 꾸민다. 흰 비닐에는 유성 매직으로 그리고 검정색 비닐에는 색종이를 붙이는 것이 좋다.

④ 바람이 세게 부는 날 땅에 두면 살짝 저절로 떠올라야 목줄의 길이가 알맞고 꼬리를 붙인 위치가 바르게 된 것이다.

● 신문지로 연 만들기 : 신문지는 구하기 쉬워 실패에 대한 부담이 적다. 게다가 가벼워서 잘 날고 면적이 넓어 잘라 쓰기 편리하다. 특히 손의 기능이 예민하지 못한 저학년 아이들이 몇 번 실패하면서 거듭 만들어 볼 때는 신문지를 사용하는 것이 경제적이다. 저학년이 만들 때에는 앙증맞게 아주 작은 연을 만들어 보자. 댓살 대신 구하기 쉽고 다루기 쉬운 빨대를 사용하고, 실을 매는 대신 접착 테이프를 활용하는 것이 좋다.

준비물 : 신문지 1장, 빨대 큰 것 2개, 딱풀, 접착 테이프, 실 3m, 가위, 크레파스

만드는 방법

① 신문지를 적당한 크기로 자른 다음 그림을 그린다. 이때 가로세로 비율은 3.5 대 5 정도

면 된다. 빨대로 만들 때에는 빨대 크기에 맞추어 크기를 조절한다.

② 머리 부분의 빨대는 신문지에 풀을 발라 감싸 붙이고, 등뼈는 테이프로 붙이는 것이 좋다.

③ 어깨줄과 등줄을 붙인다. 제일 중요한 부분이다. 이때 어깨줄의 좌우 길이가 같아야 하고, 등줄은 어깨줄보다 짧게 줄을 잡아 주어야 한다. 연을 들어 보아 30~40° 정도 기울면 줄을 제대로 맨 것이다.

④ 꼬리를 붙여 완성한다. 꼬리는 연의 균형을 잡아 주는 역할을 한다. 연을 들어 보아 기우는 쪽은 꼬리를 짧게 붙이거나, 가운데 꼬리를 한 줄만 붙인다.

⑤ 뒤를 보면서 속도를 조절해야 잘 난다. 바람이 세게 불지 않을 경우 달리면서 날리면 운동도 되고 좋다.

● 통비닐로 물고기연 만들기 : 자기 몸집보다 훨씬 큰 물고기가 바람을 가득 품고 둥실둥실 뜨게 된다면 얼마나 멋있을까? 이 물고기연은 지름이 한 자 정도 되는 좁은 통비닐을 사서 만드는 것이 좋다. 통비닐은 비닐 전문 판매상점이 아니고는 시중에서 구하기가 쉽지 않은데, 그럴 때는 비닐 봉지의 아랫단을 잘라 3~4개 정도 연결하여 긴 통비닐을 만들어 사용하면 된다. 시간이 좀 걸리므로 토요일쯤 안내문과 함께 숙제로 내주면 좋다.

준비물 : 크기가 같은 비닐 봉지 4개, 철사, 막대 1개, 접착 테이프, 본드, 유성 매직, 색종이, 가위, 실

만드는 방법

① 비닐 봉지 아랫단을 잘라 3~4개 정도 연결하여 긴 통비닐을 만든다. 통비닐은 접착 테이프를 이용하여 연결하면 된다. 비닐은 가벼워야 바람을 잘 타기 때문에 얇은 것이 좋다.

② 바람이 잘 들도록 주둥이 부분에는 철사를 둥글게 끼워야 한다. 철사가 없으면 빨대나 접착 테이프를 여러 번 돌려 붙이면 된다.

③ 무늬는 유성 매직으로 그리거나 색종이를 오려 본드나 접착 테이프로 붙이면서 꾸민다. 균형을 잡기 위해 리본이나 색종이로 지느러미를 만들어 달 수도 있다.

④ 바람이 세게 불면 제자리에서도 잘 난다. 놀고 난 다음 난간에 매어 두면 물고기는 바람이 부는 대로 멋지게 흔들린다.

눈으로 하는 놀이

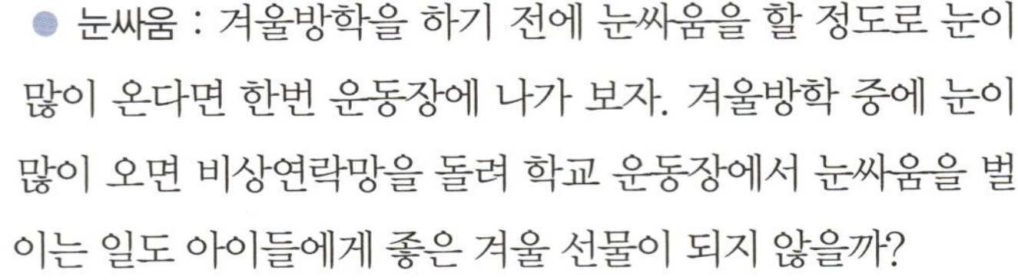

● 눈싸움 : 겨울방학을 하기 전에 눈싸움을 할 정도로 눈이 많이 온다면 한번 운동장에 나가 보자. 겨울방학 중에 눈이 많이 오면 비상연락망을 돌려 학교 운동장에서 눈싸움을 벌이는 일도 아이들에게 좋은 겨울 선물이 되지 않을까?

● 큰 눈사람 만들기 : 눈사람을 크게 만들려면 여러 사람이 힘을 모아야 한다. 4~5명이 한 모둠이 되어 큰 눈덩이를 한 개씩 만든다. 굴릴 때는 방향을 바꾸어 가며 이리저리 굴려야 단단하고 둥글게 된다. 크고 무겁기 때문에 머리 부분을 들어올릴 때가 가장 힘이 많이 든다. 이때는 옛 선조들이 탑을 쌓을 때 활용한 지혜를 써 보자. 몸통 한쪽 면에 눈으로 빗면을 쌓아 밀어 올리면 된다. 이목구비와 팔은 주변에서 나뭇가지나 폐품을 구해 붙이면 된다.

● 눈사람 놀이 : 좋아하는 친구와 짝이 되어 우정이 담긴 눈사람을 만들어 보자. 아빠 눈사람, 엄마 눈사람, 그리고 아기 눈사람. 겨울철에 할 수 있는 일종의 소꿉놀이이다. 몇 명씩 모둠을 지어 놀게 하면 좋다.

이 밖에도 각자 만든 눈사람으로 합창단을 꾸며 보는 것도 재밌다. 품평회도 열고, 우리 반의 소원을 빌거나 꼬마 눈사람 노래를 불러 볼 수도 있다. 저학년 아이들과 큰 눈사람을 만들기 힘들다면, 이렇게 조금씩 힘을 보태 공동작을 만들어 볼 수 있다.

눈 위에서 하는 미술활동

하얀 도화지를 보면 무언가 그려 보고 싶은 마음이 든다. 눈 내린 운동장은 아무도 낙서하지 않은 도화지 같다. 여기에 갖가지 방법으로 미술표현을 해 보자. 눈 위에서 뒹구는 행위예술도 하고, 눈 온 운동장을 배경으로 설치미술도 하고. 그 가운데 쉽게 할 수 있는 활동 몇 가지를 소개한다.

- 손가락으로 찍어서 표현하기 : 점으로 표현하기 때문에 모자이크와 같은 효과를 낼 수 있다. 손가락 외에 연필, 주둥이가 넓은 캔이나 병, 새 발자국 모양을 낼 수 있도록 접은 과자봉지 등 여러 가지 도구로 독특한 표현을 할 수 있다.

- 나뭇가지로 그리기 : 가는 나뭇가지로 그려야 예리한 선을 그을 수 있다. 또, 그림을 크게 그리려면 긴 나뭇가지를 구해야 한다. 다니면서 그리면 발자국이 생기므로 제자리에서 나뭇가지를 이용해 그리도록 한다.

- 내 몸 표현하기 : 누웠다 일어나거나 엎드렸다 일어나 자기 몸의 자국을 확인한다. 뒹굴며 그 흔적을 관찰하기도 한다. 손가락을 아래로 향하도록 여러 번 찍어 크리스마스 트리 같은 모양을 표현할 수도 있다.

● 발자국 표현하기 : 걸음걸이에 따라 여러 가지 발자국이 나타난다. 촘촘히 걷기도 하고 다리 벌려 걷기도 하며 질질 끌면서 걸을 수도 있다. 엎드려 세 발로 걷거나 네 발로 걸어도 보고 막대를 짚으며 한 발로 뛸 수도 있다.

즉석에서 만든 비닐 봉지 썰매

번거로운 썰매 도구를 학교에 가져올 수는 없고 눈 위에서 달릴 수 있는 썰매를 가지고 있는 아이도 적다. 요즘 아이들은 눈썰매장의 플라스틱 썰매에 익숙해져 있어 썰매 만드는 방법을 제대로 알지도 못한다. 썰매의 원리를 응용해 간단하게 비닐 봉지로 썰매를 만들어 보자. 일회용 썰매이지만 방법만 익혀 두면 두고두고 언제든 써먹을 수 있다.

준비물 : 두꺼운 비닐 봉지 또는 비닐 코팅된 쇼핑백, 노끈, 신문지, 40cm 정도의 나무막대

만드는 방법

① 두꺼운 비닐 봉지에 신문지를 접어서 2~3cm 두께 정도로 팽팽하게 넣고 입구를 묶는다.

② 끈을 당겨 끌 때 비닐 봉지가 찌그러지는 것을 막고 손잡이가 되도록 막대를 비닐 봉지 손잡이 양쪽 부분에 묶는다. 막대가 없으면 그냥 노끈만 묶어도 된다.

1

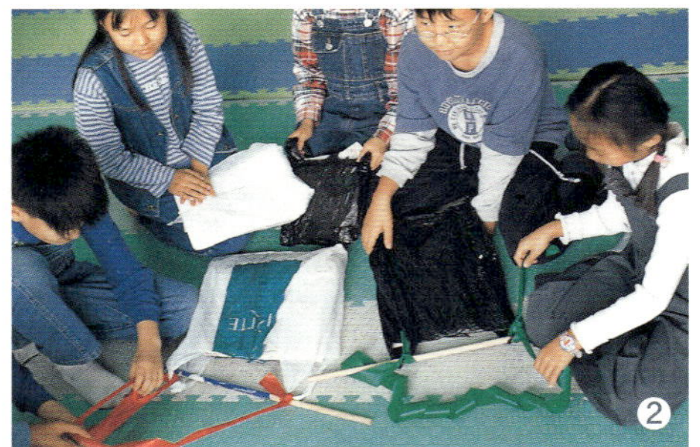
2

③ 코팅된 쇼핑백에도 노끈을 묶으면 썰매가 된다. 크레파스로 그림을 그릴 수 있어 회화활동을 겸할 수 있지만 쇼핑백이 약하기 때문에 1, 2학년 정도만 탈 수 있다. 폭이 넓은 접착 테이프를 밑면과 손잡이 부분에 붙이면 좀 더 튼튼해진다.

④ 짝과 교대로 끌고 타며 즐겁게 논다. 이때 이미 만들어 놓은 탈이 있으면 탈을 쓰고 활동하면 더 재밌다.

⑤ 나뭇가지 위에 비닐이나 장판지 등을 깔고 앞에서 끌어도 멋진 썰매가 된다. 이 썰매는 잘 미끄러지고 조종이 쉽기 때문에 산길에서 타면 정상에서 아래까지도 안전하게 내려올 수 있다.

❸

❹

글쓴이 · 도움 주신 분들 배재영 | 서울 후암초 교사 · 신명기 | 서울 영훈초 교사 · 이부영 | 서울 고덕초 교사

02

사회와 교실을 잇는 계기 수업

어떤 행사나 기념도 주체가 그 의미를 제대로 느끼지 못하면 형식만 남아 부담스럽고 번거로운 일이 되어 버린다. 계기 수업은 아이들 눈높이에서 충분히 소화할 수 있게끔 해야 빛을 발한다.

계기 수업은 크게 두 가지로 나뉠 수 있다. 식목일, 장애인의 날과 같은 기념일에는 더불어 사는 사회에 대한 수업을 꾸릴 수 있다. 3 · 1절, 5 · 18 민주화운동 기념일, 6 · 15 남북공동선언일, 한글날 등에는 역사를 통해 미래를 배울 수 있다.

계기 수업에서 교사가 염두에 두어야 할 점이 몇 가지 있다.

첫째, 미리 준비된 수업이어야 한다. 모든 계기 수업을 다 만족스럽게 준비할 수는 없다. 학년 초 학급운영 계획을 세울 때 올해 꼭 하고 싶은 계기 수업을 정하여 몇 가지만이라도 꼼꼼하게 준비하는 것이 좋다.

둘째, 교과와 계기 수업을 연관시키는 '통합 수업'의 지혜가 필요하다. 먼저 계기 수업을 통해 아이들과 공유하고자 하는 가치를 설정한 다음, 이와 관련된 다양한 활동을 교과에서 끌어오면 자연스럽게 통합수업이 이루어진다.

셋째, 좌우의 날개로 나는 평형을 유지한다. 좌우 대립이 첨예했던 우리나라의 근현대사와 관련된 계기 수업을 할 때에는 어떤 역사관을 가지고 있느냐에 따라 매우 다른 성격의 수업이 될 수 있다. 있는 사실을 그대로 전달한 다음 아이들 각자가 '상식적이고 합리적인 판단과 해석'을 할 수 있도록 이끄는 것에 방점을 두어야 한다.

식목일

1970, 80년대만 해도 식목일이 되면 대대적으로 나무 심기 행사를 했다. 학교에서도 동원의 형태를 띤 나무 심기 행사가 열렸다. 요즘은 동원 형태의 전시 행사가 사라지면서 대부분의 학교에서 식목일을 그냥 지나치고 있다. 전쟁 이후 폐허가 된 산하에 다시 나무를 심는다는 뼈아픈 과거는 뒤로 하더라도 생명과 성장의 상징인 나무를 아이들과 함께 심어 보고 그 의미를 되새기는 것은 매우 뜻 깊은 일이다. 식목일에 학교 담장 주변이나 화단에 나무를 심을 수도 있고, 가까운 산에 가서 할 수도 있다. 학교에서 나무 심기를 할 때에는 전체 조경이나 나무 종류를 세심히 고려하여 학교장과 협의한 뒤 행사를 갖도록 한다. 가까운 산에 가서 나무를 심는 경우에는 아이들이 나무 심기에 적당한 산인지, 위험한 곳은 없는지, 그 산에서 잘 자라는 나무가 무엇인지 등을 미리 파악해 두어야 한다.

식목일에는 나무를 심자

신명기 | 서울 영훈초 교사

나무 심기를 하게 된 까닭

어렸을 때 식목일에 가끔 나무 심기를 한 기억이 난다. 학교에서 학생들을 나오게 하여 나무라곤 찾아볼 수 없는 근처 낮은 산에서 나무를 심었다. 학생만 나온 것이 아니라 온 동네 사람들이 다 나와 대대적인 나무 심기 행사가 벌어졌다. 그때는 나무를 왜 심는지 몰랐다. 분명히 선생님이 열심히 설명을 해 줬을 텐데도 하나도 기억나지 않는다.

중학교 때부터 대학을 졸업할 때까지 나는 나무를 심은 기억이 없다. 아, 심기는 심었다.

서울에 정착하면서부터 식목일 무렵에 시골에 내려가면 시골집 텃밭과 집 옆에 딸린 둔덕에 대추나무, 감나무, 밤나무 따위를 심었다. 언젠가 내 아이를 데리고 가서 "이게 아빠가 몇 년 전에 심은 나무란다. 이 열매 좀 보렴." 하는 영화 속 한 장면을 흉내 내려고 그랬던 것 같다.

발령받은 뒤 처음 담임을 맡으면서 아이들을 데리고 학교 밖으로 나가기 시작했다. 주로 산과 들, 혹은 좋은 전시회나 음악회 같은 곳이었다. 그 가운데서도 아이들이 가장 좋아하는 것은 산과 계곡에 가서 노는 것이었다. 그렇게 3, 4년 정도 아이들을 데리고 나갔는데, 어느 해 식목일 무렵이었다. 한 녀석이 이런 일기를 썼다. "엄마, 아빠가 이번에는 들놀이를 가지 말라고 하였다. 식목일에는 나무를 심어야 하는데 왜 놀러 가냐는 것이었다."

녀석의 글을 읽으면서 식목일에 아이들을 데리고 들로 나간 일이 얼마나 부끄러웠는지 모른다. 물론 나도 아무 목적 없이 아이들을 데리고 야외로 간 것은 아니었지만 마치 광복절에 일본영화를 보러 간 듯한 느낌이었다.

그래서 그 다음 해부터 식목일에는 나무를 심기로 했다. 나무 심기에 대해 배워 본 적도 없고, 나무를 심어 본 적도 없어서 그런지 아이들은 굉장히 좋아했다. 물론, 학부모들도 이런 행사를 반겼다.

나무 심는 목적을 분명하게

나무를 심기 전에 먼저 아이들에게 나무를 심는 목적과 나무 심기 활동을 하는 이유를 충분히 설명해야 한다. 자연과 인간이 더불어 사는 일이 얼마나 소중한지 알려 준 다음 생명을 심고 가꾸는 마음을 갖도록 아이들을 이끈다. 나무를 심고 나서도 계속 관심을 가질 수 있도록 하는 것도 중요하다. 식목일 앞뒤로 우리 반에서는 '① 숲의 중요성 ② 나무가 우리에게 주는 이로움 ③ 생활 속에서 나무의 쓰임새 ④ 우리나라 나무(목재) 수입량'을 주제로 조사학습을 했다.

나무 고르기와 준비하기

해마다 나무 심기를 할 때 나는 여학생과 남학생을 짝지어 활동하게 한다. 먼저 두 명이 짝이 되어 나무를 한 그루 준비한다. 어느 산에 나무를 심을 것인지 미리 말해 주면 산에 심기 적당한 나무를 준비할 수 있다. 나무를 구입할 때는 어쩔 수 없이 학부모의 도움을 얻어야 한다.

국립공원에는 나무를 함부로 심을 수 없기 때문에 미리 관리구청과 상의해야 한다. 그리고 과실수는 괜찮지만 꽃나무나 원예용 나무는 피하도록 한다.

나무를 준비하고 나면 짝끼리 힘을 모아 정성스럽게 이름표를 만들도록 한다. 가로세로 10cm 정도인 종이에 앞면과 뒷면으로 나누어 예쁘게 꾸며 코팅한다.

예시 **나무 이름표**

앞

○○○○년 4월 5일

- 나무 이름 :
- 나무의 특징 :
- 나무를 심은 사람 :

뒤

★ 나무에게 쓰는 편지

준비물 : 묘목(두 명이 한 그루), 삽(학급에서 네 개 정도면 충분하다. 아이들이 삽질에 서툴기 때문에 학부모 명예교사 한두 명의 도움을 받도록 한다.), 주전자나 양동이, 거름(화원에서 파는 것), 이름표, 체육복 입고 오기, 점심, 돗자리

나무를 심고 난 뒤에

나무를 심고 나서 하루 정도 있다가 애니메이션 〈나무를 심은 사람〉을 보여 준다. 나무 심으러 가기 전에 봐도 좋다. 아이들이 조금 지루해하기 때문에 보여 주기 전에 미리 교사가 엄청나게 '썰'을 풀어야 한다. 비디오를 보고 나서는 사람이 '어떻게 사느냐.'가 중요하다는 것에 대해 초등학교 아이들에 맞게 풀어서 설명해 주면 좋은 교육이 된다.

장애인의 날

장애인에 대한 사회의 편견이 많이 사라졌다고는 해도 여전히 갈 길은 멀다. 학교교육도 그 책임에서 자유로울 수 없다. 교육과정에도 장애인에 대한 이해를 돕는 내용이 매우 부족할 뿐만 아니라 학교 시설도 장애를 가진 아이를 배려하지 못하고 있다. 심지어 장애아를 위한 특수교육조차도 만족스럽게 이루어지지 않고 있는 실정이다. 학교에서 이러하다 보니 아이들은 정상과 비정상을 가르고 장애를 비정상의 영역에 가두어 버리는 것에 익숙해져 있다.

장애를 가진 사람을 사회의 구성원으로 자연스럽게 받아들이기 위해서는 지속적인 장애인의 인권 문제에 대한 교육이 필요하다. 그것은 머리로 아는 것이 아니라 몸으로 경험하며 느껴야 하는 것이다. 대부분의 교육이 그러하지만 인권교육 역시 약자의 입장에 서서 생각해 보는 역지사지의 경험이 가장 효과적이기 때문이다.

이러한 교육 프로그램이 지속적으로 진행되면 좋겠지만, 현실적으로 어렵다면 장애인의 날 계기 수업으로 다루어 보아도 좋겠다. 장애인에 대한 그릇된 편견을 깨고, 장애인을 자연스럽게 받아들일 수 있는 씨앗이 될 것이다.

마음의 장애, 장애인에 대한 편견

인권교육을 위한 교사모임(정리 : 김한민 | 서울 안암초 교사)

장애인에 대한 고정관념과 편견을 버리고 '장애인은 우리와 동등한 사회 구성원이며 우리가 할 수 있는 일의 대부분을 그들도 할 수 있다.' 는 사실을 깨닫는 것, 나아가 장애인이 원활한 사회생활을 할 수 있도록 장애복지 제도를 마련해야 할 필요성을 느껴 보는 수업을 구성했다.

1차시 ■ 장애인에 대한 고정관념과 편견 바꾸기

장애인에 대한 고정관념과 편견에 대해서, 그리고 그러한 고정관념과 편견 때문에 장애인이 받고 있는 고통과 어려움은 어떤 것인지 이야기하면서 첫 수업을 시작한다. 자신의 경험에 비추어 장애인에게 어떤 편견이 있는지 확인해 보는 것도 한 방법이다.

영상자료와 읽기자료를 활용했는데, 영상자료는 〈희망으로 그리는 세계 2〉(National Film Board of Canada 제작)의 '편견' 부분을 함께 보았다. 청각 장애를 갖고 있는 소녀가 자신을 놀리는 남자 아이와 체스 경기를 하면서 장애인에 대한 편견을 이겨 내는 5분 정도의 내용이다. 대사가 없지만 그림만으로도 울림이 큰 작품이다. 읽기자료는 에드 로버트라는 미국의 중증 지체 장애인이 대학에 진학하는 과정, 그리고 재학 중에 장애를 극복하고 많은 사람들에게 장애인에 대한 편견을 버리게 한 경험담을 담은 글이다. 미국 장애인 인권운동에 일대 혁신을 가져온 그의 일생은 인터넷 등에서 쉽게 찾을 수 있다.

이 활동을 통해 아이들은 장애인들이 우리보다 무엇인가 부족하거나 잘하지 못하는 사람들이라는 생각이 편견이라는 사실을 깨닫게 되며, 우리 자신 또한 장애인에 대한 편견이라는 마음의 장애를 갖고 있다는 사실을 알게 된다. 다음에 이어지는 2~3차시의 장애 체험을 통해 주변의 아이들이 자신들을 '장애자' 라고 비웃거나 이상한 눈초리로 보는 것을 경험하면서 1차시의 학습 내용을 몸으로 느끼고 이해하게 된다.

2~3차시 ■ 장애 체험을 통한 장애인 이해하기

아이들이 직접 시각 · 청각 · 지체 장애인이 되어 학교에서 생활해 봄으로써 장애인이 어떤 불편을 겪고 있는지, 학교와 같은 공공시설에 장애인을 위해 어떤 시설들이 필요한지 공감하고 이해하는 시간이다.

2인 1모둠으로 모둠을 지어 한 명은 도우미, 한 명은 장애 체험자의 역할을 번갈아서 한다. 교사는 미리 체험 지시문을 준비해서 아이들이 지시문에 따라 과제를 수행할 수 있도록 한다. 예를 들어, 시각 장애 체험을 하는 아이에게 '눈을 안대로 가리고 화장실에서 컵에 물을 받아 온다.' 라는 내용이 적힌 체험 지시문을 주는 것이다. 가능하면 운동장이나 강당과 같은 넓은 공간에서 하는 것이 좋다. 학급 인원이 36명이면 12명씩 청각 · 시각 · 지체 장애 체험을 하도록 하고 각 체험이 끝나면 다른 체험을 돌아가며 하는 방식으로 진행한다. 체험이 모두 마무리되면 한곳에 모여 자신의 경험을 공유하는 전체 토론 시간을 갖고 활동을 마무리한다. 60분 정도는 장애 체험으로, 20분 정도는 안내와 전체 토론으로 활용하면 적당하다.

후속 프로그램으로, 하교할 때 장애인들을 위한 시설이 잘 마련된 곳을 찾아보거나 장애인들이 안전하게 다닐 수 있는 장소에 초록 풍선을 달아 주는 행사를 벌일 수도 있고, 한쪽 팔을 붕대로 감고 집에서 하루 동안 지내보면서 장애인들이 생활 속에서 느끼는 불편을 경험해 볼 수도 있다.

비록 짧은 시간의 경험이었지만 이러한 프로그램을 통해 장애인에 대한 아이들의 이해가 깊어졌으며, 아이들 스스로 좋은 수업이었다고 평가했다. 어떤 아이의 경우 장애인 복지 시설에서 자원봉사활동을 하고 싶다는 반응도 보였으며 학부모들 또한 전화, 편지 등을 통해 인상 깊은 프로그램이었다고 긍정적인 평가를 해 주었다.

〈장애 체험 일기〉

우리 반은 3, 4교시에 장애 체험을 하는데, 시각 장애인, 지체 장애인, 청각 장애인이 있다. 나는 시각을 먼저 했는데 눈앞이 안 보여서 정말 불편했다. 무섭다는 생각이 들었다.
시각 장애인들은 얼마나 두렵고 답답할까? 아무것도 볼 수 없다고 생각하니 눈물이 나올 것 같았다. '그들에게 환한 불빛을 보여 주었으면…….' 이런 생각이 들었다.
그리고 청각 장애인을 체험했는데 듣지도 말하지도 못한다고 생각하니 다른 사람도 답답하고 자기도 답답할 것이다. 말하지 못하는 건 얼마나 괴로울까? …… 이 세상 많은 사람들이 장애를 입고 태어난다. 우리는 이 사람들을 장애자라 놀리지 않고 보통 사람보다 더 아끼고 도와주고 신경을 써야 한다. 장애인들을 보면 우리는 꼭 이들을 도와주어야 한다. (서울 안암초 6학년 윤○○)

4차시 ■ 장애인 인권 문제에 대한 이해와 개선을 위한 실천

우리 사회에서 장애인들이 겪고 있는 인권 침해 문제들을 다루어 보고 '대통령에게 편지 쓰기' 를 통해 장애인 인권을 개선하기 위한 실천 의지를 다지는 시간이다.

장애인 인권 문제를 다루고 있는 비디오를 보거나 신문기사를 읽고 장애인 인권 문제의 심각성을 확인한다. 교사가 미리 신문기사를 스크랩 해 올 수도 있고 아이들에게 과제로 제시해도 좋다. 모둠별로 준비한 자료를 반 전체와 공유하는 방법도 좋을 것이다. 영상자료는 장애인 인권 문제를 다루고 있는 영화나 애니메이션을 선정하면 좋겠다.

대통령 할아버지께
안녕하세요? 따스한 봄 날씨가 점점 저물어 가고 있는 지금, 전 서울 신방학초등학교 6학년에 재학 중인 이ㅇㅇ이라고 합니다. 남학생이고요, 한창 6학년 생활에 적응해 가고 있습니다.
제가 이렇게 대통령 할아버지께 직접 편지를 쓰게 된 이유는 장애인 복지시설 문제 때문입니다. 처음으로 장애인에 대해 배우기 시작하면서 우리 사회가 장애인에게 너무 큰 편견을 가지고 있다는 걸 알게 되었고, 그 대우나 생활, 시설 등도 모자라거나 좋지 못하다는 것도 알 수 있었습니다. (줄임)
아까 말씀드렸던 것같이 장애인에게도 보통 사람들같이 생활할 수 있는 시설이 더 많이 필요하고 활성화되어야 합니다. 그러기 위해서는 주위 사람들뿐만 아니라 나라에서 나서서 도와주어야 합니다. 장애인도 대한민국 국민이기 때문입니다.
장애인들은 어쩌면 도움보다 사람들의 바뀐 시선을 더 고마워할지 모릅니다. 언제나 신기한 듯, 징그럽다는 듯 쳐다보는 사람들……. 그 사람들도 편견이라는 마음의 장애를 가진 사람들입니다. 그런 사람들을 조금이라도 줄이려면 역시 나라에서 본을 보여야겠지요.
대통령 할아버지. 장애인들에게도 보통 사람들처럼 자신의 생각이 있고, 인권이 있습니다. 그들을 위해 대통령 할아버지께서 제가 부탁드린 것들을 도와주세요. 대통령 할아버지 부탁드립니다. (서울 신방학초 6학년 이ㅇㅇ)

대통령에게 직접 편지를 쓰는 활동은 동기 유발에 좋은 활동이다. 단지 장애인 인권 문제를 이해하고 공감하는 것을 넘어서 실천으로 이어지는 활동은 아이들에게 장애인 인권 문제를 자신의 힘으로 변화시킬 수 있다는 자신감과 책임의식을 갖게 한다. 편지 쓰는 시간은 넉넉하게 잡을 경우 20분 정도가 적당하다. 아니면 과제로 제시해도 좋다.

대통령에게 편지를 보낸 뒤 반 전체가 보건복지부 장관으로부터 답장을 받았다. 작은 노력과 실천이지만 그런 실천들이 모여 변화를 이루어 낼 수 있다는 가능성을 경험하는 계기가 되었다.

이 프로그램을 진행하고 나서 사회적 약자에 대한 아이들의 생각이 바뀌었음을 확인할 수 있었다. 지역의 사회복지시설을 방문해 자원봉사활동을 하기도 하고, 용돈을 모아 기부하기도 하였다. 아이들이 할 수 있는 일들을 구체적으로 제시했기 때문이 아닌가 한다.

매년 장애인의 날이면 학교에서는 간단한 유인물이나 훈화, 혹은 방송 시청 등으로 장애인에 대해 생각하게 한다. 그러나 이런 행사가 자칫 형식에 머물 때 오히려 아이들이 문제에 더 둔감해지지 않을까 하는 두려움마저 든다. 일회성 행사가 아닌, 보다 장기적이고 지속적인 관심과 교육활동이 장애인 인권 문제를 의미 있게 가르치는 길일 것이고, 학교 밖에서도 이 문제를 올바르게 해결하는 방법일 것이다.

5 · 18 민주화운동 기념일

역사 계기 수업은 어떤 '사건'을 다룰 것인지 결정하는 것부터 조심스럽다. 근현대사와 관련된 계기 수업을 하면서 안타까운 것은 아직 사건의 진실이 명확하게 규명되지 않았거나 역사적 평가가 엇갈리는 부분이 많다는 것이다. 5 · 18 민주화운동도 그런 경우에 속한다. 학급운영의 일환으로 5 · 18 계기 수업을 하겠다고 학년 초 학급운영 계획을 세워 놓고도, 학부모들이 어떻게 생각할지 한 번쯤 고민하게 된다. 우리 사회에서 5 · 18 민주화운동은 오랫동안 금기의 사건으로 묻혀 있었기 때문이다.

5 · 18 민주화운동과 같은 역사적 사건을 다룰 때에는 아이들의 눈높이에 맞추어 수업을 진행하는 것이 가장 중요하다. 너무 욕심을 많이 부려 아이들이 소화하기 힘든 당시의 세세한 역사 · 사회적 맥락까지 설명하려 들면 수업이 힘들어진다. 5 · 18 민주화운동이 발생한 사회적 배경과 함께, 왜 많은 시민들이 목숨을 내놓는 현장에 합류하게 되었는지, 민주주의를 위해 우리가 할 수 있는 일은 무엇인지 등에 대해 확인하는 정도면 되겠다.

5 · 18 민주화운동에 대해서는 자료를 비교적 쉽게 구할 수 있기 때문에 자료를 활용한 수업으로 이끄는 것이 효과적이다. 관련 단체를 통해 교사가 먼저 자료를 수집하고 아이들 수준에 맞게 주제를 뽑으면 된다.

5월, 5 · 18 민주화운동을 공부하자

김영주 | 충남 아산 거산초 교사

5 · 18 민주화운동 당시 고등학생이었던 나는, 1988년 진압군 관련자들에 대한 국회 청문회가 있기 전까지 5 · 18에 대해 자세히 아는 게 없었다. 3 · 1절, 4 · 3 항쟁, 4 · 19 혁명에 대해서도 교사가 되고 5년이 지난 다음에야 조금씩 알게 되었다. 현대사에 관심이 없었던 탓도 있겠지만 가르쳐 주는 사람도 없었다. 현대사 부분은 교과서에 한두 줄 정도 나올 뿐

이고, 교사들도 그냥 간단히 언급하고 넘어가곤 했기 때문이다.

5차 교육과정까지는 6학년 사회 교과서에 4 · 19 의거, 5 · 16 혁명이라고 나오고 4 · 3 항쟁이나 5 · 18 민주화운동에 대해서는 아예 나오지도 않았다. 7차 교육과정으로 바뀌면서 6학년 1학기 사회 교과서 '민주 시민이 승리하던 날들' 이라는 단원에 '대한민국 정부가 세워진 이후, 우리나라 민주 정치의 성장 과정에 대하여 알아보자.' 라는 공부할 문제가 나온다. 학습 목표는 '4 · 19 혁명의 전개 과정을 알아보자.' '5 · 18 민주화운동과 6월 민주항쟁이 우리나라의 민주화에 미친 영향에 대하여 알아보자.' 이다. 현대사의 중요한 사건을 고작 2차시 동안 공부하는 것이다.

원시 시대에서 조선 시대까지는 교과서 내용만 읽고 이해해도 되지만 근현대사 부분은 교과서 내용만으로는 이해하기 힘들다. 그저 사건 이름 정도만 기억할 뿐이다. 그건 죽은 역사를 가르치는 것과 같다. 그동안 학교에서는 조선 시대까지는 자세히 공부하고 현대사 부분은 대강 넘어가는 형편이었다. 그러니 아이들에게 어떻게 제대로 된 역사의식을 심어줄 수 있었겠는가?

5월에 5 · 18을 가르치는 이유

6학년 사회는 우리나라 역사 전반을 다루고 있기 때문에 현대사 부분은 맨 뒷부분에 나올 수밖에 없고 시간을 많이 들일 수도 없다. 대개 학년 말에 성적 처리를 하거나 통지표를 쓰다 보면 바빠서 현대사 부분인 4 · 19 혁명이나 5 · 18 민주화운동, 6월 민주항쟁을 자세히 다루지 못한다. 교과서 내용을 읽는 것조차 못할 때가 많다.

하지만 현대사 부분을 시기에 맞게 지도하면 언론에 나오는 뉴스를 수업자료로 삼을 수도 있고, 시간을 넉넉하게 쓸 수 있어 효과적이다. 나는 고학년을 맡게 되면 먼저 원시 시대부터 현대사까지 교과 내용 전체를 한눈에 볼 수 있는 고공표를 작성한다. 고공표는 대단원, 소단원, 중요 사항(공부할 문제), 세부 사항을 표로 작성한 것으로, 이를 통하여 아이들은 1학기 동안 무엇을 배워야 할지 흐름을 파악하게 된다. 한 단원이 10차시 분량이면 8차시만 하고 나머지 2차시는 현대사 부분에 할애한다. (고공표에 대해서는 《5차원 전면교육 학습법》(원동연, 김영사)를 참고하면 된다.)

5 · 18을 공부할 때는 사회 시간 두 시간으로는 부족하기 때문에 도덕 '2. 소중한 생명' 단

원에서 1시간, '10. 평화로운 지구촌' 단원에서 1시간, 사회 교과에서 3시간 모두 5시간을 빼서 2~3일에 걸쳐 수업을 한다.

"얘들아, 오늘이 무슨 날인지 아니?"

해마다 5월 18일 아침이 되면 "얘들아, 오늘이 무슨 날인지 아니?" 하고 묻는다. 그러면 아이들은 요일을 말하거나 누구 생일이라고 하거나 학교행사 얘기를 하곤 한다. 그러다 눈치가 빠른 아이들은 얼른 달력을 보고 5 · 18 민주화운동 기념일이라고 한다. 1997년부터 국가기념일로 제정되었기 때문에 그 전에는 아는 아이들이 아무도 없었다. 태어나기도 전에 일어난 일을 아이들이 알 리가 없지만 그래도 물어본 뒤 1980년 5월 광주에 대해서 이야기를 먼저 해 주고 수업을 시작한다.

첫째 시간. 'www.518.org' 이라는 홈페이지 주소를 알려 주고 5 · 18 민주화운동에 대해서 알아보고 느낀 점을 적어 보라고 했다. 5 · 18 민주화운동 자료를 나누어 주고 발생 배경과 전개 과정, 5 · 18 이후 상황에 대해서 읽어 보는 활동도 함께 했다. 우리 반 모두에게 알게 된 점과 느낀 점을 말해 보라고 하니, 아이들은 "5 · 18이 무엇인지도 모르고 지냈는데 오늘 공부하고 자세히 알게 되었고, 이렇게 끔직한 사건이 있었다니 슬픈 생각이 든다. 같은 민족끼리 이런 일이 있었다니 이해할 수 없다."고 했다.

두 번째 시간에는 '민주화운동기념사업회' 에서 제작한 〈오월은 살아 있다〉 비디오를 보여 주었다. 약 30분 분량의 영상자료로, 배경부터 전개 과정까지 나온다. 글로만 보는 것보다 더 실감이 나고 이해가 잘된다.

세 번째 시간에는 '민주화운동기념사업회' 에서 만든 5 · 18 민주화운동 관련 2절지 사진을 40장 정도 보여 주면서 상황 설명을 해 주었다. 너무 끔찍한 사진은 뺐는데도, 아이들은 사진을 보면서 몸서리를 친다. 믿을 수 없다는 표정이다. 사진을 보여 주면서 직접 그 일을 겪고 지금까지 가슴속에 상처를 묻어 둔 가슴 아픈 사람들의 이야기를 함께 해 준다. 또 수업용 CD로 5 · 18 관련 동영상을 10분 정도 보여 주었다. 파워포인트를 이용해 슬라이드 쇼로 보여 주면서 민주화운동이 어떻게 이루어졌는지 살폈다. 군사독재 시절 민중의례가 있을 때 부르던 〈임을 위한 행진곡〉을 1998년 국민의 정부가 들어서면서 5 · 18 기념식 때 대통령과 국무위원이 부르는 것을 보고 눈물이 난 적이 있다. 아이들에게 그런 이야기를 해 주고 〈임을 위한 행진곡〉 가사를 함께 읽고 노래를 부르는 것도 괜찮다. 음이 높지만 아이들은 열심히 흥얼거린다.

네 번째 시간에는 공부한 내용을 바탕으로 퀴즈 대회를 열었다. 아이들이 자료를 보고 직접 문제를 만들었다. 모둠별 대항을 하니 아이들이 긴장해서 문제를 풀고 재미있어했다.

5 · 18 민주화운동과 관련된 사람들에게 상장과 고발장을 만들어 주는 활동도 했다. 상장 만들기를 할 때는 먼저 등장인물들의 행동들을 연상해 본다. 그 가운데 특히 칭찬받을 만한 행동을 한 인물과 그 행동을 적는다. 고발장은 등장인물이 잘못한 점을 꾸짖고 반성하게 하는 내용을 쓴다. 마지막 시간에는 민주화운동에 나오는 사람들에게 하고 싶은 말과 느낌을 글로 쓰는 활동을 했다.

수업을 마치며

5 · 18 계기 수업을 하고 나니 우리 반 아이들 모두가 민주주의가 무엇이며 어떻게 지켜 왔는지 알게 되었다. 그리고 앞으로 자신들이 어떻게 살아야 하는지도 생각하게 되었다. 이런 수업을 하고 나면 교실에서 폭력을 휘두르는 일에 대해 아이들이 민감해진다. 어려서 폭력을 휘두르는 사람은 어른이 되어서 자기 욕심을 챙기기 위해서 많은 사람을 괴롭히는 사람이 된다고 하면 아이들은 아주 싫어한다.

교사가 얼마만큼 정성을 들여 지도하느냐에 따라 아이들은 달라진다. 단순히 텔레비전에 나오는 5 · 18 관련 방송을 녹화해서 보여 줬을 때보다 '5 · 18 기념재단' 에서 나온 사진자료, 비디오, CD, 광주시에서 제작한 만화책, 자료집을 가지고 수업을 하니 아이들의 태도가 훨씬 진지했다. 또 동화 《아버지의 눈물》(박신식, 푸른나무)을 읽어 주니 아이들은 그 당시 참여했던 시민군과 군인들의 고통을 실감나게 이해할 수 있었다. 지금까지 광주 시민군이 훌륭하다고는 알고 있었지만 사실 그 당시 어쩔 수 없이 참여했던 군인들이 겪고 있는 고통은 모르고 지내 왔다.

이 수업을 하고 난 뒤 6월에는 자연스럽게 6월 항쟁과 6 · 15 남북공동선언을 수업으로 끌어 올 수 있다. '5 · 18 기념재단' 에서 6월 항쟁 자료도 구할 수 있다. 5 · 18 정신을 이어가기 위해 아이들을 평화통일을 실천할 수 있는 어른으로 키우는 것이 우리 교사들이 할 몫이라고 생각한다.

6 · 15 남북공동선언일

6 · 15 남북공동선언과 관련된 계기 수업을 하면서 염두에 두어야 할 것은, 2000년 6월 15일에 이루어진 남북 정상의 만남이 분단 이후 통일로 가는 가장 큰 발걸음이었다는 점이다. 6 · 15 남북공동선언 이후 남북 교류가 활발해지고 보다 평화적인 통일에 대한 의지가 강해졌다는 것에 의미를 두고 통일교육도 새롭게 진행되어야 한다.

이 수업 역시 저학년과 고학년의 차이를 감안해서 계획을 세워야 한다. 남북 정상이 만나는 비디오 영상자료는 아이들에게 꼭 보여 줄 필요가 있다. 조금 더 욕심을 내자면 남북의 평화를 위해 서로가 노력한다는 공동선언의 뜻을 넓혀 인류의 평화 문제에 대해서도 생각해 볼 수 있다. 우리에게 통일은 민족적 과제이지만 인류 차원에서 보면 또 다른 전쟁을 막고 평화의 길로 가는 중요한 일이기 때문이다.

설문지로 해 보는 통일의식 조사

박정애 | 인천 동부초 교사

첫째 주 ■ 설문조사 문항 만들기

모둠장 회의에서 각 모둠의 의견을 들어 설문조사 대상 학년과 반을 정한다. 예를 들면 1모둠은 3학년 1반부터 5반까지, 2모둠은 5학년 전체, 3모둠은 6학년 1반~5반, 1학년 1반~5반, 4모둠은 각 학년별로 한 학급씩 등과 같이 정한다.

설문조사 대상(수준)에 맞게 설문 문항을 정한다. 각 모둠별로 열심히 토의를 하고 궁금한 내용이 무엇인지, 어떤 질문이 좋을지 등 통일과 관련된 내용을 함께 공부하면서 알맞은 설문 문항을 만든다. 그런 뒤 설문 문항이 너무 많지 않은지, 아이들 수준에 맞는지 교사와 함께 토의하여 확정한다. 설문 문항을 만드는 걸 어려워할 경우 교사가 설문 문항의 예시를 주고 아이들이 그것을 바탕으로 작성하게 할 수도 있다.

둘째 주 ■ 설문지 배포

아이들이 직접 해당 학급의 담임선생님을 만나서 설문조사의 취지를 설명하고 일정한 시간을 할애 받아서 설문조사를 실시하는 것이 가장 좋다. 대체로 다른 반 선생님들도 관심을 가지고 기꺼이 협조해 주신다. 이 방법 외에도 동생 반에 설문지를 돌리거나, 학원에서 친구들에게 설문지를 돌리는 방법 등이 있다. 우리 반은 아이들이 할 수 있는 모든 방법을 동원하여 많게는 500명, 적게는 100명 정도 설문조사를 했다.

셋째 주 ■ 설문지 분석과 보고서 작성

설문지를 분석하는 시간도 꽤 오래 걸리고 아이들의 의견도 분분하다. 모둠별로 충분한 토의를 거친 뒤 전지 또는 OHP 필름에 보고서를 작성하게 한다.

설문지 분석 과정에서 아이들이나 교사인 나나 매우 흥미로운 사실을 발견했다. 통일에 대한 관심이 예상보다 매우 높게 나타났으며, 통일이 빨리 이루어져야 한다는 의견도 많았다. 물론, 정말로 아이들이 통일의 절박성을 느끼면서 설문에 응했을지는 미지수이다. 그러나 설문조사 작업을 했던 아이들이나 설문에 응했던 아이들이나 모두 이 과정을 통해 통일에 대해 다시 한 번 더 생각해 보게 되었을 것이다. 또한 북한에 대해서 너무 모르고 있다는 사실도 아이들의 설문 결과로 알 수 있었다. 설문조사를 하는 동안 아이들은 북한의 생활에 관심을 가져야겠다는 생각을 자연스럽게 갖게 되었다.

넷째 주 ■ 보고서 발표와 정리하기

그동안 진행해 온 설문조사 결과를 모둠별로 발표하는 시간을 가졌다. 모둠마다 설문조사 대상이 다르고 분석 방법, 통계 방법도 달랐기 때문에 매우 흥미로웠다. 어떤 모둠은 성별로, 어떤 모둠은 연령별로, 학년별로 나름대로 자신의 생각을 바탕으로 보고서를 작성했다. 모두에게 큰 보람과 성과를 주었다고 생각한다.

설문조사를 마친 뒤 글쓰기를 하였다. 북쪽 어린이에게 편지를 쓰거나 자신의 느낌을 글로 정리하는 방식으로 진행하였다.

이 활동을 한 뒤 몇 가지 아쉬운 점이 있다. 하나는 아이들이 통일에 대한 명확한 관점을 갖도록 먼저 지도한 뒤 이 활동을 했더라면 더 좋았겠다는 생각이다. 만약 그렇게 했다면

> **설문조사를 마치고**
>
> 설문조사를 하는 것은 매우 힘들었다. 처음에 설문지를 만들 때는 의견이 맞지 않아 많이 싸우기도 했다. 하지만 다 끝나고 보니 매우 보람 있었던 것 같다. 설문조사를 하면서 나나 우리 모둠은 북한과 통일에 관해서 많은 관심을 가지게 된 것 같다. 우리 반 아이들은 처음에는 통일이 되었으면 하는 사람이 반이었는데 설문조사를 해 보니 대부분이 통일이 되었으면 하고 바라는 것을 알게 되었다. 선생님께서는 우리 국민 모두가 꼭 통일이 되기를 바란다고 하셨다. 많은 사람이 통일을 원하는데 왜 통일이 빨리 되지 않는 것일까? 나도 이제부턴 우리나라의 통일을 위해 내가 할 수 있는 일을 찾아보고 꼭 통일이 되게 해 달라고 하느님께도 빌 것이다.

아이들의 문제의식이 더 커지지 않았을까. 설문조사 답변 가운데 "교과서에 북한 어린이에 대한 내용이 더 많이 있었으면 좋겠다."는 의견이나 "통일에 관해 더 많은 것을 배우고 싶다."는 대답은 교사인 나나 우리 반 아이들에게 많은 문제의식을 던져 주었다. 아이들 스스로 우리의 문제, 우리 민족의 문제에 대해 눈을 떠 가는 모습은 나를 매우 즐겁게 했다. 아이들 스스로도 어려운 설문조사 작업을 해내면서 자부심을 갖게 되었고 다른 학급 친구들과 선생님들의 관심도 끌 수 있었다. 통일은 우리 민족 누구나 열망하는 일이며 반드시 이루어져야 한다는 사실을 아이들이 자연스럽게 깨달아야 한다. 바로 거기에서부터 통일교육은 시작된다고 생각한다.

그림책으로 살펴보는 평화

최진수 | 경남 창원 사파초 교사

그림책이 높은 학년 아이들에게 맞나

저는 우리 반 아이들과 공부하면서 곧잘 그림책을 보여 줍니다. 아직도 그림책은 어린 아이들이나 보는 것이라고 여기는 사람들도 많습니다. 그러나 그림책은 누구나 쉽게 자기 눈높이에서 볼 수 있는 책입니다. 사람마다 그림에 담긴 뜻을 달리 읽어 내고, 또 나이가 들수록 이해의 깊이도 달라집니다. 그림 몇 장이 두꺼운 책 한 권보다 훨씬 더 깊은 메시지를 던져 줄 때도 있습니다.

6학년 도덕의 '평화로운 지구촌' 단원에 어울리는 세 권의 그림책이 있어서 우리 반 아이들과 함께 나누어 보았습니다.

1차시에는 《왜?》(니콜라이 포포프, 현암사), 《여섯 사람》(데이비드 맥키, 비룡소)라는 그림책을 보면 좋겠습니다. 그 그림책에는 전쟁이 일어나는 까닭이 재미있게 나와 있습니다. 교과서에서는 '전쟁으로 겪은 고통, 어려움' 과 같은 추상적인 말만 나오기 때문에 미리 이 그림책을 본 뒤 교과서를 보면 그 뜻을 훨씬 선명하게 알 수 있습니다. 아니, 그냥 그림책만으로도 훌륭한 교과서가 될 것입니다.

2차시 수업에는 교과서에 전쟁 피해를 입은 곳에서 봉사활동을 하는 사람과 단체에 대한 이야기가 나와 있습니다. 전쟁 피해를 입은 사람들을 돕는 이야기인데, 피해를 입은 사람들(아이들)의 어려움이 생생하지 않아 별로 실감이 나지 않습니다.

OHP 그림책 만들기

그림책은 그림이 제대로 훤하게 보여야 제 맛이 납니다. 실물화상기로 보여 주기도 하지만 좀 힘들더라도 OHP 필름으로 만들기를 권합니다. 프로젝션 텔레비전보다 OHP로 보는 게 훨씬 크고 뚜렷합니다. 텔레비전 화면은 앞쪽 세 번째 줄에 앉은 아이들까지만 제대로 보이고 그 뒤에 앉은 아이들에게는 좀 답답하게 느껴집니다. 또한 OHP로 그림을 보면 화면과 빛을 보는 느낌이 훨씬 좋습니다. OHP 필름에 그림책을 스캔하거나 디지털 카메라로 찍어 칼라 프린터로 출력하면 어렵지 않게 만들 수 있습니다.

"전쟁을 직접 겪은 아이들의 마음은 어떨까?"

"전쟁이 일어난 곳의 아이들 집안에서는 무슨 일이 일어났을까?"

"포탄이 떨어지는 자리에서 무엇을 보았을까?"

이런 질문에 답을 하듯 전쟁을 겪은 아이들이 직접 그린 그림과 글을 담은 책이 《나는 평화를 꿈꿔요》(엮음 · 유니세프, 비룡소)입니다. 교과서나 참고가 되는 책을 '읽는 것' 이 대부분이었던 공부 시간에 이렇게 '그림' 을 보여 주면 아이들 관심이 한곳으로 모아질 것입니다.

전쟁은 왜 일어날까

· 1차시 공부할 내용 : 인류가 평화롭게 살아야 하는 까닭 알기(전쟁은 왜 일어나는가?)
· 교과서 : 난민촌 아이들 / 우리가 도와야 할 친구들 / 전쟁은 싫어요(148~153쪽)
· 그림책 : 《왜?》, 《여섯 사람》

"얘들아, 선생님 한번 볼래? 여기 재미있는 그림을 가져왔어."

"뭔데요?"

〈아이들 글〉

선생님께서 《왜?》라는 글 없는 그림책을 보여 주셨다. 대충 내용은 이러하다. 개구리와 쥐가 있었다. 그런데 갑자기 쥐가 개구리를 덮쳐서 싸우게 되었는데 나중엔 어른들을 데려와 결국 전쟁이 터졌다. 그래서 결국 남은 건 하나도 없었다. 공연히 쥐가 시비를 거는 바람에 큰 전쟁이 일어나 결국은 서로 피해만 보았으니 '그 작은 일 하나 땜에 왜 전쟁이 터졌을까?' 생각을 해 보라고 제목이 '왜?' 인 것 같다. 전쟁을 해서 이득은커녕 피해만 본다는 내용 때문에 제목이 그런 것 같다. 여기서 주는 교훈은 '전쟁은 작은 일부터 시작해서 커지는 것이다.' '전쟁을 하고 나면 깊은 상처만 남길 뿐이다.' 이다. 앞으로 작은 일도 조심해야겠다. (이규현)

…… 개구리 탱크와 생쥐 탱크가 전쟁을 했다. 전쟁을 하니 결국 깨끗한 환경이 난장판이 되었다. 욕심 때문에 환경이 난장판이 된다. 전쟁은 무서운 것이다. (이진우)

…… 개구리는 꽃을 가지고 있고 생쥐는 우산을 가지고 있었다. 개구리와 생쥐는 둘 다 꽃과 우산을 원하는 것 같았다. 그래서 서로 싸우고 죽고 하는 것이다. 그까짓 것 생쥐는 우산 하나 더 가져오고, 개구리는 꽃을 하나 더 꺾어서 바꾸면 될 것을 꼭 싸워서 뺏으려는 생각을 해서 전쟁이 난 것이다. 그래서 결국 꽃은 시들고 우산은 다 찢어지게 된 것 같다. 서로 뺏으려고 생각하지 말고 좋은 쪽으로 생각하는 것이 좋다고 그린이가 말하려는 것 같다. 그래서 '왜, 안 좋은 생각만 하냐?' 고 하니깐 제목이 '왜?' 인 것 같았다. (김범수)

"글이 없는 그림책이야!"

"그런 게 있어요? 아, 나도 본 적 있는데!"

"그래, 선생님이 OHP로 만들었거든. 선생님이 설명하지 않고 먼저 그림을 보여 줄게. 작가는 무슨 뜻을 전하려고 이 그림을 그렸을까? 그걸 생각해 봐. 다음 그림으로 넘길 때는 '다음' 이라고 말해 줘. 조용히 하고?"

그림책을 보여 주는 사이사이에 한마디씩 던집니다.

"남과 다른 자기 생각을 나중에 말해 봐!"

한번 다 보고 나면 아이들은 "아, 막 싸우는 거네. 전쟁 이야기다!" 하며 어떤 이야기인지 곳곳에서 쉽게 알아챕니다.

"선생님이 말하지 말랬는데……. 한 번 더 보여 줄 건데, 이 그림을 1학년 아이들과 같이 본다고 생각해 봐. 1학년이 생각하는 것과 자기가 생각하는 것이 같은 수준인지 아니면 좀 다른 생각인지 한번 비교해 봐."

한 박자 늦추어서 또 한 장 한 장 넘기면 다시 눈이 모아집니다.

"글자가 하나도 없는데 줄거리를 알겠니?"

"예. 무슨 말인지 다 알겠어요."

"그래, 작가는 무슨 말을 하고 싶어서 이 그림을 그렸을까?"

"싸우지 말라고요."

"사소한 것에 목숨 걸지 말라고."

"전쟁이 왜 일어나는지 알리려고요."

"음, 그래 잘 찾아냈구나. 혹시 다른 생각을 해 본 사람 있니?"
"선생님, 저는요, 전쟁이 벌어지면 사람만 죽는 게 아니고 죄 없는 동물과 식물도 다 죽는다는 걸 알았어요."
"그래, 그런 것도 생각했네. 그럼 조금 전에 말한 그대로 자기 생각과 느낌을 자세히 글로 써 보자."
《여섯 사람》도 《왜?》와 같이 전쟁이 왜 일어나는가에 대한 생각을 솟게 하는 그림책입니다. 사람들 욕심이 얼마나 큰일을 일으키는지 되새기게 합니다.
《왜?》가 두 마리 동물의 작은 다툼이 불씨가 되어 큰 싸움으로 번진 이야기였다면, 《여섯 사람》은 여섯 사람의 욕심 때문에 생긴 전쟁을 말하고 있습니다. 더 가지려고, 또는 더 안전하고 편하려고 남의 것을 탐하고 뺏는 '집단이기주의'를 말하기도 합니다. 그래서 뺏긴 자는 두 번 다시 당하지 않으려고 자기 것을 지키기 위한 전쟁 훈련을 하게 됩니다. 이게 우리 인류의 역사이자 전쟁 역사의 한 장면이 아닐까요. 《왜?》를 다 함께 보았다면, 《여섯 사람》은 반 아이들 모두 돌아가면서 읽고 함께 이야기를 나눴으면 좋겠습니다.

나 혼자만이 아닌 모두가 행복하게

· 2차시 공부할 내용 : 모든 인류가 평화롭게 살기 위한 마음 다지기(전쟁의 참상 알기)
· 교과서 : 카자흐스탄에서 온 편지 / 세계의 어린이들을 돕는 단체(154~160쪽)
· 그림책 : 《나는 평화를 꿈꿔요》

이 단원에서도 몇몇 그림을 OHP로 만들어 보면 좋습니다. 《나는 평화를 꿈꿔요》는 옛 유고슬라비아 어린이들이 전쟁에서 받은 상처를 그림으로 그리고 글로 쓴 것을 묶은 것입니다. 전쟁을 겪은 아이들이 직접 그린 그림이라 더 실감이 납니다.
총 들고 나가는 아버지를 붙잡는 모습, 포탄을 맞은 교회, 비행기 폭탄이 가족한테 떨어지는 장면, 병원에 입원한 아이들, 밤마다 꾸는 악몽 등 그냥 지나치기 힘든 그림에 모두 시 같은 글이 쓰여 있습니다. 하나하나 읽어 주면 아이들은 전쟁이 얼마나 무섭고, 전쟁이 일어나면 어떤 고통을 받는지 느낄 수 있을 겁니다. 그러나 때때로 이런 글을 보면서 장난삼아 이야기하거나 재미있다며 웃는 녀석도 한둘 있습니다.

"얘들아! 한번 생각해 봐라. 너희 엄마, 아빠, 동생이 내 곁에서 폭탄에 맞아 죽어 간다고 생각해 봐라. 지금 이 그림을 그린 아이들 마음이 어떻겠니? 이렇게 멀리 떨어진 곳에서 우리가 그림을 만화책 보듯이 보고 있다는 것을 그 아이들이 안다면 기분이 어떨까?"

"……."

"지금 이 아이들은 어떻게 지내고 있을까? 학교는 다닐까?"

"아니요. 학교도 부서지고 부모도 없어서……."

"그래, 이런 아이들이 세계 곳곳에 있단다. 경우가 조금 다르긴 해도 북한 아이들도 마찬가지겠지. 그럼 우리가 해 줄 수 있는 것, 우리가 해야 할 일은 뭘까?"

"성금도 내구요. 사이좋게 지내야겠네요?"

"장난삼아 오락처럼 텔레비전에 나오는 전쟁 뉴스를 봤는데 이젠……."

〈아이들 글〉

그 나라 친구들이 폭탄을 맞아 죽거나 다친 부모님이나 친구들, 동생, 누나, 형들을 보면 아주 두려울 것이라고 생각했는데 앞쪽의 사진을 보니 해맑은 모습이었다. 그렇게 해맑은 아이들이 그렇게 폭탄 맞고 다친다는 것을 생각하니 나는 전쟁이 너무 잔인하다는 것을 알게 되었다. 남자 아이들은 사람 죽이는 게임 같은 것을 하면서 장난삼아 전쟁을 얘기하는데 만약에 우리나라에 전쟁이 난다면 그렇게 생각하지 못했을 것이다. 전쟁도 하지 말아야 하지만 먼저 잔인한 게임을 그만했으면 좋겠다. (서은혜)

그 아이들이 불쌍하다. 근데 만약 우리나라에 이런 일이 벌어지면 우리도 똑같겠지. 우리는 사람 죽이는 게임을 자주 하는데 만약 실제로 전쟁이 일어나면 어떻게 될까? (김종형)

나는 두 번이나 읽어 봤다. 엄마, 아빠, 그리고 가족을 잃은 아이들의 그림과 글이 있었다. 그림을 보면서 전쟁, 그리고 평화를 꿈꾸는 아이들이 불쌍하게 보였다. (김재원)

미술 시간 '상상의 세계' 그리기를 하면 아이들은 곧잘 우주나 지하, 바다 밑 세계를 그리곤 합니다. 우주 전쟁 모습도 자주 봅니다. 아이들은 싸우는 모습을 컴퓨터 게임이나 영화의 한 장면처럼 더 멋있고 재미있게 그리려 합니다. 그런 모습을 되새기면 아이들에게 '전쟁'을 발달한 과학의 멋있는 모습으로 여기게 하고, '평화'에 대해서는 그저 말로만 하지 않았나 싶습니다.

《나는 평화를 꿈꿔요》를 보면서 전쟁이 얼마나 무서운 것인지 한 번 더 되새겨 봅니다. 겪은 뒤 쓴 글과 그림이라서 더 마음에 와 닿습니다. 그림 몇 장으로도 충분히 그 뜻을 살려 내는 그림책의 힘을 느낄 것입니다.

한글날

세계에서 가장 과학적이고 체계적이며 배우기 쉽고 쓰기 쉬운 문자가 '한글' 이라고 한다. 그래서 세계 '문맹퇴치' 를 기념하는 상의 이름도 '세종대왕상' 이다. 그러나 한글날은 국가 공휴일에서 밀려나 있고, 세계화라는 이름하에 영어 공부에 인생을 다 바치는 사람도 많아졌다. 영어를 공용어로 하자는 학자들도 나오고 있다.
문화강국이 되는 길은 자기 문화를 올곧게 지켜 내면서 그 문화에 새로운 문화를 접목시켜 양질의 문화로 발전시켜 나가는 것이라고 한다. 한글을 지키면서 영어를 활용하고, 우리말에 없는 영어 표현을 우리말로 바꾸어 보면서 우리말의 폭을 넓히는 것이 중요하다는 것이다. 한글의 우수성을 우리가 먼저 기리며 아름답게 가꾸어 나갈 때 우리말 한글은 세계 여러 나라의 문화와 어깨를 나란히 할 수 있을 것이다.

티셔츠에 핀 우리말 꽃

조성실 | 서울 누원초 교사

전교어린이회 시간에 우리말로 된 옷을 입고 다니자는 의견이 나왔다. 옷에도 간판에도 서양말이 대부분이라며 우리말을 사랑해야겠다는 의견에 아이들은 너도나도 맞다고, 그래야 한다고 했다. 그러나 막상 결정이 되고 입으려고 하니 우리말이 적힌 옷이 없었다. 자연스럽게 스스로 만들어서 입자는 의견이 모아졌고, 아이들의 옷에 염색을 해 주자고 마음먹게 되었다. 저학년 아이들은 제 힘으로 염색을 하는 것이 힘들기 때문에 학부모들의 도움을 받았다. 어머니들은 즐거운 마음으로 도와주셨다. 우리 반 아이들뿐만 아니라 전교생이 티셔츠에 한글을 염색하는 활동을 하면서 우리말과 생각을 표현하는 방법에 대해 다시 생각하게 되었다고 했다. 교사와 학부모들도 아이들의 문화를 이해하고, 바람직한 문화를 가꾸기 위해 애써야 함을 느끼는 계기가 되었다.

좋은 뜻을 담은 우리말 찾기

우리말 티셔츠 만들기에서는 좋은 뜻을 담은 아름다운 우리말을 아이들 스스로 찾는 활동이 중요하다. 어떤 말을 넣어서 염색할지 먼저 이야기를 나누었는데, 아이들은 두 가지를 제안하였다. 한 가지는 잘 사용하지 않는 아름다운 우리말을 찾아서 도안하는 것이다. 아이들은 국어사전을 찾거나 이야기책을 읽으면서 좋은 말을 골랐다. 다른 하나는 평소에 하고 싶은 말을 도안하는 것이다. 아이들은 '일등 없는 세상' '노는 학교' '자유' 등 어른이나 사회로부터 억눌린 마음이나 친구 사이의 '우정' '사랑' 등을 표현하고 싶어했다.

아이들이 찾은 우리말, 우리글

꼬마신랑은 위인전을 보다 생각한 것이다. 왜 꼬마신랑으로 했냐면 요즘 기계적이고 컴퓨터 게임에 빠져 있는 아이들에게 옛 우리 풍습과 전통을 일깨워 주고 싶어서이다.

내가 도안한 이 말은 억압되어 있는 요즘 아이들과 내 마음을 글로 표현한 것이다. 이 글을 읽는 모든 이들과 자유에 대해서 한 번 더 생각했으면 좋겠다.

내가 이것으로 한글 도안을 한 이유는 친구인 범근이와 우정이 계속 유지되기 위하여 '우정이 최고'라는 글씨와 하트를 반으로 잘라서 옷에다 표현한 것이다. 그리고 하트를 반반씩 도화지에 그린 이유는 우리가 한마음 한뜻이 되었으면 좋겠다는 뜻이다.

티셔츠 만들기

1. 우리말 고르기

· 아름다운 우리말을 스스로 찾게 한다.
· 자기 생각이 담겨 있는 의미 있는 말을 찾을 수 있게 지도해 준다.

2. 도안하기

· 두꺼운 도화지에 자기가 고른 글씨를 연필로 그린다.
· ㄹ, ㅁ, ㅂ, ㅅ을 도안할 때는 파낼 때를 생각하여 조각이 떨어지지 않도록 주의해야 한다. 이 부분에 신경 쓰다 보면 재미있는 글씨 도안이 나오기도 한다.
· 글씨와 함께 간단한 그림을 넣어 꾸며도 좋다.
· 티셔츠에 염색할 것을 생각해서 글씨 크기를 정하면 되는데, 8절 크기의 두꺼운 도화지 안에 여유 있게 도안하면 된다.

3. 파내기

· 두꺼운 종이에 도안하면 커터칼을 이용하여 힘들이지 않고 글씨를 파낼 수 있다.
· 조각이 완전히 떨어져 나가지 않도록 조심스럽게 파낸다.

4. 염색물감으로 찍기

· 한 명씩 차례대로 할 수 있도록 찍는 자리, 다림질하는 자리를 미리 만들어 놓는다.
· 물감이 서로 섞이지 않도록 접시 하나에 한 가지씩 짜 놓는다.
· 티셔츠 사이에 다리미대나 신문지를 구겨지지 않게 잘 펴서 넣고 물감을 찍는다.
· 물감을 찍는 동안 움직이지 않도록 짝을 지어 서로 잡아 주도록 한다.

5. 티셔츠 말리기

· 햇볕이 나는 날 밖에서 말린다. (여름에는 교실에서 말려도 빨리 마른다. 흐린 날은 드라이기로 말린다.)

6. 다림질하기

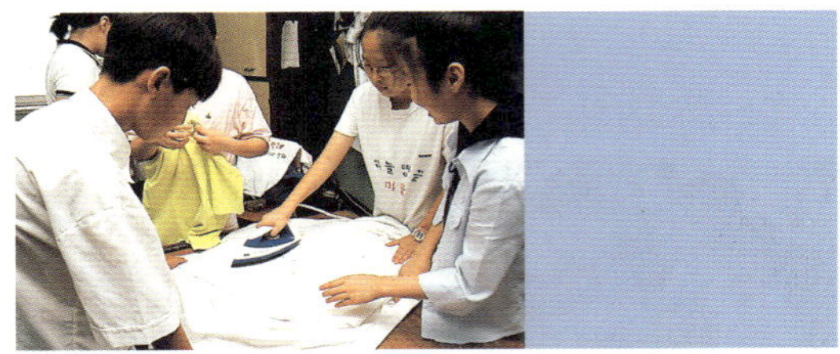

· 잘 말린 다음 헌 와이셔츠나 헝겊을 대고 다림질을 한다.
· 얼룩이 묻은 곳이나 잘못된 곳은 피해서 다림질한다.
· 다림질하는 곳에는 담당자를 정하여 다리미에 데지 않도록 관리를 맡긴다.
· 얼룩이 묻은 곳은 아세톤으로 지운다.

★ 입고 감상하기 ★

· 다림질이 끝나면 옷을 입고 서로 감상한다.

우리글로 된 티셔츠 만들기를 마치고

〈아이들 글〉 

얼마 전 우리 학교에서는 '한글이 쓰여진 옷을 입자.' 라는 행사를 벌였다. 처음에는 행사가 잘될 것이라고 생각하지 않았다. 이유는 아이들이 "아이, 쪽팔리게 누가 입어?" 하고 말했기 때문이다. 하지만 우리 반 아이들은 열심히 열심히 도안하였다.
나는 빨리 찍고 싶어서 옷까지 샀다. 그런데 선생님께서 하시는 말씀이 내 작품이 인기가 많다고 하셨다. 특히 저학년 아이들에게……. 그래서 이유를 여쭈어 보니 저학년들은 너무 순진해서 '창경' 이란 글씨가 쓰여 있어 좋아했다고 말씀해 주셨고 글씨체가 딱딱하지 않아서 좋다는 평가를 받았다고 하셨다.
첫째, 둘째 날에는 도안을 신청하는 아이가 별로 없었는데, 나중에 아주머니께서 정신없이 일을 하셨다. 이번 기회를 통해 우리글은 외국인이 쓰는 글이 아니고 우리 한국인이 쓰는 글로 아끼고 사랑해야겠다고 생각했다. 그리고 한글이 쓰여진 옷을 입어야겠다.

전교어린이회에서 결정하고 실제로 학급에서 한글 티셔츠 만들기를 해 보았지만 아이들은 크게 달라지지 않은 것 같다. 저학년 아이들은 내가 자기들과 같은 글씨가 씌어진 옷을 입고 가니 반가워서 뛰어와 인사를 하곤 한다. 그러나 고학년 아이들은 학교 밖에서 입고 다니는 것을 꺼리는 눈치다. 다른 사람들의 눈에 띄기 위해서 노랑색으로 머리를 물들이거나 힙합바지를 입고 다니는 것은 좋아하면서, 자기 스스로 만든 티셔츠는 너무 '튀어' 싫다고 한다. '유명 상표가 크게 찍힌 티셔츠에 눈이 익숙해 있는 탓이겠지…….' 하고 위안을 하다가도 아이들 문화란 짧은 시간에 변화될 수 없는 것임을 새삼 느꼈다. 차근차근 우리 아이들의 입을거리, 먹을거리에 우리 문화가 스며들 수 있게 힘써야겠다는 다짐을 다시 한 번 하게 되었다.

글쓴이 · 도움 주신 분들 김영주 | 충남 아산 거산초 교사 · 김한민 | 서울 안암초 교사 · 신명기 | 서울 영훈초 교사 · 박정애 | 인천 동부초 교사 · 배재영 | 서울 후암초 교사 · 조성실 | 서울 누원초 교사 · 최진수 | 경남 창원 사파초 교사

II. 학급행사와 문화활동

03 현장 체험학습과 문화활동

현장 체험학습은 교실 안 수업만으로는 부족한 내용을 현장에서 직접 아이들이 오감을 통해 경험하도록 이끄는 활동이다. 이뿐만 아니라 여러 가지 문화활동이나 학급행사는 아이들에게 책으로 접할 수 없는 세상을 열어 주고 함께하는 과정에서 삶의 지혜를 깨치게 하는 한 방법이다.

지혜와 경험을 전수받고 새로운 것을 창조하는 가르침은 어느 곳에서나 이루어질 수 있다. 굳이 교실만 혹은 교과 수업만 고집할 필요는 없다. 헤아려 보면 가슴 속에 남아 있는 가르침은 교실 밖 '다른' 경험 속에서 이루어진 것이 많다.

교실 안팎을 넘나들며 함께하는 일은 아이들에게 또 다른 경험이 된다. 담임뿐만 아니라 학교 밖에서 다양한 경험과 지혜를 쌓은 어른들과 함께하는 일을 통해 아이들은 좀 더 넓게 세계를 보는 안목을 키울 수 있다. 체험학습을 비롯해 세상과의 접점을 넓혀 나가는 다양한 활동은 선생님으로서 어른의 도량과 경험을 말없이 건네 주는 통로가 되기도 하고, 아이들로서는 좁은 소견에서 벗어나 생활의 지혜를 경험하는 과정이 될 수도 있다. 아이들의 조화로운 성장을 위한 지원은 교실을 열어 수업이 다양한 활동으로 이어질 때 다채로운 빛깔로 결실을 맺게 된다.

현장 체험학습 준비부터 체험까지

체험은 매우 통합적인 영역이다. 그러므로 한 교과만을 목표로 현장 체험학습을 계획하는 것은 효율적이지 못하다. 물론 이런저런 활동을 산만하게 나열하는 것도 좋지 않다. 7차 교육과정부터 학교별 자율 교육과정으로 재량활동 시간을 편성 · 운영할 수 있게 되면서, 체험학습을 교육과정 내에서 통합적으로 운영할 수 있는 폭이 넓어졌다. 특히 7차 교육과정에서는 '교과서에 나온 제재를 다 배웠는가?' 가 아니라 '단원의 학습 목표를 성취했는가?' 가 중요하다. 그러므로 학년 교육과정에 알맞게 현장 체험학습도 학습 목표를 설정하여 실시하면 교육과정 운영에 더욱 효과적이다. 그렇다고 너무 학습에 치중하여 아이들의 기를 누를 필요는 없을 것이다. 현장 체험학습은 교사의 재량활동 영역인 만큼 교사가 어떻게 운용의 묘를 발휘하는가에 따라 그 가능성이 달라진다.

현장 체험학습 계획하기

직접 현장 체험학습을 계획하다 보면 여러 가지 어려움을 겪게 된다. 이때 다음과 같은 점을 미리 염두에 두고 계획하면 시행착오를 줄일 수 있다.

첫째, 현장 자체를 학습하는 것이 아니라, 현장을 이용한 학습을 해야 한다. 현장의 모든 자료를 배우고 암기하는 것이 아니라, 현장에서 내가 필요로 하는 정보를 얻을 수 있도록 선택하여 학습하는 것이다. 도서실에 가듯 현장을 찾아가고, 목적의식을 갖고 현장의 정보를 재조직하여 주체적으로 창조해 낼 수 있도록 한다.

둘째, 현장 체험학습은 한 번에 모든 것을 알려고 하기보다 구체적인 학습 목표를 갖고 진행하는 것이 바람직하다. 같은 장소라도 학습 목표에 따라 다른 학습이 이루어질 수 있다.

예를 들어 우리나라의 역사적 유물이 총망라되어 있는 중앙국립박물관에서도 도자기라는 주제로, 또는 삼국시대라는 주제로 집중적인 학습이 이루어질 수 있다. 이때 필수영역과 선택영역을 구분해 주면 좋다.

셋째, 아이들의 수준과 흥미에 맞는 활동 중심의 창의적이고 재미있는 학습이어야 한다. 아이들이 현장 체험학습이 이루어지는 곳을 재미있고 의미 있는 곳, 많은 배움을 얻을 수 있는 곳으로 느끼도록 학습을 진행한다. 필요하다면 학부모 명예교사에게 도움을 요청하는 것도 좋다. 실제로 현장 체험학습에 참여했던 학부모 가운데서는 전문적인 역할을 한다는 데 긍지를 가지고, 이후에 박물관 안내 자원봉사를 하는 경우도 있다.

넷째, 교사는 현장 체험학습 전에 계획적이고 치밀한 사전답사를 해야 한다. 사전답사는 적어도 2주 전에는 이루어져야 하며, 답사를 할 때에는 교통편(지하철역 출구 번호까지), 장소 활용 계획(인원 배치와 활동 순서), 시간 배정, 점심 및 휴식 장소, 안내인 도움, 사전 예약과 공문 발송 여부, 휴일과 입장료 등을 조사하고 계획한다. 또한 미리 교재 연구를 한 뒤 현장에서 학습지 제작을 위한 구체적인 조사와 기록을 한다. 이때 현장 전문가에게 교사임을 밝히고 도움을 요청하면 대부분의 경우 자세하고 친절한 안내를 받을 수 있다.

다섯째, 수준별 현장 체험학습 학습지를 준비한다. 교과학습에서뿐만 아니라 현장 체험학습에서도 아이들의 수준차를 고려해야 한다. 아이들 수준에 따라 기본 과정과 심화 과정을 포함한 학습지를 준비하는 것이 좋다. 장소에 따라 차이는 있으나, 모든 아이들이 해결해야 하는 기본 과정을 앞에 배치하고, 이를 먼저 해결한 아이들이 선택하여 할 수 있는 심화 과정으로 '더 공부하기' 나 여러 가지 이야기, 또는 관람자료를 첨부한다. 심화 과정에 대해서는 아이들이 자유롭게 선택하게 하고, 학습지 결과는 현장 체험학습을 마친 뒤 교실에 게시하여 서로 비교해 볼 수 있도록 한다.

교실에서 준비하기

현장 체험학습을 가기가 겁난다는 교사들도 많다. 아이들과 함께 학교 밖으로 나가는 것도 힘들지만 다녀와서도 아이들이 별반 달라지는 게 없다는 교사도 있다. 하지만 현장 체험학습을 가기 전에 교실에서 철저히 준비하면 교사도 아이들도 현장 체험학습의 보람을 느낄 수 있다.

● 문화에 대한 인식 바꾸기 : 현장 체험학습은 사회를 배우고, 사회의 문화를 익히는 학습의 한 방법이다. 문화에 대한 올바른 관점과 태도를 먼저 익혀야 그 바탕 위에서 현장 체험학습의 효과도 높아진다. 우리 주변의 모든 것이 문화라는 것, 과거의 문화를 배우며 우리 스스로 현재의 문화를 가꾸고, 미래의 문화를 만들어 가는 중이라는 책임감을 갖도록 한다. 예를 들면, 지하철을 바르게 이용하고 질서를 지키는 것도 문화이며, 더 나아가 현재 우리 사회의 문화 수준을 높이는 것이라는 것을 깨닫도록 하여 자긍심을 갖고 현장 체험학습에 참여하도록 한다.

● 아는 만큼 보인다 : 아이들이 현장 체험학습의 주제나 장소에 대해 미리 알아보고 탐구할 기회를 마련해 주면 현장에서 느끼는 지적 성취감은 훨씬 커진다. 현장 체험학습 전에 반드시 사전조사나 사전안내를 하는 시간을 갖는 것이 좋다. 현장 체험학습의 목표, 현장 체험학습을 할 때의 태도와 주의할 점에 대한 안내는 모든 현장 체험학습에서 지속적으로 이루어져야 할 부분이다.

● 공중도덕 체험실습의 장으로 만들기 : 현장 체험학습을 통해 사회생활을 익히고, 공중도덕을 지키는 것은 학습 내용 가운데 중요한 부분이다. 지하철 플랫폼에서 가운데를 비우고 두 줄로 서서 기다리기(내리는 사람 배려하기), 노약자 보호석에 앉지 않기(약자의 권리 인정하기), 에스컬레이터를 탈 때에는 오른쪽에 서기, 공공장소에서 떠들지 않기 등은 교실에서 철저히 학습시키고 현장에서도 시간을 할애하여 반드시 지키도록 한다. 이것이 잘 지켜지면 주변 사람들로부터의 칭찬과 격려는 물론, 현장 체험학습에 대한 사회의 배려도 나아질 것이다. 학교와 사회를 바꾸는 작은 실천이기도 하다.

● 체험학습 태도 체크리스트 준비하기 : 현장 체험학습을 할 때 아이들이 가지고 다니는 학습지 겉장에는 항상 태도 체크리스트를 넣어 두도록 한다. 도덕과 연계하여 영역별로 요소를 추출하고, 공동생활을 자연스럽게 익히도록 계획한다. 처음에는 교사가 그때그때 각 항목마다 잘하면 ☆표를, 지키지 않으면 ×표를 해 준다. 좀 지나 익숙해지면 자기 평가나 모둠장 평가, 상호 평가로 변용할 수 있다.

현장 체험학습 진행하기

학급 수가 많은 학교에서는 학년 전체가 같은 날 현장 체험학습을 가는 것이 아니라, 1~3 학급 정도로 나누어 며칠에 걸쳐 진행하는 것이 좋다. 교통편이 불편하거나 장소가 협소한 곳에 갈 때도 마찬가지다. 깊이 있는 현장 체험학습을 할 필요가 있거나 여러 주제를 학습해야 할 경우, 또는 장소를 옮기며 학습해야 할 경우에는 장소나 주제별로 전문가 선생님(교사와 학부모 명예교사)을 배치하고, 아이들은 팀을 나누어 물레방아 돌듯 돌아가며 학습을 하는 방법도 좋다. 교사도 영역을 나누어 맡게 되면 준비하는 데 걸리는 시간과 부담을 줄일 수 있고, 아이들도 영역에 따라 자세하고 깊이 있는 학습을 할 수 있다. 미리 몇 분 간격으로 돌 것인지 약속하고, 그 약속을 꼭 지켜야 수업에 차질이 없다. 박물관이나 자료가 많은 장소를 체험할 때 효과적이다.

아이들을 데리고 나가면 제일 어려운 점이 공공장소에서 떠드는 문제일 것이다. 그러나 아주 중요한 부분이므로 아이들과 반드시 사전약속을 정해 공공장소에서 남에게 피해를 끼치지 않도록 해야 한다. 이런 기본적인 문제가 풀려야 교사도 아이들도 현장 체험학습이 즐거워진다.

톡톡 아이디어

어떻게 하면 지하철에서 한시도 가만 있지 못하고 재잘거리는 아이들을 조용히 시킬 수 있을까. 침묵 게임을 이용해 보자. 이영주 교사(서울 묵동초)의 교실에는 자석을 이용한 〈오르자, 열 고개〉라는 코너가 있다. 캐비닛이나 자석 칠판에 시트지를 가늘게 오려 붙여 열 줄을 만든다. 맨 위는 '하늘' 이고, 맨 아래는 '땅' 이다. 그리고 학급 아이들의 이름을 매직으로 쓴 칼라 자석을 준비한다. 학급에서 자습이나 숙제, 봉사 등을 하면 미리 정해진 칸만큼 자기가 직접 자석을 위로 옮긴다. 열 고개에 도착하면 사탕 한 개와 스티커 한 개를 받고 자석을 '땅' 으로 내린다.

가끔 교실에서 조용히 해야 할 때 "침묵 게임 시작!" 하고 말한다. 그러면 아이들은 "시작!" 하고 외친 뒤, 게임 규칙에 맞춰 말을 하면 안 되는데, 이 규칙은 짝끼리 서로 확인한다. 만약 자기 짝이 말을 하면 어깨를 가볍게 치고 집게 손가락을 입에 대고 경고한다. 두 번째 경고를 하면 자기 자석은 한 칸 위로 짝 자석은 한 칸 아래로 내린다. 한 번 이렇게 한 뒤 다시 같은 일이 생기면 그때는 손을 잡고 나와 교사와 상담을 한 뒤 그 결정에 따라야 한다. 어떤 면에서는 비교육적인 것 같기도 하지만, 여러 아이들이 각자 자유롭게 활동하는 시간과 서로를 위해 방해하지 말아야 할 시간이 있다는 것을 쉽게 배울 수 있다.

이 방법은 현장 체험학습에서도 효과가 있다. 지하철이나 버스 등에서 아이들이 시끄럽게 떠들며 다른 사람들에게 불편을 끼칠 때 침묵 게임을 하는 것이다. 그래도 계속 떠드는 아이가 있어 2차 경고까지 하게 되면 손을 잡고 교사에게 데리고 온다. 그러면 학습지 겉장의 체크리스트에 각각 ☆과 ×를 표시해 준다. 이렇게 몇 번 규칙을 확인하면 아이들 태도가 좋아진다. 장소와 상황에 맞춰 아이들 스스로 침묵 게임을 시작하고 끝내는 모습을 볼 수 있다.

체험학습 정리하기

현장 체험학습을 한 뒤 자료와 결과를 어떻게 처리해야 할지가 제일 고민이다. 현장 체험학습이 단지 현장에서 끝나지 않고 교과학습과 인성교육으로 연결될 수 있도록 후속 과정을 준비하도록 한다. 체험학습을 다녀온 다음 날에는 도움을 준 분들께 감사 편지를 쓰고 5일 안에 모둠 보고서를 내도록 하는 것도 체험학습을 정리하는 한 방법이다.

● 감사 편지 쓰기 : 현장 체험학습에 도움을 주신 분들, 즉 박물관 관장, 안내나 주선을 해주신 분들께 감사의 마음을 담은 편지를 보내도록 한다. 처음 시작할 때에는 아이들과 함께 왜 그분들이 고마운지에 대해 생각해 보는 시간을 갖는 것이 필요하다. 편지를 받은 분들은 대부분 다음 현장 체험학습에도 적극적으로 협조해 주신다. 이것은 교육에서 아주 중요한 활동이다. 아이들과 함께 우리 사회를 교육적인 환경으로 바꾸어 가는 한 방법이 될 것이다.

● 보고서 쓰기 : 모둠별로 또는 개인별로 보고서를 만든다. 보고서는 마인드맵, 미니북, 감상문, 사진, 팸플릿, 인터넷 조사, 인터뷰 등 다양하고 창의적인 방법을 모두 이용해 보도록 하고, 모둠 보고서를 만들 때는 이런 보고서 형태를 종합하여 만들도록 한다.

보고서를 작성하라고 하면 아이들은 잘하려는 마음에 문헌조사를 새로 해서 오는 경우가 많다. 체험학습은 체험학습대로 하고, 보고서는 책이나 인터넷 자료를 보고 만들어 오는 것이다. 만약 문헌조사가 더 효과적인 곳이라면 현장 체험학습을 가지 않고 문헌조사를 하는 게 나았을 것이다.

현장 체험학습 보고서에는 현장성이 담겨 있어야 한다. 첫 회에 만들어 온 보고서를 함께 살펴보며 이러한 점을 지적하고, 보고서에서 현장성이 담겨 있는 부분을 칭찬해 주면 아이들은 현장 체험학습 보고서를 어떻게 정리해야 하는지 금방 이해한다.

답사와 사전학습

답사하기

교사의 사전답사는 현장 체험학습의 시작이다. 자주 이용했던 곳, 놀이공원 등 사전답사가 필요 없다고 생각되는 곳이라도 다시 한 번 시간을 내어 가 보는 것이 좋다.

사전답사는 빠를수록 좋은데, 늦어도 체험학습 2주 전에는 끝내야 한다. 그래야 여유와 자신감을 가지고 현장 체험학습을 체계적으로 계획할 수 있고 현장 활동을 할 때 시간을 알차게 활용할 수 있다. 또한 장소 이용의 문제점이나 안전지도에 필요한 내용들을 꼼꼼히 살펴 지도할 수 있다.

사전답사를 위해 미리 예약을 해야 하는 곳도 있고, 전문가에게 안내와 설명을 받을 수 있는 곳도 있으므로 기회를 놓치지 말고 정보를 얻어서 활용할 수 있어야 한다. 사전답사 때는 미리 확인이 필요한 내용을 정리해 가서 중요한 사항을 빠뜨리지 않도록 한다.

예시 **체험학습 사전답사 확인표**

현장 체험학습 장소 :		
교통편	걸리는 시간	
	주의할 점(출구)	
장소	활동 내용	
	이용 순서 활동 시간 점심, 휴식 시간	
그 밖에	활동 인원 주의할 점	
메모 – 안내 받은 내용이나 이용 계획 등		

예시 **놀이공원 현장 체험학습을 위한 사전답사 내용**

① **교통편**
- 타는 곳(앞쪽과 뒤쪽), 나오는 곳, 인원 점검 장소 등 일반 이용객의 불편을 최소화할 수 있는 장소 탐색하기
- 걸리는 시간 확인하기

② **장소 탐색**
- 이용할 수 있는 놀이기구 종류 확인하기(저학년, 중학년, 고학년 수준을 고려)
- 한 장소에서 다른 장소로 이동하는 길 확인하기
- 점심 식사와 휴식을 할 수 있는 공간의 크기와 개수 알아보기
- 이용객이 많아 일정 시간 안에 계획된 놀이기구의 이용이 불가능할 경우 대체할 활동과 놀이기구, 장소 알아보기
- 물개 쇼나 퍼레이드처럼 시간이 정해져 있는 프로그램의 이용 시간과 수용 인원 알아보기

③ **안전사고 대비**
- 위험한 놀이기구와 시설, 장소에 대해 세심하게 알아보기
- 응급처치실과 화장실 위치 확인하기

사전지도 준비하기

대체로 학년 전체나 2~3개 반끼리 현장 체험학습을 실시하므로 교사들이 함께 모여 사전지도 내용을 정해야 한다.

먼저 전체 일정(출발, 점심, 도착 시간)을 협의하고, 저 · 중학년의 경우 몇 개 반씩 한 단위로 활동할 것인지, 대표 반은 어느 반이 할 것인지, 어느 장소부터 이용할 것인지를 의논한다. 또 활동 규칙이나 장소 이용의 주의점 등을 서로 확인해 정리하도록 한다. 예를 들면 지하철을 이용할 때 차량 칸과 반 번호를 맞추어, 1번 칸에는 1반이 탄다는 등의 약속을 해 두는 게 좋다. 다음 표는 교사들이 일정을 의논할 때 참고할 수 있는 예시이다.

예시 **연극과 대학로 현장 체험학습 협의안**

<table>
<tr><th colspan="2">시간 \ 반 학습활동</th><th>1</th><th>2</th><th>3</th><th>4</th><th>5</th><th>6</th></tr>
<tr><td colspan="2">09:00~10:00</td><td colspan="6">출발 ~ 이동</td></tr>
<tr><td rowspan="3">10:00
~
11:30</td><td>10:00~10:30</td><td colspan="3" rowspan="3">연극 관람</td><td>아프리카
미술박물관</td><td>대학로
문화탐험</td><td rowspan="2">대학로
문화탐험</td></tr>
<tr><td>10:30~11:00</td><td rowspan="2">대학로
문화탐험</td><td>아프리카
미술박물관</td></tr>
<tr><td>11:00~11:30</td><td>대학로
문화탐험</td><td>아프리카
미술박물관</td></tr>
<tr><td colspan="2">11:30~12:30</td><td colspan="3">점심</td><td colspan="3" rowspan="2">연극 관람</td></tr>
<tr><td rowspan="3">12:30
~
14:00</td><td>12:30~13:00</td><td>아프리카
미술박물관</td><td>대학로
문화탐험</td><td rowspan="2">대학로
문화탐험</td></tr>
<tr><td>13:00~13:30</td><td rowspan="2">대학로
문화탐험</td><td>아프리카
미술박물관</td><td colspan="3" rowspan="2">점심</td></tr>
<tr><td>13:30~14:00</td><td>대학로
문화탐험</td><td>아프리카
미술박물관</td></tr>
<tr><td colspan="2">14:00~15:00</td><td colspan="6">이동 ~ 도착</td></tr>
<tr><td colspan="2">유의 사항 협의</td><td colspan="6">1. 연극 공연 장소가 150석이므로 세 개 반씩 두 팀으로 나누어 관람한다.
– 1반과 2반이 각 팀의 대표 반이다.
2. 모둠은 여섯 명씩 여섯 모둠으로 구성한다.
3. 아이들에게 대학로 지도를 안내하여 찾아보고 싶은 장소나 건물, 길을 알아보게 한다.
– 지도 복사는 1반 담당 : 반마다 여섯 장씩 복사
4. 마로니에 공원에서 모인다.
5. 지하철 환승역을 확인한다.</td></tr>
</table>

예시 **놀이공원 현장 체험학습을 위한 사전지도 내용**

① 모둠 구성

· 전체가 다 함께 활동하는 것보다 모둠 단위로 활동하는 것이 효과적이다. 학부모 명예교사가 있는 저학년은 한 모둠을 열 명 이내로 구성하고, 고학년은 여섯 명 이내로 한다.

· 저학년은 학부모 명예교사의 도움을 받아 모둠을 운영하고, 고학년은 모둠장이 대표를 맡는다.

· 저학년에서 모둠과 학부모 명예교사를 짝지어 줄 때 아이의 부모가 같은 모둠에 들어가지 않도록 한다.

· 놀이기구에 대한 선호도를 고려하면 이성보다는 동성끼리 모둠을 구성하는 것이 좋다.

· 놀이기구에 따라 키를 제한하기도 하므로 키가 비슷한 아이들끼리 구성한다. (키나 번호순으로 짜기)

· 특별한 보살핌이 필요한 아이는 소속 모둠의 아이들과 모둠장에게 특별히 주의를 기울여 줄 것을 당부해 둔다. 교사는 중간중간 아이가 잘 활동하고 있는지 세심하게 살펴야 한다. 저학년은 학부모 명예교사에게 부탁하고, 아이의 학부모가 현장 체험학습에 함께할 수 있는지 의사를 확인해 둔다.

② 장소 안내

· 스무고개나 이구동성 등의 게임이나 퀴즈를 통해 장소에 대한 흥미와 관심을 갖게 한다.

· 사전답사 때 챙겨 온 팸플릿이나 안내문을 복사하여 아이들에게 나누어 주어 장소에 대해 미리 알 수 있도록 한다. (입구, 견학하는 길, 화장실, 놀이기구 종류 따위)

· 저학년은 이용할 수 있는 놀이기구를 알려 주어 관심을 갖게 한다.

· 고학년은 모둠별 활동을 좋아하므로 모둠별로 이용할 놀이기구를 스스로 정하게 한다.

· 고학년은 주로 모둠별로 활동하게 되므로 꼭 점심 시간과 집합 장소를 알려 준다. 점심은 모둠원이 함께 모여서 먹고, 간식은 모둠원이 서로 나누어 먹는다는 것을 알려 준다.

· 놀이기구를 탈 때 이용 방법과 주의 사항을 먼저 확인하도록 한다.

③ 규칙 통일하기

· 현장 체험학습을 처음 실시할 때 규칙과 질서를 꼼꼼하고 정확하게 지도하면 일 년 동안 다른 현장 체험학습을 할 때도 수월하게 진행할 수 있다.

· 안내 신호, 집중 신호를 정한다. 여러 사람이 있고 장소가 넓으므로 되도록 손짓과 몸짓으로 정하는 것이 좋고, 소리로 할 때는 되도록 간단하게 정한다.

예 교사 : "○○"(학교 이름)
아동 : "○학년 짜(짜)작"
교사 : "○학년"
아동 : "○반 짜(짜)작"

· 여러 명이 한꺼번에 움직이는 현장 체험학습을 할 때에는 칭찬보다는 규칙과 질서를 어겼을 때 벌칙 신호를 많이 적용하게 된다.
예를 들어 차 안에서 돌아다니거나 큰 소리로 떠들 경우에 교사가 떠드는 아이의 '머리를 쓰다듬는다.'로 벌칙을 표현하고 3회 이상이면 '선생님과 손잡고 다니기'로 하는 등 차 안이나 실내에서 조용히 하는 방법을 정한다.

· 줄 서는 순서를 안내한다. 이동할 때는 모둠 순서대로 두 줄로 서서 오가며 모둠장이 앞에 선다. 설명을 들을 때는 모둠별 두 줄 횡렬로 서게 하면 의사 전달을 하는 데 효과적이다.

· 지하철이나 버스에서 지켜야 할 규칙을 확인해 둔다. '버스에서 기사 뒤편으로 여자 모둠이, 출입문 뒤편으로는 남자 모둠이 앉는다.'는 식으로 정할 수 있다. 또 멀미를 하는 아이를 미리 파악하여 그 아이가 소속된 모둠이 앞쪽에 앉도록 배려한다.

지하철에서 차의 칸 번호를 모둠에게 알려 주고 한 줄로 앉아서 기다리게 한다. 서울 지하철의 경우 한 칸의 문이 네 개이므로 여섯 모둠일 경우 1모둠과 6모둠은 칸의 양쪽 끝문에, 2모둠과 3모둠, 4모둠과 5모둠은 가운데 문 두 개(한 개의 문에 두 모둠씩)에 양쪽으로 선다.

· "우리는 문화지킴이!"라는 구호를 외치게 한다. 우리가 문화를 만들어 가는 사람이라는 자긍심을 가지고 다른 사람에게 모범을 보이는 기회가 현장 체험학습임을 강조한다.

· 계단과 에스컬레이터 이용법을 다시 한 번 확인한다. 계단에서 밀거나 장난치지 않으며, 에스컬레이터를 이용할 때에는 옷자락이나 가방, 신발 끈 등이 틈새에 끼지 않도록 안내한다.

· 모범적인 모둠과 개인에게 적절한 보상을 한다. 사탕이나 선물을 준비해서 시상한다.

④ 그 밖에

· 저 · 중학년은 아이의 이름표 뒷면에 비상시에 교사에게 연락할 수 있는 전화번호(핸드폰 번호)를 적도록 한다. 고학년의 경우 모둠장에게 교사의 전화번호를 일러둔다.

· 신발은 끈이 없는 운동화를 신게 하여 에스컬레이터나 놀이기구에 걸리는 사고나 발에 밟혀 넘어지는 사고가 일어나지 않도록 한다.

· 가방을 한쪽으로 메면 피로감이 쉽게 오고 놀이기구를 탈 때 불편하므로 되도록 양쪽 어깨에 메는 것을 이용하게 한다.

· 가방은 각자 관리한다. 학부모가 동행할 경우 가방을 부모님께 맡기지 않도록 하고, 도시락도 자기 것은 자기가 가지고 다니도록 주의를 준다.

· 버스를 대절해서 갈 경우에는 차 안에 있는 시간이 길기 때문에 멀미를 하는 아이는 가정에서 멀미약 등을 미리 준비하도록 안내한다.

· 이동 거리가 길 경우 차 안에서 할 수 있는 활동을 준비한다. 좋은 노래 테이프가 있으면 미리 가져오게 하거나 교사가 준비한다. 차 안에서 부를 수 있는 노래를 1~2주 전부터 가르쳐 주고, 모둠별 노래 부르기 시간을 계획한다면 미리 안내하여 준비할 수 있도록 한다. 버스 안에서는 반드시 안전벨트를 매도록 하고, 일어서거나 돌아다니면 안 된다는 점을 강조한다.

· 책이나 만화책, 게임기 등을 가져와 차 안에서 보거나 할 수 있도록 하는 것도 한 방법이다.

· 활동지를 미리 훑어보게 하여 활동 내용과 해결 방법을 미리 생각할 기회를 주고, 모둠별로 걷어 놓았다가 현장 체험학습 당일에 모둠장이 나누어 주도록 한다.

현장 체험학습 돌발사고 예방을 위한 체크리스트

서창호 | 부산 대신초 교사

1. 이동 경로에 대한 교육을 했는가

차를 타고 간다면 어떤 경로로 이동하며 눈에 띄는 큰 건물이 어디쯤에 있는지, 길을 잃었을 때는 어떤 경로로 되돌아와야 하는지 알려 준다. 아이들이 머릿속에 주요 이동로에 대한 대강의 지도를 그릴 수 있어야 한다.

2. 교사의 위치를 정확히 알려 주었는가

현장 체험학습 장소에서 교사가 있을 곳을 말해 주고, 교통수단을 이용할 때 교사는 가장 늦게 타고 가장 늦게 내린다는 점을 알려 준다. 그리고 이동 중에 교사가 누구 곁에 있을 것인지도 알려 준다.

3. 상호 연락 체계를 마련해 두었는가

길을 잃으면 즉시 교사의 핸드폰으로 연락을 취할 수 있도록 해 둔다. 현장 체험학습 전에 교사의 연락처를 외워 두도록 하고 가능하다면 모둠별로 휴대폰을 하나씩 지니게 하는 것이 좋다. 서로 전화번호를 교환하는 것도 방법이다.

4. 비상금을 준비하게 했는가

아이들은 군것질이나 그리 중요하지 않은 물건을 사는 데 가지고 갔던 용돈을 다 써 버리는 경우가 많다. 현장 체험학습 전에 학습 장소에서 하지 말아야 할 행동과 용돈 사용에 대한 철저한 사전교육이 필요하다.

5. 최악의 경우 파출소를 찾도록 일러둔다

현장 체험학습 장소에서 길을 잃었을 때, 파출소를 찾는 방법은 그곳에 있는 사람들에게 물어보는 것이다. 세상이 험하므로 길을 잃어버렸다고 사실대로 말하는 것보다는 "여기서 가장 가까운 파출소가 어딥니까? 무슨 파출소입니까?"라고 물어보는 게 좋다. 만약 전화할 돈이 조금 남았다면 114로 전화를 걸어 파출소 전화번호를 물어보고 직접 파출소로 연락해 길을 잃었다는 점과 자신의 위치를 큰 건물 위주로 설명하도록 주의시킨다. 돈이 없다면 수신자 부담(콜렉트콜)을 이용하여 인솔 교사나 집에 연락할 수 있다.

6. 다른 아이를 관리할 수 있는 아이를 모둠별로 배치한다

다른 아이들을 관리할 수 있는 능력이 있는 아이를 모둠마다 배치하고 모둠별로 손목시계, 가능하다면 핸드폰도 지니게 하는 것이 좋다. 줄로 서서 이동할 경우에는 앞쪽에는 말뜻을 잘 이해하고 상황 판단이 빠른 아이를, 그 바로 뒤에는 좀 신경 써 주어야 할 아이들을, 제일 뒤에는 정말 똑똑한 아이를 세운다.

문화 체험

어떤 문화적 경험은 사람의 가치관을 바꾸기도 한다. 인상적으로 본 영화 한 편으로 다른 삶을 꿈꾸기도 하고, 생전 처음 들어 본 클래식 연주에 인생을 거는 사람도 있다. 드물긴 하지만 문화적 체험이 생활을 보다 윤택하고 풍부하게 하는 것만은 사실이다.

문화를 체험하고 내면화하는 데는 어릴 적 경험이 중요하다. 영화나 연극을 보는 법, 음악을 듣는 법, 공연을 관람하는 법이 따로 있는 것은 아니지만 경험이 없는 상황에서는 안내가 필요하다. 또 문화 체험 공간에서 다른 사람을 배려하는 법도 알려 주어야 한다.

문화 체험은 차비나 관람료 등 비용이 들 뿐만 아니라 아이들을 학교 밖으로 데리고 나가는 활동이기 때문에 반드시 미리 학부모의 협조를 구해야 한다. 저학년은 학부모 명예교사와 함께 이런 활동을 진행해도 좋다.

진행하기 전에 반드시 아이들에게 지켜야 할 예절에 대해 알려 주어야 한다. 공연이 진행되는 동안에는 절대 옆 사람과 이야기해서는 안 되며, 미술관 같은 곳에서는 작품에 손을 대면 안 된다. 표를 구입하는 것부터 나와서 작품에 대한 이야기를 나누어 보는 것까지 아이들이 주도할 수 있도록 계획하면 한 층 더 체험이 빛날 것이다.

영화 관람

영화 관람은 가장 쉽게 할 수 있는 문화 체험이다. 재미있는 애니메이션이나 아이들이 보기에 좋은 영화가 나오면 골라 놓았다가 아이들에게 제안해 보자. 문화를 담당하는 모둠에서 주도하여 함께 볼 영화를 의논해 보는 것도 좋겠다.

연극 관람

지역에 연극 공연시설이 있다면 어린이 연극을 한 학기에 한 번 정도 관람하면 좋은 경험이 될 것이다. 극단에 연락하여 교사임을 밝히고 "다음에 좋은 연극을 하면 공연 안내지를 보내 달라."라고 일러두면 새로운 공연 소식 안내지가 어김없이 온다. 무료 관람표가 덤으로 오는 경우도 있으니 적극 활용할 만하다. 아이들과 함께 연극을 보고 나면 국어과에 나오는 연극 지도에도 큰 도움이 된다.

각종 공연

지역 공연장에서 아이들을 위한 상설 공연이 열리고 있다면 일 년 중 좋은 때를 골라 가면 된다. 특히 10월은 문화의 달이라 이런저런 공연이 많이 열린다. 10월 20일 문화의 날을 전후하여 지방에서도 문화의 날 행사가 다채롭게 펼쳐진다. 어린이를 대상으로 하는 행사를 따로 꾸리는 지역도 있고 그렇지 못한 지역도 있지만 정보를 잘 활용해서 아이들과 좋은 문화의 날 행사 체험을 하면 좋겠다.

이 밖에도 미술관 관람이나 스포츠 경기 관람 등 여러 가지 문화 체험이 가능하다. 특히 미술관은 어린이를 위한 미술 체험 프로그램이나 도슨트 제도(관람자에게 전시작품이나 작가에 대해 설명해 주는 사람을 두는 제도)를 운영하는 곳도 있으므로 반드시 미리 알아본 다음 가도록 한다. 문화 체험의 목적은 문화를 경험하고 즐기는 것이므로 교사의 문화 취향과 아이들의 의견을 고루 반영하여 계획하면 좋겠다.

촌놈, 야구장에 가다

김정국 | 대구 조야초 교사

"그래. 이때다. 슛!"

아이들이 집으로 돌아가고 홀로 남겨진 오후 세 시. 창 밖 운동장에서 아이들이 벌이는 '동네축구'를 보며 나도 모르게 주먹에 힘이 들어갑니다. 그 아이들이 노란 학원 차를 타고 떠난 뒤, 시간이 얼마나 흘렀을까. 조용하던 복도에서 귀에 익은 아이들 목소리가 들려옵니다.

"선생님! 뭐하세요?"

"어, 웬일……? 아, 벌써 왔어? 아직 30분이나 남았는데……."

오늘이 우리 반 '칭찬왕' 들과 야구 경기를 관람하러 가는 날이라는 것을 잠시 잊고 있었습니다. 옷차림새를 보고 순간적으로 알아차렸는데, 들키지나 않았는지 모르겠습니다. 아이들은 무엇이 그리 좋은지 연신 싱글벙글 웃음이 얼굴 가득입니다.

"그렇게 좋니?"

"네! 진짜 좋아요!"

건하가 허연 이빨을 드러내며 엄지손가락을 내밀어 보입니다.

"야구장에 가 본 사람 있니?"

"예, 한 번이요. 1학년 땐가 아빠랑 같이 가 봤어요."

"다른 사람은?"

차에 타면서부터 잠시도 쉬지 않고 이야기하던 호연이가 웬일인지 아무 말도 하지 않고 가만히 있습니다.

"호연이는 한 번도 못 가 봤어?"

말없이 고개를 끄덕이는 호연이를 두고, 현우가 장난삼아 소리를 높입니다.

"에이 촌놈 아이가. 나는 몇 번 가 봤는데……."

"촌놈? 선생님, 촌놈이 뭐예요?"

그 큰 눈을 운전대 옆으로 가져오며 건하가 진지하게 물어 옵니다.

"촌놈은 말이지, 세상에서 제일 순수한 마음을 가지고 있는 사람이야. 그 사람 곁에 가면 정말 편안하고 괜히 기분이 좋아지곤 한단다. 한마디로 착하고 따뜻한 마음을 가진 사람이지."

장난스레 대답했다가는 호연이가 오늘 하루 종일 놀림감이 되겠다 싶어 조금 과장된 표정으로 대답을 해 주었습니다. 이윽고 한참 동안 가만히 있다가 느닷없이 흘러나온 건하의 한마디!

"선생님, 그럼 저도 촌놈 할래요!"

순간 자못 비장하기까지 한 건하의 얼굴 표정에 나도 모르게 웃음이 새어 나옵니다.

야구장에 도착한 아이들, 처음에는 부끄러운 듯 막대풍선을 앞에 두고도 주위 사람들의 응원 모습을 힐끔힐끔 쳐다보기만 하더니, 시간이 지날수록 응원단장의 구호에 맞추어 신나게 응원을 따라 합니다. 촌놈답게 제일 씩씩하게 소리 내던 호연이가 응원을 하다 말고 갑자기 옆구리를 찌르며 호들갑을 떱니다.

"선생님! 선생님! 저기요! 저기!"

호연이의 손가락을 따라 고개를 돌렸더니 전광판 가득 우리 얼굴이 비치는 게 아니겠어요. 이때부터 아이들은 제 세상을 만난 듯 손을 흔들고 의자 위에 올라가 춤을 추는가 하면 우스꽝스런 표정으로 주위 사람들의 웃음을 자아냅니다.

"선생님이랑 같이 왔어요! 우리 선생님 저기 보이죠?"

해진이의 큰 소리에 주위 사람들이 껄껄 웃습니다. 얼굴이 화끈 달아오릅니다.

경기장을 나와 집으로 돌아가는 차 안에서도 아이들은 내일 친구들을 만나 들려줄 무용담을 정리하기에 바쁩니다.

"선생님, 정말 고맙습니다. 내일부터는 더 열심히 할게요!"

집이 멀어 맨 마지막에 내리던 현우가 남기고 간 말이 귓가에 맴돕니다. 아이의 마음 깊은 배려에 순간 콧등이 찡해집니다.

'돌아보니 못해 준 것이 너무도 많은 것 같구나. 선생님도 내일부터 더 잘할게!'

봉사활동

어느 공익 광고처럼 '세상에서 가장 큰 교육은 자원봉사, 바로 나눔' 이다. 그렇다면 그 가장 큰 교육이 학교 안에 들어와야 한다. 학교 안에서 가장 큰 교육인 나눔의 가치를 가르칠 때 아이들은 더불어 산다는 의미를 알게 된다.

더불어 사는 공동체 생활에서 필요한 나눔에 대해 많은 교사들이 수업을 하지만 아쉽게도 그에 따른 실천은 아주 미미하다. 봉사활동을 하려면 학급 단위로 시설을 찾아가거나 학교 주변에서 할 수 있어야 하는데 쉽지 않은 일이다. 또 어떻게 아이들에게 '나눔' 의 의미와 가치, 그리고 실천력을 가르쳐야 하는지 모르는 교사도 많다. 다행히 요즘 '아름다운 재단' 에서 교실에서 나눔을 어떻게 가르쳐야 하는지 교사연수를 하고 있고, 유니세프에서도 교사의 교실활동을 지원하고 있다.

다른 것도 마찬가지이겠지만, 교사 스스로 체험하지 않고 아이들에게 나눔의 기쁨을 가르치기는 힘들다. 교사 먼저 나눔을 실천하면서 아이들과 생활 속에서 나눔교육을 하고, 아이들에게 나눔의 습관을 들이도록 하는 것이 가장 좋은 방법이다.

나눔을 지도하면서 조심해야 할 것은 당위성만 강조하면 안 된다는 점이다. 무조건 해야 한다는 식의 설명은 감동을 줄 수도 없고 오히려 아이를 도망가게 한다. 자칫 물질을 통한 나눔만 강조해서도 안 된다. 나눔교육을 할 때는 학부모와도 충분히 활동의 의미를 공유해야 한다. 부모와 함께할 때 나눔교육의 효과는 훨씬 커질 것이다.

초등학생들의 자원봉사, 지원 업고 대성공!

김동섭 | 경남 거창 창동초 교사

이웃 사랑에서 시작된 봉사활동

성경에 보면 선한 사마리아인 이야기가 나온다. 어떤 사람이 강도를 만나 가진 것을 다 빼앗기고 쓰러져 있었다. 제사장이 그 모습을 보고 한쪽 옆으로 피해서 지나간다. 그 다음에 레위인(이스라엘 12지파 중 성전과 관련된 일을 맡은 사람들)이 그 광경을 보고 다른 쪽 길로 피해 갔다. 다음에 유대인들이 멸시하는 사마리아 사람이 낙타를 타고 가다 그 사람을 보자, 당장 내려서 응급처치를 한 뒤, 낙타에 태우고 주막에 데려가 치료를 부탁하고 그 경비를 지불한다. 예수가 한 어린이에게 "이 가운데 누가 진정한 이웃이냐?" 하고 물으니 한 여자 아이가 "사마리아 사람이요!" 하고 대답한다.

이웃 사랑에 관심을 두고 수년간 아이들과 함께 이웃을 돌볼 수 있는 삶을 꿈꾸며 도전했지만 부끄러운 모습만 보인 듯했다. 그러던 중, 지금 근무하고 있는 학교에서 반 아이들과 함께 학교 주변에 거주하고 있는 독거노인과 장애인을 찾아 도움을 주기 위해 읍사무소를 찾았고, 거기서 얻은 자료를 가지고 독거노인을 찾아가 도움을 드리게 되었다.

공문에서 찾은 보물

봉사활동에 관심을 갖고 성금을 모으고 있을 때 봉사 동아리의 생활지도 담당자로서 어느 날 눈에 띄는 공문을 발견했다. 한국청소년자원봉사센터에서 4월 말경에 발송한 동아리 자원봉사 활동 신청 공문이었다. 공문 내용은 봉사활동 계획서를 신청하고 소정의 심사를 통과하면 지원비로 50만 원을 보조해 준다는 것이었다. 나는 그걸 보자마자 기한 내에 반드시 신청서를 제출하기로 결심했다. 당시에 나는 교실 개선 실천 연구 계획서를 작성하면서 봉사활동을 조직적이고 체계적으로 실시하려던 참이었기 때문에 그 공문에서 제시된 봉사활동 동아리를 만드는 일은 그리 어렵지 않았다. 공문에 소개된 한국청소년자원봉사센터 홈페이지(http://www.youthvol.net)를 찾아가 더 자세한 내용을 살펴보았다.

이 봉사활동 계획서를 작성하면서 '그런데 지금까지 초등학교에서는 왜 봉사활동 지원 사례를 찾아보기 힘들었을까?' 하는 의문이 들었다. 아직까지 초등학교에는 봉사활동에 대한 여러 가지 정보가 너무도 미미하다. 한국청소년자원봉사센터의 공문은 그 전 해에도 발송이 되었던 것으로 안다. 그때만 해도 공문이 홍수처럼 넘쳐나던 때라 공문이라고 하면 그냥 무시해 버리고, 적당히 처리하던 습관이 내게도 있었다. 누구나 봉사활동에 대하여 그야말로 '눈뜬 봉사'가 되어 있어, 정보나 기회가 가까이 와도 발견하지 못하고 그냥 지나치는 것이 관행처럼 되어 있었기 때문이 아닐까 싶다.

지원비로 펼친 성공적인 활동

반 아이들 중에서 희망자 15명을 선정하고 계획서를 작성하여 5월 31일 한국청소년자원봉사센터에 우편으로 서류를 접수하였다. 접수 서류는 청소년 자원봉사 동아리 발굴지원사업 신청서, 동아리 활동 소개서, 활동 계획서 두 가지였다. 6월 중에 심사를 거쳐 결과가 나왔고 그때부터 봉사활동을 시작했다. 지원비는 7월 중에 통장에 입금되었다.

봉사활동 지원비를 받으니, 우리가 할 수 있는 봉사활동의 범위와 수준이 달라졌다. 우리는 독거노인 두 분을 매월 서너 차례 찾아뵈었는데, 간단한 음식을 대접하고 말벗이 되어 드리는 일, 그리고 집 안팎 청소와 이불 빨래 등은 지원비가 없어도 할 수 있는 일이었다. 하지만 방학 때 대략 20만 원 정도의 예산을 들여 노인들이 휠체어를 타고 다니기에 불편한 집 앞 길을 10미터 넘게 포장한 일이나 휠체어로 장애를 가지고 있는 독거노인을 모시고 들판과 거창읍 몇 군데를 다니며 바람을 쏘여 드린 일, 경남 거창의 아림예술제 때 야시장을 구경시켜 드린 일은 지원비가 없었으면 상상도 할 수 없는 일이었다.

마무리는 보고서 제출로

11월 초에 봉사활동 결과와 예산 집행 과정에 대한 영수증을 첨부하여 출납 통장 사본과 함께 제출하라는 공문이 왔다. 그 양식에 맞추어 봉사활동 사진자료와 함께 영수증을 첨부하고 활동 내용을 자세히 기록하여 공문을 발송했다. 만일 활동이 제대로 이루어지지 않았다면 지원비 전액을 다시 반납해야 하는 것이 원칙이었다. 솔직히 이렇게 보고서를 작성하여 제출하는 일은 없었으면 좋겠다는 게 나의 개인적인 생각이다.

활동 보고서를 정리하는 게 크게 어렵지는 않았는데, 문제는 영수증이었다. 나는 봉사활동 동아리 회장이나 부장에게 통장을 맡겨 놓았는데 아이들이 빵이나 음료수, 과일 등을 구입한 뒤에 영수증을 차곡차곡 모아 놓았을 줄로 믿고 있었다. 하지만 나중에 보고해야 할 무렵에야 영수증이 절반도 채워지지 않았다는 사실을 알게 되었다. 이렇게 저렇게 영수증을 맞추어 내긴 했는데, 지원금을 관리하는 일이 아이들에게는 버거웠던 것 같다. 이런 점에 좀 더 신경 썼더라면 마무리가 더 깔끔했을 텐데, 조금 아쉽다. 그래도 사회적 지원을 받으며 아이들과 함께한 봉사활동 경험은 오래 기억에 남을 것이다.

학급축제

쳇바퀴 돌 듯 지나가는 학급생활에서 학급축제는 한여름 시원한 소나기처럼 아이들 마음에 생기를 북돋워 준다. 평범한 일상에서 잠시 벗어나 전시회도 열고, 장기도 한번 뽐내고, 거기다 맛난 음식까지 나누어 먹는다면, 정도 나누고 그동안 맺힌 마음도 풀게 된다.

축제라고 해서 특별한 행사를 꾸려야 하는 것은 아니다. 평소 수업 중에 만든 작품을 보기 좋게 걸어 놓고 학급 전시회를 열 수도 있고, 집에서 음식을 조금씩 가져와서 음식잔치를 벌일 수도 있고, 하루 종일 운동장에서 뛰고 구르는 체육대회를 열 수도 있다.

그러나 하루 시간 내어 논다는 생각으로 준비 없이 덤벼들었다가는 낭패를 볼 수도 있다. 학급축제도 학급운영의 울타리 안에 있는 행사인 만큼 학년 초 학급운영 계획을 세울 때 어느 정도 염두에 두고 있어야 한다. 즉흥적으로 해치우다간 실패하기 쉽다. 고학년이라면 아이들 스스로 행사를 기획하고 준비하면서 활동력을 높이는 계기가 될 수도 있다.

분위기 띄우기, 학급회의를 통한 행사 계획과 준비

"얘들아, 우리 가을이 다 가기 전에 뭔가 기억에 남을 만한 일 한번 벌여 볼까?" 혹은 "작년에 해 봤는데 말야." 하며 교사가 운을 떼거나, 미리 포섭한(?) 아이들을 통해 학급어린이회의 안건으로 올리도록 유도한다. 일단 이렇게 잔치할 분위기가 만들어지면, 초대장도 띄우고 축제 기간 동안 교실에 전시할 작품을 준비하면서 본격적인 준비에 들어간다. 이때 중요한 것은 '축제'에 대한 아이들의 기대감을 한껏 부풀리는 것. 똑같은 행사라도 어떤 마음가짐으로 대하느냐에 따라 결과가 달라진다.

학급어린이회의에서 학급축제가 결정되면, 바로 교실 꾸미기와 음식잔치, 퀴즈 대회, 체육대회 등 세부 행사를 결정하고 준비와 진행을 맡을 모둠을 정한다.

초대장 보내기와 교실 꾸미기

각 행사를 계획하고 준비하는 한편, 다른 반 친구나 가족들, 여러 선생님들께 보내는 초대장을 만든다. 전체 기획을 맡은 모둠이 초대장 제작을 맡아서 학급의 특성과 행사 일정이 잘 나타나도록 만든다. 적어도 행사 열흘 전에는 초대장을 완성하여 발송할 수 있도록 미리 준비해야 한다. 혹시 축제에 와 보고 싶어도 안내가 없어서 못 오는 이웃 반의 수줍은 친구들을 위해 축제를 알리는 초대 포스터도 교내 곳곳에 붙이면 좋다.

축제 하루 이틀 전이면 본격적인 축제마당을 만들기 위해 교실을 꾸며야 한다. 전시할 작품을 배치하고 천장과 벽 군데군데에 갖가지 색깔의 풍선을 불어서 붙인 다음, 앞 칠판에는 '○학년 ○반 가을축제' 라고 크게 쓰고, 큰 종이에 행사 순서를 적어서 잘 보이는 곳에 붙이면 일단 교실 꾸미기는 끝.

전시회 열기

수업 시간에 이루어진 성과를 모아도 좋고, 축제를 앞두고 특별히 솜씨를 발휘해도 좋다. 교실 네 벽면, 복도까지 합해 우리 반 친구들의 숨은 솜씨를 자랑하는 전시회를 열어 보자. 전시 작품들은 교실환경을 꾸미는 효과는 물론 축제 분위기를 한껏 북돋워 줄 것이다. 자신의 발을 종이에 대고 그린 다음, 그대로 오려 내 그 위에다 '내 맘, 내 몸' 을 주제로 글을 써 보면 어떨까? 이름 하여 '내 발바닥 어때요?' 자기 몸의 변화, 콤플렉스, 자랑하고 싶은 것 따위를 적는다. 아이들이 서로 별명을 붙여 주고 그 이유를 쓰는 '남이 써 주는 내 별명 이야기 전시회' 도 좋다. 단, 그럴 듯해야 하고, 긍정적인 내용이어야 한다.

계절을 느끼고 싶다면, '낙엽' 을 소재로 해 보자. 고학년이라면 빛깔 고운 낙엽 위에 좋아하는 동시를 쓰고 코팅하여 전시하는 '낙엽 시화전' 을, 저학년이라면 낙엽을 보고 세밀화 그리기를 하여 전시할 수도 있다. '전시' 란 공적이고 공개적인 활동이다. 아무리 한 학급에 국한된 전시일지라도 아이들은 자부심을 느끼고 자극을 받는다.(학급 전시회에 대한 자세한 내용은 3권 261쪽 참고)

음식잔치

대개 맛있는 음식은 좋아하는 사람과 나누어 먹게 마련이지만, 서운한 감정을 가지고 지냈던 친구와 음식을 나누어 먹다 보면 그동안 쌓였던 서운함도 맵고 짜고 신 맛을 따라 녹아 버린다. 그래서 뭐니 뭐니 해도 축제의 으뜸은 음식잔치!

그다지 자잘한 준비를 많이 하지 않고도, 또 위험한 불을 사용하지 않고도 푸짐한 음식잔치를 해낼 수 있다. 김밥, 만두, 떡, 샌드위치, 찐 감자나 고구마, 과일, 빵이나 케이크, 식혜나 수정과 따위를 집에서 준비해 와 뷔페처럼 늘어놓고 먹으면 된다. 또 참치나 햄, 과일과 야채, 마요네즈, 그리고 빵과 음료만 준비하면 샌드위치를 만들어 먹을 수도 있고, 상추, 깻잎, 찐 양배추, 청경채, 쑥갓, 케일과 고추장, 된장을 모둠별로 준비해 와서 쌈을 싸 먹어도 좋다. (과일이나 야채는 집에서 미리 다듬어 잘라 온다.) 또 각종 나물과 고추장, 참기름을 준비해 와서 한데 비벼 먹는 것도 괜찮다. 과일만으로 '과일 뷔페'를 차려 놓고, 과일 예쁘게 깎기, 접시에 예쁘게 담기 등 솜씨를 겨루어도 재밌다. 물론 칼을 쓸 때는 조심해서 다루도록 주의를 주어야 한다.(음식잔치의 구체적인 내용은 3권 294쪽 참고)

퀴즈 대회

다른 반 친구, 부모님, 선생님 등 손님들을 모시고 전시회 안내도 하고, 푸짐한 음식잔치까지 마쳤다면 교실 프로그램의 하이라이트인 퀴즈 대회를 열어 보자.

학급의 특성을 반영해 독서 퀴즈 대회를 열어도 좋고, 우리 반 알리기 퀴즈 대회를 열어도 좋다. 퀴즈 대회 문제 출제를 맡은 모둠에서는 행사 사흘 전까지 문제를 모두 만들어 담임교사와 함께 점검하고 수정하면서 미리 준비하도록 한다. 특히 보안(?)에 특별한 주의를 기울여야 한다.

모둠 대항 퀴즈 대회와 개인 퀴즈 대회를 나누어 진행하고, 작은 선물도 준비한다. 우승한 모둠에게는 뻥튀기 과자를 예쁘게 포장해서 주고, 우승자에게는 커다란 크래커를 은박지에 싼 메달을 선물하면 좋아한다.

체육대회

잔치에 흥겨운 놀이가 빠질 수 없다. 얼굴을 맞대고 부대끼다 보면 서로 사랑하는 마음도 커지고 학급의 단합을 다시 한 번 다지게 된다. 세 명이 서로 손을 맞잡고 큰 줄을 넘으며 반환점을 돌아오는 '3인 줄넘기', 긴 봉을 두 명 또는 세 명이 같이 잡고 반환점을 돌아 이어달리는 '긴 봉 잡고 달리기', 나무 막대기를 이용해 제멋대로 구르는 럭비공을 굴려 반환점을 돌아오는 '럭비공 굴리기', 주사위를 던져 나온 숫자만큼 매트에서 구르기를 하고 뛰어 반환점을 돌아오는 '운수 좋은 날' 등 남녀의 신체적 차이나 개인의 기량 차이를 넘어서는 재미있는 프로그램을 준비하도록 한다.

알뜰장터

알뜰장터는 목적부터 분명하게 정해야 한다. 봉사활동의 일환으로 시설을 방문하면서 기부할 돈을 마련하기 위해서인지, 학급문집 비용을 마련하기 위해서인지, 방송시설이나 단체에서 주최하는 성금을 모으기 위해서인지 목적을 분명하게 정하고 알뜰장터를 열도록 한다. 장터에서는 돈이 거래되는 만큼, 그 돈을 어떻게 쓸 것인가를 정하는 것도 중요하지만, 알뜰장터를 하는 의미를 새기는 게 더 중요하다. 어떤 '경제적 목적'으로 행사를 열더라도 알뜰장터를 하면서 환경 문제나 자연과 인간의 관계에 대해 다시 한 번 생각해 보는 기회로 삼아야 한다.

"아직 쓸 만한 물건을 싫증이 나서 버릴 때, 버려지는 것은 그 물건만이 아니다. 그것을 채취하고 가공하여 생산했던 사람들의 노력도 함께 버리게 되는 것이다. 또 앞으로 천년만년을 더 두고두고 써야 할 우리의 산과 강도 함께 버리는 것이다. 알뜰장터를 하면서 이런 생각을 새길 수 있다면 물건 몇 개를 싼값에 구입하는 것보다 더 큰 것을 얻는 것이다."

먼저 이렇게 분위기를 띄우며 아이들의 마음을 다잡은 다음, 알뜰장터를 어떻게 구성할지 누가 어떤 역할을 맡을지 구체적인 계획을 세우도록 한다.

행사가 결정되면 학급어린이회의를 열어 준비와 진행을 맡을 요원을 뽑는다. 행사 규모에 따라 전체 진행, 물품 수거, 가격 매기기와 회계, 판매, 뒷마무리 등의 일을 모둠별로 나누어 맡는다. 음식장터와 함께 진행할 수도 있다. 모둠별로 역할을 맡지 않더라도 진행을 담당할 지원자를 5~6명 정도 뽑는다.

또한 모을 물건의 품목에 대해서도 회의를 통해 결정한다. 만화책이나 게임 CD 등의 판매에 대해서는 논란이 일기도 한다. 부모님들을 모신다면 꼭 아이들에게 필요한 물품만이 아니라 동생이 쓰던 것, 가정용품도 가능하다. 물론 학용품이나 의류, 책, 작은 운동화나 운동기구, 기념품 등도 좋다. 가격은 아주 저렴하게 매긴다. 머리핀 200원, 동화책 300원, 운동화 500원……, 이런 식이다. 물건을 수합하기 전에 품목당 가격 상한선을 정해 두고,

너무 값비싼 물건을 가져오지 않도록 한다.

행사 날짜를 정하는 등 계획을 세우고 나면 학부모통신을 띄운다. 학부모통신에는 알뜰장터의 취지와 일정 안내뿐 아니라 각 가정에서 좋은 물건을 많이 보내 주시도록 협조를 당부하는 내용도 담는다.

알뜰장터가 끝난 뒤에는 다 같이 청소를 한다. 이때 판매를 맡았던 아이들은 남은 물품 정리, 판매대장 정리, 수익금 계산 등 마무리를 한다.

다음 회의 시간을 이용해 꼭 평가회를 연다. 평가회에서는 거두었던 물품 수와 판매된 것, 남은 것, 총 수익금 등 결산 보고와 더불어 잘된 점과 잘못된 점을 짚어 보아야 한다.

예시 알뜰장터 계획

1. 목적 : 10월에 장애인들이 생활하는 시설을 방문할 때 갖다 드릴 선물과 돈을 모은다.
2. 날짜 : 준비는 9월 4일부터 15일까지. 알뜰장터는 9월 16일 3, 4교시에 연다.
3. 장소 : 6학년 5반 교실
4. 역할 : 개인별 물품은 모두 가격을 써서 낸다. (가격은 특별한 경우를 제외하고는 3,000원을 넘기지 않는다.)
   모든 마당에 골고루 담당자를 정해서 팔도록 한다.
5. 방법 : 모든 마당은 현금으로 계산한다. 음식마당은 미리 음식 영수증을 팔아서 영수증을 내고 음식을 사도록 한다.
6. 홍보 : 복도에 알뜰장터 알림방을 붙인다. 쉬는 시간을 이용해 음식마당 영수증을 팔기 위해 두 명씩 짝지어 돌아다닌다.
7. 도우미 : 음식마당을 열 때 불을 사용하거나, 부침개를 하는 곳에서는 학부모 명예교사의 도움을 받는다.
8. 장터 꾸미기

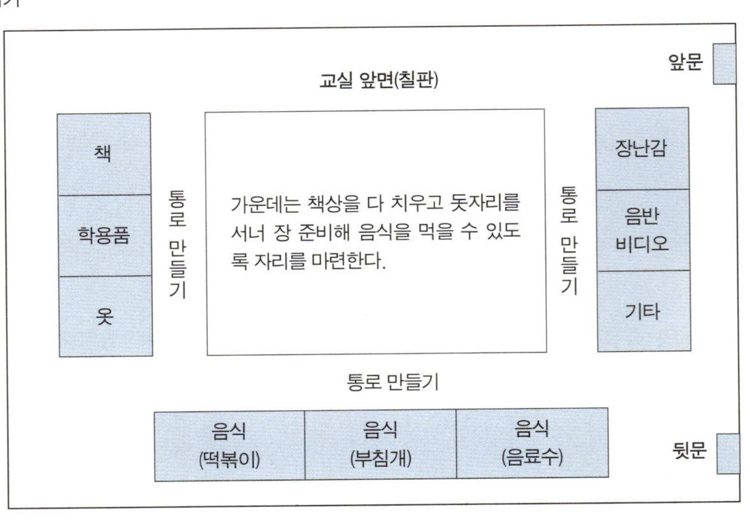

생일잔치

생일잔치는 아이들이 아주 좋아하는 행사 가운데 하나이다. 먼저 학년 초에 생일잔치를 할 것인지, 한다면 어떤 방식으로 할 것인지 아이들과 충분히 협의해야 한다. 생일잔치의 주인공은 아이들이기 때문이다. 학급 임원들이 학년 초에 월별로 생일인 친구들을 정리해 두었다가 생일 게시판에 명단을 게시하는 것도 한 방법이다. 모둠끼리 생일축하 카드나 편지, 종이 접기, 사탕목걸이 등 작은 선물을 주고받아도 좋다. 이때 모둠 학예회를 겸해 재미있는 놀이를 곁들일 수도 있다.

생일잔치를 학급에서 단체로 하는 데에는 여러 가지 이유가 있다. 아이들마다 가정형편이 다른 만큼 생일잔치도 다르고, 형편이 어려운 가정에서는 생일잔치를 못하는 경우도 있기 때문이다.

생일날에는 자기를 낳고 키워 준 분들에 대한 고마움과 그 분들의 수고를 한 번쯤 생각해 볼 수 있는 기회가 되어야 한다. 생일을 맞은 아이들은 생일날 하루만이라도 여러 아이들에게 모범을 보이고, 다른 아이들은 그 아이에게 '좋은 점 찾아 칭찬해 주기'와 같은 마음의 선물을 전하며 재미있게 하루를 지내도록 한다. 선물을 하더라도 돈으로 사지 않고 직접 만들거나 자기 것을 나누는 등 마음을 표현하는 방법을 익히게 한다.

〈생일잔치 프로그램〉

① 교실 꾸미기　② 팡파르와 축시 낭송　③ 생일 맞은 어린이 소개
④ 촛불 켜기　⑤ 생일 축하 노래　⑥ 촛불 끄기
⑦ 축하의 말(친구, 선생님)　⑧ 고마움의 표시(생일 맞은 친구)　⑨ 낳고 키워 준 분들께 쓴 편지 읽기
⑩ 축하 공연(장기자랑)　⑪ 다과회　⑫ 정리

글쓴이 · 도움 주신 분들 김동섭 | 경남 거창 창동초 교사 · 김정국 | 대구 조야초 교사 · 김진희 | 서울 흥인초 교사 · 배재영 | 서울 후암초 교사 · 서창호 | 부산 대신초 교사 · 신명기 | 서울 영훈초 교사 · 이영주 | 서울 묵동초 교사 · 정현주 | 서울 한천초 교사

외부 인적 자원 활용하기

이부영 | 서울 고덕초 교사

초등학교 교실에 있다 보면 하루하루가 어떻게 지나가는지 모를 정도로 많은 활동을 한다. 교과 수업에다 재량활동, 특별활동, 아침활동, 그리고 급식지도와 여러 가지 교내외 행사, 체험학습 등으로 정신 차릴 겨를이 없다.

교육과정에 따른 학습 내용으로 볼 때 초등 교사는 모든 교과 내용은 물론, 모든 분야에 능통해야 한다. 그래야만 제대로 아이들을 가르칠 수가 있다. 그러나 교사 한 사람이 그 모든 걸 감당할 수는 없다. 방학이든 학기 중이든 좋은 연수란 연수는 모두 쫓아다녀도 늘 아이들 앞에서는 허하다. 아무리 연수를 받고 노력을 해도 한두 과목은 자신 없다. 교과전담 제도가 어느 정도 도움이 되지만 교과전담 제도만 믿을 수 없는 것이 현실이다.

이때 교사의 부족한 부분을 채워 줄 수 있는 방법이 바로 학교 밖 인적 자원을 활용하는 것이다. 담임 한 사람, 그리고 학교 안 자원으로만 아이들의 다양한 관심과 흥미를 담아내는 데는 한계가 있기 때문에 외부 인적 자원의 활용은 무엇보다 필요하다. 그렇다면 언제, 어디서, 누구에게 도움을 요청할 수 있을까?

외부 인적 자원 활용의 조건

시간

외부 인적 자원은 대부분의 학습활동과 체험학습에 도움을 줄 수 있다. 일 년 교육과정을 자세히 살펴보고, 활용할 수 있는 인적 자원을 확보한 뒤 적당한 날짜와 시간을 잡는다. 진행하는 시간도 내용에 따라 한 시간, 두 시간, 오전 내내 또는 하루 종일 등으로 달리할 수 있다.

장소

장소 역시 교실이든 교실 밖이든 체험학습 활동 현장이든, 자원 인사의 사정과 학급운영의 방향, 그리고 학습 내용에 맞추어 정하면 된다.

● 방법

가장 중요한 것은 인적 자원의 활용에 대한 내용을 학년 초 학급운영 계획서에 명시해 두는 것이다. 그 다음에 학급운영 계획서에 따라 기안을 올리고 관리자의 결재를 얻어 실시한다.

관리자에 따라 기안을 올리기 전에 미리 의논을 해야 하는 경우도 있다. 세심하게 절차를 챙기지 않으면 자칫 번거로운 일을 꺼리는 관리자를 만났을 때 여러 가지 이유를 들어 거부해 버릴 수 있는 빌미를 제공하게 되기도 한다.

● 강사의 조건

인적 자원으로 활용할 수 있는 사람들은 따로 정해져 있지 않다. 대단한 직업을 가지고 있거나 유명한 사람이 아니더라도 아이들에게 가르칠 내용을 가지고 있는 주변의 모든 사람들이 다 도움을 줄 수 있는 훌륭한 자원이다.

그러나 외부 사람을 학습 과정에 초빙하기 전에 그 사람이 적임자인지는 반드시 점검해 보아야 한다. 다른 사람에게 소개를 받을 때에도 소개하는 사람의 말만 듣지 말고, 학급운영 목표나 담임의 교육철학과 맞아떨어지는 사람인지, 미리 만나 이야기를 나누어 보는 것이 좋겠다. 수업 내용도 미리 주고받는 것이 좋다.

사전학습과 사후학습을 알려 주어 학습 내용을 점검하면서 수업 방향을 정하고 서로 도움이 될 부분을 의논한다. 외부 사람이 참고할 수 있도록 반 아이들의 상황과 특성을 미리 이야기해 주고, 특별히 조심할 일도 알려 준다.

● 강사비

외부 인적 자원을 활용할 때 가장 큰 문제가 강사비이다. 순수한 자원봉사자가 아닌 이상 강사비를 지급하는 것은 당연하다. 무조건 순수 자원봉사자에게만 의뢰해서는 만족스러운 교육활동을 할 수 없다. 그러나 원칙적으로 학교 예산에서 지급해야 할 강사비가 실제로 그렇게 이루어지는 경우는 아직까지 드문 형편이다. 좀 더 다양하고 전문적인 분야의 외부 인적 자원을 효율적으로 활용하기 위해서는 강사비 지급은 앞으로 반드시 해결해야 할 문제이다.

외부 인적 자원 활용 사례

남북어린이어깨동무의 평화교육 순회교육

'사단법인 남북어린이어깨동무(http://www.okedongmu.or.kr)' 는 어린이 평화교육에 힘을 쏟는 단체다. 평화교육연구팀이 주축이 되어 개발한 평화교육 프로그램을 가지고 대학생 자원봉사자인 '열음이' 들이 각 학교 · 학급에 평화교육을 해 주고 있다. 이 프로그램은 어느 학년이든 학급이나 학교 단위로 신청할 수 있는데, 원하는 시간과 장소에 따라 알맞은 프로그램을 제공하거나 강사가 교실에 직접 와서 지도해 준다. 보통 두 시간짜리 두 번, 모두 네 시간으로 구성되어 있지만, 학교와 학급 여건에 따라 시간, 내용 등을 조정할 수 있다.

우리 반에서도 대학생 자원봉사자 열음이들이 자료를 모두 가지고 나와 토요일에 두 시간씩 두 번, 기초와 심화 평화교육을 실시했다. '남북어린이어깨동무' 의 평화교육 프로그램은 학교 교과 시간에 할 수 없는 다양한 내용으로 구성되어 있다.

그 밖의 자세한 문의와 신청은 전화 02-743-7941~2로 하면 된다. 학교나 학급 단위로 연중 언제든 신청할 수 있다.

우리 궁궐지킴이의 궁궐 안내

서울의 궁궐(덕수궁, 경복궁, 경희궁, 종묘)에서는 매주 토요일 오전 10시, 오후 1시, 2시, 3시 모두 4회에 걸쳐 '우리 궁궐지킴이' 들이 자원봉사로 궁궐을 돌며 자세한 설명을 해 주고 있다. 학교나 학급에서 필요한 경우 미리 신청을 하면 토요일뿐 아니라 평일에도 안내를 받을 수 있다. 고학년을 맡은 교사라면 한 번쯤 자원봉사자들과 함께 체험학습을 진행해 보는 것도 좋다.

우리 학급은 오전에는 덕수궁미술관에 들러 어린이 미술관 프로그램에 참여하고 오후에는 덕수궁 안내를 받았다. 모두 네 명의 자원봉사자가 나와서 네 모둠으로 나눠 안내를 해 주었다.

'우리 궁궐지킴이' 에게 안내를 받기 원하는 학교나 학급은 우리 궁궐지킴이 홈페이지(http://www.palace.or.kr) 자유게시판이나 전화(02-723-4206)로 문의하면 된다. 연중 언제든 신청할 수 있다.

어린이 미술관 프로그램

국립현대미술관에서는 과천과 덕수궁미술관 두 곳에서 학급 단위로 어린이 미술관 프로그램을 운영하고 있다. 어린이 미술관 프로그램은 초등학교 4~6학년 아이들이 학급 단위로 참여하여 작품 감상과 미술 창작 수업을 함께 할 수 있는 어린이 전문 미술교육 프로그램이다. 자세한 내용은 국립현대미술관 홈페이지(http://www.moca.go.kr) '어린이 미술관'에 가면 볼 수 있다. 홈페이지에 있는 양식을 참고해 3월 말까지 학급 단위로 신청하면 된다.

우리 학급은 덕수궁미술관에서 운영하고 있는 '어린이 미술교실'에 참여했다. 미술관 기획전시에 맞추어 수업 주제가 준비되어 있었다. 세 명의 전문 강사가 슬라이드로 작품 감상법을 지도한 뒤 전시장을 관람하고 실기수업을 했는데, 아이들의 반응이 매우 좋았다.

환경운동연합 환경교육

6학년 과학 수업에서 환경 문제에 대해 배울 때, '환경운동연합(http://www.kfem.or.kr)'에서 어린이를 대상으로 서울 시내 개천 탐사 프로그램을 진행하는 것을 알게 되었다. 그래서 '환경운동연합'에 전화를 해서 학교로 나와서 프로그램을 진행해 줄 수 있느냐고 문의했더니 기쁘게 승낙했다.

강사 한 분이 나와서 우리 학교에서 가까운 고덕천을 탐사하는 프로그램을 진행했다. 모두 두 시간에 걸쳐서 개천의 모습과 환경, 오염도를 조사하고 개천에 사는 식물과 동물에 대해 공부했다. 강사는 우리가 쉽게 구할 수 없는 시약과 기구를 직접 들고 와서 개천의 환경과 오염 문제에 대해 자세히 안내해 주었다.

이 프로그램은 우리 학급이 먼저 실시하고 이어서 6학년 다른 학급과 5학년에서도 몇몇 학급이 했다. 우리 동네에 있지만 관심을 두지 않았던 개천의 모습을 직접 찾아가 보고 많은 것을 느끼고 배울 수 있었다.

● 영화교육

아이들이 영상매체를 많이 접하고는 있지만, 실제로 영상교육을 하는 일은 드물다. 아무리 훌륭한 내용의 영상자료일지라도 그냥 틀어 주기만 하는 것은 좋은 방법이 아니다.
아는 사람 가운데 어린이와 청소년을 위한 영화교육 프로그램(윤희윤의 영화교육 www.freechal.com/cin ebud)을 진행하는 분이 있어서 그분의 도움을 받았다. 토요일을 이용하여 영화교육을 실시했다. 주제는 찰리 채플린의 〈모던 타임즈〉. 먼저 영화의 역사와 영화 기법, 찰리 채플린에 대한 이야기부터 시작해서, 영화 주제인 산업혁명의 역사와 기계 물질문명이 인간에게 끼치는 영향을 살펴보았다.

● 그 밖의 가능한 사례들

지금까지 소개한 내용 말고도 관심을 가지고 찾아보면 학교 밖 인적 자원을 활용할 수 있는 방법은 얼마든지 있다. '한국 유네스코'에서도 3월에 신청하면 학급 단위로 직접 강사가 외국인과 함께 와서 국제이해교육을 해 준다. 또한 현장 체험학습 프로그램으로 예술가의 작업실을 찾아가 보거나, 공장이나 농장을 찾아가 보는 것, 주말농장을 신청해 농사를 지어 보는 것 등을 해 볼 수도 있다. 특히 학부모 명예교사의 도움을 받는 일은 학교 밖 인적 자원을 활용하는 첫걸음이다.

고학년 담임을 맡게 되면서 되도록 많은 사람들을 초빙해서 다양한 내용을 소개하고 싶었다. 그동안 마임이스트를 초대해 마임 공연을 직접 보고 간단한 마임 배우기, 미술관 큐레이터와 함께 미술활동 해 보기, 채규철 선생님 모시고 말씀 듣기, 영화감독과 함께 나누는 이야기 등을 계획했었지만, 학교 안팎의 여러 사정으로 진행하지 못했다. 지금도 아쉬움이 남는 일이다.
그동안 여러 외부 인적 자원을 활용한 수업을 시도해 보았지만, 많은 경우 학교측의 반대로 이뤄지지 못했다. "이런 일을 하려고 합니다."라고 하면 일단 관리자는 달갑지 않다는 표정을 짓는다. 이런 일을 진행할 때마다 학교측으로부터 가장 많이 들었던 말은 "왜 선생님 반만 하느냐? 그러면 다른 반에 피해를 주지 않느냐?"라는 것이었다. 그리고 아무리 학년 초 학급운영 계획서에 미리 계획을 세워서 실시한다 하더라도 동료교사들이 불편해하는 느낌도 받았다.

따라서 교실에서 외부 인적 자원 활용이 자연스럽게 이루어지려면 뭐니 뭐니 해도 관리자와 교사들의 인식이 빨리 바뀌어야 한다. 또 누구라도 필요에 따라 다양한 인적 자원을 활용할 수 있도록 절차가 간단해져야 한다.

그리고 학교나 학급에서 활용할 수 있는 외부 인적 자원을 많이 발굴해서 다양한 프로그램을 개발해야 한다. 앞에서도 말했지만, 외부 인적 자원을 활용할 때의 강사비나 소요 경비의 지원이 필요하다. 대부분이 무료였지만, 영화교육의 경우에는 그분이 진행하는 프로그램에 내가 미술교육 강의를 해 주는 품앗이를 했다.

또 하나, 외부 인적 자원을 활용할 때 외부 사람에게 모두 맡겨 두지 말고, 교사도 배우는 태도로 함께 참여하는 것이 좋다. 그동안 많지는 않지만 외부 인적 자원을 활용한 결과, 교과서를 가지고 며칠에 걸쳐 공부하는 것보다 몇십 배는 나은 효과를 거둔 것이 사실이다. 교사가 조금만 부지런하면 외부 인적 자원을 유익하게 활용할 수 있는 사례는 얼마든지 많다.

야호! 방학이다~

III
방학과
마무리활동

'멋진 끝내기'를 위하여

'끝'은 처음과 중간에서 필연적으로 나오는 것이다. 그러나 반대로 끝이 처음과 중간의 의미를 좀 더 선명하게 비춰 주기도 한다. 멋진 끝내기가 없다면 애써 만들어 놓은 처음과 중간도 빛을 잃을 것이다.

많은 교사들에게 '마무리'란 학급운영에 대한 평가를 받는 것을 의미한다. 그래서 아이들에게 평가서를 받고, 그것을 읽으면서 보람을 얻고 상처도 받는다. 물론 이것은 그 자체로 의미가 있다. 그러나 이것은 마무리의 일부분일 뿐이다. 더 중요한 것은 아이들과 교사가 서로의 만남을 통하여 얼마나 성숙했는가를 성찰하는 것이다.

방학을 앞둔 학기 말 평가는 방학 동안, 또 2학기를 통해 피드백 할 수 있다는 점에서 어찌 보면 학년 말 평가보다 훨씬 중요하다. 따라서 중간 평가는 담임교사에게는 한 학기 동안의 학급운영을 평가하고 이를 반영하여 2학기 계획을 세울 수 있다는 데, 학생들에게는 자신의 학습 · 생활태도를 점검할 수 있게 해 준다는 데 그 취지와 목표가 있다.

이러한 평가를 거치고 나면, 학년 중간에 맞이하는 방학도 그 의미를 제대로 살릴 수 있게 된다. 부족했던 부분을 채우고, 해 보지 못했던 것을 해 보기도 하고, 차분히 자신을 돌이켜 보기도 하면서, 잠시 숨고르기를 할 수 있을 것이다.

학년 말 평가는 학년이 끝날 무렵, 아이들에 대한 종합 평가를 위한 정보를 확보할 수 있다는 이점도 있지만, 아쉬움으로 남기 일쑤인 미진한 부분을 차분하게 만회할 기회가 되기도 한다. 그렇다고 학년 말 평가를 너무 무겁게 생각할 필요는 없다. 평가는 한 해의 잘잘못을 가리고 후회하는 것보다 다음 해, 새 학년의 새로운 시작을 위한 분기점으로 삼는 것에 초점을 두어야 한다. 물론 교사 입장에서는 신중하고 냉정한 자세로 실패와 성공을 갈라서 보는 마음가짐이 우선되어야 하지만, 아이들과의 관계에서는 서로 격려를 나누어 가질 수 있는 분위기를 만들어야 한다.

그런 점에서 학년 말 평가는 담임교사나 아이들뿐 아니라, 친구들, 학부모 등 되도록 여러 사람들로부터 자료를 구하고, 담임이나 아이를 총체적으로 파악할 수 있도록 통로를 여는 노력이 필요하다.

마무리와 평가를 하는 데 어떤 방법을 쓸 것인지는 그리 크게 중요하지 않다. 진지하게 자신을 돌아볼 수 있는 분위기를 만들어 주는 것이 중요하다. 깊은 밤에 일기를 쓰기 위해 책상에 앉아 있는 느낌 같은 것을 만들어 주어야 한다. 그런데, 짧은 시간에 이런 분위기를 만드는 것은 쉽지 않다. 그래서 많은 교사들이 반짝 행사를 기획하게 된다. 물론 담임교사에게 이것을 적절하게 사용할 수 있는 능력은 매우 중요하다. 그러나 조금만 더 섬세하게 준비하면 더 충실한 마무리를 할 수 있을 것이다.
특히, 마무리 상담은 매우 중요하다. 교사들은 보통 학년 초에 상담을 많이 한다. 그러다 아이들에 대해 어느 정도 '안다.' 고 생각하면서부터는, 특별히 말썽을 부리는 아이가 아니면 상담을 하지 않게 된다. 그러나 아이들의 개별적인 성장에 관심을 두는 교사라면 지속적인 상담을 통해 아이의 변화를 점검할 것이다. 특히 마무리 상담은 교사가 아이들에게 개별적이면서 종합적인 조언을 해 줄 수 있는 기회이다.

마지막으로 반드시 아이들과 함께 교사도 평가에 참여해야 한다. 마무리 평가는 '나에 대해 평가해 다오.' 가 아니라 '우리 함께 지나온 길을 돌아보자.' 가 되어야 한다. 이것은 교사와 아이들에게 공동체적 상상력을 기르는 훈련이 될 뿐만 아니라, '객관적 시선' 을 익히는 좋은 기회이다.
아이들의 평가를 받을 때는 그 의미와 한계를 분명히 해야 한다. 아이들의 말은 분명히 일면의 타당성을 지니고 있고 따라서 귀를 기울여야 하지만 그것을 절대화하면 위험하다. 아이들의 말을 절대화하는 것은 '담임으로서 나는 잘하고 있다.' 는 자기 만족에 집착하는 데서 비롯되는 태도이다.
어느 선생님의 말처럼 '나는 선생님이 좋아요.' 보다는 '나는 선생님 때문에 이러이러한 점에서 발전했어요.' 라는 말을 기대할 수 있어야 하고, 아이들도 이런 관점에서 평가하도록 이끌어야 한다.

신명기 | 서울 영훈초 교사

III. 방학과 마무리활동

01 신나는 방학 맞이하기

"꿈에도 그리던 방학이 오면 늦잠을 잘 거야. 이불 속에서 뒹굴며 신문 읽고……."

가사가 맞는지는 모르겠지만 이렇게 시작하는 노래가 있었다. 마치 전쟁을 치르듯 바삐 움직이는 학기 중에 방학을 기다리는 마음은 그 무엇보다 간절하다. 그러다 방학이 시작되면 갑작스런 해방감에 실컷 게으름을 피우다 한참 지난 다음에야 계획했던 일을 시작하게 된다. 교사도 그러한데 아이들은 오죽하랴. 학원에 학습지에 어른보다 더 바쁜 요즘 아이들을 보면 오히려 교사보다 아이들에게 더 휴식이 필요한 것 같다.

교사의 입장에서 방학은 다음 학기에 아이들에게 나누어 줄 것을 새롭게 채우는 과정이다. 아이들 입장에서는 배운 것들을 자기 것으로 소화해 그 외연을 넓히고, 다음 학습을 위해 그동안 채웠던 것을 비우는 과정이다.

그런데도 방학을 앞둔 교사의 마음은 왠지 편치 못하다. 방학에 학습과 관련하여 뭔가를 해야 한다는 강박이 아이들과 교사 모두를 자유롭게 놓아두지 못하는 것은 아닐까. 교사 자신과 아이들을 의무감에 가두지 않고 자연스럽게 비움과 채움이 이루어지는 그런 방학을 만들어야 한다.

교사의 방학, 어떻게 맞이할까

교사부터 방학 계획을 세우자

교사 먼저 방학 중 할 일을 계획하여 발표해 보자. 교사가 먼저 발표하고 아이들에게도 방학 계획을 세워 볼 것을 권한다. 물론 방학이 지난 다음에 결과에 대한 평가도 함께 한다. 교육활동과 관련된 것이든 지극히 개인적인 것이든 방학 동안에 집중적으로 해 보고 싶은 것을 주제로 정하여 아이들에게 말해 주면 아이들도 스스로 방학 계획을 세워야 할 필요성을 느끼고, 어떻게 방학 계획을 세워야 하는지에 대해서도 감을 잡게 된다.

'인라인스케이트에 도전하기'를 이번 방학의 주제로 삼은 교사가 이를 실천하기 위해서 "딸에게 배우고 오전 오후 하루에 두 번씩, 한 시간 이상 인라인을 타겠다."고 하면 교사의 방학 계획을 거들어 인라인스케이트를 가르쳐 주겠다고 자청하는 아이도 있다. 아이들과 함께 주제를 공유하면 나중에 평가도 함께할 수 있어서 교사 스스로도 마음을 다잡을 수 있다.

교사의 역량을 높이는 계기로 삼자

교사 개인에게도 방학은 무척 의미 있는 기간이다. 방학을 학급운영이나 교육활동의 깊이와 외연을 넓히는 계기로 삼을 수도 있다. 방학을 이용하여 각 기관이나 단체에서 실시하는 연수를 꼼꼼히 알아보고 평소에 꼭 듣고 싶었던 강의를 신청해 들을 수도 있다. 관련된 책을 찾아 도서 목록을 만들어 발표하면 아이들은 선생님들도 공부를 하느냐며 의아한 시선을 보내기도 한다.

교육의 질이 교사의 질을 넘을 수 없음은 너무나 자명하다. 교사에게는 좀 더 넓게 세상을 바라보고 통찰할 수 있는 안목이 있어야 한다. 그래야 지식을 전달하는 교사가 아니라 깨우침으로 이끄는 교사가 될 수 있다. 조금 귀찮고 힘들더라도 전문적인 연수나 교양 강좌에 도전해 보면 아이들을 가르치는 데 많은 도움을 얻을 수 있다.

방학이라고 너무 욕심내지 말자

방학을 시작할 때에는 40여 일이 매우 길 것 같지만 한두 가지 가족행사나 연수에 참여하고 나면 훌쩍 지나가 버린다. 아이들도 마찬가지이다. 매일 일기 못 쓰겠나, 박물관 한두 곳 못 가겠나, 책 열 권 못 읽겠나 싶지만 그런 식으로 거창한 계획을 세우면 결국 소화불량에 걸리게 마련이다. 방학 계획을 세울 때에는 한 가지만 잡아서 충실히 한다는 마음으로 소박하게 시작해야 한다.

교사 스스로 계획을 세울 때도 마찬가지이다. 너무 큰 욕심을 부리지 말고 방학 동안에 할 수 있는 일들을 최소한으로 잡고 한 가지라도 깊게 들어가 보자.

한 번 더 아이들을 챙기자

학기 중에는 수업하고 생활하면서 아이들을 깊이 알고 싶어도 바쁜 업무에 치여 한 명 한 명 개인적으로 만나기 어렵다. 1학기 내내 말이 없어 영 불편했던 아이, 좀 더 깊은 이야기를 나누어 봐야 할 것 같은 아이, 교사의 배려가 좀 더 필요한 가정환경에 처한 아이들이 있다면 방학을 활용하여 만나 보자.

방학을 맞이하기 전, 아이들 이메일과 전화번호를 미리 확보해 놓고 이메일을 주고받으며 챙겨야 할 아이들과 방학 중에 반드시 만나서 이야기해 보아야 할 아이를 살펴 두자. 집으로 초대하여 음식을 나누어 먹을 수도 있고, 스케이트장이나 서점에 들러 함께 시간을 보내며 이야기를 나눌 수도 있다. 이런 방법이 다소 부담스럽다면 편지나 엽서를 쓰는 것도 좋은 방법이다.(편지나 엽서로 아이들을 만나는 방법은 3권 255쪽 참고)

여름방학은 2학기 준비를, 겨울방학은 헤어짐을 준비하며

여름방학은 한 학기를 갈무리하고 다음 학기를 준비하는 쉼표의 역할을 한다. 교사의 입장에서는 지난 1학기 학급운영과 교육활동에 대해 평가하고, 다음 학기에 이어 나갈 것과 버릴 것을 따져 보아야 할 것이다. 학급운영이 만족스럽지 못했다면 그 원인을 생각해 보고, 적절한 해결책을 마련해야 한다. 지식과 경험의 문제라면 방학을 이용하여 채워 나갈 수 있을 것이다. 몇몇 아이들과의 의사소통이 문제였다면 방학 중에 그 아이들과 소통하는 방식을 모색할 수 있을 것이다.(1학기 학급운영을 점검해 보는 체크리스트는 3권 301쪽 참고)

한 학년을 정리한다는 점에서 겨울방학은 여름방학보다 훨씬 더 큰 무게로 다가온다. 방학이 지나가면 곧 헤어진다는 사실 때문에 더욱 그러하다. 따라서 겨울방학은 아이들과의 관계를 정리하고 새로운 만남을 준비한다는 관점에서 보아야 한다. 학급 캠프를 준비해서 서로에 대해 다시 생각해 보는 자리를 마련할 수도 있고, 마무리잔치로 일 년 동안 꾸준히 해 온 학급운영의 결과를 확인해 볼 수도 있을 것이다.

아이들과 함께 준비하는 방학

방학 주제 정하기

방학 계획을 세울 때에는, 방학은 아이들의 시간이고 개인적인 시간 활용에 방점이 찍혀야 한다는 점을 염두에 두어야 한다. 그러므로 방학 중 과제는 아이들의 개인적인 계획과 시간을 풍부하게 채워 주는 활동이라야 한다. 이런 원칙을 가지고 방학을 준비하자면 방학이 찾아오기 전에 미리 시간을 두고 계획을 세워야 한다. 아이들도 지속적으로 그리고 짬짬이 옆에서 부추겨야 한다. 먼저 방학하기 전 일주일 정도 시간을 두고 이번 방학에 가장 하고 싶은 것을 중심으로 각자 방학생활 주제를 정해 오게 한다. 그리고 그것을 위해 할 일들을 다섯 가지 정도 정해 오게 한다. 그리고 나서 방학 계획을 발표하면서 공개적인 다짐을 하는 시간을 가진다. 물론 교사도 참여해야 한다.

아이들은 방학을 알차게 보내겠다는 욕심이 앞서 책읽기, 일기 쓰기, 캠프 참여하기, 박물관 순례 등을 빡빡하게 짜 오는 경우가 많다. 교사는 산만하게 과제를 쫓아다니기보다는 방학 동안의 중심 주제를 잡게 하여 가지를 쳐 줄 필요가 있다. 그리고 주제를 중심으로 구체적인 실행 계획을 잡게 한다. 뒤쳐진 수학을 보충하겠다면 어떤 방법으로 할 것인지 묻고, 문제집을 푸는 방법으로 하겠다면 어떤 문제집을 하루에 얼마나 풀 것인지 계속 물어 들어가는 것이다.

> **톡톡 아이디어**
>
> 방학 주제를 정할 때에는 학부모와 함께 의논하도록 하는 게 좋다. 아이들 생각과 학부모 생각이 다른 경우가 있는데, 이를 조율하는 과정이 필요하다. 또 부모와 아이가 함께 의논해야 정말 필요하다고 생각하는 것을 정할 수 있다. 대부분의 도시 아이들은 '학원 순례'로 방학 일정이 학기 중보다 더 빡빡하다. 교사는 학부모에게 방학을 교과 공부로 채우는 것보다 체험활동을 넓힐 수 있는 기회로 삼을 것을 당부하고 이를 학급 공동 과제로 정할 수도 있다.

이렇게 방학 계획을 공유하다 보면 같은 주제를 가진 아이들끼리 함께 계획을 짤 수도 있다. '서울에 있는 박물관 기행'이라는 주제를 잡은 아이가 여럿이라면 혼자 다니는 것보다 함께 다니면서 경험을 공유하는 것이 훨씬 효과적이다.

방학 계획을 꼭 학습과 연결할 필요도 없다. 평소 식습관 문제로 비만에 시달리는 아이가 있다면 방학을 식습관을 고치는 계기로 삼아, 매일 먹은 음식을 기록하는 일기를 쓰겠다고 할 수도 있다. 학교에 다니느라 가족과 함께 지낼 시간이 아쉬웠다면 '엄마와 집에서 뒹굴기' 도 훌륭한 방학 주제가 된다.

학습부진아를 위한 방학 안내

여름방학을 맞이할 때는 다음 학기를 위해, 겨울방학을 맞이할 때는 다음 학년의 학교생활을 위해 교사가 직접 아이의 방학 계획에 끼어들어야 할 때가 있다. 학습부진아의 경우가 그러하다. 여기서 말하는 학습부진아는 도저히 학년 학습 내용을 따라올 수 없는 아이를 말하는 것이 아니다. 게으르거나, 가정에 제대로 학습 도우미 역할을 할 사람이 없어서, 또는 아직 공부에 흥미를 붙이지 못해서 학습을 소홀히 해 온 아이를 말한다. 그런 아이에게 방학은 아주 중요한 시기이다. 이런 아이들은 학원 공부를 해도 별로 효과가 나타나지 않는다. 교사가 좀 더 적극적으로 개입할 필요가 있다.

먼저 학부모와 상담을 해야 한다. 아이의 학습 성취도나 태도에 대해 솔직하게 말하고 방학을 활용하여 모자란 학습 성취도 부분을 채울 수 있도록 부모와 교사가 함께 프로그램을 만들었으면 좋겠다는 의견을 전달한다. 프로그램이라고 해서 거창한 것은 아니다. 대부분의 학습부진아는 국어과와 수학과의 기초가 부족해서 나머지 과목에도 영향을 미치는 경우가 많다. 교사는 해당 학기의 국어, 수학 교과서를 기본으로 삼고 기초를 닦기 위해서 어떻게 공부시켜야 하는지 부모가 이해할 수 있도록 설명한다.

국어과 기초가 부족한 아이에게는 그림책부터 시작해서 짧은 단편 동화를 읽게 하는 것이 좋다. 수학과의 경우는 가장 기본이 되는 교과서와 익힘책 문제를 스스로 해결할 수 있도록 방학 중 공부 일정표를 세우게 한다. 아이의 수준에 따라 프로그램을 만들되 교사가 중간중간 전화로라도 확인을 해야 한다. 아이가 혼자 집에 있는 시간 또는 계획표에서 아이가 공부하기로 되어 있는 시간에 전화를 걸어서 긴장을 늦추지 않도록 한다.

교사에게는 아주 번거로운 일 같지만 학급마다 대체로 대여섯 명 정도는 이런 프로그램이 필요하다. 물론 더 많을 수도 있다. 학습 내용을 쫓아가지 못하는 아이들에게 학교생활이 즐거울 수 없다. 방학 때 학교생활의 기본이 되는 학습 기초를 닦을 수 있도록 도와주어야 한다.

도서 목록 정하기

방학 때 꼭 책을 읽어야 하는 것은 아니지만, 교사가 책 안내를 해 주면 방학을 이용하여 스스로 책 읽는 습관을 들이는 아이들이 있다. 아이들 스스로 읽고 싶은 책을 정해 방학 때 책 읽는 기쁨을 느끼도록 해 보자. 교사가 다섯 권 정도 지정해 주고 나머지 5~10권은 자기 스스로 정하게 한다.

방학하기 5~6일 전에 4~5권 정도의 권장도서 목록을 나누어 주고 각자 정한 방학 주제와 관련된 책이든 읽고 싶은 책이든 학교도서관이나 인터넷 서점 등을 이용하여 목록을 완성해 오라고 한다. 책 권수는 상관없으며, 자신이 방학 동안 읽을 수 있을 만한 책을 생각해 본 다음 도서 목록의 빈 칸에 자유롭게 적을 수 있도록 한다. 권장도서나 자신이 계획한 책을 읽은 날은 형식에 상관없이 간단한 독서일기를 쓰게 한다. 권장도서는 학교도서관에 있는 것 중에서 다음 학기 학습과 관련된 책이나 학급문고 가운데 잘 안 읽었던 책으로 정하면 된다.

방학 중 책읽기 활동에서 추천할 만한 프로그램은 책 돌려 읽기이다. 교실에서 한 번씩 만나 책도 서로 건네받고 방학 중에 못 만났던 친구도 만날 수 있기 때문이다. 반 아이들이 정한 책 목록을 모두 정리하여 아이들에게 나누어 주거나 인터넷 학급 카페나 홈페이지에 올린다. 혼자 읽어야 할 책을 다섯 권으로 정했으면 다섯 권은 친구 것을 빌려 읽기로 하는 것이다. 다만, 한 친구에게서 한 권만 빌려 읽을 수 있다. 이렇게 하면 적어도 다섯 명의 친구와 만나게 된다. 실제 해 보면 읽고 싶은 책이 서로 달라 거의 열 명의 친구들을 만나게 된다.

예시 **방학 계획표**

○○의 방학 나기			
방학 주제			
실천할 일	1.		
	2.		
	3.		
도서 목록			
권수	책 이름	읽은 날짜	읽고 나서 일기는 썼나요?
1.			
2.			
3.			
4.			
5.			
6.			
7.			
8.			
9.			
10.			
방학 동안 해 볼 만한 일			
언제	무슨 일을 했나요?	하고 나서 일기를 썼나요?	

학교 밖 체험 프로그램 안내하기

방학을 이용하여 또래 아이들끼리 어울려 학교생활이나 가정생활과는 다른 생활을 체험해 보는 것도 중요하다. 방학 1~2주 전에 아이들이 방학 때 할 수 있는 다양한 캠프를 소개하는 소식지를 학부모에게 보내 보자. 각종 캠프들을 일일이 소개하기보다는 방학 중에 아이들에게 특별 체험이 필요하다는 점, 그리고 2~3주 전부터 서두르지 않으면 좋은 기회를 놓칠 수도 있다는 점을 알리고 아이들과 상의해서 캠프를 골라 참가할 것을 권하는 정도이다. 보통 캠프가 시작되기 1~2주 전에 신청이 마감되는 점을 고려해 학부모들이 캠프에 대한 정보들을 미리 알아보고 신청할 수 있도록 하면 좋다.

또 방학 동안에 있는 공연이나 전시를 소개해 주는 것도 좋다. 캠프 안내서를 보낼 때 함께 보내면 학부모들이 아이들과 함께 방학 계획을 세우는 데도 도움을 줄 수 있다. 각 지방별로 운영하는 박물관을 비롯하여 많은 시설에서 아이들을 위한 체험 프로그램을 마련하고 있다. 특히 이름난 박물관이나 미술관에서는 방학을 활용한 특별 프로그램을 여러 가지 마련하므로 이를 소개해서 특별한 체험활동을 해 볼 수 있도록 배려한다. 또한 방학 중에는 국내에서는 보기 힘든 각종 기획전과 예술행사가 수시로 열리므로, 신문이나 잡지를 꼼꼼히 살펴서 정보를 챙겨 알려 줄 수도 있다.

함께 떠나는 학급여행

고학년이라면 또래 집단의 영향력이 교사보다 훨씬 더 막강하다. 방학 때 가정을 떠나 반 친구들과 여행지에서 하룻밤을 같이 보내는 경험은, 이제 막 사춘기에 접어드는 아이들에게는 더없이 매력적인 활동이다. 교사는 여기에 판만 깔아 주면 된다. 교실에서 다소 서먹해하며 얼굴을 붉히던 아이들도 모닥불 피워 놓고 두런두런 이야기를 나누면, 혹은 촛불을 앞에 두고 마주 앉아 노래를 부르면 어느새 마음을 열게 된다. 시멘트 교실 안과 별빛 쏟아지는 모래사장은 천양지차이다.

방학 중에 학급여행을 하려면 학년 초 학급운영 계획을 짤 때부터 함께 계획해 두어야 한다. 아이들에게도 학년 초에 미리 알려 주는 것이 좋다. 그러면 아이들이 여행에 꾸준히 관심과 기대를 가지면서 학기 중간에 아이디어를 내기도 하고, 자기들끼리 스스로 준비하기도 한다.

숙식을 하는 여행이라면 비용이 덜 드는 장소를 물색해 보는 것이 우선이다. 관광버스나 기차를 타고 멀리 움직이면 비용이 너무 많이 든다. 시내버스나 시외버스 정도를 이용해서 갈 수 있는 곳으로 정하고 시설도 비용이 저렴한 학교나 시 · 도에서 운영하는 수련원 등으로 알아본다. 장소가 결정되면 학부모 동의서를 첨부해 기안해서 결재를 받고, 여행자 보험에도 반드시 가입해야 한다.

여행 프로그램은 아이들과 함께 짠다. 이때 모둠별로 프로그램을 짜도록 해 보는 것도 좋다. 늦은 밤에는 쉽게 잠들지 않는 아이들과 진솔한 대화를 할 수 있도록 집단상담 프로그램을 마련해 보아도 좋겠다.

학급 친구들과 함께 밥을 지어 먹고 함께 잠을 자 보는 것은 더 없이 좋은 경험이지만, 이러한 여행이 부담스럽다면 당일 기차여행이나 가까운 수영장이나 스케이트장, 눈썰매장을 다녀와도 좋다. 방학 동안에 우리 반끼리 모여서 논다는 사실 하나만으로도 아이들은 아주 특별한 체험을 했다고 느낀다.

학급여행을 가기 전에 챙겨야 할 일

학급여행을 가려면 방학 전에 꼭 해야 할 일이 몇 가지 있다. 먼저, 학부모에게 안내장을 보내야 한다. 안내장에는 간단한 인사말과 함께 학급여행의 취지, 때와 장소, 활동 내용, 교통편 등을 친절하게 소개해야 한다. 특히 학부모들은 안전 문제에 깊은 관심을 가지므로 활동 내용을 신중히 정해야 하고 이동 수단에 대한 안내도 잘되어 있어야 한다.

다음으로 학급여행에 대해 교감, 교장 선생님에게 정식으로 알리는 것이 좋다. 단순히 말로 알리는 것보다는 학급활동 명목으로 기안을 해서 결재를 받아 두고 출장 신청도 해야 한다. 결재할 때는 일정과 장소, 프로그램을 상세히 안내한다. 관리자에 따라서는 교과와 연관성을 따지기도 하는데, 활동 내용의 비고란에 상담, 체육, 과학 등의 과목을 쓰고 단원도 찾아서 써 주면 된다. 도시를 벗어나 시골이나 여행지에서 하려고 계획한 활동들은 대부분 교과와 연결된다.

참여하는 아이들의 예비모임은 대개 떠나기 이틀이나 사흘 전에 하면 된다. 캠프처럼 하루 이틀 숙식을 함께 하는 여행이라면 예비모임에서 먼저 모둠부터 편성해야 한다. 모둠을 편성할 때는 남녀를 고르게 배치하되 '살림살이 능력' 을 기준으로 삼아야 한다. 평소에 아이들이 교실에서 맡은 역할을 어떻게 해 나가는지 유심히 봐 두었다면 아이의 살림살이 능력은 쉽게 간파할 수 있다. 그리고 친구들의 의견, 학부모의 조언을 종합해 보면 얼추 알 수 있다. 발달 장애가 있거나 친구들과 쉽게 어울리지 못하는 아이들은 미리 살림살이를 잘하는 아이한테 부탁해서 같은 모둠에 넣어 주도록 한다.

식단을 짤 때 밑반찬은 개인별로 잘 상하지 않는 것을 두어 가지 들고 오면 되므로 주식인 밥과 국(찌개) 위주로 짠다. 한두 끼 정도는 감자나 옥수수를 삶아 먹는 것도 좋겠다. 식단을 짜고 나면 각자 가져와야 할 준비물을 확인한다.

인원수가 많을 때는 관광버스를 대절하고 적을 때는 대중교통이나 자가용 승용차를 이용하는 것이 좋다. 대략 스무 명을 기준으로 이 숫자보다 많으면 관광버스를 이용하는 것이 편리하고 비용도 저렴하다. 물론 대중교통을 한두 번 갈아타서 갈 수 있는 곳이라면 인원수에 관계없이 대중교통을 이용하면 된다.

중간 점검하기

미리 준비한다고 해도 방학은 늘 갑작스럽다는 느낌이 들어 처음에는 그럭저럭 시간을 보내기 일쑤다. 그러다 절반이 넘어가면 방학 중 계획한 것을 포기해 버리거나 숙제라는 생각에 미루다 개학을 앞두고 '벼락치기'를 하기 일쑤다. 교사가 방학 중간에 한 번 정도 격려 겸 점검을 해 보는 것도 좋다.

아이들에게 전체 메일을 보내고, 각자 방학 계획이 어느 정도 진행되고 있는지 교사에게 답장을 보내라고 하면 이제 시작할 거라는 아이도 있고 내일부터라도 해야겠다는 아이들도 있다.

또한 어떤 문제에 부딪혀서 포기하고 있는 아이들도 있는데, 그런 아이들에게 격려의 메일을 한 번 정도 더 보내 주면 남은 방학을 좀 더 의미 있게 보낼 수 있을 것이다.

톡톡 아이디어

스스로 정한 방학 주제나 아이들 개개인에게 내준 방학 숙제에 대한 안내는 학급 홈페이지에 자세히 올려놓고 아이나 학부모가 수시로 확인할 수 있도록 하자. 방학 중에는 아이들에 대한 교육이 교사에서 학부모로 넘어가게 되므로 학부모들의 관심과 참여가 중요하다.

방학 중 근무일을 아이와 함께

방학 중 근무일에 아이들을 불러내 보자. 유난히 교사와 힘든 관계에 있던 아이도 좋고, 정말 성실하게 교사를 도와주었던 학급임원이나 말없이 교사의 편이 되어 맘으로 응원해 주던 아이도 좋다.

불편한 관계의 아이였다면 처음부터 이야기하자고 의자를 갖추어 앉지 말고, "성용아, 선생님이 방학 중에 학교에 나와서 할 일이 있는데 좀 도와줄래?" 하고 부탁한 뒤 아이가 할 수 있는 소일거리를 (일부러라도) 만들어서 맡긴다. 일을 마친 뒤 함께 과일이나 음료수를 마시며 방학을 어떻게 보내고 있는지 자연스럽게 이야기를 해 본다. 물론 아이에게 직접적으로 문제를 제기하는 것은 금물이다. 자연스러운 분위기 속에서 먼저 교사의 느낌을 조심스럽게 제시한 뒤 아이의 이야기를 경청해 본다. 그 속에서 갈등과 오해가 풀릴 수 있다. 이야기를 나누어 보면 서로에 대한 오해가 또 다른 오해를 낳아 관계를 악화시킨 경우가 대부분이다. 방학 중 근무일에는 다른 사람의 방해 없이 한적한 학교에서 단둘이 대화를 나눌 수 있기 때문에 교사도 아이도 부담 없이 이런저런 이야기를 나눌 수 있다.

교사에게 힘이 되어 주었던 아이라면 정말 고마운 마음으로 초대하여 함께 이야기를 나눌 수 있다. 아이는 특별한 날 교사에게 초대받았다는 느낌만으로도 무척 뿌듯해할 것이다.

공부가 부족한 아이를 부를 수도 있다. 강승숙 교사(인천 남부초)는 1학기 때 수업에 잘 따라오지 못하는 아이들 몇을 당직하는 날 학교로 불러 평소에 하던 그림책 읽어 주는 활동을 하고 뒤처지는 과목을 조금 봐 주기도 한다. 방학날 하루, 교사와 함께 공부한다고 해서 성적이 오르겠느냐마는, 강 교사는 "교사가 자신의 학습에 관심을 두고 있다는 신뢰를 주고 여유롭고 편한 마음으로 공부할 수 있게 북돋울 수 있다."고 한다.

개학하고 나서

방학 과제 결과를 가지고 순위를 매겨 상을 주기도 하는데 방학 과제를 시상하는 제도는 폐지되어야 한다. 가시적인 결과물을 내지 못하는 과제들은 애써 했는데도 빛을 못 보게 되는 것이다. 시상 대신 아이들이 자신에게 주어진 시간들을 얼마나 알차게 꾸렸는가, 그렇지 못했다면 왜 실패했는가를 점검해 보는 시간을 갖는 것이 더 필요하다.

방학 주제는 무엇이었으며 그것을 달성하기 위해 어떤 노력을 기울였는지, 그래서 자신은 방학생활에 몇 점을 주고 싶은지 각자 발표해 보는 시간을 마련한다. 계획서 뒷면에 자기 평가서를 써서 교실 게시판에 게시해 친구들은 방학을 어떻게 보냈는지, 새 학기에는 어떤 다짐을 하고 있는지 확인할 수 있도록 한다. 교사도 과제를 보고하고 평가해야 한다. 아이들에게는 과제 해결 과정을 반 친구들 앞에서 설명하고 자랑하는 것만으로도 좋은 보상이 될 것이다. 과제 자랑을 할 때에는 전지에 과제 이름, 과제를 정한 까닭, 실천한 내용, 결과, 알게 된 점, 더 하고 싶은 것 따위를 쓰도록 한다.

2학기 초 국어 시간에는 방학 동안 있었던 일을 발표하는 자리를 마련한다. 아이들은 주로 방학 동안 체험활동 했던 것, 여행한 것, 특이한 경험 등을 친구들에게 자랑하려고 한다. 이때 주제를 정해 말하기를 하면 아이들 방학 생활을 보다 생생하게 들여다볼 수 있다. 방학 때 겪은 일을 생각하면서 가장 인상적이었던 것을 골라 주제로 선택하는 것이다. 이때 주제는 교사가 미리 정해 주고, 아이들은 그 가운데 발표하고 싶은 주제를 선택하는 것이 좋다. 예를 들어, 즐거웠던 방학, 지겨웠던 방학, 슬펐던 방학, 행복했던 방학, 새로운 경험을 했던 방학, 도서관에서 보낸 방학, 사람을 많이 만났던 방학, 힘든 방학, 우울한 방학 등으로 주제를 정해 줄 수 있다. 이런 다양한 주제를 주면 아이들은 즐겁고 특이한 경험을 소개해야 한다는 부담 없이 훨씬 세세한 방학 이야기를 들려준다. 그러면 가족여행으로 즐거웠던 방학만 있는 것이 아니라 할머니가 돌아가셔서 슬펐던 방학, 방 안에서 텔레비전만 본 지겨웠던 방학 등 일상이 담긴 방학 이야기가 많이 나온다.

글쓴이 · 도움 주신 분들

박지희 | 서울 상경초 교사 · 신명기 | 서울 영훈초 교사 · 이정호 | 경남 김해 어방초 교사 · 조성실 | 서울 누원초 교사

1학년 아이들은 유치원에서도 방학을 경험했겠지만 초등학교에서 맞이하는 방학은 아무래도 색다를 것이다. 처음 해 보는 경험은 훨씬 새롭고 느낌도 강하다. 저학년 아이들에게 방학을 어떤 의미로 만들어 줄 것인가? 뜻 깊은 시작을 경험할 수 있도록 교사가 도와주는 것이 좋겠다.

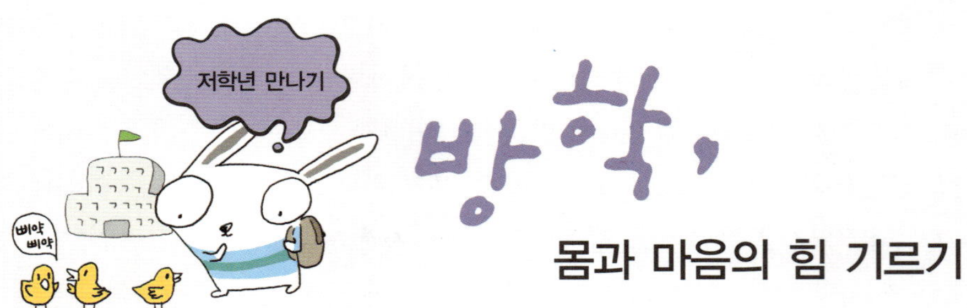

방학, 몸과 마음의 힘 기르기

이옥정 | 대구 태현초 교사 · 조성실 | 서울 누원초 교사

선배와 나눠 보는 방학 이야기 방학을 하기 며칠 전에 방학을 여러 번 경험해 본 6학년 선배들에게 '이런 방학이 좋더라.' 라는 주제로 이야기를 듣는 시간을 가지면 아이들에게 생생한 방학 느낌을 갖게 할 수 있다. 아이들은 선배들에게 직접 겪은 방학 이야기를 들으면서 선생님이 들려주는 것보다 훨씬 생생한 느낌을 가지고, 나도 이렇게 보내야지 하는 생각을 하게 된다. 또 계획을 세울 마음을 먹기도 한다.

6학년 아이들과는 미리 입을 맞추어, 방학의 자유로움과 함께 체험활동한 것, 잠만 자다 후회한 것, 늦잠도 자고 수영도 배운 것, 시골에 가서 실컷 논 것 등 다양하고 의미 있는 이야기를 많이 들려주도록 해야 한다. 사정이 여의치 않으면 교사가 초등학교 1학년 때 겪은 방학, 2학년 때 겪은 방학 등 교사의 어릴 적 방학생활을 재미있는 이야기 형식으로 들려주어도 좋겠다.

학부모와 공유하는 방학 계획 스스로 계획을 짜고 실천하는 데 익숙하지 않은 저학년 아이들은 방학 기간 대부분을 학부모와 함께 보내게 된다. 저학년 학부모 가운데 처음 학부모가 된 분들은 방학생활을 어떻게 지내야 하는지 몰라 걱정하는 경우도 많다. 편지나

알림장을 이용해서 방학을 어떻게 보내는 것이 좋은지 방학의 의미나 계획에 대해 안내하도록 한다.

학부모들은 아침마다 아이를 학교로 보내며, 어린아이들이 일정한 시각에 학교에 가서 공부하고 돌아오는 것이 쉽지만은 않은 일이라는 것을 잘 알 것이다. 그러므로 저학년은 방학 때 우선 충분히 쉬고 밖에서 많이 노는 시간을 갖도록 하며, 방학 숙제는 학습에 관한 것보다 평소에 하지 못했던 일을 하도록 안내하는 것이 좋겠다. 저학년 아이들은 숙박을 겸하는 공동 체험활동은 하기 힘들기 때문에 주로 가족 단위의 체험이나 여행을 하는 시간이 많을 것이다. 그러므로 공기 놀이, 실뜨기, 오목 두기, 색종이 접기, 제기차기, 매일 줄넘기하기, 매일 동네 한 바퀴 돌기 등 가족과 함께할 수 있는 놀이나 활동을 소개하고, 무엇을 하고 싶은지 가정에서 아이와 의논해서 방학 주제를 정하도록 하면 될 것이다.

방학을 이용하여 부족한 부분 채우기 스스로 계획을 짜고 실천하는 데 익숙하지 않은 저학년은 방학 때 뒤처진 내용을 보충할 수 있도록 개별 숙제를 제시하면 좋다. 예를 들어 1학년 1학기 수학의 경우, 9 이하의 수 가르기와 모으기, 한 가지 기준으로 사물 분류하기, 색종이로 ○△□ 모양 오려 규칙 만들어 보기 등을 내줄 수 있다. 국어 기초가 약한 아이에게는 받아쓰기 급수별로 공부하기, 쓰기 교과서에 미농지 붙이고 글씨 바르게 쓰기, 매일 30분씩 동생에게 동화책 읽어 주기 등 개인의 능력에 따라 숙제를제시한다.

1학년 중에는 한 학기가 다 가도록 손의 힘이 길러지지 않아 연필을 바르게 잡지 못하거나 손 움직임이 미숙한 아이가 종종 있다. 이런 아이에게는 색연필로 기본적인 선 긋기 연습하거나 색칠 공부하기, 색종이 오려 붙이기 등의 숙제를 내주면 방학 동안 손의 힘을 기를 수 있다.

특정한 분야에 소질을 보이는 아이들에게는 특기와 적성을 신장시킬 수 있는 숙제를 제시한다. 관찰한 내용을 그림으로 잘 나타내는 아이에게는 살아 있는 것 그리기나 크로키 하기 등이 적당하겠고, 노래를 잘 부르거나 노래 부르기를 좋아하는 아이에게는 매일 한 곡씩 동요 부르고 녹음해 오기 등의 숙제를 낼 수 있다. 또 사고력을 높이기 위해서는 책 읽은 다음 독서 감상문 쓰기보다는 주인공 모습 바꾸어 보기, 책갈피 만들기, 특징을 살려 찰흙으로 주인공 빚기 등의 다양한 독후활동을 안내한다.

방학 과제

시상과 전시, 따져 봅시다

김광호 | 경기 시흥 정왕초 교사

결과보다는 과정을 평가하도록

개학식 날은 대부분 방학 동안에 했던 과제를 검사한다. 과제물이 놓인 책상 사이를 왔다 갔다 하며 검사하는데, 발걸음이 멈추는 곳은 만들기 작품이나 두툼한 스크랩, 컴퓨터로 멋있게 꾸며 온 보고서 등 많은 과제를 해 온 아이의 책상 앞이다. 그렇다고 꼼꼼히 들여다 보는 것은 아니고 스크랩은 몇 장 넘겨보고, 일기장도 주루룩 넘겨보고, 만들기나 그림도 한 번 들었다 놓은 후 '잘한 아이'로 체크를 한다.

문제는 여기에 있다. 만들기나 스크랩 같은 눈에 보이는 것만 잘해 온 과제로 생각하고 집안일 돕기, 날마다 운동하기 등의 눈에 보이지 않는 과제는 아무리 잘 실천했어도 결과물이 있는 과제에 비하면 못하다고 생각하는 것이다. 실천 장면을 사진이나 비디오로 일일이 찍어서 낼 수도 없는 일인데 말이다.

이런 평가는 방학 과제 시상으로 이어진다. 시상과 함께 그 작품들을 학년별로 전시하게 한다. 사정이 이렇다 보니 내용이나 과정보다는 전시를 해야 한다는 생각에 눈에 보이는 자료를 많이 해 온 아이들의 과제를 우수작으로 뽑는 잘못을 하게 되는 것이다. 또 일기장이나 독서록의 경우도 내용이 우수한데도 글씨가 바르지 않거나 깔끔하지 못한 아이의 것은 시상에서 배제될 가능성이 많다. 그렇다고 눈에 띄는 과제를 해 온 아이들이 못해 왔다는 얘기는 아니다. 간혹 부모의 손길이 많이 간 과제도 보인다. 그런 것을 잘 구별하는 것도 교사의 몫이다. 몇 년 전 저학년을 맡았던 한 선생님은 큰 곤란을 겪었다고 한다. 방학 과제를 잘해 온 아이들에게 최우수, 우수상을 줬는데 한 학부모가 항의 전화를 했더라는 것이다. 최우수상을 받은 아이의 과제를 학부모가 대부분 해 주었다는 것이었다. 아마도 그 아이를 잘 아는 이웃집 아이의 부모가 속상해서 전화를 했던 모양이다. 아이 스스로 과제를 해결하게 하는 것이 교육이고 당연한 이치인데 학교에서는 그것을 몰라주는 것에 대해 서운하게 생각하고 있는 듯했다.

학급 안에서 방학 과제를 공유할 수 있도록

방학 과제 전시회에 나갈 작품을 뽑고 나면 나머지 방학 과제들은 자세히 살펴보지도 않고 대충 훑어보며 '검' 도장을 팍팍 찍는다. 그 과제물들은 바로 다음 날 아이들의 손에 들려 다시 집으로 돌아간다. 이처럼 아이들이 방학 내내 들였던 시간과 정성에 비해 교사의 검사는 무관심과 게으름 혹은 바쁘다는 핑계로 무시되었던 경우가 많다. 아이들에게 정말이지 부끄러운 모습이다.

또 전시를 위한 평가가 되다 보니 정작 부모님 일 도와주기, 자기 방 청소, 동생 돌보기 같이 눈에 보이지 않는 과제는 무시되어 버리는 경우가 많다. 시상까지는 아니더라도 여러 아이들 앞에서 칭찬해 주고 사기를 북돋워 주어야 한다. 이를 위해서는 개인별로 과제를 발표할 수 있는 시간을 충분히 주어 과제를 해결한 과정에 대한 평가와 함께 진지하게 반성할 수 있는 기회를 마련해야 한다. 방학 전에 부모님 일손을 돕는 과제를 계획했던 아이가 정말 성실하게 날마다 부모님 일손을 도와준 것과 여행 기록문을 쓰겠다 했던 아이가 가족과 며칠 여행하고 나서 사진 몇 장 찍고 보고 듣고 느낀 점을 적어 낸 것을 과연 어떻게 평가할 것인가? 내용이야 어떻든 사진 붙이고 겉표지 멋있게 꾸민 과제에 눈길을 더 주고 칭찬을 하거나 상을 주는 현실, 눈에 보이지 않는 실적이나 과정은 무시하고 현란한 결과만 우선하는 과제 평가는 이제 그만두어야 한다.

과제에 대한 보상은 반드시 필요하지만 겉모습이나 형식에 얽매이지 않고 교사의 교육관으로 아이들의 방학 과제를 보았으면 하는 바람이다. 또 학교에서의 획일적인 시상 방식도 고쳐야 한다. 과제를 얼마나 많이 해 왔는가, 얼마나 근사한 결과물인가 하는 것이 평가의 기준이 되어서는 안 된다. 아이 스스로가 방학 전에 무엇을 계획했고 그것을 얼마나 충실한 과정을 통해 해결했느냐 하는 것이 중요함을 잊지 말아야겠다.

방학 과제의 제시에서부터 중간 점검, 평가도 분명히 교육의 한 부분이다. 교사의 꾸준한 관심은 방학 과제를 해결하는 아이들의 태도와 마음가짐을 변화시킨다. 과제의 질적 향상은 바로 교사하기 나름인 것이다.

1. 자연과 벗하고 우정을 다지는 숲 속 캠프

이정호 | 경남 김해 어방초 교사

연간 학급운영 과정에서 여름방학은 일대 전환기이다. 마치 축구 경기를 하던 선수들이 전반전을 마치고 후반전에 대비하여 숨고르기를 하거나 모자라는 수분을 채우기 위해 물을 마시는 것처럼 말이다. 이때 선수들은 한자리에 모여 서로 격려해 주기도 하고 전반전 경기의 흐름을 되돌아보며 잘한 점은 이어 가되 모자라는 점은 고쳐야겠다는 다짐을 하며 후반전에 나서게 된다.

여름방학도 잘 활용하면 학급의 일 년 살림살이에 좋은 약이 될 수 있다. 어떤 선생님은 아이들 한 명 한 명의 얼굴을 떠올리며 편지를 쓰는가 하면 각 가정마다 전화를 하여 아이가 방학을 어떻게 보내고 있는지 확인하고 학부모와 상담을 하기도 한다. 또 어떤 교사는 그동안 소외되었던 아이들과 따로 약속을 정하여 기차여행을 하거나 만남의 시간을 갖기도 한다.

나는 여름방학 때 고향으로 근무지의 도시 아이들을 데리고 가서 '우리 반 숲 속 캠프'를 연다. 한 학급에서 몇 개월을 같이 생활했다고 해도 의외로 아이들은 서로 간에 마음을 터놓고 지내지 못하는 경우가 많다. 이런 점을 감안해 학기 중에 상담 프로그램을 마련해서 집단상담이라도 하면 좋겠지만 그런 시간을 내지 못할 때가 많다. 그래서 방학 중에 아이들과 함께 할 이런저런 활동을 계획하게 되는데, 시골에서 여는 캠프도 그 가운데 하나이다. 서로 간의 관계가 깊어지려면 함께 먹고 자며 활동을 해 보는 것이 가장 확실한 지름길이 아닌가 싶다.

장소를 밀양에 있는 고향 마을로 잡은 까닭은 무엇보다 교사인 내가 그 마을의 구석구석까지 훤히 알고 있어서 활동 계획을 쉽게 세울 수 있기 때문이다. 물놀이는 어디서 하고, 젓가락이나 물총을 만들

나무는 어디에서 구해 올 것인지, 그리고 추적놀이를 할 경로와 별자리 관찰을 하기 좋은 장소는 어디인지 등을 훤히 알고 있기 때문에 굳이 사전답사가 필요없다. 또 마을 사람들을 다 알고 있어서 활동하기에 편하고 이장님에게 말씀만 드리면 마을회관을 숙소로 이용할 수 있다.

시골로 아이들을 데리고 가면 마을 사람들이 대부분 반갑게 맞아 주는 것도 장점 가운데 하나다. 요즘 시골에서 어린아이들을 보기란 쉽지 않다. 나의 고향 마을에도 학교는 이미 폐교되었고 젊은이들이 없어서 마을에 아기 울음소리가 그친 지 오래다. 그래서인지 대부분이 노인인 마을 사람들은 반 아이들을 손주처럼 반가이 맞아 주며 잘 놀다 가라는 덕담도 잊지 않으신다. 더러는 밤에 마을회관 앞에 삼삼오오 오셔서 아이들이 노는 모습을 지켜보기도 하신다.

몇 해 전 여름방학에도 반 아이 스무 명과 함께 고향 마을로 캠프를 갔다. 마을에 도착하기 전 얼음골 계곡에 들러 한바탕 물놀이로 더위를 식힌 뒤 마을로 들어갔다. 나의 부모님이 기다리고 계시다가 반갑게 맞아 주셨고 뒤이어 달려오신 마을 이장님께서 친절하게 마을회관 문을 열어 주셨다.

첫날 저녁 프로그램은 '야간 추적놀이' 였다. 추적놀이는 대개 기호를 풀며 지도상의 목표 지점을 찾아가거나 각 목표 지점에서 지시하는 활동을 수행하는 방식으로 진행한다. 하지만 아직 시골 지리에 익숙하지 않은 아이들에게, 그것도 캄캄한 밤에 기호와 지도만으로 목표 지점을 찾아가라는 것은 무리다 싶어 마을에서 좀 떨어진 으슥한 장소까지 모둠별로 갔다 오는 '담력시험' 으로 프로그램을 바꾸었다.

저녁을 먹고 정리할 동안에 각 모둠의 담력대장을 모아서 밤에 다녀와야 할 지점까지 같이 갔다. 산모퉁이를 두어 개 돌아가자마자 허름하게 서 있는 농기계 창고의 벽에 미리 준비해 간 표를 붙이고 돌아왔다. 각 모둠은 표에 확인할 수 있는 흔적을 남기고 돌아오면 된다.

밤이 깊어지자 아이들을 모두 한자리에 모으고 마을에서 있었던 무서운 이야기를 한 편 들려주었다. 다녀오는 길에 꼭 지나야 하는 '애장터' 에서 있었던 이야기였다. '애장터' 는 옛날 보릿고개 시절 어린아이들이 굶어 죽으면 독에 담아서 묻고 그 위에 돌을 쌓아 만들었던 '애기무덤' 이 많았던 곳을 말한다.

이야기가 너무 무섭게 느껴졌을까. 모두들 문을 나서는데 마음 약한 한 아이가 죽어도 못 가겠다며 울면서 다리를 뻗었다. 할 수 없이 그 아이는 마을회관 앞에서 더위를 식히며 우리를 구경하고 있던 할머니들에게 맡겼다.

각 모둠의 담력대장만 손전등을 가져갈 수 있는 권한을 주고는 한 모둠씩 시차를 두고 출발시켰다. 도시 아이들이라 밤길을 아주 무서워할 줄 알았는데 웬일인지 자신만만하게 걸어 나갔다. 여럿이 같이 가니 전혀 무섭지 않다는 것이었다.

하지만 나에게는 비밀 무기가 있었다. 이럴 때를 대비해서 아이들을 겁주려고 미리 준비한 비닐 귀신이 바로 그것이다. 비닐을 길게 자른 뒤 '애장터' 가까운 전봇대에 걸어 놓고 길다랗게 끈을 연결해 멀리서 잡아당기면 펄렁이는 모습이 꼭 귀신이 춤추는 모습과 닮아 보였다.

아이들은 두런두런 이야기를 나누며 산책하듯 목표 지점을 향해 나아갔다. 첫 모둠이 '애장터'를 통과하는 순간을 놓치지 않고 나는 끈을 힘껏 당겼다 놓았다를 반복했다. 비닐 귀신이 춤추는 모습이 어둠 속에서도 어렴풋이 보였다. 나즈막히 들려오던 이야기 소리가 끊어지고 곧바로 아이들 입에서 비명이 터져 나오기 시작했다. 잠시 두두두둑 뛰어오는 발걸음 소리가 들려오더니 몇몇 아이들의 고함소리가 이어졌다.

"얏! 뛰어가지 마라. 너거만(너희들만) 무섭나?"

어찌된 일인지 조금 있으니 우렁찬 노랫소리가 들려왔다. 아이들은 무서움을 털어 내려는 듯 모두 어깨동무를 하고 목청껏 소리 높여 노래를 부르며 오고 있었다.

"지금도 달리고 있지. 하지만 꼴찌인 것을…… "

첫 모둠이 노래를 부르니 멀찌감치 뒤따르던 모둠들도 영문도 모른 채 노래를 불러 댔다. 노랫소리는 골짜기 골짜기를 휘돌아 메아리로 울려 퍼지며 잠들어 있던 조용한 시골의 밤을 깨웠다. 시골에서 맞은 첫날 밤은 그렇게 깊어갔다.

이튿날 오전에는 시골에서 쉽게 구할 수 있는 대나무로 실제로 쓸 수 있는 젓가락과 오후에 가지고 놀 대나무 물총 만들기를 했는데 학교에서 해 볼 수 없었던 활동이라 아이들의 반응이 좋았다. 대나무를 톱으로 잘라 보기도 하고 자른 나무를 세로로 쪼개며 대나무의 특성을 파악하는 것도 아이들한테 좋은 경험이 되었다.

젓가락을 만드는 데는 문구용 칼 하나로 충분했다. 실제 생활도구를 제 손으로 만들어 보는 활동이라 아이들은 무척 좋아하였다. 칼질을 하다가 상처가 나기도 했지만 더러는 기다란 튀김 젓가락을 추가로 만들기도 하였다.

대나무 물총 만들기는 2학년 슬기로운생활에 나오는 제재이지만 실제 제 손으로 만들어 본 아이는 드물다. 문방구에 가면 완제품이 세트로 나와 있기 때문이다. 도시에서는 해 보고 싶어도 나무를 구하기도 힘들뿐더러 만들 수 있는 환경도 갖추어지지 않아 참 난감하다. 하지만 시골에 와서 직접 만들어 보면 스스로 만들었다는 데서 성취감을 느낄 수 있고 바로 놀잇감으로 활용할 수 있으니 두 배의 기쁨을 맛볼 수 있다.

오후에는 산골짜기 계곡으로 가서 한바탕 전쟁을 벌였다. 물

예시 **학부모 안내장**

학부모님께

자녀교육에 여념이 없으신 학부모님 안녕하십니까?
부모님의 따뜻한 관심과 보살핌 덕분에 귀 가정의 자녀뿐만 아니라 우리 반 모든 아이들이 한 학기를 건강하고 밝게 지냈습니다.
우리 반에서는 여름방학을 맞아 자연과 벗하고 친구들과 우정을 다지는 계기를 마련하고자 저의 고향인 밀양의 시골 마을로 '숲 속 캠프'를 가고자 합니다. 아래 일정과 내용을 잘 살펴보시고 참가 여부를 알려 주시기 바랍니다.

1. 때 : ○○○○년 8월 13일(월)~15일(수)
2. 곳 : 경상남도 밀양시 무안면 화봉리 마을회관
3. 활동 계획안

구분	13일(월)	14일(화)	15일(수)
오전	10:00 출발 11:30 얼음골 도착 12:00 점심 먹기	06:00 아침 운동 07:00 아침 해 먹기 09:30 대나무 물총 만들기 12:00 점심 해 먹기	06:00 아침 운동 07:00 아침 해 먹기 10:00 표충비각 답사 11:00 학교로 출발
오후	13:00 계곡에서 물놀이 16:00 숙소로 출발 17:00 숙소 도착, 짐 풀기	14:00 모둠별 활동 15:00 가재 잡기, 물총 놀이 18:00 저녁 해 먹기	12:20 도착, 집으로
밤	18:00 저녁 해 먹기 20:00 야간 추적놀이 22:00 꿈나라로	20:00 천체 관측 21:00 진실 나누기 22:00 꿈나라로	

4. 교통편 : 관광 버스(종합 보험 가입 확인, 아동 개개인 차량 보험 가입)
5. 참가비 : 교통비(왕복 전세버스 값 ÷ 참가 인원수), 차량 보험비
6. 예비모임 : ○○○○년 8월 11일(토) 10시(교실) — 인원수 파악, 모둠 편성, 식단 짜기, 준비물 나누기
7. 그 외 : 음식은 모두 모둠별로 나눠서 준비해 갈 계획입니다.

※ 궁금하신 사항이 있으면 ○○○-○○○-○○○○로 연락해 주십시오.

○○○○년 7월 ○○초등학교 6학년 8반 담임 ○○○ 드림

속 생물 관찰을 하면서 가재도 잡아 보고 다슬기도 잡아 본 뒤 돌아오기 전에 물총싸움을 해 볼까 계획했는데 계곡이 보이자 벌써 아이들은 물 만난 고기처럼 이리저리 정신없이 뛰어다녔다. 물총에서 튀어나온 물줄기가 더위에 지친 하늘과 땅을 적셨다. 그렇게 신나게 놀고 뒤늦게 잡은 가재 두어 마리와 한 줌의 다슬기는 모두 자연으로 되돌려 보내고 마을로 돌아왔다.

밤에는 별자리 관찰을 하러 불빛이 없는 들판으로 함께 나갔다. 풀벌레 소리가 요란한 가운데 머리 위에 내려앉은 듯 가까이 다가온 은하수를 올려다보았다.

"와, 별이 정말 많아요."

"은하수는 처음 봐요."

아이들은 대자연 위에서 또 다른 대자연 속으로 빨려 들어가고 있었다. 때를 놓칠세라 평소 천체 관측을 하면서 익혀 두었던 별자리 이야기도 들려주고 별자리를 찾아보기도 했다. 특히 여름 밤하늘에는 옛이야기가 얽힌 별자리가 많아서 좋다. 전갈자리에서는 '해와 달이 된 오누이' 이야기가, 거문고자리와 독수리자리에는 '견우와 직녀의 사랑 이야기'가, 큰곰자리와 사수자리에는 사람의 생사를 관리한다는 '북두칠성과 남두육성' 이야기가 숨어 있다.

고운 별빛이 마음 구석구석에 따스하게 스며들었는지 밤늦게 방안에 둘러앉아 시작한 '진실 나누기' 시간은 기대한 것보다 훨씬 진지했다. 아이들은 저마다 평소에 말 못했던 이야기를 하나씩 털어놓았다. 부모님 몰래 돈을 훔쳐 쓴 이야기부터 친구들을 이유 없이 괴롭힌 일, 공부에 대한 고민 등 갖가지 '진실'이 속속 비밀의 문을 열고 나왔다. 한 친구가 사이가 좋지 않은 부모님 때문에 괴로웠던 이야기를 하며 울 때는 온 방안이 눈물바다가 되기도 하였다. 둘째 날 밤은 아침 이슬에 별빛 사라지듯 차분하게 지나갔다.

마지막 날은 무척 바빴다. 점심 때까지 학교로 돌아가야 했기 때문이다. 아침을 뜨는 둥 마는 둥 하고 짐부터 챙겼다. 우리 부모님과 마을 이장님, 그리고 주변에 계시는 마을 어른들께 인사를 드리고 버스에 올랐다.

마지막 날 일정은 지역 문화 유적을 둘러보는 것으로 마무리했다. 고향 마을은 사명대사가 태어난 곳이라 생가도 복원되어 있고 그의 공적을 기리는 유명한 비석도 있다. '표충비각'이라 불리는 비석은 나라에 큰일이 있을 때 땀을 흘린다고 하여 더욱 널리 알려져 있다. 우리는 시간이 없어서 '표충비각'만 방문하였다. 방문하기 전에 아이들에게 비석에 얽힌 이야기를 들려주었더니 무척 진지하게 둘러보았다. '표충비각' 방문을 마지막으로 우리 반 숲 속 캠프는 모두 끝이 났다.

학년을 마치며 낸 학급문집에 이때의 추억이 고스란히 담겼다.

예시 **예비모임 안내장**

우리 반 숲 속 캠프 예비모임

자연과 벗하고 친구들과 우정을 다지는 우리 반 숲 속 캠프가 이틀 앞으로 다가왔습니다. 준비를 철저히 해서 보람 있는 캠프가 될 수 있도록 힘을 모아 봅시다.

1. 때 : ○○○○년 8월 13일(월)~15일(수)
2. 곳 : 경상남도 밀양시 무안면 화봉리 마을회관, 선생님 집(마을회관과 붙어 있어요!)
3. 준비물

개인 준비물	· 속옷, 여벌옷, 모자, 세면도구(치약, 칫솔, 수건), 휴지 · 개인 반찬(상하지 않는 것), 수저, 쌀(다섯 끼분), 식수통(페트병) · 자외선 차단 크림, 모기약, 손전등, 문구용 칼, 학습장, 필기구 등 · 잃어버릴 위험이 있는 물건에는 반드시 이름을 써 오세요.
모둠별 준비물	모둠별 음식(국, 찌개용), 버너 2개, 코펠 2개, 수세미, 세제, 돗자리 2개, 색연필 1세트

4. 우리 모둠 식단(국이나 찌개만 기록)

구분	13일(월)	14일(화)	15일(수)
아침	/		
점심	각자 준비		/
저녁			/

5. 역할 나누기

우리 모둠	모둠 이름 : 모둠장 : 담력대장 : 모둠원 :
내가 맡은 준비물	

6. 유의 사항
- 마을에는 슈퍼마켓 등의 상점이 없습니다. 미리 철저히 준비하여야 합니다.
- 출발하는 날(13일) 점심은 간단한 도시락으로 준비하여야 합니다.
- 출발하기 전에 선생님께 연락할 일이 있으면 ○○○-○○○-○○○○로 전화하세요.

방학 때 아이들과 선생님 댁에 놀러갔을 때 계곡에서 수영하고 송사리 잡고, 밤에는 야간 수적

놀이(담력훈련) 하느라고 무서움에 덜덜 떨고, 겁없는 김민성, 최우석, 장광영, 예기쁨이 앞장 서서 노래 부르고, 여자 애들 옹기종기 손 꽉 잡고 시골길을 걸어갔다. 그리고 시원한 나무 그늘 아래서 대나무 깎아서 젓가락 만들 때 선생님의 날쌘 손놀림이 우리를 놀라게 하였다. 열심히 대나무를 깎고 쉬고 있으니 선생님의 어머니께서 옥수수를 삶아 주셨는데……. (송미경)

전세버스 타고 아이들이랑 떠들면서 집안 살림 다 가져갔을 때 그땐 마냥 좋았는데……. 가재 잡으러 가서 돌 갈아 얼굴에 묻히던 일도, 조그만 청개구리를 잡아 개구리 접시에 담아 꽃이랑 풀이랑 나뭇잎으로 집 꾸며 줬던 일도, 선생님이랑 친구들이랑 아침에 나뭇잎배 만들어서 내기했던 일도, 미경이가가다가 개똥 밟은 일도 모두모두 6학년 가방 안에 고이 간직했다. (김민정)

2. 마음의 상처를 치유한 따뜻했던 시간

박지희 | 서울 상경초 교사

고학년 담임을 맡다 보면 아이들과 교사 모두 서로 마음을 다치는 경우가 종종 있다. 저학년 아이들은 내가 하루 종일 소리를 지르고 협박을 입에 달고 살아도 다음 날이면 아무렇지도 않은 표정으로 다시 나에게 매달리기 때문에 내 마음도 슬며시 풀린다. 하지만 고학년은 한 번 서로 부딪치면 마음 풀기가 여간 힘든 일이 아니다.

몇 해 전 6학년을 맡았는데, 우리 반 45명은 참으로 많은 사건을 끊임없이 일으켰고, 나에게 반발도 많이 했다. 내가 학급운영에서 가장 신경을 쓰는 따돌림 현상도 그해에는 유독 심했다. 나에게서 빠져나가고 싶어하는 아이들을 나름대로 보듬었지 싶을 때마다 뒤통수를 치는 사건들이 번번이 일어났고, 그것을 해결하기 위해 이리 뛰고 저리 뛰는 내 모습을 즐긴다는 느낌마저 들었다. 그런 느낌이 들기 시작한 6월쯤부터 나는 서서히 지치기 시작했다.

늦은 밤 학부모가 전화를 걸어서는, 교사의 사고방식이 너무 편협해 청소년들 사이에 충분히 일어날 수 있는 일들을 가지고 자기 아이를 너무 몰아세우는 것 아니냐고 항의를 하는가 하면, 12시가 다 되어 가는데 아이가 아직 집에 오지 않았다고 연락이 오고, 패싸움을 하고 있다, 저학년 아이들 돈을 빼앗았다, 중학생들과 함께 놀이터에서 조폭들처럼 도열해 인사 연습을 하고 있다 등 문제가 끊임없이 내게로 전달되었다.

그래서 나는 방학을 많이 기다렸다. 나와 아이들 모두에게 서로서로 여유가 생기리라, 그래서 서로의 마음을 잘 들여다보고 쓰다듬어 줄 수 있는 시간을 가질 수 있으리라 생각했다. 여름방학에는 시골 학교의 양해를 얻어 운동장과 교실에 숙소를 마련하고, 주변의 자연환경을 이용해 실컷 놀았다. 겨울방학엔 졸업을 앞두고 있는 6학년이니만큼 일 년간의 생활을 정리하는 차원에서 서로 이야기를 나눌 수 있는 1박 2일 캠프를 열었다. 그동안 서로에게 쌓였던 앙금도 풀 겸 해서.

방학이 끝나갈 무렵인 1월 말에 졸업여행을 겸해서 겨울 캠프를 다녀오기로 계획을 세웠다. 장소는 서울에서 시내버스로 이동할 수 있는 곳을 물색해 의정부 청소년수련원으로 정했다. 값도 저렴하면서 캠프파이어를 할 수 있는 마당과 수영장이 갖추어져 있고, 다락방이 있는 통나무집들이 있어 모둠별로 이야기를 나누기에 좋았다. 거기다 여러 가지 체육시설과 함께 작은 야산을 끼고 있어 반 아이들을 데리고 다녀오기에 적절한 장소였다.

학부모 동의서를 받아 두고, 만일의 사태를 대비해 여행자 보험에 가입을 해 두는 등 방학 전에 준비해야 할 것들을 미리 챙겨 놓고, 캠프 가기 2~3일 전에 아이들과 다시 만나 모둠을 짜고 필요한 물품들을 챙겼다. 임원 아이들과는 몇 차례 더 만나, 캠프 가서 아이들과 함께할 프로그램을 짜고 답사도 한 번 더 했다.

출발하는 날, 우리는 학교에서 일찍 만나 시내버스를 타고 이동했다. 낮에는 주로 그곳에 있는 수영장 등의 시설이나 지형지물을 이용해 놀았다. 밥도 직접 지어서 먹고, 저녁 식사 이후에는 수련원 뒤에 있는 작은 산에 서로 손을 이어 잡고 올라갔다 왔다. 그리고서 캠프파이어를 하고, 모닥불에 감자와 고구마도 구워 먹고, 작은 폭죽도 터뜨리며 늦은 밤까지 신나게 놀았다.

11시쯤 되어 자리를 정돈하고 모둠별 시간을 가졌다. 오두막 한 채에 12~13명이 잘 수 있어 모둠별로 방을 배정했다. 이때쯤 어머님 세 분이 귤과 초코파이 등 간식거리를 들고 방문하셨다. 일부러 저녁 시간이 다 지난 뒤에 오시게 했다. 미리 오시면 아이들이 해야 할 식사 준비 등의 일을 어머니들이 하게 되기 때문이다.

학부모들의 방문은 애초에 기획된 것이었다. 나를 포함한 네 명의 어른이 각 방으로 들어가 늦은 밤까지 이야기를 나누며 집단상담을 하기 위해서였다. 다 같이 한 방을 쓸 경우 교사 혼자서도 아이들을 다 살필 수 있으나, 모둠별로 방을 따로 쓸 경우엔 그러기가 어렵고, 생활 관리도 힘들어지기 때문에 학부모들의 도움을 받기로 한 것이다. 또한 학부모들도 아이들의 이야기를 직접 들어 볼 수 있는 좋은 기회이기도 해서 미리 부탁을 드렸다. (나중에 학부모들의 말씀을 들어 보니 매우 좋았다고 한다.) 그래서 어머니 세 분에게 이러한 활동의 취지를 알려 드리고 두 차례 정도 미리 만나 집단상담에 대해 같이 공부하기도 했다.

네 명의 어른이 모둠별로 각각 한 방에 들어가 아이들의 고민과 감정을 함께 나누며 진지하고 의미 있는 대화를 오래도록 주고받았다. 졸업을 앞둔 상황이어서 그런지 어머니들도 놀랄 정도로 진지한 이야기들이 나왔다고 한다. 친구를 따돌렸던 이야기나 부모님, 선생님께 주었던 크고 작은 상처들을 스스로 들춰내며 사과하고 서로가 서로를 보듬는 시간이었다. 두 시간 정도면 충분할 것이라 생각했는데, 아이들이 하고 싶은 이야기가 너무 많아 새벽이 될 때까지 이어졌다.

밖은 콧속까지 쩍쩍 달라붙도록 추웠지만, 울기도 하고 깔깔대기도 하다가 배고프면 라면과 부침개를 해 먹었던 따스했던 그 시간. 그 시간이 없었다면 나도 아이들도 서로에게 미안하고 서운했던 감정의 부스러기들만 쌓여, 그대로 상처를 안고 헤어지지 않았을까 하는 생각이 든다.

준비해야 할 것도 많고, 겁이 날 수도 있다. 또 방학만큼은 아이들을 잊고 싶은 마음도 들 것이다. 하지만 45명의 아이들 모두를 충분히 품어 줄 수 있는 그런 시간을 학기 중에 만들기는 어렵다. 때문에 방학 중 활동은 꼭 한 번 해 볼 만한 일이 아닌가 싶다.

3. 과제도 검사하고 라면도 끓여 먹고

최진수 | 경남 창원 사파초 교사

방학이 다가올 때쯤이면 무엇을 할까 고민하지만 결국 학교에서 내주는 독후감 쓰기와 동학년에서 만드는 방학 계획서로 방학을 맞는다. 몇 년을 그렇게 지내다 보면, 그래도 '우리 반'인데 다른 반과 똑같은 것만 할 수 있나 싶어 고민이 된다. 그래서 여러 가지 선택 과제를 내보기도 하지만, 그것도 욕심만 컸지 익숙하지 않은 아이들은 힘들어하고 교사는 교사대로 실망만 는다. 방학 과제인 만큼 새로운 과제를 내주고 그 가운데서 선택해 스스로 해결해 보게 하는데, 아이들은 새로운 과제 앞에서 무엇을 어떻게 해야 할지 몰라 고민한다. 이리저리 묻기만 하다 결국은 알맹이 없이 그저 숙제를 '해치우기'에 급급하다. 준비되지 않은, 익숙하지 않은 활동은 아이들과 교사 모두에게 부담이 된다. 우리 반에서 평소 잘해 왔던 것이 무엇인가 곰곰이 생각해 보고, 그것을 중심으로 아이들을 만날 계획을 잡는 것이 좋다.

우리 반의 방학 숙제는 몇 해째 생활그림 그리기, 조사 보고서 쓰기, 일기 쓰기 세 가지이다. 여름방학이든 겨울방학이든 늘 같다. 그리고 이 모든 과제는 학기 중에도 하는 것들이다. 생활그림 그리기는 3월부터 매주 한 번씩 자세히 그리기, 살아 있는 그림 그리기를 해 온 것을 이은 과제이고, 조사 보고서 쓰기는 모둠이 만들어진 4, 5월부터 모둠활동으로 해 온 것이다. 방학에도 이런 활동을 그대로 하게 했다. 평소에 그리는 생활그림을 방학에도 몇 작품 그려 오게 하고, 모둠별 조사활동을 개인별 조사활동으로 바꾸었을 뿐 크게 달라지는 것은 없다. 그리고 개학하자마자 아이들이 만들어 온 생활그림과 보고서를 책으로 묶어 발표회를 가지면 되는 것이다.

여름방학을 그렇게 보내고 나면 2학기에는 이 활동을 좀 더 깊이 있게 진행할 수 있다. 생활그림을 더 자세하게 그리게 되고, 모둠 조사 보고서도 다양한 주제로 엮어 나갈 수 있다. 그러는 동안 이러한 활동은 생활이 되어, 자연스럽게 겨울방학 과제도 큰 부담 없이 해낼 수 있다.

그런데 조사 보고서는 교사가 자주 훑어보아야 한다. 개학을 하고 난 뒤 검사를 하려면, 다음 학기 준비에 급급해 숙제를 했는지 안 했는지 확인만 하게 된다. 이것을 막기 위해서 방학 전에 미리 예상 보

고서를 만들어 어떻게 할 것인가 같이 고민을 나눈 다음 방학에 들어가는 것이 좋다.

그리고 방학 중에는 '선생님 집 방문의 날'을 정해 두었다. 이날은 모둠 아이들 모두가 우리 집으로 방학 과제를 가지고 오는 날이다. 덤으로 함께 라면을 끓여 먹는 날이기도 하다. 솥이라는 솥은 다 꺼내서 라면 여러 개를 집어넣고 소 여물(?) 쑤듯 끓여 놓아도, 둘러앉아 후후 불어 가며 먹는 라면 맛은 정말 일품이다. 방학 동안 무엇을 했는지 이야기도 나누고 게으름 부린 과제는 고치거나 새로 하게 한다. 결국 방학 일주일 전까지는 모든 아이들의 과제물이 교사의 손에 들어오게 된다. 그 다음부터는 내가 좀 힘들어도 문서 편집 작업을 해야 할 것은 하고 복사해서 사용할 것은 복사해서 아이들 수만큼 자료집을 만들어 놓는다.

개학식 날, 과제물을 들고 오는 우리 반 아이들은 싱글벙글 여유만만 가볍게 학교에 온다. 멀리서 봐도 우리 반 아이들은 표가 난다. 그날은 보고서를 보고 발표하고 의견을 나누기만 하면 되니까.

다정다감 편지 쓰기

문제를 일으키는 아이들에게 방학 때 편지를 써 보는 것은 어떨까. 1학기 동안 교사와 갈등이 있었거나 문제를 자주 일으켜 '찍힌' 아이들한테 매달려 있다 보면, 지나치게 소극적인 아이들은 아무래도 신경을 덜 쓰게 된다. 이런 악순환 때문에 심한 경우, 학기 말에 이르면 아이들과의 관계가 가히 복구되기 힘든 상황까지 치닫는데, 방학 때 이를 해결하지 않으면 2학기 학급운영 역시 힘든 여정의 연속일 것이다.

교사와 아이들이 냉각기(?)를 가질 수 있는 방학은 소원해졌거나 상처 입은 관계를 회복하는 데 더없이 좋다. 잠시 떨어져 있는 동안 서로에게 쌓였던 앙금이나 미안한 감정들이 조금씩 누그러지기 때문이다. 이럴 때 가벼운 마음으로 편지 한 통 띄워 보자. 편지 한 통의 위력이 얼마나 되겠냐고? 그것은 해 본 다음, 개학하는 날 아이와 눈빛을 맞추며 확인해 보라.

- 모든 아이들에게 다 쓰겠다는 욕심은 애초부터 버리자. 적게는 1학기 때 가장 소원했거나 갈등이 심했던 한 아이, 많이 잡아도 다섯 명을 넘지 말아야 한다. 수를 적게 잡고 그 아이들에게 집중할 때 효과도 커진다.
- 메일도 좋지만, 이왕 시작할 일이라면 직접 편지지에 써서 보내자. 손글씨로 정성 들여 쓴 편지는 아무래도 받는 사람에게 남다른 기분이 들게 한다. 아이들도 분명히 그 점을 느낀다. 좀 더 여력이 있다면 편지지가 아닌 그냥 흰 종이에다 편지를 쓰고 빈 공간에 예쁜 그림도 그려 넣어 보자. 직접 만든 편지지에 아이들이 받는 감동은 두 배가 된다.
- 아이에게 지나친 부담을 지우지 말자. 한 학기 동안 아이가 밟아 온 행적을 읊으면서 2학기 때는 그러지 말라는 식의 편지는 곤란하다. 교육적 의도야 당연히 들어가겠지만 그것은 한 발짝 뒤에 두고 아이가 부담 없이 읽을 수 있도록 배려하자. 그러려면 우선 교사의 이야기부터 시작하는 것이 좋다. '방학이 되어서 하고 싶은 게 너무 많았는데, 막상 방학이 되니까 집안일 때문에 잘 안 되는구나. 오늘은 이런 책을 읽었는데 거기에 이런 말이 나왔어. 재미있는 말이지?' 등 교사의 일상적인 생활을 마치 친구에게 쓰듯 하면 아이도 엄하게만 다가왔던 교사가 한결 친근하게 느껴질 것이다.
- 가능하면 한 아이에게 열흘에 한 번씩, 방학 동안 서너 번 정도 쓰자. 한 통으로 끝날 경우 단발성 행사로 생각하기 쉽지만, 두어 번 반복되면 아이들은 교사가 방학 기간 동안 자기에게 꾸준히 관심의 끈을 드리우고 있다는 것을 인식할 것이다. 방학 초반에는 '방학 때 무슨 계획을 짰니? 선생님 계획은 이런데…….' 하는 방학 계획에 대한 이야기를 하고 방학이 끝날 쯤에는 '다시 만날 때는 이렇게 만나자.' 정도로 쓴다.
- 여행지에서는 엽서를 이용해 보자. 여행 중이라면 엽서를 준비해서 그곳에서 짧은 글을 띄워 보자. 내소사에 갔다면, '나는 지금 멋진 소나무가 있는 내소사라는 절에 와 있단다. 이곳은 예전에 선생님이 알던 선배가 소개해 준 곳이야. 그 선배는 이 소나무를 애인이라 생각하고 몇 번씩 뽀뽀를 했다는구나. 그렇게 생각하다 보니 네 생각이 나더라. 너도 얼마 전에 뽀뽀 이야기를 해서 반 친구들을 웃음바다로 몰아넣었잖아…….'와 같이 간단히 쓰는 것이다. 아이들은 다른 지방의 소인이 찍힌 우편물을 받으면 무척 신기해하며 기뻐한다. 자기가 가 보지 못한 곳에서 누군가가 자기를 생각하며 엽서를 띄웠다는 것은 사실 어른들에게도 무척 가슴 떨리는 일 아닌가.
- 학급에서 문제를 일으키거나 소극적인 아이들은 대부분 가정에서 필요한 만큼의 애정을 충분히 받지 못하는 경우가 많다. 이런 아이들일수록 방학 때 교사로부터 받는 편지 한 통의 위력은 아주 크다. 그러므로 혹시 아이가 "흥! 1학기 내도록 신경 한 번 안 써 준 주제에……." "맨날 나만 구박했으면서……."라고 하지 않을까 하는 걱정은 접어 두자.

02 한 해를 살뜰히 보듬는 마무리활동

학급행사의 진정한 의미는 행사 그 자체보다, 그간의 학급활동을 정리하고 서로의 성장을 격려하는 데 있다. 그런 학급행사 가운데 (학기 말, 학년 말) 마무리활동은 일정한 기간의 학급생활을 마무리 짓고, 몸과 마음을 추스려 다음 과정으로 도약하기 위한 일종의 통과의례이다. 이러한 마무리활동에서 담아야 할 중요한 알맹이는 반성과 격려, 서로에 대한 신뢰와 함께 나누었던 생활을 감동으로 재구성해 보는 것이다.

학기 말 마무리활동은 격식을 갖추기보다는 한 학기 동안 함께 지낸 친구들과 선생님에 대해 고마움을 표시하고, 자신의 생활을 객관적으로 살펴보는 자리로 마련하는 것이 좋다. 학년 말 마무리활동은 일 년을 끝맺는 큰 자리이다. 그런 만큼 서로를 격려하고 용기를 북돋워 줄 수 있는 프로그램으로 구성하되, 몇몇 아이들의 업적이나 재주를 내세워 마무리 짓기보다는, 학급 구성원 모두가 주인공이 되어 그동안 갈고 닦았던 재주와 힘을 자연스럽게 펼치는 자리로 세워야 한다.

모든 학급행사가 그렇지만 행사 자체보다는 행사를 준비하는 과정이 중요하며, 아이들의 자발적인 동기를 끌어내 즐겁게 참여하도록 하는 것이 좋다.

 아름다운 매듭을 위한 지혜

아이들과 아이들의 만남, 교사와 아이들의 만남을 정리한다

아이들은 일 년 동안 친구나 선생님과의 만남, 그리고 학급생활을 통해 많이 변하고 성장한다. 일 년 동안 좋은 관계를 유지했던 아이도 있고, 반대로 관계가 어긋나 고민했던 아이도 있다. 이 자리를 빌어 맺힌 것이 있으면 풀어 주고 좋았던 것이 있으면 더욱 돈독히 하면서 자기 자신을 돌아보고 다른 사람을 이해하며 앞으로의 만남에 대해 어떤 자세를 가져야 할지 이야기해 보는 시간이 필요하다.

교과 내용을 다시 두드려 본다

교과 마무리는 많은 교사들이 그냥 넘어가는 경우가 많다. "학급운영도 교과 속으로 녹아들어가야 한다."는 취지를 바탕으로 본다면, 마무리활동에 교과 마무리를 빼놓을 수 없다. 이때 '시험을 통한 평가'는 되도록 피해야 한다. 교과 마무리는 아이들이 일 년 동안 배운 것을 잘 소화했는지, 더 보충해야 할 부분은 없는지, 다음 학년에서 꼭 필요한 것들을 제대로 알고 있는지를 되짚어 보는 활동이다. 교과 마무리에서도 역시 아이들의 맥락을 빠뜨려서는 안 된다는 점을 기억하자.

아이들의 성장 과정을 담아야 한다

일 년 동안 아이들은 알게 모르게 조금씩 성장한다. 신체적으로나 정신적으로나 크게 성장한 아이도 있고 신체는 성장했으나 정신적으로는 오히려 퇴보한 아이도 있을 것이다. 각자가 얼마나 성장했는지, 친구는 무엇이 달라졌는지 함께 살펴보면서 아이들이 스스로 자신의 성장 과정을 이해하고 다음 학년의 자기 계획을 세울 수 있는 마무리를 계획해야 한다.

학급 공동체를 평가하고 정리한다

마무리는 아이들 각자 일 년 동안 학급 공동체의 구성원으로서 어떤 역할을 했는지, 다른 사람에게 어떤 영향을 미쳤는지, 학급 공동체에서 어떤 영향을 받았는지 되돌아보는 자리이다. 아이들은 마무리를 통해 더불어 살아간다는 의미를 확인하고 함께 어우러져 성장해 온 자취를 되짚어 볼 수 있을 것이다.

학부모와도 공유한다

일 년간 교육활동을 통해 만난 아이들 뒤에는 늘 학부모가 있었다. 아이들의 성장을 가장 관심 있게 지켜본 사람도 역시 학부모이다. 학부모가 참여할 수 있는 마무리 프로그램을 만들도록 노력하고 교과 마무리활동에서는 학부모가 가정에서 함께 할 수 있도록 안내를 하는 것도 좋다.

여러 가지 마무리활동

마무리활동은 크게 학급살이 전반에 대한 것과 교과활동 마무리로 나눌 수 있다. 교과활동 마무리는 먼저 한 학기 혹은 일 년 동안 배웠던 각 교과에서 마당별 학습 목표가 무엇인지 아이들과 함께 확인한다. 그리고 각 학습 목표에 맞게 교사가 간단하게 정리해 준다. 교사가 일방적으로 정리하면 지루할 수 있기 때문에 기억을 되살리며 아이들과 묻고 대답하는 시간으로 꾸린다. 때로는 짧은 시간에 아이들이 해결할 수 있는 학습지를 주고 점검해 보는 활동도 필요하다.

교과활동 마무리는 크게 두 가지 유형으로 나누어 볼 수 있다. 하나는 학기 중 교과활동에서 개별 아이나 학급 전체에서 모자랐던 점을 보충해 주는 것이고, 다른 하나는 교과별로 일 년간 배운 것을 다시 한 번 되돌아보는 것이다. 시간에 쫓겨 미처 해 보지 못했던 과학 실험이나 수학 조작활동을 마무리활동으로 해 보면서 어려웠던 개념을 다시 정리해 보는 시간을 가질 수도 있다. 또는 교과서에 나오는 어려운 개념을 아이들 스스로 자기 언어로 정리해 보게 하는 것도 교과를 마무리하는 한 방법이 될 수 있다.

학급살이 전반에 대한 마무리활동은 아이들의 학습 결과물을 이용하여 아이들과 추억을 공유할 수 있는 내용들로 갖추면 좋다. 포트폴리오를 이용해 전시회를 하거나, 각자 자기 포트폴리오 가운데 가장 좋은 작품을 골라서 설명하는 것도 좋다. 마무리는 지나온 생활에 대해 다시 짚어 보고 공감대를 불러올 수 있는 것을 함께 경험해 보는 의미가 있다. 함께 지낸 친구들과 추억을 공유할 수 있는 사진 전시회를 열거나 비디오 감상을 해도 좋다. 함께했던 놀이나 노래 가운데 아이들이 가장 즐겨하던 것을 다시 해 보는 방법도 있다.

교과를 정리하는 마무리활동

모든 교과를 정리하는 것은 불가능하다. 교과목도 많고 각 마당별 학습 목표도 많은데 마무리활동으로 내용을 정리하려면 아이들이 지루해하지 않게 프로그램을 구성해야 할 뿐만 아니라 시간도 무척 많이 든다. 교과 마무리에서는 학년에 비추어 꼭 알고 넘어가야 할 것이 무엇인지 점검해 보는 것이 중요하다. 각 교과에서 가장 중요한 것은 무엇일까? 이것만큼은 아이들이 꼭 제대로 알고 있어야 한다는 것을 마무리활동으로 해 볼 수 있다. 물론 '꼭 해야 할 것'은 교사마다 다를 것이다.

아이들은 공부라고 하면 일단 재미없어한다. 그런데 그 내용을 학기 말, 학년 말에 다시 정리한다고 하면 더 지루해할 것이다. 아이들의 흥미를 끌 수 있는 놀이나 퀴즈 대회와 같은 형식을 고민해 보아야 한다.

● **괄호 채우기 대회** : 괄호 채우기 대회는 모둠별 대회로 하면 좋다. 교사가 미리 문제를 만든다. 문제는 꼭 알고 있어야 할 학습 내용을 확인할 수 있는 것이면 좋다.

"선생님이 사회 교과서 14쪽, 38쪽, 50쪽에서 공부할 내용에 맞는 괄호 채우기 문제를 열다섯 개 냈어요. 열심히 읽어 보고 나름대로 중요하다고 생각하는 것에 표시해 보세요. 20분 뒤에 모둠별 괄호 채우기 대회를 하겠습니다."

이때 모둠별 괄호 채우기 대회는 단순히 암기해서 시험을 보는 것이 아니라 책 내용을 가지고 모둠별로 즐겁게 겨루어 보는 형식으로 꾸며야 한다. 책 읽는 집중력을 키우고 중요한 내용을 찾아내는 훈련으로, 학기 중에도 활용하면 좋다. 모둠 대회라 교과서를 읽지도 않고 무임승차 하는 아이가 있게 마련이다. 서너 문제는 각 모둠별 개인 번호로 겨루기를 한다는 규칙을 정해 두면 소극적인 아이도 좀 더 적극적으로 참여할 것이다.

● **교과 퀴즈 대회** : 교과 내용과 관련 상식을 섞어 퀴즈 대회를 여는 것도 좋다. 교과 퀴즈 대회는 내용을 나누어서 몇 번에 걸쳐 한다. 한 학기에 배운 내용 전체를 범위로 하여 퀴즈 대회를 하면 아이들은 학습에 대한 부담 때문에 시작도 하기 전에 흥미를 잃는다. 범위를 너무 넓게 두지 않도록 한다. 그리고 어려운 문제를 내서 맞힌 문제보다 틀리는 문제가 더 많으면 퀴즈 대회에 대한 관심을 떨어뜨릴 수 있다. 아이들의 기를 살려 주는 정도로 난이

도를 조정한다. 수수께끼나 상식 수준의 문제를 양념처럼 넣는 것도 좋다. 중간중간 분위기를 전환시키는 문제를 통해 교과 내용에 대한 집중력을 키울 수 있다.

퀴즈 대회를 마친 뒤에는 퀴즈 문제를 모두 아이들에게 나누어 주고, 교과서를 다시 살펴보면서 각자 정리해 보도록 한다.

● **교과 연표 만들기** : 그동안 배운 내용을 연표로 만드는 활동을 하면 스스로 교과 내용을 정리해 볼 수 있다. 연표를 만들기 위해서는 교과서와 수업 중에 썼던 공책이 필요하다. 아이들 스스로 마당별 학습 목표를 찾도록 안내해 주고, 학습 목표에 비추어 가장 중요하다고 생각하는 것이 무엇인지 그 마당에서 찾게 한다.

이 활동은 저학년이 혼자서 하기에는 좀 어려운 활동이다. 저학년은 교사가 연표 양식을 미리 만들어 아이들에게 주고, 칠판에 쓰면서 연표 정리를 함께 하는 것이 좋다. 교과서를 보며 학습 목표를 찾는 법을 설명해 주고 중요한 내용은 교사가 짚어 주는 것이다.

● **세시풍속과 어우러지는 마무리잔치** : 모든 학년에서 다 가능하지만 사회과에서 조상들의 생활 모습을 배우는 3학년이나 우리 민족에 대해 배우는 5학년이라면 교과와 연결하여 진행할 수 있다. 동짓날을 이용해 동지팥죽을 만들어 먹으면서 마무리잔치를 하는 것이다. 동짓날은 보통 12월 22일이나 23일경으로, 방학하기 일주일 전쯤이니 마무리잔치를 하기에도 적당한 날이다.

먼저 아이들에게 동지가 어떤 날인지 설명하고 이날 먹는 팥죽의 의미를 이야기해 준다. 동짓날 붉은 색의 팥죽을 뿌리면서 집안의 온갖 묵은 것들과 잡귀를 쫓아내려 했다는 이야기를 들려주면 좋겠다. 팥죽 재료를 준비하고 만드는 것은 학부모들의 도움을 받을 수도 있다.

마지막으로 솟대를 만들어 각자 자기 소원과 가족의 소원을 매달아 붙이며 새해를 기원해 보는 활동을 계획할 수도 있다.

고학년 사회과 마무리로, 아이들이 생각하는 '이상적인 마을'을 만들어 보는 활동을 할 수 있다. 6학년 2학기 사회과에서는 인권과 정치 참여를 비롯하여 민주 정치를 위해 필요한 여러 가지 가치와 각 기관들의 역할, 국민의 의무, 통일에 대한 주제들을 다루었는데, 이런 요소들을 모두 살려 아이들 스스로 이상적이라고 생각하는 사회를 만들어 보는 것이다. 벤포스타와 같은 어린이 공동체를 예로 보여 주면서 그 사회의 구체적인 생활 모습과 사회규범, 사회조직 등을 아이들 수준에서 만들어 보게 하면, 일 년 동안 사회과에서 배웠던 내용을 아이들 스스로 총정리해 보는 기회가 될 것이다.

학급 전시회로 꾸미는 마무리활동

교실에서 여는 전시회는 이제껏 땀 흘려 만들어 낸 자신의 작품을 다시 꺼내 보고 다른 친구들과 공유해 본다는 의미가 있다. 한 해 또는 한 학기의 보람을 전시하는 것이라면, 그것은 학급운영에서 꽃피웠던 성과를 드러내는 것이어야 할 것이다. 책읽기 활동을 중심으로 학급운영을 진행했다면 각종 독후활동 결과물을 전시할 수 있을 것이고, 생활그림 그리기를 중심으로 학급운영을 진행했다면 자세히 그린 생활 그림을 전시할 수 있겠다. 꼭 학급운영으로만 주제를 삼을 필요는 없다. 초등 교실에서는 늘 무언가가 만들어진다. 과학 시간에 줄기차게 썼던 관찰 기록지, 미술 시간에 공들여 그렸던 그림, 사회 시간에 모둠 친구와 머리 맞대고 썼던 보고서, 쓰기 시간에 쓴 시……. 전시할 거리는 넘쳐난다. 여기에 작은 아이디어를 보태면 훌륭한 전시회를 열 수 있다.

교실환경도 가꾸고 아이들과 재미있는 행사도 엮을 수 있는 일석이조의 방법이 바로 다양한 전시회이다.

● **지우개 낙관 전시회** : 네모난 컴퓨터용 지우개 하나와 조각칼, 스탬프용 인주나 포스터컬러, 신문지 등을 준비한다. 먼저 종이에 지우개 크기에 알맞은 자신의 이름이나 사인을 구상해 본다. 음각과 양각의 차이를 설명해 주는 것이 좋다. 아이들에게는 글자 모양만 파내면 되는 음각이 쉽지만, 예쁘기는 섬세한 손놀림이 필요한 양각이 더 예쁘다. 사방 테두리까지 파 주면 낙관이 더 단정해 보인다.

디자인이 끝나면, 우선 그것을 뒤집어본다. 도장은 뒤집힌 글자형으로 파야 제 모양으로 찍힌다는 사실을 꼭 일러 주자. 트레이싱 페이퍼에 도안을 한 뒤 뒤집어서 지우개에 대고 본을 옮길 수도 있고, 눈썰미가 있는 아이들은 그냥 바로 뒤집은 형태를 잡아내기도 한다. 이 과정에서 뜻밖에 재미있는 디자인이 나오기도 한다. 뒤집어진 도안을 볼펜으로 지우개에 그리고 나서 칼로 파낸다.

신문지에 찍어 보고 고쳐 가며 완성한다. 그런 뒤 준비된 종이(32절지 혹은 16절지. 색도화지에 찍으면 더 예쁘다.)에 찍고 이 도장의 주인 이름, 이름의 유래, 간단한 자기 소개 등을 곁들여 전시하면 아주 재미있다.

컴퓨터용 지우개가 부드러워 파기 좋지만 여러 가지 모양의 지우개를 이용해 색다른 모양의 낙관을 만들 수도 있다. 지우개 도장은 공책이나 교과서 등 자기 사물 확인용으로 쓰거나 학급 티셔츠 만들기를 할 때도 활용할 수 있다.

● **발바닥 전시회(내 몸 내 맘 전시회)** : 일정한 크기의 규격 종이를 준비하는 것이 좋다. 발바닥을 그려야 하므로 정사각형보다는 직사각형 모양을 고른다. 종이를 나누어 주고 엄숙한 목소리로 특명을 하나 내린다. "발바닥을 그려라. 단, 종이에 냄새 배지 않게 발을 깨끗이 씻을 것!" 자기 맨발을 종이 위에 올려놓고 크레파스나 굵은 사인펜으로 윤곽선을 그린다. 가능하면 섬세하게 그려야 한다. 발바닥 안에는 '내 몸, 내 맘' 이라는 주제로, 자기 몸의 변화, 콤플렉스, 자랑하고 싶은 것 등을 자유롭게 쓰게 한다.

● **남이 써 주는 내 별명 이야기 전시회** : 자기가 쓰는 별명 이야기도 좋지만, 남이 써 주는 별명 이야기가 더 재미있다. 별명 이야기를 모으면 그것도 훌륭한 전시회가 된다.

우선 예고를 한다. "곧 별명 전시회를 하겠으니 친구들끼리 서로 멋진 별명을 붙여 줘라. 단, 조건이 있다. 첫째, 그럴듯해야 한다. 둘째, 긍정적인 내용이어야 한다. 본인이 싫어하는 별명을 억지로 지어 붙이는 것은 나쁜 일이다." 그러면 며칠은 별명을 만드느라 시끌시끌해진다.

웬만큼 준비가 되었다 싶으면, 조회나 학급어린이회의 자투리 시간을 이용해서 별명을 경매에 부친다. "성구 별명 이야기 써 줄 사람?" 이런 식으로 1번부터 별명 이야기를 써 줄 사람을 구한다. 신청자에게는 규격 종이를 나누어 준다. 쓰는 형식은 '병일이가 써 주는 성구의 별명 이야기' 이다.

반드시 서로 짝 지어 쓸 필요는 없지만 가능하면 반 전체가 참여해 한 사람이 한 명씩 쓰는 게 좋다. 주인공의 캐릭터를 간략히 그려 넣어도 재미있다. 별명을 크게 쓰고, 별명이 생기게 된 사연, 당사자의 반응, 당사자가 원하는 별명 따위의 이야기를 정리한 뒤 게시한다.

● **독서일기 전시회** : 독후감 쓰기가 지속적으로 운영된다면 격월제로 독서일기장이나 독후감 공책을 걷어 전시할 수 있다. 선정 기준은 '잘 쓴 작품'이 될 수도 있고, 아이들에게 읽힐 만한 좋은 책에 대한 소개글이 될 수도 있다. 책을 읽고 싶게 만드는 동기 유발을 하는 데 효과적이다.

이것이 알차게 이루어지기 위해서는 제대로 된 독서지도, 독후감 쓰기 지도가 선행되어야 한다. 강제로, 많이 써야만 인정받는 독후감은 아이들에게 오히려 부담을 줄 뿐이다. 그런 독후감은 얼핏 보기에 공책 한 면을 꽉 채우고 있지만, 거의가 줄거리 소개인 데다 마지막에 '참 재미있었다.' '나도 착한 사람이 되어야겠다.'고 한마디 덧붙이는 식이 대부분이다. 분량이나 형식에 구애받지 않는 '일기'식 독후감인 독서일기가 더 나을 수도 있다. 독서일기를 걷어 전시할 작품을 고른 후 바로 복사해서 게시판에 붙인다.

● **시화 전시회(낙엽 전시회)** : 자연을 교실로 끌어들여 보자. 시 한 편을 예쁘게 적어 낙엽으로 꾸며 놓아도 좋고, 자기가 좋아하는 낙엽을 전시해도 좋다. 마무리활동으로도 좋고 아이들 시화전 자체로도 아주 좋은 행사가 될 것이다. 꽃잎이나 낙엽을 그대로 사용하지 말고, 물감 스프레이를 뿌려서 윤곽을 떠낸 뒤 그것을 활용해서 시화를 만들 수도 있다. 시 쓰기가 부담스럽다면 자기가 좋아하는 경구나 명언을 적어도 좋다. 어떤 것이든 제한된 틀을 고집할 필요는 없다.

톡톡 아이디어

전시회 공간은 교실 벽을 이용해도 되지만 크고 단단한 박스를 게시판으로 이용해 공간을 나누면 더 좋다. 작품을 꾸밀 때도 좀 더 신경을 쓰면 좋지만 그렇다고 굳이 액자를 사서 할 필요는 없다. 흰 도화지에 작품을 붙이고 아래에 이름을 쓰는 것만으로도 훌륭하다.

작품을 전시할 때 분야별로 나누어서 하면 정말 미술관에 온 것 같은 느낌을 준다. 아이들 스스로 어디에 어떤 작품을 배치할지 조명은 어떻게 할지도 생각하게 하고 직접 작품 설명도 하게 한다. 아이들이 미술관 큐레이터처럼 직접 전시회를 기획해 보는 것이다. 내가 만든 작품으로 미술관을 꾸미고 큐레이터가 되는 것, 생각만 해도 신나지 않는가.

● **내 친구야! 편지 전시회** : 이때까지 받았던 메일 가운데 다른 친구들과 함께 읽어 보고 싶은 것을 골라 편집한 뒤 전시회를 하는 것이다. 한두 줄로 끝나는 편지라고 해도 그 안에 감동적인 사연이 있다면 사연을 함께 정리해 전시할 수 있다.

우리 반 이야기로 꾸리는 마무리활동

일 년 동안 한 교실에서 지내는 일은 교사에게도 아이들에게도 참 소중한 인연이다. 아이들끼리는 특히 더 그렇다. 학년이 끝날 때 아이들은 같은 반이었던 친구와 헤어지는 것을 가장 안타까워한다. 울고 웃으며 보냈던 시간을 뒤돌아보며, 추억들을 다시 떠올려 보는 시간을 만들어 보자. 교사가 느끼는 소회와 아이들이 느끼는 감정은 또 다를 것이다. 함께했던 학급활동 가운데서 어떤 것을 가장 즐거웠는지 알아보는 것도 좋겠다. 확인만으로 끝내지 말고 그때 그 일에 대해 서로 짤막하게 이야기하는 시간도 갖고, 학급문집에 담아 영원히 기록해 놓자.

● **우리 반 사건 · 사고로 꾸리는 역할극** : 역할극의 기본 원리는 입장 바꿔 보기, 자기 모습을 객관적으로 바라보기이다. 한 교실에서 지내다 보면, 크고 작은 언쟁이나 감정 싸움이 일어난다. 제때 풀지 못하면 앙금이 되어 계속 남는다. 묵은 감정을 털어내고 서로의 입장을 이해하는 데 역할극은 좋은 방편이다. 싸움 재연하기는 도덕 교과에서 배운 역할극의 틀을 그대로 활용할 수 있다. 실제 상황처럼 재연을 하기 때문에 아이들은 흥미를 갖고 적극적으로 참여한다. 먼저 갈등 당사자들의 대역이 열심히 싸우는 장면까지 상황을 재연해 보인 다음, 교사 역할의 대역이 개입하여 아이들에게 잘잘못을 가려 보게 해 준다. 그리고 아이들 스스로 해결책을 끌어내도록 이끌어 주면 된다. 친구를 통해 자신의 일을 객관적으로 바라봄으로써 스스로 해결책을 찾아갈 수 있는 좋은 활동이 될 것이다. 교사가 수업 시간의 자기 목소리를 녹음해서 들으면서 부끄러워하듯이, 아이들도 자신의 행동을 돌이켜보면서 자기 반성의 기회를 갖게 된다.

● **아름다운 친구상** : 여러 분야의 상을 예시로 써 놓고 자기가 주고 싶은 사람에게 예쁜 상장을 만들어 주는 활동이다. 장난으로 하지 않도록 친구가 친구에게 주는 상의 의미를 설명하고, 정말로 관찰을 제대로 한 친구에 대해서만 양심적으로 상을 만들어 주도록 한다. 상 이름도 직접 만들도록 하면 더 좋다.

예시 **상의 종류**

착한 아이상, 일기상, 깔끔이상, 절약상, 꼼꼼이상, 도우미상, 부지런상, 시간지킴이상, 효자상, 글쓰기상, 척척상, 숙제상, 튼튼이상, 책읽기상, 컴퓨터왕상, 리코더상, 단소상, 그리기상, 만들기상, 말잘함이상, 용기상, 척척박사상

● **이런 친구가 좋더라** : 내가 바라는 친구상이나 좋아하는 친구의 특성을 다섯 가지 정도 써 보게 한 다음 발표를 해서 가장 많이 나온 내용을 다시 다섯 가지 정도 고른다. 그 항목에 따라 최고의 친구를 남녀 세 명씩 써 본 다음, 자기를 돌아보고 소감 나누기를 한다.

이래야 좋은 친구! 내가 생각하는 좋은 친구의 덕목을 다섯 가지 적어 봅시다.	그에 해당하는 우리 반 친구는? 남녀 친구를 세 명씩 적어 봅시다.
1. 2. 3. 4. 5.	남 1.________ 여 1.________ 2.________ 2.________ 3.________ 3.________
나는 어떤 좋은 점이 있나요? 자기 생각을 적어 봅시다.	

● **우리 반 10대 뉴스** : 일 년 동안 겪었던 우리 반의 가장 큰 사건 베스트 10. 전체를 대상으로 정하기보다는 모둠별로 정하도록 한다. 각 모둠에서는 대자보에 자신들이 고른 10대 사건을 그림이나 설명을 곁들여 꾸며 본다. 그런 뒤 발표하는 시간을 갖는다.

발표를 할 때에도 무미건조하게 설명만 하는 방법보다는 각각의 사건이 일어난 상황을 재연하는 방식으로 진행한다. 발표하는 동안 아이들은 지난 일 년을 즐겁게 돌아보고 반 친구들과의 관계를 잘 마무리할 수 있을 것이다.

교사는 아이들이 만든 대자보를 모아 정리해 학급문집에 싣거나 아이들에게 나누어 주도록 한다. 아이들에게는 또 하나의 소중한 추억거리가 될 것이다.

● **슬라이드 쇼** : 학기 말, 방학을 앞두고 뭔가 좋은 이야기를 해 주고 싶지만, 어수선한 분위기와 정신없이 바쁜 일정 때문에 흐지부지 끝나 버리는 경우가 많다. 이럴 때, 시간과 노력을 좀 들여 멋진 슬라이드 쇼를 보여 준다면 감동은 두 배가 될 것이다.

그동안 찍어 두었던 아이들의 사진들을 정리해 보고, 돌이켜보고 싶은 사진들을 슬라이드 필름으로 다시 찍어 아이들에게 상영해 보자. 한 장면에 한 장의 사진만 담기보다는 비교할 만한 몇 장의 사진을 모아 함께 보여 주는 것이 더 효과적이다. 예를 들면, 3월 학년 초 모습과 한 학기 뒤의 모습을 나란히 놓고, 다시 슬라이드 필름으로 찍으면 슬라이드 한 장에 두 가지 모습을 엿볼 수 있다. 슬라이드의 첫 장면에는 제목과 제작자 등을 보여 주고, 마지막 장면에는 남기고 싶은 말이나 '끝이 아님, 다음 학기에 또 만나요!' 등의 글로 맺을 수도 있다.

교실 창문을 신문 등으로 가리고, 배경음악에 적절한 상황 설명까지 곁들인다면 더 멋있는 슬라이드 쇼를 할 수 있다. 지난 시간을 돌이켜보면서 힘들고, 재미있고, 창피하기도 했던 사진을 보면 새삼스러운 기분이 들 것이다. 담임 혼자서 준비하기보다 아이들과 같이 준비해 보자.

슬라이드는 카메라와 필름에 대한 기초적인 지식만 있으면 누구나 손쉽게 만들 수 있다. 그러나 카메라에 대해 잘 모르거나 슬라이드 필름으로 다시 촬영하는 것이 여의치 않다면 사진을 스캔해 컴퓨터 프로그램을 이용하거나 실물화상기로 슬라이드 쇼를 해 볼 수도 있다.

자기를 돌아보는 마무리활동

어른도 마음먹은 계획을 실천하기란 얼마나 힘든가. 아이들이 새 학년이 되어 나름대로 세웠던 다짐을 어떻게 지켰는지, 자신의 한 학기 또는 일 년 생활이 얼마나 마음에 드는지 점검하는 활동도 의미 있는 일이다.

교과 마무리나 학습 결과물을 매개로 하는 마무리활동이 주로 교사의 의도에 따라 운영된다면 자기를 돌아보는 활동은 아이들이 중심에 있는 활동이다. 활동을 계획하고 준비물을 갖추는 것은 교사의 몫이지만, 이 활동에서 가장 중요한 것은 '자기를 돌아보는' 일이기 때문에 스스로 얼마나 제대로 자신의 생활을 뒤돌아보는가에 방점을 두어야 한다. 그리고 뒤돌아보는 활동을 꼭 반성을 위한 활동으로만 제한하지 말고, '안타까웠던 부분, 아쉬웠던 점' 등을 살필 수 있도록 한다.

● **'부끄럼덩이' '못해덩이' 태워 버리기** : 종이를 한 장씩 나누어 주고 일 년 동안 너무 부끄러워서 누구에게도 말하지 못한 후회되는 일을 한 가지만 자세히 적도록 한다. 활동 취지와 함께 공개하거나 제출하는 게 아니라 잠시 뒤에 불태워 버릴 것을 미리 알려서 한 가지쯤 쓰도록 안내한다. 뒷면에는 스스로 못한다거나 불가능하다고 생각하는 것을 두세 가지 정도 쓰도록 한다. '나는 ○○은 죽어도 못할 거야.' '내가 △△을 하는 것은 불가능해.' 등 글의 형식을 제시해도 좋다.

다 쓴 뒤 여러 번 작게 접어서 미리 정해 놓은 소각 장소로 이동한다. 불을 놓은 다음 한 사람씩 박수를 받으며 나와서 불꽃에 던져서 태운다. 던질 때 "사라지거라." "모두 타 버려." "나는 이제 자유야." "이제 나는 달라." 등의 구호를 외친다. 불 주위에 둘러서서 소감을 나눈 뒤 교사의 정리로 마무리한다.

● **인생나무 그리기(고학년 활동)** : 내가 가지고 있는 고민이나 무거운 짐을 덜어 놓는다는 마음으로 자신의 과거와 현재를 진실되게 되돌아보는 활동이다. 지금까지의 삶을 한 그루 나무에 비유해 표현해 보고 그것을 바탕으로 앞으로 맺을 결실에 대한 희망을 그려 보는 시간이다. 표현 방법을 나무에만 국한시키지 말고 다른 사물에 비유해도 좋다. 재미있고

기발한 아이디어를 내어 정성스럽게 하도록 한다.

① 자신을 상징하는 나무 한 그루를 간단하게 그린다.

② 뿌리 부분에는 자신의 인생 철학을 쓴다. 지금까지 살면서 간직하고 있는 좌우명이나 가치관을 구체적으로 쓴다.

③ 몸통(줄기) 부분에는 자신의 성장 과정을 쓴다. 살아온 과정이 순탄했는지 혹은 많은 고난이 뒤따랐는지, 그리고 다른 사람이나 자기 자신에게 부끄러운 일을 했었는지, 자신의 문제점은 무엇인지, 자신의 성장에 어떤 어려움이 있었으며 어떻게 극복했는지, 자신의 목표는 무엇이었는지 등을 비교적 자세히 표현하게 한다. 이 활동을 통해 아이들은 자신의 문제가 무엇인지 파악하고 자신의 성장이 혼자의 힘으로 이루어진 것이 아님을 알고 감사하는 마음을 갖는다.

톡톡 아이디어

자기를 되돌아보는 활동은 차분한 분위기에서 진행해야 효과적이다. 진지한 분위기를 만드는 데는 역시 양초를 이용한 촛불의식만 한 것이 없다. 직접 만든 초를 손에 들고 둥글게 앉은 다음 음악과 함께 교사부터 촛불을 돌린다. 교사가 먼저 아이들에게 미안했던 일, 함께 보낸 시간의 의미 등을 차분히 이야기하면서 분위기를 잡아 나가면 된다.(양초 만드는 법은 3권 292쪽 참고)

④ 열매 부분은 자신의 노력으로 이루어 낸 것에 대해 아주 작은 것이라도 하나하나 써 보게 한다. 결실이 보잘것없거나 그 수가 많지 않다고 해도 실망하지 말고 앞으로 거둘 많은 열매를 생각하게 한다.

⑤ 표현이 끝난 뒤에는 지난날 자신의 경험을 바탕으로 고쳐야 할 부분은 무엇인지 생각해 보고 앞으로 어떻게 생활하고 싶은지 자신의 희망을 다짐해 본다.

● **나에게는 어떤 일이 생길까?** : 친구들의 장래 희망이 무엇인지 알아볼 수 있고, 장차 자신의 모습이 어떻게 변할지를 상상해 볼 수 있는 활동이다. 자신의 미래 모습을 생각해 보는 시간으로만 꾸려도 좋고, 모의 반창회를 열어 즐거운 놀이활동으로 이끌 수도 있다. 아이들과 함께 이 놀이를 하는 동안 별로 친하게 지내지 않았던 친구들과도 허물없이 이야기해 볼 수 있을 것이다.

① 학습지를 나누어 준 뒤 자신의 미래 모습에 대해 적어 보게 한다. 학습지는 반창회 놀이를 하기 하루 전에 미리 준비해 둔다.

② 각자 자신의 미래 모습을 상상하며 거기에 어울리는 소품과 의상을 준비해 온다. (작성한 학습지를 참고하여 필요한 물품을 준비해 오도록 과제를 내준다.)

③ 담임교사의 정년을 기념하는 반창회 모임이라는 상황을 주고 모둠끼리 모여 모의 반창회를 연다. 자신이 생각했던 미래 모습이 실제로 이루어졌다고 가정하고 거기에 맞는 역할과 대사를 즉흥적으로 만들어 본다.

④ 전체가 일어나 교실을 돌며 친구들의 변한 모습을 보고 자신의 변한 모습을 서로 보여 주면서, 모의 반창회를 갖는다.

예시 **학습지**

나에게는 어떤 일이 생길까?

학년 반 이름 :

나의 지금 모습을 돌아보고 난 뒤, 나의 10년 뒤, 20년 뒤의 모습을 상상해 보세요.
그때를 위해 지금 어떤 노력을 해야 할지도 생각해 보세요.

	그림으로 그려 보세요	글로 써 보세요
현재의 나		
10년 뒤의 나		
20년 뒤의 나		
멋진 나를 위해 노력할 일		

마무리잔치

마무리잔치는 새로운 학년을 맞이하는 마음가짐을 준비할 수 있게 해 주고, 지난 한 해를 반성하며 더 나은 모습으로 발전할 수 있도록 해 준다. 아쉬움이 많았던 한 해를 뒤로 하고 가족처럼 지내 온 반 친구들이 한 학년씩 올라가며 좀 더 성숙한 모습을 보여 준다면 헤어짐이 섭섭하지만은 않을 것이다.

● **마무리잔치 준비위원회** : 학급 마무리잔치를 할 때에는, 기획에서 준비, 진행까지 전 과정에 아이들의 손이 미치도록 하는 것이 좋다. '마무리잔치 준비위원회' 를 만드는 것이다. 담임의 역할은 아이들이 어려워하는 부분을 함께 고민해 주고 도와주는 정도로 한다.

● **마무리잔치 분위기 만들기** : 미술작품을 비롯하여 그동안의 학습 결과물을 챙겨 놓았다가 두꺼운 도화지에 예쁘게 꾸며서 교실 곳곳에 전시한다. 앞쪽 칠판에는 전지를 여러 장 붙여서 친구들이나 선생님에게 하고 싶은 말을 쓰도록 한다. 시간을 조금만 더 내서 양초를 종이로 예쁘게 꾸며 칠판 아래에 나란히 붙여 놓으면 잔치 분위기가 한결 따뜻하고 차분해진다. 양초를 싼 종이 뒷면에는 한 해를 되돌아보며 하고 싶은 말을 써도 좋겠다. 교실 꾸미기는 되도록 학급 마무리잔치 전날까지 마치도록 한다.

● **음식 장만하기** : 잔치에 음식이 빠질 수 없다. 조촐하게 음료수와 과자 몇 가지를 준비할 수도 있고, 학부모의 도움을 받아 떡이나 부침개 등 간단한 음식을 마련할 수도 있다. 아예 본격적인 마무리잔치 전에 사전행사로 모둠별 요리대회를 열 수도 있다.(3권 294쪽 참고)
음식 장만을 핑계 삼아 학부모를 학급 마무리잔치에 초대해도 좋을 것이다. 준비하는 데 부담이 적은 음식을 골라 몇 사람의 학부모보다는 여러 분들에게 조금씩 조금씩 부탁하면 많은 학부모를 잔치에 초대할 수 있다.

● **인상 나누기** : 서로 잘 모르는 친구끼리 만났던 학년 초에 미리 인상 나누기를 해 보았다면, 마무리잔치 때에는 같은 방식으로 그동안 함께 지내면서 겪었던 여러 일들을 생각하

면서 친구에게 해 주는 조언과 칭찬을 2~3줄씩 간단히 써 보도록 한다. 나는 다른 친구들에게 어떤 인상을 심어 주었는지를 학년 초와 비교하면 자신을 이해하는 데 도움이 될 것이다. 학년 초보다는 훨씬 따뜻한 말들이 오간다.

● **모둠별 장기자랑** : 일 년 동안의 모둠활동 결과물을 발표하는 시간을 마련한다. 노래극이나 역할극 등 모둠별 장기자랑을 할 수도 있고, 기억에 남는 모둠일기 발표를 할 수도 있다. 모둠 노래를 비롯하여 그동안 배운 노래로 경연대회를 해 보는 것도 좋다.

● **학급과 관련된 문제 풀기** : 학급의 여러 활동에 대한 문제를 내고 작은 상품도 마련하여 잔치에 활력을 불어넣는다. 학급의 일 년을 돌아보면 참으로 많은 일들이 있었다. 현장 체험학습, 모둠활동을 비롯하여 기쁜 일, 슬픈 일, 재미있었던 일들에 관해 문제를 내고 알아맞히다 보면 마무리잔치는 더욱 재미있어진다.

● **학급문집과 앨범 나누기** : 학급 마무리잔치 때에 학급의 발자취를 엿볼 수 있는 학급문집과 앨범을 나누어 갖고, 함께 읽어 보면서 지난 일 년을 평가해 보는 것도 좋다. 학급문집 속에 들어 있는 자신의 글이나 친구의 글을 들여다보며 낄낄거리기도 하고, 서로를 불러가며 아는 척을 하는 떠들썩한 분위기가 어느 순간 가라앉으며, 숙연하게 자신을 정리하고 있는 아이들을 발견할 수 있을 것이다.

● **하고 싶은 말하기** : 담임선생님이나 친구에게 하고 싶은 말이나, 한 해를 마무리하면서 드는 생각을 자유롭게 말하는 시간을 갖는다. 끝날 무렵 반가를 함께 부르면서 마무리잔치를 정리한다.

톡톡 아이디어

전통적인 분위기를 살려 마무리잔치를 교실제 지내기로 해 보는 것은 어떨까. 최순자 교사(경북 구미 임봉초)는 학기를 마치는 즈음에 학급의 평안을 기원하고 서로를 축복하는 교실제를 지냈다. 교탁과 책상을 뒤로 밀고 칠판 앞쪽에 떡과 과일을 갖춘 단출한 다과상을 차리고 간단한 제를 올린다. 아이들은 이 자리에서 한 학기를 마치고 난 소감과 앞으로의 바람을 이야기한다.

글쓴이 · 도움 주신 분들 박종호 | 서울 배영초 교사 · 신명기 | 서울 영훈초 교사 · 전순옥 | 충남 천안 신계초 교사 · 최운규 | 충남 서산 운산초 교사

저학년의 마무리활동은 대부분 유치원 때 해 보았던 '재롱잔치' 의 연장인 듯한 느낌이 든다. 물론 마지막 시점에 아이들이 장기를 하나씩 발표해 보고 성취감을 맛보는 것도 좋겠지만, 이것을 교과와 연결해 아이들이 배움의 과정을 다시 한 번 돌아보면서 마무리를 하도록 하는 것은 어떨까. 일 년 동안 해 온 수행평가를 녹여 배웠던 것을 다시 되새기는 활동으로 마무리를 할 수도 있다.

배움의 과정, 다시 한 번 돌아보기

김영주 | 경기 남양주 금곡초 교사

일 년 교과활동 되돌아보기

마무리활동을 교과와 연결하기 위해서는 우선 교사가 그동안 어떻게 수행평가를 했는지 되짚어 볼 필요가 있다. 저학년 통합수업에 초점을 맞추어 꾸준히 수행평가를 해 왔다고 치자. 그 교사는 하나의 체험을 설정하고, 아이들이 그 체험을 통하여 각 교과에서 요구하는 영역별 능력을 어떻게, 얼마나 수행했는지를 꾸준히 관찰하는 방식으로 해 왔을 것이다. 즐거운생활은 '놀이/표현/이해/감상' 으로, 슬기로운생활은 '살펴보기/무리짓기/만들기/재어 보기' 등으로 나눌 수 있다. 이러한 교과 안 평가 영역을 세밀하게 나누고 관찰하여 기록하면 결국 통합형 수행평가가 되는 것이다. 이를 위해서는 교과 안 평가 항목 영역을 교사가 제대로 알고 있어야 한다. 또한 여러 가지 항목이 하나의 체험을 통해 종합적으로 평가되므로 어떤 체험을 할 것인가를 결정하는 것이 가장 중요하다.

이러한 활동을 교과서 내용과 교사가 창의적으로 설정한 내용으로 해 보았다면 마무리 단계에서는 이것들을 다시 재조합할 수 있을 것이다. 내용이나 형식에서 조금 변형을 준다든지, 이미 해 보았던 작품들을 모아 다시 정렬하는 방식으로 하면 무리가 없을 듯하다.

나는 일 년 동안 언어적 상상력을 키우는 데 초점을 두고 아이들을 지도했다. 처음에는 음소로 시작하여, 낱말, 문장, 그리고 이를 이야기로 만드는 활동을 꾸준히 하는데, 이를 다른 교과와 어떻게 연결하여 마무리활동으로 꾸밀 것인가 고민이 되었다. 생각한 끝에 연극을 해 보기로 했다. 연극은 종합예술이 아닌가. 아이들이 그동안 해 왔던 언어적 상상력 키우기 활동의 결과로 나온 이야기들을 가지고 타악기를 만들어 연주를 하고, 미술 솜씨를 발휘해 무대를 만들어 연극을 해 보는 것이다. 그러면 적어도 국어, 음악, 미술 교과의 평가가 가능하다. 더불어 아이들의 교과통합적 능력을 확인해 볼 수도 있다.

중요한 것은 학부모 평가

마무리활동을 수행평가의 일환으로 하게 되면 학부모가 아이의 교과 성취도 수준을 확인할 수 있다. 학원에서 배운 악기나 체조 같은 것을 발표한다면 집에서도 알고 있는 것이니까 별 관심이 없을 수도 있지만 일단 학교에서 배웠던 것을 발표하고 학부모에게도 평가의 기회를 준다고 하면 학부모들의 관심은 굉장히 높아진다.

마무리잔치가 있는 날에는 학부모들과 같이 아이들의 활동과 발표를 지켜본다. 그리고 교사와 학부모가 함께 둘러앉아 아이들의 변화에 대해서 이야기를 나눈다. 2학기 말 마무리잔치를 할 때에는 1학기 말 마무리잔치에서 보았던 아이들의 모습을 이미 알고 있기 때문에 아이의 변화에 대해 이야기 나누기가 훨씬 좋다. 이때는 잘하는 점과 못하는 점을 솔직히 이야기한다. 직접 얼굴을 대면하고 학교에서 생활하는 아이의 모습을 함께 보면서 이야기하기 때문에 좀 더 자세히 아이의 성장에 대해 이야기할 수 있다.

마무리잔치에서 본 아이의 모습을 평가하다 보면 학기 중 아이의 성취에 대해서도 자연스럽게 이야기가 오고 간다. 예를 들어 "오늘 발표한 것을 보니 예원이는 음악적 소질이 뛰어난 것 같다."는 말이 나오면 교사는 학기 중 교과활동을 통해 평가된 예원이의 음악 영역 평가에 대해 이야기를 해 줄 수 있다.

몰론 이러한 학부모 참여 평가가 하루 동안의 마무리잔치를 통해 성공적으로 이루어질 수는 없다. 학기 중에 지속적으로 학부모들과 소통하려는 교사의 노력이 필요하다. 그리고 교사가 아이들 하나하나 꾸준히 관찰해야 한다. 평소에는 아이의 교과활동에 대해 지면으로만 전달받던 학부모가 직접 아이가 활동하는 모습을 볼 수 있다는 것은 교사와 학부모가 함께 아이를 평가한다는 측면에서 매우 바람직하다.

1학년 아이들과 추억 만들기, '소꼬리 학교'

최숙희 | 전 경기 덕산초 교사

학교에 대한 두려움 때문에 엄마 잃은 아기 사슴 같았던 아이들의 첫 눈동자를 기억한다. 학년 말, 다시금 정든 모든 것들과의 이별에 대한 두려움을 느낄 아이들의 마음을 읽어야 할 시기이다. 초등학교 1학년의 씨줄과 날줄을 엮어 선생님도 아이들도 잊혀지지 않는 추억의 옷을 짜면 어떨까? 학년 말 마무리활동의 목표를 복습과 응용력 향상에 두고, 일 년을 마무리하는 다양한 활동을 함께 해 보자.

소꼬리 학교를 엽니다

사람에겐 보약이 되는 소꼬리, 학년 말미에 소꼬리만큼 남은 시간을 즐겁고 행복하게 보낸다면 오래오래 기억나는 시간이 될 수 있을 것이다. 일주일 정도 시간을 따로 내어, 이름하여 '소꼬리 학교'를 열었다. 소꼬리 학교는 아이들에게는 일종의 커다란 학교 놀이 같은 것이라고 설명하였다. 그래서 아이들이 직접 모둠별로 교사가 되어 활동을 진행하고, 교사는 교장 선생님 역할을 하면서 아이들을 돕는 것이다. 아이들에게 교사의 계획을 말하고 하고 싶은 공부를 함께 의논해 본 뒤 각 요일의 특색을 살려 시간표를 짜서 미리 안내하였다. 물론 학부모들에게도 학부모통신을 통해 소꼬리 학교에 대한 소식을 전했다. 교육과정에 쫓기지 않아도 좋은 때이므로 그다지 많은 준비 없이도 즐겁게 해 볼 수 있다.

예시 사전 준비활동 프로그램

단계	활동 내용
계획 세우기	· 아이들에게 교사의 계획을 말하고 하고 싶은 공부를 협의한다. 최대한 아이들의 의견을 반영하되 다양한 활동의 구안은 교사가 한다.
주간 학습 계획 안내	· 각 요일의 특색을 살린 시간표를 미리 안내한다. 준비가 필요하다면 시간표 맨 아래 칸에 써서 학부모통신을 띄운다.
소꼬리 학교 꾸미기	· 학교 개교 준비를 하되 아이들로 하여금 아주 커다란 학교 놀이란 생각이 들게 한다. 가능하면 아이들이 모둠별로 교사가 되어 활동을 진행하게 한다. 교사는 교장 선생님의 역할을 하면서 돕기만 하는 것이 좋다. · 간단한 장식과 시간표, 담당 모둠명을 게시해 둔다.
소꼬리 학교 개교	· 개교식 진행은 아이들이 할 수 있도록 사전에 모둠장과 의논한다. · 개교식은 '개회식 → 국기에 대한 경례 → 교장 선생님 말씀(담임) → 소꼬리 학교 소개 → 학습활동 안내 → 폐회식' 순으로 진행하면 된다.

예시 **소꼬리 학교 주간 계획표**

요일	월	화	수	목	금	토
	바른생활의 날	국어의 날	수학의 날	과학의 날	즐거운 날	행복한 날
이렇게 공부해요	· 절 받으세요 · 손님 놀이 · 효도 놀이 · 도우미 놀이 · 친구 자랑	· 말 잇기 놀이 · 이름으로 그려요 · 알아맞혀 봐 · 손가락으로 읽어요 · 가사 바꾸기 · 낱말 퍼즐	· 암산왕 뽑기 · 연산왕 뽑기 · 계산 릴레이 · 모양왕 뽑기 · 수 퍼즐 놀이 · 단추 꿰기	· 돋보기 세상 · 눈을 오려요 · 오색공작 · 묘기 부리는 물풍선 · 신기한 일	· 나는 그림붓 · 바디 페인팅 · 돌가족 · 여러 가지 대동놀이	· 선생님 사랑해요 · 가위바위보 · 선생님 편지 · 사랑의 노래 · 마음의 선물

월요일 바른생활의 날

절 받으세요

· 책걸상을 복도로 치우고 교실을 마음껏 쓴다.

· '절 받으세요.' 시간은 예절을 배우는 시간으로 우리 고유의 절(큰절과 평절)하는 법을 배운다. 한복이 있으면 모두 입고 해 보아도 좋다.

· 남녀끼리 두 개의 원을 만든다. 물레방아처럼 돌며 마주 보고 선생님 신호에 맞춰 맞절을 배운다.

손님 놀이

· 모둠 수만큼 책상을 둥그렇게 놓고, 손님이 된 모둠은 교실 가운데에 책상을 놓는다.

· 손님 모둠은 가운데 책상을 사용하고 나머지 모둠은 친근한 이웃이 된다. 예를 들면 슈퍼마켓, 이웃집, 병원, 약국, 경찰서, 학교 등의 안내판을 천장에 길게 매달아 놓는다.

· 모둠끼리 손님과 이웃이 되어 교실을 순회한다. 이때 여러 가지 상황에 맞는 인사말을 적어 두고, 서로 인사말을 주고받게 한다.

효도 놀이

· 가족 구성원의 명칭을 목걸이로 만들어 매달고 여러 가지 상황의 줄거리를 카드로 만든다. 반드시 할아버지, 할머니, 아버지, 어머니, 아이들이 함께 등장하는 줄거리를 만든다.

· 줄거리를 만들 때에는 효도하는 여러 가지 방법(마음으로 하는 효도, 행동으로 하는 효도, 물질로 봉양하는 효도 등)이 골고루 섞이게 한다.

· 모둠별로 선택한 카드의 상황에 따라 역할을 나누어 실감나게 효도 놀이를 한다.

도우미 놀이

· 각각 두 개의 바구니에 역할 카드를 넣은 다음 도우미와 장애인 그룹으로 나눈다. 교실에 간단히 장소를 표시해 둔다.

· '시각 장애인' 카드를 든 친구는 즉시 눈을 감는다. '시각 장애인 도우미' 카드를 든 친구는 '시각 장애인' 카드를 든 친구에게 가서 교실에 표시된 장소까지 이동하며 도움을 준다.

· 여러 가지 장애인 역할 카드를 만들어 장애인과 도우미 역할을 서로 바꾸어 해 본다.

친구 자랑

· 친구의 특징, 장점, 자랑스런 점을 쓰거나 그림으로 그린다.

· 앞에서 만든 작품을 친구들 앞에서 말하고 누구인지 알아맞혀 보게 한다.

· 자랑스런 친구를 불러내어 서로 손을 다정하게 잡고 함께 노래를 부른다.

화요일 국어의 날

말 잇기 놀이

· 끝말 잇기나 첫 글자로 노래 부르며 낱말 만들기를 한다. (예 : '가자'의 '자'를 맨 앞으로 보내면 '자연').

· 모둠별 대항을 위해 화이트보드를 준비하여 이어 쓰게 하거나, 노래를 부르며 끝까지 이어 가는 모둠이 이기게 한다.

· 화이트보드는 하드보드지로 만든다. 흰 부분은 투명 비닐을 덮고 노란 부분은 융을 덮어 고정시킨다. 흰 부분은 마커펜을 사용하는 학습판으로 활용하고, 노란 부분에는 찍찍이가 달린 코팅 자료를 붙이는 판으로 활용한다.

이름으로 그려요

· 그리고자 하는 밑그림을 연필로 옅게 그린 뒤 친구와 자기의 이름을 작은 글씨로 사인펜을 써서 밑그림 위에 완성한다.

· 가족의 이름을 모두 쓰거나 친구 모두의 이름을 써도 좋다.

알아맞혀 봐

· 사물의 이름이나 낱말을 퀴즈로 만들어 알아맞히는 게임이다. 문제를 아이들이 내게 하고 학습판을 활용하면 좋다.

손가락으로 읽어요

· '손가락으로 읽어요.' 활동은 송곳으로 점자 카드를 만들거나 사포를 오려 낱말을 만든 다음, 점자를 읽는 방식으로 낱말을 알아맞히는 것이다.

가사 바꾸기

· 서로 좋아하는 노래의 가사를 바꾸어 불러 본다.

· 녹음기가 있으면 모둠별로 녹음을 해서 서로 들려준다. 잘된 노래는 반 친구 모두 함께 배워서 불러 본다.

낱말 퍼즐

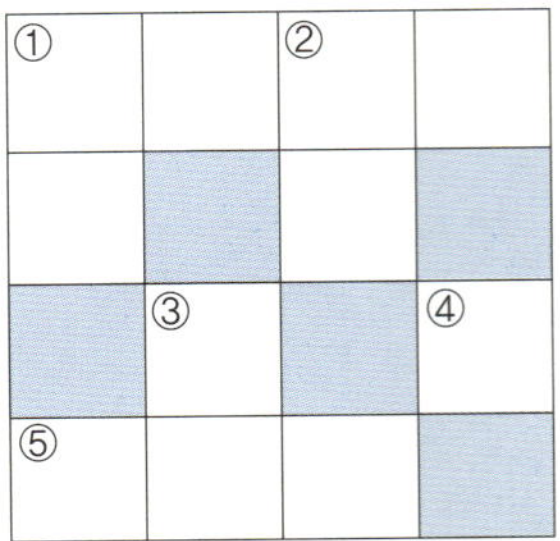

· 가로 열쇠

① 우리가 살고 있는 마을을 이렇게 부릅니다.

④ 얼굴 가운데 있으며, 냄새를 맡는 일을 합니다.

⑤ 씨름도 할 수 있고 장난도 할 수 있는 모래로 된 밭.

· 세로 열쇠

① 비가 오거나 눈이 오면 이것을 쓰고 다닙니다.

② 나보다 늦게 태어난 나의 형제나 자매는 나의 ○○입니다.

③ 즐거우면 입에서 이것이 저절로 나온답니다. 음악 시간에는 주로 이것을 부릅니다.

수요일 수학의 날

● 암산왕 뽑기

· 간단한 덧셈, 뺄셈을 암산하여 학습판에 써서 확인한다.

· 토너먼트 방식으로 경기를 치른 뒤 암산왕을 선발한다.

● 연산왕 뽑기

· 아이들이 자기 집이나 이웃의 자동차 번호판을 제시하면 각 자리의 수를 암산으로 합하는 게임으로 연산왕을 뽑는다.

· 엘리베이터식 덧뺄셈(1+2+3+…+8+9+10−10−9−8 …… −3−2−1)으로 두 자리 수 덧셈과 뺄셈을 하여 연산왕을 뽑는다.

● 계산 릴레이

· 선생님이 부르는 계산셈을 릴레이식으로 이어 간다.

· 릴레이식으로 이어 가며 모둠 대항식으로 경기를 진행한다.

● 모양왕 뽑기

· 색종이를 모둠별로 잘라 일정한 양을 준비해 둔다.

· 칠교 구성이 가장 잘된 모둠을 뽑아 시상한다.

● 수 퍼즐 놀이

· 아래 그림처럼 1부터 6까지 혹은 1부터 9까지의 자연수를 사용하여 한 변의 합이 같게 만드는 삼각형 퍼즐이나 네모 퍼즐을 완성하게 한다.

①
⑥ ④
③ ② ⑤

● 단추 꿰기

· 정해진 시간 안에 모아 놓은 단추를 모둠원이 협동하여 실에 꿴다.

· 꿴 단추의 수를 함께 세면서 제일 많이 꿴 모둠을 뽑는다.

· 같은 수의 단추로 출발하여 선생님이 부르는 수만큼 빼고 남은 수 알아맞히기를 해도 재미있다.

목요일 *과학의 날*

● **돋보기 세상**

· 돋보기로 여러 가지 보고 싶은 것을 관찰한다.

· 돋보기로 보며 새롭게 발견한 것을 친구들과 이야기해 보거나 세밀화로 그려 본다.

● **눈을 오려요**

· 하얀 한지를 색종이 크기로 잘라 준비한다.

· 여러 번 삼각형 접기를 하여 각 모서리와 접힌 부분을 눈 결정 무늬가 되도록 오려서 게시판에 장식한다.

● **오색공작**

· 거름종이를 여러 번 접은 뒤 선을 따라 꽃잎처럼 오린다. 거름종이 가운데에 예쁜 색사인펜으로 선을 그려 넣는다.

· 얇은 붓으로 살짝 물을 묻히면 사인펜의 색이 곱게 번진다. 곱게 번진 거름종이를 모아 공작 날개나 꽃, 무지개로 꾸며 본다.

● **신기한 일**

· 탁구공 한 개를 유리컵 속에 넣고 컵 위로 강하게 불어 보게 한다. 이때 탁구공은 컵 바깥으로 튀어나온다.

· 두 개의 컵 입구를 마주 보게 한다. 이때 균형을 맞추기 위해 컵 아래에 책을 받친다.

· 한쪽 컵에 탁구공을 넣고 컵 사이로 힘껏 바람을 불어넣는다. 탁구공은 두 컵 속을 빠르게 왔다 갔다 하게 된다.

· 아이들이 스스로 달라지는 점을 발견할 수 있도록 시간을 충분히 준다.

● **묘기 부리는 물풍선**

· 풍선을 수도꼭지에 끼우고 물을 채워 병의 주둥이보다 약간 큰 물풍선을 만든다.

· 신문지를 직사각형으로 오려서 병풍처럼 접어 불을 붙인 다음 병 속에 얼른 넣고 타기 시작하면 곧바로 물풍선을 주둥이에 올려놓는다.

· 병 속의 불이 꺼지면서 물풍선은 병 속으로 빨려 들어간다.

금요일 즐거운 날

나는 그림붓

· 교실의 책걸상을 치운 다음 전지 뒷면에 테이프를 붙여 교실 바닥에 고정시킨다. 복도에 물을 채운 양동이를 두 개 정도 놓아 둔다.

· 아이들이 맨발로 또는 면장갑을 낀 손으로 그림을 그리고 색칠한다. 커다란 쟁반을 팔레트로 사용하고, 풀비를 활용하여 색칠하게 할 수도 있다.

· 다 그려지면 함께 감상하고 말린 다음 세모, 네모, 원 등으로 재미있게 오려 환경 구성을 해도 좋다.

바디 페인팅

· 바디 페인팅용 화장품이나 물감을 사용하는 게 좋지만 수채물감을 사용해도 금방 씻으면 괜찮다.

· 엄마들이 사용하는 분을 얼굴에 바른 뒤 거울을 본다. 또는 짝과 함께 얼굴에 그림을 그린다.

· 그림을 다 그리고 서로의 잘된 점을 칭찬해 준다. 간단한 역할극이나 레크리에이션을 해도 즐겁다.

돌가족

· 차돌을 우리 가족 수만큼, 혹은 하나만 가지고 와서 크레파스로 얼굴 모습을 그려 색칠한다.

· 니스를 칠해서 전시회를 가진 다음 기념으로 갖는다.

여러 가지 대동놀이

· 인간 줄다리기를 하거나 꼬리잡기, 가장 높은 탑 쌓기 등을 함께 즐긴다.

· 윷놀이나 소지품 잇기 놀이도 즐겁다.

토요일 행복한 날

선생님 사랑해요

· 빨대와 수채물감을 이용하여 글이나 그림 찍기 표현을 한다.

· 다 만든 작품은 선생님께 선물한다.

가위바위보

· 노래를 부르며 선생님을 중심으로 소용돌이 모양으로 돌다 노래가 끝나는 곳에서 만난 아이와 가위바위보를 한다.

· 선생님이 지면 아이를 업어 주고, 아이가 지면 선생님께 뽀뽀를 한다.

선생님 편지

· 선생님은 아이들 전체에게 편지를 써서 낭독하거나 모든 아이들에게 짤막한 엽서를 써서 준다.

· 아이들도 선생님께 간단한 편지를 써서 교환해도 좋다.

사랑의 노래

· 학기 중에 배운 노래들을 여러 가지 방법으로 함께 부른다.

· 지명하여 부르기, 이어 부르기, 모둠별로 부르기, 첫 글자 이어 부르기, 수화로 부르기 등 여러 가지 방법으로 부를 수 있다.

마음의 선물

· 소꼬리 학교를 마무리하면서 아이들에게 해 주고 싶었던 말을 녹음하여 들려준다.

· 한 사람씩 꼬옥 안고 "선생님은 너를 사랑해!" 귓속말을 해 주어도 좋다.

고학년에게 필요한 개념 정리

신명기 | 서울 영훈초 교사

평소에 하지 못했던 것 찬찬히 해 보기

12월이나 2월에 조금 여유가 나면 일 년 동안 교육과정을 진행하면서 시간이 없어서 미처 해 보지 못했던 것들을 해 보게 된다. 고학년은 과목도 많고 과목마다 편차도 커서 아무리 계획성 있게 운영한다고 해도 학년 말이 되면 시간이 남는 과목과 모자라는 과목이 있게 마련인데 이 시간을 적절히 배치하면 학기 중에 교사가 하고 싶었던 활동이나 좀 더 보충해야겠다고 생각한 활동을 해 볼 수 있다.

과학 과목을 예로 들어 보자. 교과서를 보면 '이런 실험도 있어요.' 라는 코너에서 같은 개념에 대해 여러 가지 실험을 해 볼 수 있게 되어 있지만 수업시수가 너무 빡빡해서 다 해 보기는 힘들다. 의미는 있으나 학기 중에 시간이 부족해 해 보지 못했던 실험들을 모아서 마무리로 해 보는 것도 좋을 것이다. 그냥 시간 때우기로 하는 것이 아니라, 교사가 "이 실험은 3단원에서 배웠던 마찰에 관한 거야. 기억나니? 그때……."라고 설명을 덧붙이면서 그동안 배웠던 개념을 하나씩 정리하면 아이들에게 많은 도움이 될 것이다.

5학년 2학기 수학에서 다루는 도형의 경우도 그렇다. 초등학교 수학에서는 조작활동을 통해 도형의 개념을 익히는 것이 중요하다. 그러나 학기 중에는 빡빡한 진도 때문에 한 가지 활동을 하기에도 바쁘다. 이런 아쉬움을 마무리 시간에 보충할 수 있을 것이다.

과목별로 중요 개념 정리하기

과목별로 중요 개념을 정리하는 활동도 빼놓을 수 없다. 고학년이 되면 수학이나 사회 같은 과목이 매우 어려워진다. 이런 과목일수록 일 년 혹은 한 학기 동안 배웠던 내용에 대해 개념 정리 차원에서라도 다시 한 번 살펴 두어야 다음 학년에서 어려움을 덜 겪게 된다.

나는 올해 5학년을 맡았는데, 7차 교육과정에 들어선 이후 처음 맡은 학년이라 수업시수가 많이 모자랐다. 처음 해 보는 교육과정이라 서툴기도 했고, 바뀐 교육과정에 이런저런 새로운 활동이 많았기 때문이다. 아이들도 마찬가지일 것이다. 교과 내용도 어려운 데다 시간에 쫓기다 보면 중간중간 수행평가를 충실히 하더라도 마지막에 가면 처음에 배웠던 것은 기억이 잘 나지 않는다. 그래서 고학년에서는 지식 위주의 마무리활동이 어느 정도 필요하다.

학기 말에 개념별로 정리하는 과목은 대부분 주지교과라고 불리는 과목들이다. 국어의 경우, 읽기와 말하기, 듣기에서 단원 목표로 나와 있는 것을 다시 한 번 정리해 준다. 수학은 학기의 첫 단원부터 단원별로 중요한 개념을 다시 짚어 주고 필요하다면 학습지 형태로 중요한 문제를 풀어 보게 한다.

특히 사회의 경우, 예를 들어 5학년 2학기 우리나라 산업 발전 과정에 대한 단원에서는 무엇보다 경제와 관련된 개념이 중요하기 때문에 다시 개념 정리를 해 주어야 한다. 그리고 교과서에 나오는 낱말의 뜻을 제대로 이해하지 못하고 있는 아이들이 많다. 내용 이해를 위해 꼭 필요한 것이라면 낱말의 뜻도 정확하게 알려 줘야 한다. 첫 단원부터 중요한 개념들을 쭉 훑어 가면서 아이들이 낱말과 개념을 아는지 확인해 보고 고개를 갸우뚱하는 것이 있으면 이전에 설명했던 것을 되살려 다시 반복해 줄 필요가 있다. 혹은 각 개념들을 짧고 명확하게 설명한 자료를 만들어 아이들과 함께 보면서 설명할 수도 있다. 아이들에게 직접 개념을 정리해 보게 하는 것도 좋은 방법이다.

마무리는 평가의 의미를 지녀야

이런 마무리는 처음 학기가 시작될 때 교사가 세웠던 교과별 목표에 아이들이 다 도달했는지 점검하는 의미가 있다. 앞서 이야기한 것들은 단지 학기 중에 하지 못한 것을 땜질하거나 시험 공부 식으로 정리를 하는 마무리가 아니다.

가장 이상적인 마무리는 학기 초에 교사가 설정한 교육과정 목표가 아이들 개개인이 다 도달했는지 확인해 보고 이에 모자란 것이 있다면 보충하는 것이다. 그러나 이렇게 하기는 무척 힘들다. 목표치를 조금 낮추어 개개인의 아이들에 대한 평가는 힘들더라도 전체적인 아이들의 도달 정도에 대해서만이라도 교사가 인지해야 하고 이를 메우려는 노력을 해야 할 것이다.

1. 모둠별로 꾸리는 우리 반 마무리잔치

김영주 | 경기 남양주 금곡초 교사

학기 말이면 주로 학예회를 했는데 해마다 반성해 보면 뭔가 아쉬움이 남았다. 주로 대중가요에 맞춰 춤추는 아이들을 보며 뭔가 새로운 마무리활동이 필요하다는 생각을 하게 되었다. 그렇다고 완전히 새로운 무언가를 마련할 수는 없는 노릇이었다.

내가 생각한 것은, 마무리활동이 일 년간 학습활동 가운데 남달리 힘쓴 프로그램을 더 연습하여 발표를 하면서 서로의 성장을 격려해 주는 자리였으면 좋겠다는 것이었다. 그래서 무조건 이것으로 하라고 하기보다 우리 반에서 그동안 해 온 활동을 주욱 적어 주고, 그 가운데서 더 연습해서 발표해 보고 싶은 것을 골라 보게 하였다. 곤봉, 태권도, 부채춤, 단소 연주, 연극, 합주, 사물놀이 따위를 칠판에 적어 주고, '그 외' 항목을 두어 더 하고 싶은 것이 있으면 하게 하였다.

마무리잔치 순서

1. 전체 단소 연주
2. 환경보호 실천 사례 발표
3. 견학 보고서 발표
4. 학급신문 요약해서 소개하기
5. 연구 보고서 발표
6. 기사 쓰는 법과 내용 정리
7. 어떤 책을 많이 읽었나? (학급문고 정리)
8. 모둠 솜씨자랑
9. 개인 솜씨자랑
10. 부모님과 함께 노랫말 바꾸어 부르기

그리고, 기능활동뿐만 아니라, 교과활동이나 학급활동과 관련된 견학, 환경보호 활동, 기사 발표, 학급신문, 학급문집, 모둠일기, 반가 부르기 따위를 프로그램으로 넣었다. 이런 프로그램은 일 년간의 생활을 정리하는 의미도 있지만, 학부모들이 아이들을 이해하는 데 큰 도움이 된다.

이와 함께 교실 한편에 독서록과 책 읽은 기록표, 일기, 음악 감상문, 글쓰기 공책, '하루에 한 바퀴씩' 표, '우리 모두 한 가지씩', 컴퓨터 200타 치기 기록표, 효 실천록, 환경보호 실천 사례, 견학 기록문, 자연 실험 보고서 따위를 모두 전시하기로 했다. 이런 계획과 함께 학부모들도 초대하였다.

마무리잔치를 통해 학부모들이 자녀들의 성장을 확인할 수도 있고, 아이들도 마무리잔치를 준비하면서 훨씬 더 정성스럽게 하게 될 것이라는 생각에서였다.

준비모임에서 총연습까지

마무리잔치 준비모임은 학급어린이회의를 통해서 뽑았다. 이때 교사는 전체적인 진행과 관련된 이야기만 해 주고 세부 계획은 아이들과 함께 세웠다. 발표 날짜와 시간, 발표 내용과 발표자 정하기, 초대장 만들기, 발표장 꾸미기, 역할 나누기, 마무리 연습, 일정 따위를 정한 뒤 한 사람이 계획서를 정리해 왔다. 다시 임시 어린이회의를 열어 고칠 부분을 고쳐서 확정을 했다.

그런 뒤 프로그램에 따라 연습을 했다. 우선 마무리잔치 내용에 맞도록 모둠을 꾸렸다. 적게는 여섯 명에서 많게는 열 명까지 한 모둠을 이루었다. 모둠 이름도 연극, 곤봉, 태권도, 단소 등이 들어가도록 새로 지었다. 새로 모둠을 꾸린 뒤 아이들은 계획서를 내고 연습을 했다. 아침활동 시간을 연습 시간으로 두고, 한 시간 정도씩 발표를 하게 해 주었다. 발표가 끝나면 모둠에서 토의를 하면서 잘된 점과 잘못된 점 등을 가려 다시 발표 내용을 보완해 나갔다. 모둠 으뜸은 반성 내용과 새로 고친 계획을 정리하여 다시 교사에게 내도록 하였다.

이렇게 했더니 날이 갈수록 좋아졌다. 이런 준비 과정에서 교사의 때에 맞는 도움말과 물질적 지원은 매우 중요하다. 교사가 먼저 연극을 하는 모둠에게 대본을 복사해 준다든가, 준비물을 어떻게 마련할지 함께 머리를 맞대고 고민해 주면, 아이들도 곤봉이 없는 친구에게 자기 것을 빌려 준다든가 하면서 서로서로 챙긴다.

발표 전날 마무리 총연습을 했다. 모둠마다 역할을 나누어 교실도 꾸미고 필요한 준비물도 챙겨 놓았다. 총연습이 끝난 뒤 모둠끼리 평가를 하고, 부모님이 몇 분쯤 오실지 예상하여 의자를 준비해 두었다.

이렇게 우리 반의 마무리잔치는 드디어 막을 올리게 되었다. 1학기 때 반 이상의 모둠이 대중가요에 맞추어 춤을 추었던 것과 비교해 보면 아이들이 많이 성장했다는 생각이 들었다.

● 1모둠 — 연극

문제는 대본이었다. 저 아이들이 어떻게 대본을 만들까 내심 걱정이 되었다. 산만한 남자 아이들 대여섯 명이 끼어 있었다. 처음부터 대본을 구해 줄까. 아니 기다려 보자. 여러 가지 고민이 앞섰다. 하지만 아이들은 우리 반 아이의 이야기를 소재로 대본을 새로 꾸몄다. 내용은 '도망자'란 별명이 붙은 아이에 관한 것이다. 수업 시간에 자꾸 사라져서 몇 번 찾아온 적이 있는 아이였다.

한 번은 힘 센 아이 세 명이 오락실에 도망가 있는 말썽꾸러기를 잡으러 갔다. 수업 도중 전화가 와서 오락실로 부랴부랴 뛰어갔다. 왜 안 데리고 오느냐고 소리쳤더니 아이들 하는 말이, "얘가요, 자기하고 같이 오락해서 이기면 학교로 가고, 자기가 이기면 안 간다 해서……."

잡으러 간 아이들도 함께 오락을 하고 있었던 것이다. 지금 생각해도 너무 웃음이 나오는 이야기를 아이들은 연극으로 꾸몄다. 삶 속에서 이야기를 찾은 것만으로도 좋았다. 또 한 아이가 하프를 가져와서 연습을 하더니 또 한 아이가 바이올린을 가져와 함께 연습했다. 다음에는 다른 아이들도 리코더를 들고 덤벼들어 마침내 또 하나의 멋진 합주를 하게 되었다.

● 2모둠 — 곤봉 체조

곤봉이야 체육 시간에 3주간 연습해서 발표한 것이니 그냥 그대로 하겠지 안심하고 있었다. 재미있는 것은 노래다. 우리 학교 교가에 맞춰 새로운 동작을 만들어 냈다. 참 대단한 아이들이었다. 나 스스로도 놀랐다.

● 3모둠 — 단소 연주

처음엔 우리 반 전체가 연습한 노래로 서너 곡을 연습했다. 늘 하던 것이니 특별한 연습이 필요 없었다. 내가 새로운 노래를 찾아 한두 곡 연습하면 어떻겠느냐고 제안했다. 아이들은 새로운 노래를 찾았다. 내 단소 교본을 빌려 가서…….

● **4모둠 — 연극**

교과서에 나온 대본으로 연극 〈어떤 크리스마스〉를 했다. 따돌림 문제로 일 년간 날 그렇게 속썩였던 아이들이다. 과연 잘 해낼까 걱정이 되었다. 하지만 이미 아이들은 하루하루 달라져 있었다. 대본도 4일 정도 연습하더니 거의 다 외웠다. 난 신이 나서 준비물에 대한 도움말을 해 주었다. 법정을 꾸밀 때 두꺼운 도화지를 접어서 명찰을 만들고 옆 반에 가서 어린이회장이 쓰는 의사 진행봉을 가져오라고 했다. 아이들 스스로도 기쁜지 얼굴에 웃음이 가득했다.

● **5모둠 — 단소와 리코더 연주**

별 무리 없이 잘하는 모둠이었다. 연습곡이 〈아침이슬〉이라 쉬는 시간과 점심 시간에 들려오는 합주 소리가 너무 아름다워, 아이들 몰래 웃음을 머금고 행복에 젖었다.

● **6모둠 — 태권도**

가장 박수를 많이 받은 태권도 시범이었다. 이 모둠도 처음에는 품새 정도만 준비했는데 자기들끼리 이야기하더니 재미없다며 〈짱가〉 노래에 맞추어 태권무를 만들었다. 참 보기 좋았다. 또 송판을 사다가 여러 가지 격파 시범을 보였는데 아이들과 부모님 모두 너무 좋아하였다.

2. 일 년 공부 마쳤으니 책거리하자!

전양준 | 광주 운천초 교사

"나는 선생님께서 책거리를 하신다기에 책을 걸어놓고 무슨 전시회를 하는 줄 알았다."

"책을 모두 배우고 나서 다과회를 하는 줄 알았는데 막상 책거리라는 것을 처음으로 하고 나니 책거리가 우리 조상들이 해 오신 아주 뜻 깊은 행사라는 것을 알게 되었다."

1학기 말 책거리를 마치고 나서 글쓰기 시간에 쓴 아이들 글이다. 많은 아이들이 '책거리'라는 말을 처음 듣거나 그 뜻을 전혀 몰라 아주 생소하게 생각하고 있었다.

7~8년 전부터 학급 단위의 책거리를 시작했는데, 처음에는 나 또한 무엇을 어떻게 계획하고 아이들에게 얼마만큼 맡겨 두어야 할지 몰라 몇 차례 시행착오를 거칠 수밖에 없었다. 하지만 몇 번 터벅거리면서 하다 보니, 아이들도 나도 이제는 경험이 쌓여, 학기 말 책거리는 우리 반의 주요 행사가 되었다.

나는 일 년에 두 차례 책거리를 하겠다는 약속을 3월 초 우리 반 첫 번째 통신에 공개적으로 한다. 이렇게 해 놓으면 학기 중에 책거리로 이어지는 여러 가지 활동들을 하게 되고 그런 활동들이 쌓이면 학기 말에 큰 어려움 없이 책거리를 열 수 있게 된다.

그런 뒤, 방학을 앞두고 2개월 전쯤 책거리 행사에 대한 자세한 소개를 한다. 책거리는 우리 조상들의 슬기가 담긴 아주 훌륭한 행사라는 점을 아이들에게 설명하고, 책거리를 함으로써 얻을 수 있는 여러 가지 좋은 점에 대해 좀 과장해서 소개하면서 아이들의 관심을 끌어낸다. 책거리 행사를 위해 우리 반의 문화에 대해 생각해 보게 하고, 어떤 방법으로 연습하면 좋을지 토의하는 시간도 몇 차례 갖는다.

아이들 개개인이 반드시 참여해야 하는 프로그램은 전체 합창, 합주, 연극, 모둠별 노래와 율동, 장기자랑, 작품 전시, 실내 경기 등이다. 이 밖에 아이들 특성에 맞춰 낭독과 같은 개인 프로그램도 몇 가지 더 준비해 둔다. 학부모가 참여하는 연극이나 악기 연주, 노래, 자녀에게 낭독하는 글 같은 프로그램을 마련할 때도 있다.

행사 전날 무대장치를 설치하고 마무리는 당일 아침에 한다. 행사 당일에 학부모를 안내하고 프로그램을 나누어 줄 도우미도 미리 두 명 정도 뽑아 놓는다. 책거리는 보통 10시에 시작한다. 그래야만 두 시간 정도 공연하고 학부모와 함께 다과 시간을 가질 수 있기 때문이다.

비디오 촬영은 학부모에게 부탁하면 쉽게 해결할 수 있으며, 입퇴장 훈련은 사전에 몇 차례 해야만 행사 당일 혼란을 막을 수 있다. 무대가 좀 높으면 주의집중이 잘되고 분위기가 살아나는데 교단이 없으면 교실 바닥에서 그대로 한다. 그럴 때는 좀 어수선해진다. 언젠가는 모두 운동장에 나가서 학부모와 함께 강강술래를 중심으로 우리 가락에 맞춰 놀이를 하고 통일 족구도 했는데, 반응이 무척 좋았다.

공연이 모두 끝나고 아이들이 교실 정리를 하고 다과를 준비하는 동안 학부모들은 복도와 교실에 전시된 여러 가지 작품을 감상한다. 학부모들은 특히 주제가 있는 글쓰기나 개인신문 같은 것을 자세히 살펴본다.

다과 시간에는 모둠별로 자리를 만들어 준비된 음식을 학부모와 함께 먹는다. 찌개를 끓여 콧물을 훌쩍거리며 서로 먹여 주는 광경을 바라보는 재미는 아마도 교사만이 누릴 수 있는 특권이 아닐까 싶다.

책거리를 마치고 난 뒤에는 반드시 그에 관한 아이들의 반응을 자세히 살펴보는 시간을 가져야 한다. 글쓰기, 소감 발표, 그리기, 편지 쓰기 등 여러 가지 활동을 활용할 수 있다. 이런 내용들은 나중에 학급문집을 제작할 때 글감으로 요긴하게 쓰인다. 아울러 학부모의 반응도 알아본다. 다음 해 책거리를 할 때 참고할 수 있는 이야기를 많이 해 주신다.

책거리는 한 학기나 일 년의 학급문화가 총체적으로 녹아 있는 결정체이다. 거창한 구호나 성공 여부를 떠나서 이런 행사를 한 번 마치고 나면 아이들은 자기들 힘으로 무언가를 해냈다는 데 굉장히 뿌듯해한다. 특히 소극적이고 내성적이어서 언제나 뒤에 처져 있는 아이들의 표정이 한결 밝아진다.

3. 감사의 마음을 전하는 편지 쓰기

장금희 | 서울 화계초 교사

일 년을 마무리하며 함께 지낸 사람들에게 감사를 표현하는 것은 매우 뜻깊은 일이다. 편지를 쓰면서 자신을 돌아보고, 나 아닌 다른 사람을 이해하고, 서로를 아껴 주는 마음을 길러 줄 수 있는 것 같다. 주로 친구, 부모님, 선생님께 편지를 쓰게 하는데, 하루 만에 모두 쓸 수는 없다. 나는 보통 방학을 앞두고 3주 전에 미리 누구에게 먼저 쓸 건지 정한 뒤에 한 사람, 한 사람에게 편지를 쓰도록 한다.

우선 친구에게 편지 쓰기를 한다. 편지를 쓰기 전에 먼저 한 학기 동안의 일을 되돌아보는 시간을 갖는다. 그동안 자신을 도와주었던 친구를 생각해 본다. 그림 그리기를 도와주었던 친구, 보건실에 함께 가 준 친구, 운동장에서 넘어졌을 때 위로해 주었던 친구 등. 아이들은 서로를 아껴 주었던 일들을 어쩜 그렇게 기억을 잘하는지…….

편지를 다 쓴 뒤에는 공개 전달식을 갖는다. 편지를 줄 아이가 먼저 교탁 앞으로 나와 선다. 그런 다음 편지를 받을 친구의 이름을 부르면 그 친구가 나온다. 서로 마주 보면서 고맙다는 인사와 함께 편지를 전한다. 여러 친구들 앞에서 받는 편지라서 그런지, 주는 아이나 받는 아이 모두 무척 쑥스러워하면서도 흐뭇해하는 표정들이다. 편지를 읽으면서, 자신도 잊어버렸던 일을 기억해 준 것에 대해 무척 고마워한다.

다음으로 부모님께 편지 쓰기를 한다. 이만큼 키워 주신 부모님께 고마운 마음은 있으면서도 감사하다는 편지를 제대로 써 본 적이 없는 아이들이라, 나는 학년 마무리를 할 때 이 활동에 각별한 애정을 갖고 있다. 아이들에게 어렸을 때부터 부모님에 대한 감사와 고마운 마음을 전하는 경험을 만들어 주고 싶다. 경험이 쌓이면 나중에 어른이 되어서도 자주 편하게 부모님께 편지를 쓸 수 있을 것이다.

편지를 쓰기 전에 아이들에게 꼭 일러두는 말이 있다. 무엇을 해 달라는 식의 편지는 안 된다는 것과 올해의 일을 중심으로 쓰라는 것이다. 또, 편지 쓰기가 장난으로 흐르지 않고 진심으로 감사한 마음을 담을 수 있도록 사전지도를 충분히 한다. 옛이야기 가운데 효자 이야기를 들려주고 부모님에 대한 고마움을 한 번쯤 되새겨 본 뒤에 편지 쓰기를 시작하는 것도 좋다. 편지를 쓰는 아이들의 표정이 사뭇 진지해진다.

편지를 다 쓰면 봉투에 집 주소를 쓰고 우표를 붙여서 내도록 한다. 우체통에 넣는 일은 내가 맡는다. 아이들이 학교에 와 있는 동안 편지를 받고 흐뭇한 시간을 갖게 될 부모님, 세상살이가 아무리 힘들어도 그 순간만은 행복감에 젖으시리라.

다음으로 선생님께 편지 쓰기를 한다. 내가 잘해 준 것이 뭐 있으랴마는, 그래도 아이들 나름대로 생각하고 느낀 것은 있겠지 하는 마음에서 시작한 활동이다. 이 편지는 아이들의 눈으로 본 교사의 모습을 살필 수 있는 좋은 자료가 된다. 또 나뿐만 아니라 앞으로 만나게 될 선생님들에게 고마운 마음을 전하는 방법을 가르칠 생각으로 마련한 시간이다. 이때 서운했던 일은 마음속에 간직하고 고마웠던 일만을 골라 쓰도록 한다.

아이들은 나에게 편지를 쓰면서 그렇게 즐거워할 수가 없다. 가끔 내 눈치를 살피면서 뭔가 중요한 일을 하고 있다는 보람 같은 것을 느끼는 듯싶다. 다 쓰면 내 책상에 갖다 놓도록 하는데, 나는 고맙다는 말을 건네면서 아이 얼굴을 가만히 쳐다본다. 아이들의 반짝이는 눈망울이 하나 가득 내 가슴 속으로 들어온다.

아이들이 집으로 간 다음 천천히 편지를 꺼내어 읽어 본다. 꾹꾹 눌러 정성스럽게 써 놓은 편지에는, 그냥 지나가면서 머리 한 번 만져 주었던 일, 체육 시간에 재미있게 해 주었던 일, 아프다고 하기에 보건실 갔다 오라고 한 일 등, 작은 일조차 고마웠다고 느끼는 아이들의 마음이 담겨 있다. 아이들의 편지를 읽으면서 지치고 힘들었던 마음이 미안함으로 바뀐다. 그리고 2학기엔, 다음 학년엔 더 잘해 주어야지 하는 마음도 들고, 나의 행동 하나에 울고 웃는 아이들을 생각하게 된다. 여러모로 부족한 담임에게 용기를 주는 아이들이 고맙고 사랑스럽다.

마무리활동에 윤기를 내는 아이디어

모두 함께 "메리 크리스마스!"

요즘은 겨울방학을 늦게 시작해서 보통 12월 마지막 주에 방학식을 하는 학교가 많다. 그러다 보니 크리스마스도 학기 중에 보내게 된다. 연말 분위기를 함께 느껴 볼 수 있는 크리스마스 트리를 만들어 보자.

- **준비물** : 8절 색도화지 2장, 원뿔 · 원기둥 등의 전개도를 그린 활동지, 종이컵 3개, 가위, 풀, 테이프, 장식물 약간

하나, 가운데 단 만들기

① 종이컵을 세로 방향으로 자른 다음 밑단을 오려 내고, 종이컵의 옆면을 펼쳐 색도화지 뒷면에 풀로 살짝 붙인다.

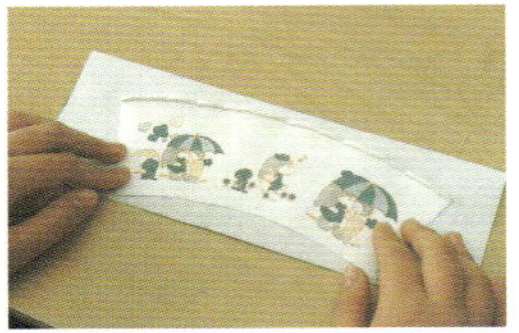

② 종이컵 모양대로 색도화지를 오려 내고, 그것을 다른 종이컵에 붙인다. 똑같은 과정으로 하나 더 만든다.

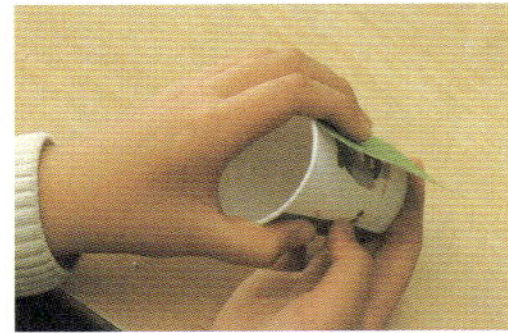

둘, 윗단과 아랫단 만들기

③ 준비된 활동지를 색도화지 뒷면에 살짝 붙인 다음, 활동지 모양대로 오려 낸다.

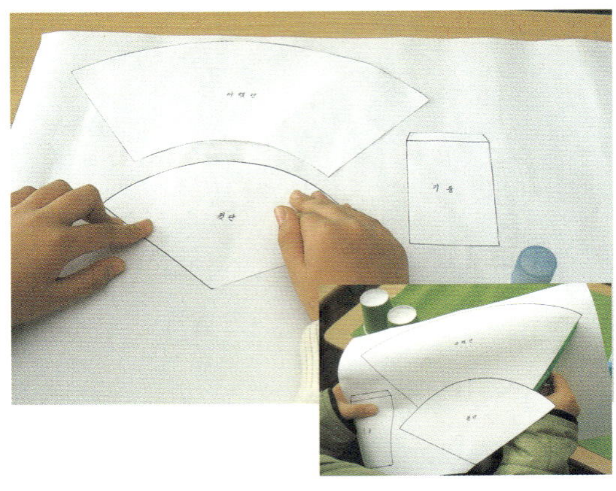

④ 윗단을 꼭지점을 중심으로 말아 옆면을 맞춰 풀로 붙인다. 이때 풀로 붙인 부분 안쪽을 연필로 꾹꾹 눌러 주면 튼튼하게 붙는다.

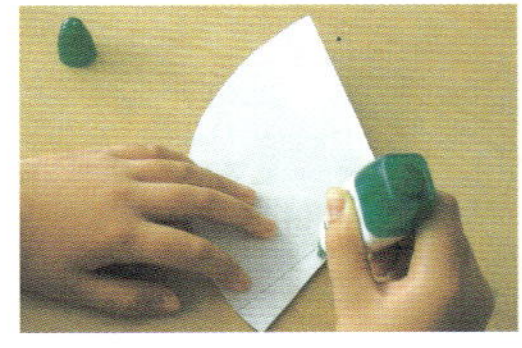

⑤ 아랫단도 윗단과 똑같이 만든다.

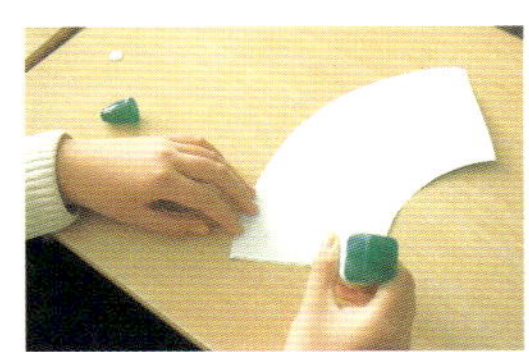
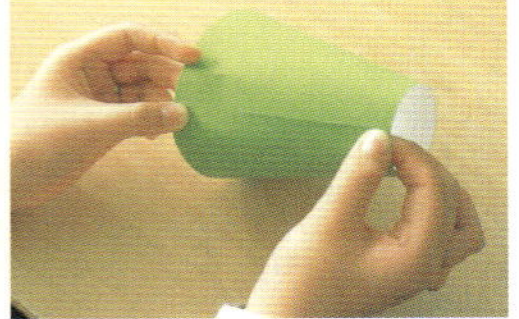

⑥ 윗단과 아랫단 모두 아랫부분을 1.5cm 간격을 두고 1.5cm 길이로 자른 뒤, 안쪽의 하얀 부분이 보이도록 바깥쪽으로 살짝 접어 준다.

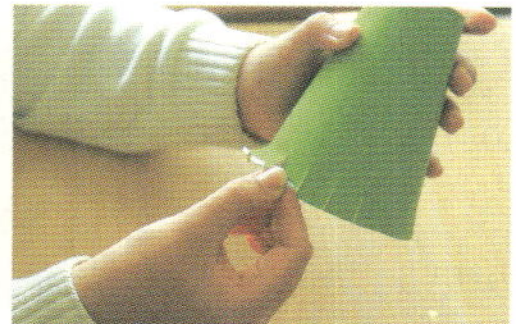

셋, 가운데 단 만들기

⑦ 가운데 기둥을 원통 모양으로 말아서 옆선을 풀로 붙인다.

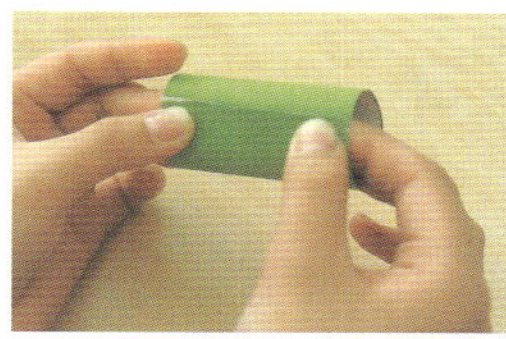

⑧ 가운데 기둥의 양 끝을 1.5㎝ 간격을 두고 1.5㎝ 길이로 자른 뒤, 자른 부분을 살짝 접어 준다.

⑨ ②에서 만들어 둔 종이컵 두 개 모두 아랫부분을 가운데 기둥처럼 자르고 펴 준다.

⑩ 종이컵을 엎은 상태에서 위쪽에 가운데 기둥을 붙인다. 그 위에 다시 나머지 종이컵을 엎어 붙인다.

넷, 트리 완성하기

⑪ ⑩에서 만든 가운데 단 위쪽에는 ④에서 만든 윗단을, 아래쪽에는 ⑤에서 만든 아랫단을 각각 붙인다.

⑫ 완성된 크리스마스 트리를 각자 준비한 리본, 별, 솜, 방울, 미니 선물상자 등으로 예쁘게 꾸민다.

⑬ 짜잔! 나만의 크리스마스 트리 완성.

자료 제공 · 노희수 | 인천 화전초 교사

내가 만든 양초로 마무리잔치 분위기 업!

마무리잔치 분위기를 살리는 데는 양초만 한 것이 없다. 방학 선물이자 크리스마스 선물도 되고 일 년 마무리와 기쁜 새해가 되기를 서로 기원해 줄 수 있다. 아이들과 교사의 기원을 쓴 양초를 만들어 불을 켤 때 그 반짝이는 맑은 눈과 환한 얼굴들. 나의 기원은 '그대 어느 어둠 앞에 서더라도 빛 잃지 않기를…….'

- **준비물** : 흰 양초(굵은 것은 한 개, 가는 것은 두 개), 낡은 냄비, 다리미, 크레파스, 플레인 요구르트 통(만들고 싶은 양초 모양에 맞는 통. 우유곽이나 종이컵도 좋다.), 가열기구, 다리미, 나무젓가락, 접착 테이프, 한지, 색사인펜

만드는 방법

① 약한 불로 냄비를 가열한 후, 흰 양초를 넣어 녹이고 양초 심은 따로 빼 놓는다.
② 녹은 양초에 원하는 색의 크레파스 조각을 넣고 저어 준다.
③ 빼 놓은 양초 심을 반으로 접어 꼬아 준다. (굵은 초를 녹였을 경우는 심도 굵으므로 그대로 사용해도 된다. 단, 요구르트 통 깊이보다 조금 길게 잘라서 쓴다.)
④ ③의 양초 심을 요구르트 통 깊이 정도의 길이에서 실로 묶고, 양초 심이 가운데 오도록 실의 양 끝을 잡아 당겨 요구르트 통 양 옆에 테이프로 고정시킨다.
⑤ ②의 양초물을 요구르트 통에 부어 넣고 굳힌다. 하루가 지난 다음 요구르트 통은 찢어 내고, 양초심에 묶었던 실도 잘라 낸다.
⑥ 색사인펜으로 한지에 기원을 쓴 후, 요구르트 통 크기보다 작게 자른다.
⑦ ⑥의 한지를 완성된 초의 적당한 자리에 대고 다리미로 천천히 눌러 준다. (이때 다리미의 온도가 너무 높으면 초가 녹아 내리므로 가장 낮은 온도로 해야 한다.)

자료 제공 · 정애순 | 서울 도봉초 교사

잔칫날 음식이 빠질쏘냐!

마무리잔치를 하는 날, 음식을 나누어 먹는 코너를 넣으면 잔치 분위기를 살릴 수 있다. 아이들의 안전을 위해 되도록 집에서 음식을 가져오게 하거나 불이 없어도 만들 수 있는 음식을 중심으로 진행한다. 불이 필요한 음식을 만들겠다면 학부모의 도움을 받도록 하자.

푸짐한 뷔페로 먹기

준비위원 3~4명을 먼저 뽑는다. 준비위원회에서는 메뉴 선정, 진행과 질서 지도, 시상, 음식 이외의 준비물, 뒷마무리 등을 의논한다. 모둠별로 음식을 준비하는데, 5인 모둠이라면 약 10인분 정도 준비하면 된다. 학부모를 초청하거나 음료수, 과일, 과자 등 배부르지 않은 음식으로 메뉴가 짜였다면 양을 더 늘려야겠지만 부담이 될 정도는 좋지 않다. 가능한 메뉴는 김밥, 만두, 떡, 샌드위치, 찐 감자나 고구마, 과일, 빵이나 케이크, 식혜나 수정과 등 집에서 만든 음료이다.

교실 중앙에 책상을 원형으로 붙여 놓고 개인 접시를 들고 이동하면서 음식을 먹는다. 욕심을 부리면서 많이 먹는 아이가 있을 수 있다. "음식 먹을 때 인간성이 보인다. 건강한 식욕과 식탐은 다르다."는 이야기도 해 주고, 먹다 말고 교사가 "잠깐!" 하고 외치면서 먹던 모습 그대로 멈추기를 해 본다. 이때 사진을 한 장 찍어 주는 것도 좋고, '잠깐' 시간 다음에는 음식을 집어서 최근에 자기랑 사이가 안 좋았던 친구(혹은 자기가 제일 좋아하는 친구, 사귀고 싶은 친구 등) 입에 넣어 주기를 해도 재미있다.

어수선해서 질서가 잡히지 않을까 걱정이 된다면 준비위원이나 질서위원을 두거나 노란 딱지 — 혼자많이먹음죄, 밥풀튀김죄, 환경오염유발죄(뒤적거리며 먹는 사람) — 를 등에 붙여 주는 방법도 재미있다.

메뉴 마련이 어려우면 '김밥 뷔페'(모두가 김밥을 싸 와서 원형 테이블에 늘어놓은 후, 각자 자기 도시락 뚜껑과 젓가락을 들고 돌아가며 한 개씩 먹기)'를 하거나 '반찬 뷔페'(반찬을 뷔페식으로 늘어놓고 먹기)를 한 뒤, 가장 맛있는 김밥왕, 맛있는 반찬왕을 뽑아 보는 것도 재미있다. 많은 인원이 함께 돌기가 부담스러우면 모둠별로, 혹은 10명 단위로 테이블을 만들 수도 있다.

대부분 학교에서는 식사 예절이라는 이름으로 아이들이 돌아다니며 먹지 못하도록 지도하지만, 이 시간만큼은 자유롭게 밥을 먹으며 즐길 수 있어야 한다.

샌드위치 박람회

식빵, 햄, 치즈, 참치, 과일(토마토, 사과 등), 야채(양배추나 양상추, 피망, 오이, 양파 등), 마요네즈, 음료 등을 준비한다. 과일과 채소는 집에서 썰어 오면 좋다.

참치샌드위치, 햄샌드위치, 달걀샌드위치, 치즈샌드위치, 과일샌드위치 등 재료에 따라 다양한 맛과 모양의 샌드위치를 만들 수 있다. 빨리 만들기, 예쁘게 만들기, 맛있게 만들기 대회를 열어 본다. 만들기 전에 손을 잘 씻는 것이 중요하다.

과일 깎기

모둠별로 다양한 종류의 과일을 가져오고 과도와 작은 도마 혹은 쟁반, 접시, 포크 등을 준비한다. 사과나 배 빨리 깎기, 과일 가짓수가 가장 많은 모둠 뽑기, 동물 모양으로 깎기, 접시에 예쁘게 담기 등 대회 형식으로 진행한다. 깎아 담기 시간을 일정하게 준 뒤 책상을 모아 만든 테이블에 죽 늘어놓고 뷔페로 진행할 수도 있다. 칼 사용에 주의해야 하겠다.

쌈 싸먹기

여러 가지 쌈거리를 준비해 오도록 한다. 상추, 깻잎, 찐 양배추, 청경채, 쑥갓, 케일, 다시마 등. 고추장과 된장도 준비한다. 가장 특이한 쌈거리를 가져온 모둠, 가장 맛있는 장을 가져온 모둠, 가장 여러 가지 재료로 쌈을 싸먹는 사람(혹은 입 큰개구리) 등을 뽑아 본다. 밥은 따로 싸 와야 한다.

'비빔밥에 관한 ○○모둠의 보고서' 대회

비빔밥 대회를 예고한 뒤 비빔밥에 들어갈 재료는 각자 준비하기로 한다. 특히, 참기름, 깨소금, 고추장 등 양념과 바가지를 따로 준비해 올 사람을 정하는 게 좋다. 준비해 온 큰 바가지에 밥과 반찬을 쏟아 넣고 비빈다.

그리고는 준비한 보고서 용지에 모둠 이름, 구성원 이름, 바가지와 기름, 깨소금, 고추장을 준비해 온 사람의 이름, 열심히 비빈 사람의 이름 등 역할과 재료를 아주 자세하게 쓰는데, 특히 비비면서 생긴 일도 상세히 적는다. (예 : 우진이가 비비는 동안 광후가 계속 떠들어서 침이 한 말은 튀었다, 한참 비비다 보니 머리카락이 하나 나왔는데 어떤 반찬에서 나온 것인지 비비다가 빠진 것인지, 비비다 빠졌다면 과연 누구의 머리카락인지 도무지 알 수 없다 등)

먹기 전에 보고서를 앞 칠판에 갖다 붙인다. 교사는 돌아다니며 비빔밥을 먹어 보고 품평을 하면서 '가장 맛있는 비빔밥', '가장 특이한 재료가 들어간 비빔밥', '가장 여러 가지 재료가 들어간 비빔밥' 등을 뽑는다.

해물파전

부침가루, 각종 해물(집에서 손질해 온다.), 채소(깻잎, 호박, 양파 등), 프라이팬, 식용유, 큰 바가지, 국자, 뒤집개, 접시, 간장 등을 준비해 온다.

부침가루를 물에 잘 풀고 준비한 해물과 채소를 잘게 썰어 재료를 준비한다. 반죽의 묽기 정도가 중요하고 재료를 적당히 넣어야 한다는 것을 알려 준다.

부칠 때에는 프라이팬을 충분히 달군 다음 기름을 두를 것, 한 국자 정도 붓고 가운데서부터 골고루 펴 가며 모양을 만들 것, 처음엔 약간 센 불에 부치다가 뒤집은 후에는 불을 줄일 것 등의 요령을 미리 설명해 준다.

기름에 물이 튀어 들어가지 않도록 할 것, 화상을 조심할 것 등의 주의 사항도 일러 준다.

감자부침

감자, 프라이팬, 식용유, 뒤집개, 강판을 준비한다. 먼저 감자 까기 시합부터 한다. 모둠별로 왕감자 5개씩을 들고 나와 도구는 무엇이라도 좋으니 빨리 까는 모둠을 뽑는다.

다음은 감자 갈기. 강판에 대고 간다. 간 감자를 대접이나 바가지에 놓아 둘 때 그릇을 조금 기울여 둔다. 윗물은 버리고 가라앉은 간 감자에 소금을 조금 넣어 간을 한 뒤 떠서 부친다.

점성이 적어 잘 부쳐지지 않으므로 자그마하게 부치고 한 면이 완전히 익은 뒤에 뒤집어야 잘 뒤집어진다는 것을 일러 준다. 가장 예쁘게 부친 작품을 뽑는다.

음식 해 먹기에서 주의해야 할 몇 가지

우선 위생과 안전. 음식을 해 먹고 탈이 난다거나 칼, 불 따위 때문에 다치는 일이 생기면 곤란하다. 다음에 행사를 하기 어려울 뿐 아니라, 다른 반이 '따라' 하기도 힘들게 된다. 이 사실을 아이들에게 주지시켜 최대한 조심시킨다.

둘째, 경제적 부담의 고른 분배. 특히 집안 형편이 어렵거나 어머니가 없는 아이들이 소외될 수 있다. 어머니가 너무 열성적으로 음식을 준비해 보내 주는 아이가 한둘 있게 마련인데, 상담으로 해결하거나 누구인지 눈치 채지 못하도록 조절할 필요가 있다.

셋째, 뒷정리. 그릇 설거지와 청소를 잘해야 한다. 장소나 도구를 빌렸다면 더욱 신경 써서 깨끗이 치우고, 깨끗이 닦아서 돌려 줘야 한다. 역시 뒷정리를 제대로 못했을 때에는 다음 행사를 열기가 곤란하다는 사실을 잘 일러둔다.

또 일회용품을 많이 쓰거나 쓰레기가 많이 나온다면 '자연을 배우는' 행사의 취지가 무색해질 수 있다. '편리'와 '배부름' 만을 추구하는 행사가 아님을 깨닫게 하자. 음식을 남기지 않고 먹는 습관, 어른이 먼저 드시도록 하는 습관, 먹기 전에 꼭 감사하는 마음을 갖는 태도, 나눠 먹고 싶은 '다른 이'를 생각할 시간을 갖는 것, 맛있게, 또 정갈하게 먹는 예절 등을 함께 지도한다.

넷째, 반드시 평가회를 할 것. 다음 날 아침 시간 등을 이용한다. 책임자나 책임 모둠을 정해 놓고 간단히 평가를 해도 된다. 설문지를 이용하면 다음에 해 먹고 싶은 음식에 대한 의견을 들을 기회를 가질 수 있다. 덧붙여, 행사를 자주 한다면 진행과 기획을 전담할 아이들을 따로 구성하는 것이 좋다. 그 아이들에게 책임을 주고 권한을 부여해 보자. 교사의 힘을 덜어 줄 뿐만 아니라 아이들에게 우리 스스로 행사를 이끌어 간다는 뿌듯함도 준다. 다른 반 친구나 선생님들과도 자주 나누어야 한다.

03 학기 말 · 학년 말 학급활동 평가

누구나 학년 초가 되면 크고 야무진 꿈을 새긴다. 아이들을 맞아들이는 교사는 각별한 설렘으로 충만하고, 아이들은 아이들대로 글자 한 획에도 정성을 기울이는 단단한 다짐으로 책상머리를 지킨다. 그런 3월의 긴장된 탐색기를 지나면서 4, 5월…… 학부모총회, 상담, 체험학습, 운동회, 체육대회 등 본격적인 학사 일정에 불이 붙으면, 그야말로 피고 지는 꽃잎 한 장 눈에 담아 둘 틈도 없다. 방학이 코앞으로 다가오면 그제야 손톱만 한 여유가 생긴다. 그런 여유에 기대어 한 학기 혹은 한 학년을 돌이켜 보면, 학년 초의 '빛나던 다짐'에 대한 충족감은 간 곳 없고, 아쉬움과 미련만 묵직하게 남는다.

학기 말 · 학년 말 평가는 이런 과정에 자리 잡은 교사와 학생의 자기 점검 공간이다. 단순히 학급운영을 잘했다 못했다를 교사 스스로 혹은 아이들이나 학부모에게 평가를 받는 것으로 끝나서는 안 된다. 애초의 목표와 계획이 타당했는지, 그와 함께 아이들과 교사 모두 서로 얼마나 성장하였는지를 가늠하고, 서로를 격려하는 기회로 삼아야 한다.

학급활동 평가의 지혜

학년 초 학급운영 계획을 살펴보자

마무리에서 가장 중요한 것은 그동안의 자취를 평가해 보는 작업이다. 처음 아이들을 만났을 때 세웠던 학급운영 계획은 어떻게 진행되었는지, 그에 따라 교사와 아이들, 또는 아이들 사이의 관계는 어떠한지, 객관적이고 냉정하게 평가를 하고 넘어가야 한다. 무엇이든지 반성이 있을 때 발전도 있는 법. 한 학기 또는 일 년 학급운영의 평가를 발판으로 더 나은 2학기를 기약할 수도 있고, 한 발 더 성장한 교사의 면모를 갖추어 다음 해 아이들을 맞을 수도 있다.

먼저 3월에 세운 학급운영 계획서를 펼쳐 보자. 올해 우리 반 학급운영의 원칙은 무엇이었는지, 새롭게 계획한 것들은 무엇이었는지, 요일별로, 월별로 살펴본다. 이를 바탕으로 잘한 것과 꾸준히 진행한 것, 그리고 문제가 된 것을 나누어 쭉 나열해 본다.

잘한 것과 꾸준히 진행한 것, 문제가 된 것을 생각나는 대로 나열했다면 거기에 살을 붙여 보자. 어떤 내용으로 진행이 되었는지, 문제의 원인은 무엇인지, 아이들의 참여도는 어떠했는지, 다음 학기나 내년에 개선할 지점과 이어 나갈 것은 무엇인지 등을 덧붙여 본다. 또한 그동안의 학급활동이 교사가 즐겁게 할 수 있는 활동이었는지, 아이들과 함께 준비하였는지, 목표를 분명히 하였는지 등을 살펴야 한다.

예시 교사의 학급활동 평가

★ 잘한 것

- **학급통신** : 월 1회 발행. 4호까지 발행함. 학급신문과 학부모통신을 통합한 형태. 학부모들과 아이들이 함께 읽을 수 있는 자료, 아이들 글, 학급활동 · 학급운영 안내 등의 내용. 학부모들과 아이들의 학급에 대한 관심이 커짐. 계획대로 학급운영을 실천하려고 노력하게 됨. (아이들, 학부모들에게 약속을 공개하기 때문)
- **칭찬통장** : 칭찬을 모으는 통장. 아이들이 스스로 착한 일을 하거나 자기 할 일을 하려고 노력하는 모습을 보임. 적절한 보상의 효과. 눈에 보이는 보상이 아니라 자신의 양심에 대한 보상이 됨.

★ 문제가 된 것

- **독서지도** : 편협한 독서지도. 책을 읽어 주지 못함. 계획대로 실행하지 못함. 다양한 독후활동을 고민할 필요가 있음. 책을 읽는 습관을 어떻게 들일 것인가에 대한 고민도 필요함.
- **아이들의 말에 귀 기울여 주기** : 바쁘다는 핑계로, 또 다른 이런저런 핑계로 수다쟁이 아이들의 이야기를 잘 들어 주지 못함. 함께 이야기하는 태도가 필요함.

아이들에 대한 정보를 정리하자

학년 초에 학급운영 계획을 세울 때에는 아이들에 대한 아무런 정보 없이 '교사의 감' 이나 전년에 아이들을 맡았던 교사의 전언에 의존하는 수밖에 없다. 그러나 학급운영이 성공적이든, 실패를 거듭했든 1학기가 끝날 쯤이면

학기 말이나 학년 말에 정리한 아이들 정보는 학부모에게 보내자. 방학은 아이들에 대한 학습과 생활지도를 잠시 학부모 손으로 넘기는 기간이다. 교사가 모은 관찰기록은 학부모가 아이들을 지도할 때 좋은 참고자료이다. 평소 아이를 보면서 기록해 두었던 내용과 아이의 학습 결과물 등을 보고 아이의 특징과 학교에서 보여 준 모습, 교사의 분석 등을 정리한다. 방학 동안 특히 학부모가 신경 써서 지도해야 할 부분을 강조하는 것으로 마무리하면 훌륭한 편지가 될 것이다.

교사들은 개별 아이들에 대한 정보를 어느 정도 가지고 있다. 아이들과 한 상담이나 학부모상담 기록, 모둠일기나 학급일기, 글쓰기 한 것 등을 모아 아이에 대한 정보를 정리해 보자. 학급운영의 중심축은 아이들과의 소통이며, 아이들과의 소통에서 성패를 좌우하는 것은 아이에 대한 정보를 교사가 얼마나 많이 그리고 정확히 알고 있는가 하는 점이다. 학기 중에 아이에 대한 기록을 꼼꼼히 해 놓았다면 그만큼 정확한 평가를 할 수 있다.

아이들과 학부모와 함께하는 평가

평가를 할 때에는 교사 스스로 평가하는 작업도 중요하지만, 교사에 대한 아이들의 평가, 학부모의 평가도 함께 받아 보아야 한다. 학급 상황에 맞게 학급운영 평가 설문지를 만들어 방학하기 전에 받아 두면 학급운영의 문제점을 파악하는 데 결정적인 도움을 받을 수 있다. 교사 스스로 지나치게 과소평가한 것을 아이나 학부모 입장에서는 매우 긍정적으로 바라볼 수도 있고, 교사가 미처 생각하지 못했던 부분을 짚어 줄 수도 있다. 물론 교사는 좋았다고 생각했던 것이 아이나 학부모 입장에서는 탐탁하지 않았을 수 있다. 객관적이고 엄정한 평가를 위해서는 아이들과 학부모의 평가는 꼭 필요하다.

이때 중요한 것은 아이들이나 학부모에게 '좋은 점수'를 받는 것이 아니다. 이는 교사에 대한 평가라기보다 교사가 운용한 학급활동을 평가하는 것이므로 개인적인 방식으로 접근하는 것은 금물이다. 간혹 아이들과 학부모에게 평가를 받다 보면 교사 입장에서는 마음이 상하는 대목도 있지만, 큰 틀에서 바라보고 툭 털고 일어설 수 있는 자세도 필요하다. 평가를 하는 가장 중요한 이유는 다음을 위한 도약의 발판을 마련하기 위해서이다. 무엇보다 서로 격려를 나눌 수 있는 분위기가 중요하다. 학급활동 평가와 함께 아이들의 자기 평가도 받아 두면 성장의 단면을 엿볼 수 있다.

교사 자신의 평가 보고서를 작성하자

누구에게 제출하는 것이 아니면 보고서를 작성한다는 것이 쉬운 일은 아니다. 그러나 항목을 구분하고 그에 대한 자신의 생각을 정리해 보기 위해서는 하루 정도 시간을 내서 학급운영 평가 보고서를 작성해 보는 것도 많은 도움이 된다. 학년 초에 세운 학급운영 계획을 평가하고, 개별 아이에 대한 정보를 분석하고, 아이들에게서 평가서를 받았다면 그 항목들을 종합하여 하나의 보고서로 만들 수 있을 것이다. 보고서를 작성할 때에는 잘한 것과 꾸준히 해 온 것, 그리고 문제점을 나누어 기록해 본다. 소소한 것이라도 빠뜨리지 말고 가급적이면 구체적이고 자세히 기록하자. 이 작업은 2학기 학급운영이나 다음 해 학급운영 계획을 세우는 데 가장 직접적으로 활용할 수 있는 자료가 될 것이다.

 학급활동 평가 영역과 방법

학급활동 평가에서의 교과 평가

교과 평가는 학년 초 교사가 각 교과마다 세웠던 목표들과 얼마나 부합하는지 따져 보는 것에서부터 시작해야 할 것이다. 마무리의 중요한 의미는 처음의 목표에 얼마나 부합하는 교육활동을 했는지를 점검하는 데 방점이 찍혀야 하기 때문이다. 목표는 저만치 둔 채 교과를 정리하거나 보충하는 것에만 매달리다 보면 아이들에게 또 다른 학습 부담을 지우는 결과를 낳을 수 있다.

마무리가 기계적인 평가에 치우치는 것도 경계해야 한다. 실제 여러 학교에서는 지필고사 형식으로 학년 말 총괄평가를 하기도 한다. 물론 목표치의 달성도를 가늠해 보기 위해서 지필고사 방식이 부분적으로 채택될 수도 있지만 학기나 학년의 마무리 단계에서 학급활동의 의미로 하는 교과 평가는 아이들과 교사의 소통 속에서만 가능하다는 것을 늘 염두에 두어야 한다.

중요한 점은 마무리활동에서의 교과 마무리와 학급활동 평가에서의 교과활동 평가는 다르다는 것이다. 마무리활동에서의 교과 마무리는 교사가 각 교과에서 꼭 알고 지나가야 할 수업 목표를 아이들에게 다시 인지시키고 다음 학년을 기약하는 과정이다. 반면 학급활동 평가를 하면서 점검하는 교과활동 평가는 아이들과 학부모가 교사의 교과 수업에 대해 평가하는 것이다. 따라서 교과 평가는 교사가 자신의 교과 수업에 대해 아이와 학부모로부터 평가를 받는 것이다. 아이들의 눈높이나 각 과목별 선호도가 다르고, 학부모 역시 직접 수업을 보지 않은 상태에서 아이들의 교과서나 학습 결과물, 성적표 등을 참고해야 하기 때문에 완벽하게 객관적일 수는 없다. 그러나 직접 수업을 받는 아이들과 자녀들이 받는 수업에 대해 따져 물을 수 있는 학부모에게 평가를 받는 것은 수업을 담당한 교사의 의무이기도 하다.(교사의 교과 수업에 대한 평가지는 3권 322쪽 참고)

아이들 스스로 하는 학급활동 평가

아이들 스스로 한 학기 또는 일 년을 어떻게 보냈는지 반성해 보는 시간은 매우 중요하다. 이런 평가는 일정한 양식이 없으면 너무 막연하기 때문에 간단한 양식을 주고 반성과 평가를 하도록 하는 것이 좋다. 그렇지만 양식이 지나치게 형식적이면 아이들은 수동적으로 평가에 임하게 된다. 따라서 그동안의 학급활동을 돌이켜보고 다시 짚어 보아야 할 항목을 중심으로 설문지를 만들어야 한다.(아이들 스스로 해 보는 평가는 3권 308쪽 참고)

아이들이 제출한 평가지는 읽어 보고 반드시 피드백을 하도록 한다. 그 평가지를 바탕으로 아이와 이야기를 나눌 수 있으면 더 좋다. 개인별로 이야기를 나누는 것이 힘들다면 공통으로 지적된 사항에 대해 전체적으로 이야기를 나눌 수 있다.

학부모가 하는 학급활동 평가

학부모는 직접 모든 활동을 보지는 못했지만 어떤 면에서는 아이들보다 좀 더 객관적이고 냉정하게 학급활동을 평가할 수 있다. 물론 학부모의 평가를 제대로 받기 위해서는 학기 중 학부모의 학급활동 참여가 전제되어야 한다. 학급운영을 공유할 수 있는 정보가 아이가 집에 와서 하는 이야기나 숙제 정도밖에 없었다면 학부모는 교사의 학급활동을 제대로 평가하기 힘들다. 모든 학급운영에서 학부모가 교육의 주체라는 점을 인식하고 함께한다면 학기 · 학년이 끝날 때 좀 더 객관적인 평가를 얻을 수 있을 것이다. 학부모가 학급운영의 주체가 되지 못했을 때 학부모는 평가에도 매우 소극적이 되고, 교사에 대한 평가를 무척 부담스러워 한다.(학부모 평가지는 3권 319쪽 참고)

글쓴이 · 도움 주신 분들 박정애 | 인천 동부초 교사 · 신명기 | 서울 영훈초 교사

[교사를 위한 체크리스트]

1학기를 마치며 한 번 점검해 봅시다

한 학기가 끝날 때까지 학급 아이들과 좋은 관계를 유지하기란 보통 어려운 일이 아니다. 아이들 얼굴마다 미운 털이 숭숭 박혀 있다. 스스로 알아서 하는 일이 없고, 또한 제 잇속에만 밝아 여럿이 함께 하는 일에 턱없이 게으르다. 담임이 뭘 해 보자고 의욕을 보여도 오히려 반발하고 귀찮아한다. 약속도 밥 먹듯 어긴다. 그야말로 '웬수'가 따로 없다. 그러나 그 원인이 전폭적으로 아이들에게만 있는가, 라고 되묻는다면 명쾌하게 딱 잘라 대답하기가 어렵다. 연원을 거슬러 올라가 보면 교사가 기여한 바 또한 적지 않기 때문이다.

내가 학급활동을 통해 아이들에게 심어 주고 싶은 가치는 무엇인가, 너무 욕심을 부려 아이들에게 안달복달하지 않았나, 아이들의 정보 수집에 지나치게 소홀하지 않았나, 또는 너무 독불장군식으로 몰아치지는 않았나……. 이러한 질문들은 교사가 일상적으로 던지고 또 대답해 보아야 할 것들이다. 이에 대한 논거가 분명치 않다면 다시 내 학급운영 철학을 점검해 봐야 한다. 사례별로 따라가 보자.

문제상황 ·· 1

전체적으로 뭔가 삐걱거린다

학급운영의 지향점을 공유했는가?

아침 시간이나 수업 시간에 꼭 한 번은 화를 내게 되고, 청소 시간에는 얼렁뚱땅 시간이나 때우는 녀석들과 씨름하느라 하루도 상큼하게 지나가는 날이 없다. 이런저런 학급행사를 하자고 제안하면 반응도 뻘쭘하고 일부에서는 귀찮아하는 기색을 노골적으로 드러낸다. 교실을 둘러보면, 애들만 사는 집처럼 뭐 하나 제대로 자리 잡은 게 없다. 결국, 교사는 올해 아이들을 잘못 만났다고 투덜거리며 아주 사무적인 관리 체제로 빠져든다.

물론 아이들과 '궁합'이 맞지 않으면서 누적된 결과일 수 있다. 그러나 이런 상황은 대부분 교사의 요인, 특히 학급운영의 지향점을 설정해 두지 않았거나 했더라도 추상적으로 막연하게 세워 놓은 경우에서 비롯된다. 예컨대, '서로를 존중하고 더불어 사는 공동체의 유익함을 체험한다.'라는 지향점이 설정되었다면, 이에 따라 모둠을 어떻게 구성할 것이며, 월별로 어떤 학급활동을 배치할 것이며, 청소 등의 일상활동은 어떤 방법으로 구현할 것인지 등이 한 덩어리로 묶이게 된다. 프로그램이 마련되면 쉽게 방향점을 잃지도 않거니와, '오늘 재량활동 시간엔 무엇을 하나?' 하고 두리번거릴 필요도 없다. 자연스럽게 아이들은 한 구심점을 중심으로 밀도 있게 응집한다. 다소 거칠게라도 구체적인 지향점을 그려 놓은 경우와 그저 막연히 머릿속에만 담는 경우는 천양지차다. 계획이 없으면 학급운영은 일관성을 잃고 교사의 즉흥적인 판단에 따라 휘둘리게 된다. 학급운영에서 일관성은 생명이다. 시작하는 것은 많은데 한두 달 지나면 다 흐지부지 된다면 아이들이 구태여 열의를 보일 이유가 없는 것이다.

1학기 때 별다른 계획 없이 임시방편으로 넘긴 경우라면, 2학기 때는 꼭 하고 싶은(해야 하는) 주제를 골라 학급운영의 여러 영역으로 입체화시켜 지속적으로 매진해 보자. 한 영역이라도 끝까지 완수하는 '성공의 경험'은 교사나 아이들에게 더없는 약이 된다.

문제상황 2

내 앞에서는 예쁜데, 들여다보니 심각하다
관계 지도에 충실했는가?

담임 앞에서는 반듯하다. 가져오라는 것 대체로 잘 가져오고, 튀는 몇몇 빼고는 그런 대로 활기차게 지내며, 몇몇은 교사에게 살갑게 응석을 부리며 곁을 맴돌기도 한다. 이 정도면 무난하다. 교사는 아직 자신이 아이들에게 영향력이 있음에 은근히 안도하며 지낸다. 그러다가 어느 날 무슨 일을 계기로 학급 안을 들여다보니 상황이 장난이 아니다. 아이들은 몇몇 패거리로 나뉘어져 골 깊게 금이 가 있다. 허겁지겁 손을 써 보았으나, 이미 대세는 강을 건넌 뒤였다. 담임이 자신에게 향하는 시선을 중심으로 학급운영의 성패를 판단하는 경우에 종종 이런 함정과 맞닥뜨리게 된다.

학급의 중심축은 교사가 아니며, 또한 아이들이 '교사의 것'도 아니다. 교사는 아이들의 성장을 돕기 위한 지원자일 뿐이다. 교사가 뒤로 빠져 아이들 사이의 관계를 지원할 때, 교실은 풍요롭고 넉넉해진다. 그것이 타당한 길이다. 아이들의 행복지수는 대부분 친구 관계에서 비롯된다. 친구 관계가 건강하고, 매 수업 시간이 즐거우면 학급운영에는 절로 탄력이 실린다. 2학기부터라도 늦지 않았다. 우선 학급상황을 주도면밀하게 검토해 보는 것이 급선무이겠다.

뭐 하나 제대로 하는 게 없는 아이들, 잔소리가 늘어간다
지나친 욕심을 앞세우지는 않았는가?

도대체 아이들이 마음에 드는 구석이 없다. 흡족하게 치러 내는 행사가 없고, 생활태도도 엉망이다. 언행은 불손하기 짝이 없고, 수업태도도 산만하다. 그 모든 것이 눈에 보이는데 잔소리를 해서라도 고칠 수밖에 없지 않는가. 결국 마침 시간이 가장 긴 반이 된다. 일기장을 내지 않은 아이가 눈에 띄면 한 시간 마침 시간도 문제 없다. 아이들은 수시로 교실 뒤로 나가 서 있다.

교사가 말을 너무 많이 하면 아이들은 안 듣는다. 문제행동을 교정하는 첫 단계는 꾸중과 질책이 아니라, 관계와 신뢰의 구축이다. 믿음은 아이들의 현재 상황과 실력, 감정을 수용하고 이해하는 데서 출발한다. 상황에 따라서는 감시나 통제보다 적절한 허용과 수용이 아이들을 좀 더 가까운 가르침의 범위 안으로 끌어들이는 데 적극적인 구실을 한다.

바람직하지 못한 행동의 재발을 우려해서, 예컨대 수업 시간에 떠들었다고 아이들을 단체로 벌세우는 행위는, 교사 자신의 위안일 따름이지, 문제 해결에 큰 도움이 되지 못한다. 오히려 잃는 게 많다.

아이들의 마음을 얻기 위해서는 느긋해져야 한다. 그들은 숱한 시행착오를 겪으며 이제 겨우 성장하는 과정에 진입한 아이들일 뿐이다. '빨리 빨리'가 몸에 배어 끊임없이 잔소리를 늘어놓는다면 아이들은 이런저런 일들을 숨기게 되고, 그들만의 세계로 달아나고 만다. 작은 것을 얻으려다 큰 것을 놓치는 어리석음이야말로 교사나 아이나 서로에게 치명적이다. 꾸중 세 번이면 칭찬은 일곱 번이어야 한다. 2학기엔 의도적으로라도 칭찬거리를 찾는 일에 나서야 한다.

문제상황 ·· 4

아이들과의 관계가 어쩐지 버석거린다

아이들의 정보 파악을 제대로 하고 있는가?

부모의 별거로 거처를 옮긴 아이가 있다. 지각이 이어진다. 그러나 교사는 건성으로 이유를 묻고는 경고를 한다. 다음에 또 지각을 하면 곧바로 '몇 번이나 말했는데…….'를 기준으로 벌을 내린다. 아이는 속으로 지원자 명단에서 교사를 지운다. 한 아이가 묵묵히 남의 청소 구역까지 열심히 청소를 하고 있다. 교사는 칭찬을 한다. 참 성실하고 봉사심이 강하구나. 힘센 친구의 강압이 무서워 청소는 물론 숙제까지 해 주던 이 아이는 남몰래 전학을 꿈꾼다. (전학을 신청하기까지 아무도 그 사실을 교사에게 말해 주지 않는다). 학급에서 이런 일이 누적되면 아이들과의 내밀한 교류가 끊긴다.

아이들에 대한 폭넓은 정보는 관계의 치명적인 어긋남이나 오류를 최소한으로 줄일 수 있을 뿐 아니라 아이들의 성장을 지원하는 단서가 되기도 한다. 누군가에 대해 '알게' 되는 것은 곧 이해의 가능성으로 이어지기 때문이다. 아이들에 대한 정보가 없는 경우, 교사와 아이들의 관계는 아주 쉽게 형식적으로 곤두박질한다. 아이들에 대한 정보를 폭넓게 모으고 활용하는 방향 전환, 2학기에 꼭 신경 써야 할 지점이다. 버석거리던 관계에 사람 사는 윤기가 돌기 시작한다.

문제상황 ·· 5

수업에 집중하는 아이들이 점점 줄어든다

교재 연구를 충실히 하고 있는가?

학년 초 내 말에 귀를 쫑긋 세우고 수업 시간이 재미있다며 집에 가서 선생님 자랑이 늘어지던 아이들이 점점 수업 시간에 집중을 하지 않는다. 조용히 하라는 잔소리가 더 늘어나는 것 같고 수업 시간에 무슨 제안만 하면 아이들은 "에이~" 소리부터 한다. 교사도 아이들도 서로 흥분하며 즐겁던 수업이 이렇게 바뀌고 보니 부담스러움을 넘어 더럭 겁까지 난다. 교사에게는 수업이 생명이라는데…….

학년 초가 되면 많은 교사들 아니, 그래도 뭔가 열심히 해 보겠다고 하는 교사일수록 교재 연구를 충실히 한다. 교재 연구를 충실히 한 수업은 일단 아이들이 재미있어한다. 아이들의 흥미를 유발하기 위한 아이디어도 곳곳에 배치해 놓고, 질문에 대한 아이들 답변이 어떨지도 예상했기 때문에 그때마다 재치 있는 대응으로 아이들의 웃음보를 터트리기도 한다. 교과서 밖에서 끌어온 흥미로운 자료도 활용하고, 때로는 직접 아이들이 하는 활동도 들어간다. 한 달 반 정도 지나면서 수업에 대한 열의는 점점 식을 수밖에 없다. 일주일이 멀다 하고 벌어지는 학교행사와 하루 종일 빗발치는 공문 처리에 치여 교재 연구는 뒷전으로 밀리게 된다. 교사도 아이들도 수업이 재미없을 수밖에 없다. 학년 초에 너무 욕심을 부려서일지도 모른다. 2학기가 되면 하루에 한 시간이라도 정성 들여 수업을 한다는 마음으로 다시 교재 연구를 해서 아이들과 즐거운 수업 시간을 갖도록 해 보자. 수업 시간, 아이들의 눈망울이 다시 총총해질 것이다.

[교사의 자기 평가 체크리스트]

학급운영

- 학년 초에 구체적인 학급운영 목표를 설정했나?
- 지난해 학급운영에 대한 반성을 바탕으로 새로운 학급운영 계획을 세웠나?
- 학년 초에 아이들을 파악할 수 있는 프로그램과 활동을 적절히 활용하였나?
- 아이들 개개인에 대한 정보를 체계적으로 정리해 두었나?
- 학년 초에 세웠던 학급운영 계획은 아이들이 소화하기에 적절하였나?
  (아이들의 능력, 교사의 능력을 고려하지 않은 학급운영 계획으로 중간에 포기하거나 혼란을 가져오지 않았나?)
- 한 달에 한 번씩, 혹은 한 학기에 한 번씩이라도 학급운영에 대한 반성과 검토 시간을 가졌나?
- 학급운영에 대한 아이들의 의견이나 평가를 받아 보았나?
- 학급운영에 대한 학부모의 의견이나 평가를 받아 보았나?
- 다른 교사의 학급운영과 자신의 학급운영을 비교해 보았나?
- 정기적인 학부모총회, 학부모통신 발송 등 지속적으로 학부모가 학급운영에 참여하거나 협조할 수 있는 통로를 만들어 활용하였나?
- 학급규칙 등을 정할 때 아이들의 의견을 반영하였나?
- 학급조직, 학급임원, 모둠 등을 구성할 때 아이들의 의견을 반영하였나? (구성 방식이 민주적이었나?)
- 학급조직, 학급임원의 역할을 적절히 부여하였나?
- 학급조직, 학급임원의 역할을 아이들 스스로 해 나갈 수 있도록 지도했나?
- 1인 1역을 정하거나 청소 구역을 편성할 때 아이들의 의견을 반영하였나?
- 적절한 시기에 1인 1역과 청소 구역을 재배치했나?
- 아침활동 시간을 효율적으로 활용하였나?
- 학급문고 이용은 활발하였나?
- 아이들에게 교사의 솔직한 모습을 보여 주었나?
- 아이들의 일상적인 질문에 성실히 대답하였나?
- 교사에 대한 아이들의 비판을 수용하는 입장이었나?
- 개인상담이나 집단상담 등 아이들과 마주 앉아 이야기하는 시간을 자주 가졌나?
- 아이들과 대화할 때, 어휘나 말투에서 아이의 입장이나 수준을 배려하였나?
- 학습부진아나 생활 부적응으로 힘들어하는 아이에 대한 일상적이며 지속적인 배려가 있었나?
- 가정방문이나 전화상담을 이용하여 가정 결손 등의 문제로 어려움을 겪고 있는 아이에 대한 배려를 하였나?

생활지도

- 아이들의 생활지도에 앞서 교사의 가치관과 윤리관은 뚜렷한가?
- 교사의 가치관이 아이들의 생활지도에 어떤 영향을 미치는가에 대해 고민하였나?
- 개인상담이나 집단상담을 지속적으로 진행하였나?
- 상담이나 대화로 알게 된 아이의 문제에 대해 지속적으로 관심을 기울였나?
- 아이들이 싸우거나 문제를 일으킬 때 아이 스스로 해결할 수 있도록 하였나, 교사가 주도적으로 개입하여 해결하였나?
- 아이가 잘못했을 때 공개적으로 꾸짖나, 따로 불러 꾸짖나?
- 생활지도 측면에서 칭찬과 벌 가운데 어떤 것을 더 많이 활용하였나?
- 아이도 교사와 같은 인격체라고 생각했나, 지도의 대상이라고 생각했나?
- 상벌을 줄 때 그 상황에 대해 충분히 파악하였나?
  (지나치게 규칙에만 얽매여 맥락을 놓치지 않았나?)
- 상이 특정한 몇몇 아이에게만 몰리지 않았나?
- 아이들이 규칙을 어겼을 때 아이들에게 벌을 공정하게 적용하였나?

- 체벌이 아이들과 합의된 것이었나, 아니면 교사의 일시적 감정에서 나왔나?
- 행동이 수정되지 않는데도 체벌만을 반복하지 않았나?
- 상벌의 공정성을 그때그때 아이들에게 확인했나?
- 아이들의 감정을 상하게 하는 언어를 얼마나 자주 사용하였나?
- 아이들을 꾸짖을 때 감정적인 말을 피하고, 말을 가려서 하려고 노력하였나?
- 평소 학급운영과 연결하여 아이들의 감정을 순화시킬 수 있는 활동(노래나 놀이, 혹은 지속적인 상담)을 하였나?
- 아이의 반복된 잘못에 대해 학부모와 상담을 하였나?

교과지도

- 학년 초에 각 과목의 수업을 어떤 방식으로 할 것인지 미리 계획을 세워 놓았나?
- 교과 운영 계획을 아이들과 적절히 공유하였나?
- 학년 초에 우리 반 아이들의 학습능력에 대해 정확히 파악하고 있었나?
- 각 수업 내용에 가장 효과적인 교수 방법에 대해 고민하였나?
- 실물화상기, 멀티비전 등 학습 매체를 효율적으로 활용하였나?
- 학습 관련 웹 사이트, 학습용 CD-ROM, 소프트웨어 등의 학습 매체를 효율적으로 활용하였나?
- 각 단원에 들어가기 전에 그 단원의 수업을 어떻게 꾸려 갈 것인지에 대한 정확한 계획을 세웠나?
- 한 차시 수업에 들어가기 전에 그 단원의 수업을 어떻게 꾸려 갈 것인지에 대한 정확한 계획을 세웠나?
- 교사의 목소리, 말의 빠르기, 표정 등이 아이들이 이해할 수 있을 정도인지 점검해 보았나?
- 아이들에게 골고루 발표를 시켰나?
- 수업 중 교사의 질문은 수렴적인가, 확산적인가?
- 질문을 한 뒤 아이들이 생각할 수 있는 시간을 주었나?
- 수업 시간 중 산만한 아이들을 집중시킬 놀이나 활동은 준비해 두었나?
- 과제를 제시할 때 그 과제의 목표가 뚜렷했나?
- 과제를 평가할 때 과제물이 목표에 부합하는 것인지에 대한 척도를 가지고 있었나?
  (형식적인 내용 검사에 머무르지는 않았나?)
- 아이들이 수행한 과제가 수업에 적절히 활용되었나?
- 교사용 지도서에 나와 있는 과목별 특성, 지도 방법 등을 꼼꼼히 읽어 보았나?
- 각종 평가에서 지도가 필요한 아이의 학습에 대해 학부모와 상의했나?
- 평가를 하면서 교사 스스로 꼭 필요한 평가인지 점검해 보았나?
- 다음 단계의 학습 과정으로 넘어갈 때마다 전 단계의 학습 성취도에 대한 평가가 이루어졌나?
- 그 평가에 대한 적절한 피드백을 하였나?

저학년 아이들이 일 년 동안의 교과활동이나 학급활동, 교사의 태도 등을 평가할 수 있을까? 설문조사 항목을 이해하기 어려워서 그렇지 저학년 아이들도 나름대로 일 년 동안 지나온 학급활동에 대해서 의견을 말할 수 있다. 표현이 서툰 저학년 아이들과 평가라는 정치한 활동을 하기 위해서는 교사의 준비가 매우 꼼꼼하고 치밀해야 할 것이다. 저학년 아이들과 일 년 평가를 어떻게 할 수 있을지 알아보자.

아이들의 서툰 표현 속에 '평가'가 있다

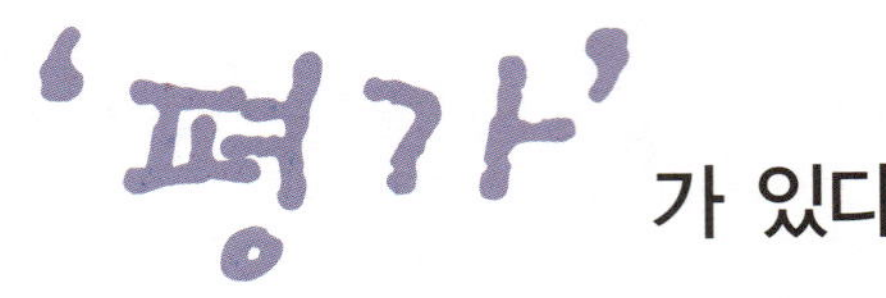

조성실 | 서울 누원초 교사

수업 시간에 학급활동 평가하기

1학년 말과 2학년 말 수학 시간에는 자료를 정리하는 방법을 학습하게 되는데 이때 교과활동, 교사가 수업하는 방법에 대해 평가하는 기회를 가질 수 있다. 예를 들어 커다란 종이에 교과 이름을 써 놓고, 아이들에게는 스티커를 두 장씩 주어 일 년 동안 재미있었던 교과에 스티커를 붙이도록 한다. 그리고 스티커가 가장 많이 붙은 교과에 스티커가 왜 가장 많이 붙었을까 묻는다. 아이들은 "바깥에서 많이 놀기 때문이다." "놀이로 공부했기 때문이다." "동화책 읽는 시간이 좋았다."는 등의 이유를 댄다. 밑에서부터 차례로 붙이도록 하면 막대가 올라가서 각 교과별로 금방 알아볼 수 있는데 아이들은 이것을 보고 "와!" 하고 놀라기도 한다.

또는 일 년 동안 아이들과 함께한 학급활동을 적어 놓고 같은 형식으로 평가를 해도 좋다. 그 밖에 선생님은 어떤 표정을 잘 짓는지 선생님의 표정 ─ 웃는 얼굴, 평범한 얼굴, 찡그린 얼굴 그리기와 그렇게 그린 이유 쓰기 ─ 을 그려 보게 할 수도 있다. 선생님과 다음 학년에 다시 만나고 싶은지 등 저학년 아이들이 이해하기 쉬운 말로 묻고 아이들의 대답 속에 숨어 있는 아이들 마음을 읽는다면 일 년 교육활동에 대한 나름의 평가가 될 것이다.

평가를 일상적으로

저학년 아이들은 매일매일 교사와 이야기하는 것을 즐기므로, 일정한 시간을 정하지 않더라도 "어제 생일잔치 한 거 어땠니?" "동물원 가서 제일 재미있었던 게 뭐였어?" 하는 질문을 던지면서 활동이 끝날 때마다 평가를 해 볼 수 있다.

저학년 아이들은 학급활동이나 교사의 태도에 대해서 "선생님이 좋아요." "내년에도 같은 반이 되고 싶어요." "선생님보다 유치원 선생님이 더 좋아요." 등 일상적인 평가를 하기도 한다. 그러므로 아이들과 자주 이야기를 하면서 아이들이 학급활동, 교과활동에 대해 만족하며 즐겁게 생활하는지 관심을 갖는 것이 필요하다. 이런 활동은 평가의 시점을 딱히 학기 말이나 학년 말로 정해서 박아 둘 필요가 없다. 일상적으로 평가가 되는 것이다.

저학년의 학부모 평가

저학년 학부모들은 고학년 학부모보다 학교활동에 관심이 많다. 그러므로 학부모통신이나 월별 학부모회의를 하면서 꾸준히 학급활동에 대해 평가를 받을 수 있다. 학부모 가운데에는 가끔 올바른 가정교육 원칙을 가지고 아이를 기르는 학부모가 있는데, 아이를 길러 보지 않은 젊은 교사가 저학년을 맡을 경우, 이런 학부모에게 학급운영에 대한 평가뿐만 아니라 세세하게 아이를 이해하는 방법을 배울 수도 있다. 학급운영 계획과 실행에 대한 평가뿐만 아니라 학부모를 교육의 주체로 인정하고 학부모의 교육에 대한 의견을 교사가 진지하게 받아들인다면 교사로서 더 발전하는 계기가 될 것이다.

아이들 스스로 해 보는 교과와 학급생활 체크리스트

박종규 | 서울 예일초 교감

나는 매년 담임을 하면서 교과 공부와 학급생활에 대한 아이들의 자기 평가를 받았다. 교과활동 평가는 국어와 수학, 사회, 과학을 중심으로 과목별로 보통 다섯 개의 문항을 구성해 아이들이 직접 답할 수 있는 체크리스트를 만들었다.

첫 번째 질문은 교과의 정의적인 측면으로, 그 교과에 대한 아이의 흥미도를 묻는 것이다. 나는 개인적으로 이 부분이 가장 중요하다고 본다. 교과에 대해 얼마나 깊고 넓게 이해하느냐는 결국 아이가 해당 교과에 얼마나 흥미를 가지고 있느냐에서부터 시작한다. 이것은 나아가 아이의 진로지도, 상담 등에서도 중요한 테마가 된다. 아이가 스스로 자기가 이 교과에 얼마나 흥미를 가지고 있는가를 확인해 보는 것은 이후의 교과활동에 있어서도 필요한 것이라고 생각한다.

두 번째와 세 번째, 네 번째 질문은 교과의 과정/방법에 대한 질문, 혹은 교과 내용에 대한 질문이다. 이 문항을 만들 때에 교사는 처음 3월에 자신이 교과에서 설정한 목표를 되돌아보고 이에 비추어 문항을 만들 필요가 있다. 이런 문항을 통해서 교사가 일 년 동안 그 교과에서 중심에 두었던 방법이나 지향점이 아이들에게 얼마나 흡수되었는지 아이들 스스로 살펴보게 할 수 있다. 나의 경우, 수학과는 답보다 풀이 과정을 중요시하여 가르치겠다고 마음을 먹었고, 또 일 년간 그러한 방식으로 수학 수업을 이끌었다고 생각했는데, 아이들도 과연 그렇게 생각하는지 궁금했다. 그래서 수학 마무리 체크리스트에 4번과 같은 문항을 만들어 넣은 것이다.

다섯 번째 질문에서는 그 교과에서 가장 재미있었던 세부 영역을 물어본다. 국어(읽기)의 경우 '어떤 분야의 책을 많이 읽었습니까?' 라는 질문을 할 수도 있다. 그리고 마지막으로는 더 배우고 싶은 점이나 느낀 점 등을 서술식으로 적게 했다.

체크리스트는 보통 12월, 교과 진도가 거의 끝나갈 무렵에 한다. 체크리스트가 다 완성되면 각자 교과서 제일 뒤에 붙이고 학부모에게 확인을 받아 오도록 한다. 이렇게 하면 교사와 학부모, 그리고 아이가 모두 함께 평가에 참여할 수 있다. 이 셋은 교육을 구성하는 중요한 주체들로, 마무리인 평가의 단계에서 꼭 같이 가야 한다는 것이 나의 생각이다.

이렇게 정리된 체크리스트는 학년 말 상담에도 유용하게 활용할 수 있다. 나는 2월에 이 체크리스트를 바탕으로 아이들과 일 대 일 상담을 한다. 어떤 아이가 "과학에서 '날씨의 변화' 가 가장 재미있었다."고 했으면 교사는 그에 대해 물어보면서 기상 전문가와 같은 직업을 소개해 주며 진로지도를 할 수도 있고, 아이가 그 교과에 대해 꾸준히 흥미와 관심을 가질 수 있도록 조언해 줄 수도 있을 것이다.

아이가 직접 해 본 체크리스트는 학부모상담에도 요긴하다. 나는 이를 학기 말에 하는 학부모상담에 많이 활용한다. 혹 어떤 아이가 자기 스스로 "수학에 흥미가 없다."고 했다면 학부모와 만난 자리에서 아이가 집에서는 수학에 대해 어떤 태도를 보이는지 물어볼 수 있다. 그러면 아이의 교과활동 상태에 대해 학부모와 좀 더 깊이 있는 대화를 나눌 수 있다. 아이가 직접 작성한 체크리스트이기 때문에 학부모 입장에서는 교사의 평가보다 좀 더 객관적이고 신빙성 있게 받아들인다.

[과목별 마무리 체크리스트]

'국어(읽기)' 를 모두 배우고 나서

학년 반 이름 :

1	책을 읽는 것이 재미있습니까?	예 ∣ 아니오
2	도서실에서의 지킬 점을 알고 실천하고 있습니까?	예 ∣ 아니오
3	국어 사전에서 낱말의 뜻을 찾아가며 글을 읽습니까?	예 ∣ 아니오
4	필독서와 권장도서를 많이 읽었습니까?	예 ∣ 아니오
5	어떤 분야의 책을 많이 읽었습니까?	

★ 더 배우고 싶은 점 또는 느낀 점 ★

'국어(쓰기)' 를 모두 배우고 나서

학년 반 이름 :

1	독서 감상문을 많이 썼습니까?	예 ∣ 아니오
2	생각이나 느낌이 드러나게 동시를 지어 봤습니까?	예 ∣ 아니오
3	글씨를 바르게 쓰고 있습니까?	예 ∣ 아니오
4	일기를 열심히 쓰고 있습니까?	예 ∣ 아니오
5	체험학습 보고서를 열심히 썼습니까?	예 ∣ 아니오

★ 더 배우고 싶은 점 또는 느낀 점 ★

'국어(말하기 · 듣기)' 를 모두 배우고 나서

학년 반 이름 :

1	여러 사람 앞에서 내 생각을 말할 수 있습니까?	예 ǀ 아니오
2	다른 사람이 말할 때 귀담아듣습니까?	예 ǀ 아니오
3	발음을 정확하게 합니까?	예 ǀ 아니오
4	내 생각이나 느낌을 말할 수 있습니까?	예 ǀ 아니오
5	말하는 이의 얼굴을 보면서 듣습니까?	예 ǀ 아니오

★ 더 배우고 싶은 점 또는 느낀 점 ★

'사회' 를 모두 배우고 나서

학년 반 이름 :

1	사회 수업이 재미있었습니까?	예 ǀ 아니오
2	우리 고장은 더 발전하리라고 생각합니까?	예 ǀ 아니오
3	우리는 서로 돕고 살아가야 한다고 생각하고 있습니까?	예 ǀ 아니오
4	우리나라 문화의 좋은 점을 알고 있습니까?	예 ǀ 아니오
5	내가 가장 재미있었던 단원은?	

★ 더 배우고 싶은 점 또는 느낀 점 ★

'수학' 을 모두 배우고 나서

학년 반 이름 :

1	수학 시간이 재미있었습니까?	예 ǀ 아니오
2	수학 실력이 더 좋아졌다고 생각합니까?	예 ǀ 아니오
3	수학 공부를 잘하기 위해서 노력하고 있습니까?	예 ǀ 아니오
4	답보다 풀이 과정을 더 중요시하고 있습니까?	예 ǀ 아니오
5	내가 가장 재미있었던 단원은?	

★ 더 배우고 싶은 점 또는 느낀 점 ★

'과학' 을 모두 배우고 나서

학년 반 이름 :

1	과학 실험 시간이 재미있었습니까?	예 ǀ 아니오
2	실험 보고서를 잘 썼습니까?	예 ǀ 아니오
3	자연현상에서 느끼는 의문에 대하여 알아보려고 애씁니까?	예 ǀ 아니오
4	스스로 실험이나 관찰을 해 보려고 합니까?	예 ǀ 아니오
5	내가 가장 재미있었던 단원은?	

★ 더 배우고 싶은 점 또는 느낀 점 ★

아이가 직접 하는 평가는 교과뿐만 아니라 생활지도 영역에서도 해 볼 수 있다. 우선 3월에 교사와 약속한 학급약속이나 생활규칙을 쭉 나열해 보고 그 밖에 교사가 일 년간 아이들에게 중점적으로 강조했던 것을 적는다. 그리고 각 항목을 세 단계로 나누어 아이들 스스로 문항에 대해 자신의 학교생활을 평가해 보도록 한다. 이 내용 역시 학년 말에 하는 일대 일 상담을 통해 아이와 함께 이야기해 볼 수 있다. 예를 들어 교사는 어떤 아이가 다른 학급 친구들과 비교적 원만하게 지냈다고 생각했는데, 그 아이는 "누구하고도 사이좋게 지내며, 학급 분위기를 생각하며 행동했다."라는 항목에 부정적으로 대답했다면 이에 대해 다시 한 번 물어볼 수 있을 것이다. 아이가 특별한 이유 없이 그렇게 생각했다면 "선생님이 보기엔 주영이가 다른 친구들이랑 아주 잘 지낸 것 같던데?" 하면서 자신을 다소 소극적으로 평가하는 아이에게 용기를 북돋워 줄 수 있을 것이다.

[생활지도 마무리 체크리스트]

학년　　반 이름 :

	나의 모습	스스로 확인
1	등 · 하교 시간을 잘 지키고, 약속 시간을 지키려고 노력했다.	A　B　C
2	자기와 다른 사람의 건강과 안전을 위해서 애썼다.	A　B　C
3	늘 정리정돈에 힘쓰고, 청소에 관심을 갖고 참여했다.	A　B　C
4	학교나 학급의 시설이나 기구를 소중하게 다루었다.	A　B　C
5	준비물을 잘 챙기고, 과제를 제때에 잘 제출하였다.	A　B　C
6	수업 중 자진해서 발표하거나 질문했다.	A　B　C
7	누구하고도 사이좋게 지내며, 학급 분위기를 생각하며 행동했다.	A　B　C
8	친구와 힘을 모아 일하고 행동했다.	A　B　C
9	학교행사나 학급활동에 적극적으로 참여했다.	A　B　C
10	자신에게 맡겨진 일을 책임 있게 해 나가며 집단을 위해서 봉사했다.	A　B　C
11	학교나 학급생활의 개선을 위해서 아이디어를 내고 적극적으로 실천했다.	A　B　C
12	자진해서 리더가 되고 봉사하며, 집단을 위해 노력하였다.	A　B　C
13	자신의 신념을 가지고 그에 맞추어 가며 생활했다.	A　B　C
14	충동적으로 말하지 않고 차분하게 생활했다.	A　B　C
15	다른 사람의 이야기를 귀담아듣고, 늘 다른 사람을 이해하려고 힘썼다.	A　B　C
16	자기 이익만을 챙기지 않고, 일을 공평하게 했다.	A　B　C
17	자신의 목표를 이루기 위해서 끈기 있게 행동했다.	A　B　C
18	자신의 좋은 점을 알고, 학습활동에 적극적으로 참여하려고 했다.	A　B　C
19	다른 사람에게 좋은 말을 해 주려고 노력하고, 인사를 잘했다.	A　B　C
20	용모가 단정하며 미적 감각을 살려 가며 생활했다.	A　B　C

1. "모두가 선생님 그늘에 들어오지 않더라도 실망하지 마세요"

성신일 | 서울 관악초 교사

첫해 한 학기를 마무리하면서 아이들에게 교사 성적표를 받아 보았습니다. 이런저런 평가들이 그 속에 담겨 있었습니다. 그 가운데 너무나 간명하지만 눈에 들어오는 성적표가 있었습니다. 단 한마디의 평가 '처음 마음을 잊지 마세요.' 지금도 그 성적표를 기억하며 한 달이 끝날 때마다 아이들에게 성적표를 받고 있습니다. 저 자신을 돌아볼 것은 없는지 고민하며 조금 부담은 되지만 꼭 성적표를 받으려고 노력하고 있습니다.

올해에는 이 성적표에 하나를 덧붙이는 일을 했습니다. 바로 아이들 스스로 자기 성적을 매겨 보는 것입니다. 남을 평가하는 것보다 자신을 반성하는 아이들이 되기를 바라는 마음으로 성적을 매기게 했습니다. 그러다 학기 말에는 저 자신을 더 객관화시키려고 학부모의 평가도 받아 보기로 결심했습니다. 그냥 무턱대고 해 달라고 할 수 없어 '나의 교사론'이라는 이름으로 학부모 앞으로 글을 하나 써 보냈습니다.

나의 교사론

대학을 다니면서 대학 동료들에게 나는 나무가 되고 싶다고 했습니다. 그늘을 만들어 주는 나무이고 싶다고 했습니다. 인생길 살아가다 세상 풍파에 힘들면 잠시 쉬어 가는 나무이고 싶다고 했습니다. 한 100명쯤 쉬게 했다 떠나보낼 수 있는 나무이고 싶다고 했습니다.

그러자 한 동료가 왜 100명이냐고 물어보더군요. 그래 우리 반 아이 40명, 떠나보낸 아이들 중

그늘이 필요한 아이 20명, 그리고 살아가며 함께 걸어가는 이들 40명, 이렇게 100명의 그늘이면 참 좋겠다고 했습니다.

이 목표가 너무 거창한 생각이었음을 지금은 매일 느끼고 있습니다. 하지만 그늘을 만드는 나무가 되자는 저의 목표는 아직도 변함이 없습니다. 고단한 여름의 길목에 앉아 보는 나무, 그늘 속에서 한숨 돌리고 떠나는 나무이고 싶습니다. 이제는 거창하게 100명이다, 몇 명이다, 라고 내 그늘에 앉아 쉬는 이들의 숫자는 세지 않아야겠습니다. 그저 와 주는 것이 고맙고 앉아 주는 것이 고마워 언제나 그늘을 준비하고 있는 나무가 되어야겠습니다.

아이들과 일 년을 지내며 아이들이 자라나는 모습을 보며 그들에게 줄 수 있는 것이 무엇이 있을까를 생각할 때가 있습니다. 이런 것을 가르치고 이런 것을 알게 하고 이런 일은 몸으로 실천하게 해야 하는데. 그래서 내일은 이것, 모레는 저것 하며 분주하게 나 자신과 아이들을 돌리다 보니, 아이들은 시들어 가고 있었습니다. 뭐 그리 할 일이 많은지 선생님 힘들어요, 선생님 힘들어요, 하며 시들어 가는 아이들의 모습이 너무 안타까워 저 또한 어디서 물을 길어야 하나 어디에서 영양분을 찾아야 하나 하며 지치고 고단해지더군요.

'이러다 아이들도 나도 말라 버리고 말겠구나.'라는 생각이 들었습니다. 그래 아이들을 품으며 그늘에서 일 년 동안 잘 놓고 가게 하면 되겠다 생각했더니 아이들 스스로 그늘 밑에서 쉬기도 하고 햇볕으로 나가서 무엇인가를 하기도 하며 스스로가 스스로를 키우며 자라나고 있었습니다.

나무 그늘은 그늘을 찾아 들어오는 이들을 가리지 않고 그늘을 주고 있습니다. 그늘에 대한 대가를 요구하지 않습니다. 내가 이렇게 너희들에게 해 주었는데 아직 너희들은 이것밖에 못하느냐며 다그치는 법이 없습니다. 쉬었다 떠나는 이에게 더 남아 줄 것을 부탁하는 법도 없습니다.

이런 그늘처럼 아이들과 만나 그 그늘이 되어 일 년을 보내다가 쑥 커 버린 아이들의 자랑스런 모습을 보며 아이들을 떠나보내고 다시 그 자리를 쓸고 아이들을 반갑게 만나 일 년을 보내는 교사가 되어야 하겠습니다. 아이들의 맑은 기운에 내 마음의 나무를 키우며 그 나무로 아이들을 더 많이 감싸는 그런 교사로 지금을 살고 내일을 살고 싶습니다.

이 글을 부모님에게 보여 주고 이 글 아래에 부모님의 교사 평가와 부모님 스스로의 평가를 써 오라고 했습니다. 스무 장 정도의 평가서가 들어왔습니다. 그 가운데 저 자신을 돌아보게 하는 평가서 하나가 있었습니다.

저는 박소미 엄마입니다. 먼저 선생님의 교사론에 깊이 감명 받았습니다. 세상의 모든 선생님이 다 선생님 같은 마음일 것으로 믿고 싶습니다. 자식을 맡긴 부모로서 어찌 선생님을 평가하겠습니까마는 지금 저는 모든 것이 만족스럽습니다. 아이들에게 내주시는 효도 심부름 숙제며 동요를 가르쳐 주시는 것이며 책읽기를 지도하시는 것이며 우체부놀이와 칭교놀이 등 그동안 들어보지 못했던 여러 가지를 아이들에게 가르치시는 것, 경험시키시는 것 모두 감사드립니다.
선생님! 모두가 선생님의 그늘에 오지 않더라도 실망하지 마세요. 기대가 크면 실망도 크다는 말을 압니다. 최선을 다하고 난 뒤에 결과도 좋으면 얼마나 좋겠습니까. 하지만 그것은 뜻대로 되는 일이 아니라더군요. 적어도 소미만큼은 꼭 선생님의 그늘에 있게 하고 싶은 것이 저의 소망입니다. 인생을 살면서 나쁜 사람보다는 좋은 사람이 더 많다고 믿고 있습니다. 그 가운데 좋은 사람이 제 자식의 스승이 되셨습니다. 짧게는 6학년까지 길게는 인생의 스승이 되어 주셨으면 좋겠습니다. 앞으로도 좋은 선생님으로 남아 주세요.
제 자신을 평가하라구요? 말하나마나 빵점이지요. 좀 더 사랑하고, 좀 더 예뻐하고, 좀 더 아끼고, 그리고 좀 더 최선을 다하여 꼭 '우리 엄마가 세상에서 제일'이라는 소리를 듣도록 하겠습니다.

이런 내용의 평가서였습니다. 좋은 이야기도 많은 이 평가서의 내용 가운데 저의 눈을 잡고 있는 것은 '선생님! 모두가 선생님의 그늘에 오지 않더라도 실망하지 마세요.' 라는 구절이었습니다. 욕심을 가지고 있었습니다. 어리석은 욕심을 버리고 그저 사랑하며 살아야겠습니다.

2. 책으로 하는 나의 학급활동 평가

정현주 | 경기 남양주 금곡초 교사

월간지 《초등 우리교육》에서 일본 작가인 하이타니 겐지로의 인터뷰 기사를 읽고 얼른 학교도서실로 달려가 《나는 선생님이 좋아요》(양철북)를 빌렸습니다.

경력은 얼마 안 되지만 열심히 자신의 역할을 해내려 하는 얌전한 주인공 여선생님의 열성과, 점점 변해 가는 그 선생님의 모습에 책장이 저절로 넘어갔습니다. 왜 그 책이 고학년 권장도서인지 모르겠습니다. 교사용 권장도서로 해야 옳을 것 같습니다. 교사가 가지고 있는 학생에 대한 여러 가지 고정관념, 그리고 강제로라도 가르치려고만 하고 학생의 상태를 자세히 알아보기 전에 미리 잣대를 들이대는 교사의 타성에 경종을 울리는 책이었습니다. 쓰레기장에서 일하시는 할아버지의 과거, 일제통치 시대 한국인 친구와의 가슴 아픈 이야기는 너무나 가슴 절절해서 함께 울었습니다.

그 학교 선생님들의 분위기도 참 부러웠습니다. "선생님, 수업 좀 들어가서 보아도 될까요?" "네, 언제든지요." 그러고는 아무 때나 수업이 비는 시간에 보고 싶은 학급으로 들어가서 수업을 봅니다. 이러기 참 힘들죠? 직원협의회 시간의 열띤 논쟁과 원초적인 주먹다짐조차 부러웠습니다. 우리 교사들은 다른 문제라면 몰라도 아이들 지도나 수업에 대해서는 애써 외면하려 하잖아요. 서로 아프게 파고드는 일 없이, 서로 비판하거나 자신을 드러내는 일 없이, 교장이나 교감의 의견에 예의만 앞세우지 않나요? 가끔 그 예절이나 교양이 문제의 본질을 흐리게 하는 것 같아 답답해질 때가 있습니다.

종종 가르치는 일로 인해 가슴을 열고 분노하거나 흐느끼거나 또는 행복해하는 선생님을 보면 정말 매력적입니다. 이 글을 쓴 하이타니 겐지로는 개인적으로는 전혀 모르는 사람이지만, 교직에 있던 그 시절의 생생한 숨결을 하나도 잊지 않고 다른 사람의 아픔을 따뜻하게 보듬는 마음을 가진 멋진 분이라는 생각이 듭니다.

내 학급운영의 점검

《처음 그 설렘으로 아이들을 만나고 싶다(원제 Awakening Brilliance)》(파멜라 심스, 양철북). 개인적으로 책 제목이 너무 교과서(?)적이라서 마음에 안 들었지만 저의 아픈 곳을 열심히 찌르더군요. 교사가 의식적으로든 무의식적으로든 아이들에게 했던 행동, 또는 교육이라는 대명제 아래 말하거나 가르친 내용이 아이들의 미래에 어떠한 영향을 주었는지 여러 가지 사례 속에 잘 드러나 있습니다. 그리고 그 근저에 깊숙이 자리한 잘못된 생각을 지적하고 교사와 학생이 어떻게 바른 자리를 정립해 나갈 수 있는지 제안한 내용에 다시금 새로운 눈으로 자신을 점검하고 아이들을 돌아보게끔 하는 책이었습니다.

변화를 간절히 원하고 현재의 생활에 염증을 내는 그대에게 이 책의 발췌문을 나눠 드립니다.

학교를 떠나고 나서야 학교에서 정상으로 간주하는 범위가 지나치게 좁다는 걸 알게 되었어요. (95쪽)

요즘 다시 학생 평가를 '수우미양가'로 하자는 위험한 의견이 저희 교사와 아이들을 떨게(?) 합니다. 전 과목을 다 잘해야 스스로 만족감을 느끼는 그 소수를 위해 나머지 친구들은 들러리를 서야 할지도 모릅니다. 잘한 과목의 점수보다는 '양'이나 '가' 혹은 '하'를 받은 그 아픔으로 자신에 대한 자랑스러움을 잃어버릴 것입니다.

글쓴이는 교사가 교수 · 학습활동이나 평가 이전에 진짜로 먼저 해야 할 것은 아이들의 마음을 알아주고 그의 정서를 함께 공감하는 것임을 강조합니다.

대화를 통해서 난 엄청난 사실을 깨닫게 되었어요. 의사소통이 제대로 이루어지지 않아서 학생들이 낙오자가 될 수 있다는 사실을 말이에요. 처벌을 받는다고 게리의 행동이 달라지진 않았을 거예요. 그 아이의 행동은 실제 문제의 한 징후에 지나지 않았던 거예요. …… 게리와 대화를 나누어서 달라진 것이 있냐고 물으셨나요? 물론 있었지요. 우리가 그 문제를 해결해 주지는 못했을지도 몰라요. 하지만 그 아이는 내가 자기에게 관심을 보이고 있고 내가 자기를 대하는 태도가 다른 사람들과 달랐다는 사실은 알고 있었어요. 그날 이후로 계속 게리는 나를

> 위해 무엇이든 하려고 했어요. (55쪽)

아침에 수업하기 전에나 아니면 수업 중간에라도 자신의 일상생활을 이야기하고 마음을 표현하면서 아이들의 마음을 편하게 열어 준다면 좋겠습니다. 교사와 학생의 일방적인 관계를 허무는 것이지요. 그렇게 한다면 교사가 의도적으로 가르치지 않더라도 아이들은 스스로 바르게 성장하기 위해 노력할 것입니다.

우리 교사들이 학급에서 종종 경험하고 기쁨을 느꼈던 장면을 이 책에서는 깊이 있게 다루어 줍니다.

> 학생들을 통제하면 교실 안의 에너지는 모두 제인의 것이 되지만 그건 금방 빠져나가요. 학생들이 그 에너지를 만들어 내는 일부가 되면 놀라운 일이 벌어져요. 그것이 바로 시너지(synergy)라는 거예요. 시너지란 공동의 목적을 위해서 모두가 함께 노력하는 걸 말해요. 집단의 노력이 각 개인의 노력을 합한 것보다 더 커다란 결과를 가질 때 시너지가 나타나는 거예요. …… 놀라운 일이군요. 텃밭에서 우리가 함께 일하는 것과 같군요. (111쪽)

교사를 오래 하다 보면 직업상 안 좋은 습관들이 생긴다고 합니다. 교사가 생각하는 가장 바람직한 유형을 마음속에 이미 그리고 그 다음에 아이들을 바라보는 것이지요. 그리고 그 틀을 넘어서는 아이들을 다잡기 시작합니다.

교사가 자기 마음속에서 만들어 놓은 학급을 버리고 아이들을 있는 그대로 바라본다면 그 다음 일들은 아이들과 함께하거나 아니면 아이들 스스로 중심에 서서 절로 움직일 겁니다.

좋은 선생님 되기

용인의 한 초등학교에서 근무하던 때였습니다. 무리한 학교 업무와 학급일, 거기에 감기몸살까지 겹쳐 병가를 내고 어두운 집안에 혼자 누워 앓던 날 오후. 딩동딩동! 제자들이 찾아왔습니다.

'아픈데……. 집안도 어수선한데 여길 어떻게 들어오라고 하지…….' 나를 찾아온 제자들이 귀찮다는 생각이 들었습니다.

당시 4학년이던 그 아이들 서넛이 열린 문으로 빠꼼히 나를 바라보면서 말했습니다.

"선생님 많이 아프세요? 우리요, 다른 선생님 말씀도 잘 듣고요, 열심히 수업했는데요, 선생님 안 계시니깐 참 재미가 없었어요. 얼른 일어나세요. 우리 돈 모아서 선생님 약 사 왔어요."

"사실은 가영이가 더 많이 냈어요. 이것 드시고 얼른 나으세요. 우리 갈게요!"

아이들이 건네 준 쌍화탕과 종합감기약. 아이들이 돌아간 뒤 문 닫고 들어와 이불 위로 쓰러지는데 눈물이 났습니다. 바보 같은 선생, 선생 같은 제자. 그 아이들을 위해, 아니 제 자신을 위해 제 꿈을 수정 보강하기로 했습니다.

좋은 선생님 되기. 높은 위치에 있거나 기능적인 능력이 있는 그런 선생님 말고 진짜 아이들에게 좋은 선생님 말입니다. 아직도 좋은 선생님이 되려면 멀고도 험합니다. 좋은 선생님의 발끝 정도나 따라갈까 말까입니다.

하지만 지금 행복합니다. 제게는 다시 새로이 버리고 일구고 가꿀 여러 가지가 있으니까요. 저는 다시 일어나 앞을 보고 달립니다.

이제는 등 떠밀리지 않고 긴 호흡으로.

[학부모 평가 설문지]

학부모님의 의견을 듣고 싶습니다

안녕하십니까?

지난 한 학기(일 년) 동안 아이들 학교생활에 관심을 보여 주시고 학급운영에 많은 도움을 주셔서 고맙습니다. 알차게 계획을 세우고 열심히 하겠다고 약속드린 지가 얼마 전인 것 같은데 벌써 한 학기(일 년)를 마무리해야 할 때가 되었습니다. 욕심은 많았는데 저의 부족과 게으름으로 인해 만족할 만큼 학급운영을 하지는 못했던 것 같습니다. 부모님께서는 어떻게 생각하고 평가하실지 모르겠습니다.

다음 학기(학년)에 학급운영을 보다 알차게 하기 위해 부모님의 솔직한 말씀을 듣고자 합니다. 부모님께서 냉정하게 평가해 주셔야 제가 더 좋은 학급운영을 할 수 있습니다. 그리고 그 모든 혜택은 아이들에게 돌아갑니다. 설문자료는 저를 돌아보고 다시 한 걸음 더 나아가는 교사가 되기 위한 밑거름으로 쓰려고 합니다. 성의껏 답해 주시기 바랍니다.

※ 이 설문지는 무기명으로 합니다. 또 아이가 설문지를 부모님께 받아 저에게 바로 내는 것이 아니라 교실 뒤에 있는 설문함에 넣을 것입니다.

1. 첫 학부모통신을 받고 느낀 소감을 간단하게 적어 주십시오.

2. 부모님께 약속한 학급운영 계획을 교사가 성실하게 실천했다고 생각하십니까? (　　)

   ① 매우 잘했다　② 잘했다　③ 보통이다　④ 안 한 것이 많다　⑤ 거의 안 한 것 같다

3. 아이에게 들은 내용만으로 교사를 평가한다면 몇 점을 주시겠습니까? (　　)

   ① 90점 이상　② 80점 정도　③ 70점 정도　④ 60점 이하

4. 부모님께서 느낀 교사 점수는 얼마입니까? (　　)

   ① 90점 이상　② 80점 정도　③ 70점 정도　④ 60점 이하

5. 교사의 교육관에 어느 정도 동의하십니까? (　　)

   ① 90% 이상 동의한다　② 80% 정도 동의한다　③ 70% 정도 동의한다　④ 60% 이하다

6. 교사의 교육활동 가운데 가장 만족스럽지 못한 분야는 어떤 것입니까? (   )

① 교과 수업 ② 생활지도 ③ 편애 ④ 교사의 언어 ⑤ 교사의 친절성

7. 교사의 교육활동 가운데 가장 만족하는 분야는 어떤 것입니까? (   )

① 교과 수업 ② 생활지도 ③ 편애 ④ 교사의 언어 ⑤ 교사의 친절성

8. 교과 수업과 관련된 질문입니다. 전체적으로 교과 수업에 대한 만족도는 어떠십니까? (   )

① 매우 만족한다 ② 대체로 만족한다 ③ 보통이다 ④ 불만이다 ⑤ 매우 불만이다

9. 교과 수업 활동에서 가장 불만스러웠던 점은 무엇입니까? (   )

① 교과 내용을 꼼꼼하게 가르치지 않는 점

② 아이 수준을 알 수 있는 단원별 성취도 평가가 없는 점

③ 과제를 내주지 않는 점

④ 과제에 대한 검사를 하지 않는 점

⑤ 공책 정리를 시키지 않는 점

10. 교과목 가운데 교사가 가장 잘 가르친 과목과 가장 못 가르친 과목은 무엇인가요?

(이 문항은 자녀와 함께 답해 주셔도 됩니다.)

11. 교사의 능력이나 아이 개인별 성취도와 관계없이 교사의 노력하는 면만 보고 점수를 준다면 몇 점이나 주시겠습니까? (   )

① 90점 이상 ② 80점 정도 ③ 70점 정도 ④ 60점 이하

12. 교사가 아이들을 편애하지 않고 동등하게 대한다고 생각하십니까? (   )

(이 문항은 자녀와 함께 답해 주셔도 됩니다.)

① 아주 동등하게 대한다 ② 동등하게 대하는 편이다 ③ 보통이다

④ 편애하는 편이다 ⑤ 편애가 아주 심하다

13. 학부모에 대한 예의, 학급운영에 대한 안내, 교육상담 등 부모님을 만날 때 교사의 태도에 대한 점수를 준다면 몇 점이나 주시겠습니까? ( )

① 90점 이상　② 80점 정도　③ 70점 정도　④ 60점 이하

14. 교사의 자율적이고 창의적인 수업을 방해하는 가장 큰 요인은 무엇이라고 생각합니까? ( )

① 교사 개인의 노력 부족　② 우리나라 교육제도의 문제
③ 학부모의 교육 의식 부족　④ 교과서 내용의 문제

15. 부모님께서는 자녀의 담임교사가 어떤 분야에 가장 중점을 두었으면 좋겠습니까? ( )

① 교과를 열심히 가르치는 교사　② 인성교육에 중심을 두는 교사
③ 여러 행사를 많이 해서 아이들을 즐겁게 하는 교사
④ 생활지도에 엄격한 교사　⑤ 아이와 학부모를 마음 편하게 하는 교사

16. 부모님께서는 자녀의 담임교사가 촌지를 받는 걸 어떻게 생각합니까? ( )

① 교사는 절대로 촌지를 받으면 안 된다고 생각한다
② 촌지는 받을 수 있지만 촌지 때문에 아이에게 영향이 가서는 안 된다고 생각한다
③ 촌지를 받는 것과 교사에 대한 존경은 별개라고 생각한다
④ 교사에 대한 고마움의 표시로 주는 촌지라면 받아도 된다고 생각한다

17. 부모님께서는 자녀의 담임교사가 촌지를 받지 않는 점을 어떻게 생각합니까? ( )

① 촌지를 받지 않는 교사는 다른 것도 다 열심히 할 거라는 믿음이 간다
② 촌지를 받지 않는 교사는 왠지 모르게 정이 없는 교사일 거라는 생각이 든다
③ 촌지를 받지 않는 것은 단지 개인적인 교육관일 뿐이라고 생각한다
④ 촌지를 받는 교사보다 더 정직하고 참교사일 거라는 생각이 든다

18. 부모님의 자녀를 내년에도 같은 교사가 다시 담임을 하게 된다면 어떻겠습니까? ( )

① 아주 좋다　② 좋다　③ 보통이다　④ 싫다　⑤ 아주 싫다

부모님 애쓰셨습니다. 의견 잘 듣고 더 좋은 교사가 되기 위해 노력하겠습니다.

여러분의 생각을 듣고 싶어요

이 설문지는 여러분과 일 년(1학기)을 보낸 선생님에 대한 성적표입니다.
솔직하게 써 주면 다음 학년(학기)에 많은 도움이 될 것입니다.
좋은 이야기든 나쁜 이야기든 마음에 담고 있던 것을 꼭 써 주기 바랍니다.
선생님은 여러분이 정직한 마음으로 답해 주기 바랍니다.
이름은 쓰지 말고 설문지는 교실 뒤 설문함에 넣어 주세요.

1. 선생님이 교과 수업을 어느 정도로 가르쳤다고 생각합니까? (90점, 80점, 70점, 60점으로 표시해 주세요.)
   ① 도덕 (　) ② 국어 (　) ③ 수학 (　) ④ 과학 (　) ⑤ 체육 (　)
   ⑥ 음악 (　) ⑦ 실과 (　) ⑧ 영어 (　) ⑨ 미술 (　)

2. 한 학년(학기)을 지내면서 우리 반이 좋다고 생각하나요? (　)
   ① 아주 좋다 ② 그런 대로 좋다 ③ 좋지 않다 ④ 아주 안 좋다

3. 선생님이 여러분하고 잘 지냈다고 생각하나요? (　)
   ① 잘 지냈다 ② 보통이다 ③ 아니다

4. 선생님과 함께한 학급활동 가운데 가장 마음에 들었던 것은 무엇이었나요? (여러 가지를 써도 됩니다.)

5. 여러분의 어떤 고민이라도 털어놓을 만큼 선생님과 친했다고 생각하나요?
   ① 그렇다 ② 아니다

6. 선생님이 몇몇 아이들만 더 좋아했다고 생각하나요?
   ① 그렇다(누구를 더 좋아했나요? 　　　　　　)
   ② 아니다

7. 선생님이 바르게 걷기, 조용히 말하기, 친구에게 피해 주지 않기 등에 대해서 열심히 가르쳤다고 생각하나요? (　)
   ① 열심히 했다 ② 열심히 안 했다

8. 선생님이 여러분 의견을 듣지 않고 마음대로 할 때가 많았다고 생각하나요?

① 많았다　　　　② 별로 없었다

8-1. 위 물음에서 ①번에 답한 어린이만 선생님이 마음대로 한 것이 무엇이었는지 쓰세요. (생각나는 대로 여러 가지를 써도 됩니다.)

9. 선생님이 공부를 안 하고 숙제를 해 오지 않는 아이들을 싫어하는 것 같았나요? (　)

① 그랬다　　　　② 아니다

10. 선생님의 가장 좋은 점이 무엇인가요?

11. 선생님의 가장 나쁜 점은 무엇인가요?

12. 다음에는 '선생님이 꼭 이렇게 해 주셨으면 좋겠습니다.' 하고 여러분이 바라는 것이 있으면 써 주세요.

13. 선생님에게 꼭 하고 싶은 말이 있으면 해 보세요.

14. 선생님과 수업할 때 가장 재미있었던 과목과 가장 싫었던 과목을 한 가지씩만 써 주세요.

① 가장 재미있었던 과목 :

② 가장 싫었던 과목 :

15. 내년에 선생님이 다시 여러분을 가르치면 어떻겠어요? (　)

① 좋다　　　　② 싫다

열심히 답해 주어서 고마워요. 선생님이 내년엔(다음 학기엔) 더 열심히 할게요.

[수업 평가 설문지(고학년용)]

여러분의 생각을 듣고 싶어요

처음 여러분을 만났을 때 선생님은 무척 마음이 설레고 기뻤습니다. 일 년 동안 여러분을 위해서 열심히 가르치려고 마음을 먹었답니다. 그동안 우리 반에는 여러 가지 일들이 많았지요?
이제 얼마 있으면 여러분은 한 학년씩 올라갑니다. 선생님은 또 새로운 친구들을 만날 것이고, 여러분에게 한 것처럼 열심히 가르치려고 노력할 것입니다. 일 년 동안 선생님과 함께 공부하고 생활하면서 느꼈던 점을 솔직하게 답해 주세요. 여러분이 답해 준 내용은 선생님이 여러 어린이들을 가르치는 데 도움이 될 것입니다.

1. 선생님의 교과지도에 대하여

1) 여러분은 선생님의 수업 방법에 대하여 어떻게 생각합니까?

2) 선생님이 가르쳤던 과목 가운데서 이해하기 쉽고 재미있었던 과목을 차례대로 세 가지만 적어 봅시다. 어떤 점이 좋았는지도 적어 봅시다.

① 과목 이름 : 이유 :
② 과목 이름 : 이유 :
③ 과목 이름 : 이유 :

3) 선생님이 가르쳤던 과목 가운데서 이해하기 어렵고 지루했던 과목을 차례대로 세 가지 쓰고 그 이유도 적어 봅시다.

① 과목 이름 : 이유 :
② 과목 이름 : 이유 :
③ 과목 이름 : 이유 :

4) 선생님과 다시 공부하고 싶다면 어떤 과목의 어떤 내용을 하면 좋을지 적어 봅시다.

5) 선생님의 수업 방법 가운데 고쳤으면 하는 것이 있으면 솔직하게 적어 봅시다.

2. 특별활동에 대하여

1) 특별활동 시간에 했던 프로그램 가운데 가장 기억에 남는 주제를 모두 적어 봅시다.

2) 특별활동 시간에 했던 프로그램 가운데 하기 싫었던 주제를 모두 적어 봅시다.

3) 특별활동 시간에 대하여 선생님에게 하고 싶은 말을 적어 봅시다.

3. 재량활동에 대하여

1) 재량활동 시간에 했던 프로그램 가운데 가장 기억에 남는 주제를 모두 적어 봅시다.

2) 재량활동 시간에 했던 프로그램 가운데 하기 싫었던 주제를 모두 적어 봅시다.

3) 재량활동 시간에 대하여 선생님에게 하고 싶은 말을 적어 봅시다.

4. 선생님에게 하고 싶은 말

1) 일 년 동안 함께 공부하면서 선생님에게 하고 싶은 말을 솔직하게 적어 봅시다.

2) 선생님이 앞으로 여러분의 후배들을 가르칠 때 어떻게 가르치면 좋을지 적어 봅시다.

열심히 답해 주어서 고마워요. 선생님이 내년엔(다음 학기엔) 더 열심히 할게요.

담임 때문에 좋아하는 과목도 싫어졌다 합니다

올해 처음 6학년 담임을 맡았던 4년 차 교사입니다. 얼마 전 학년 마무리도 할 겸 아이들에게 설문조사를 했습니다. 그런데 그 결과 때문에 너무 마음이 아픕니다.

한 여자 아이가, '6학년 때 배우는 수업은 다 싫다. 이젠 5학년 때 좋아했던 과목도 다 싫어졌다. 음악 선생님(교과전담)은 재미있고 우리를 자유롭게 해 주시는데…….' 라고 썼더군요.

그동안 저는 아이들에게 교과서 내용 가운데 무엇을 가르칠까만 연구했지, 아이들이 어떻게 느끼고 생각할지에 대해서는 고민하지 못했나 봅니다. 설문조사 뒤로는 그 아이와 대화도 못했습니다. 솔직히 그 아이를 어떻게 대해야 할지 모르겠습니다. 마음이 편하지 않네요. 아이들을 자유롭게 해 주는 것. 어떻게 해야 아이들은 그렇게 느낄까요? 저희 반 아이들은 교과 공부를 꼼꼼히 가르치고 신경 써 주는 것을 싫어하나 봅니다.

A1 아이에게 너그러운 어른의 모습을 보여 주세요

김희숙 | 광주 삼각초 교사

자신이 옳다고 믿고 행했던 일이 한순간에 부정될 때는 심한 절망감에 빠지게 되고, 상대방을 믿었던 만큼의 배신감이 마음속에 자라게 됩니다. 그 일에 대한 흥미와 관심이 떨어지고, 심지어는 '내가 그 일을 또 다시 하나 봐라.' 하는 생각까지 들지요. 최선을 다해 펼쳐 온 수업 방식이 한 학생으로 인해 뿌리째 흔들릴 수 있는 사건이 벌어졌으니, 마음속으로 받아들이는 것이 더욱더 힘드셨을 겁니다.

그런데 여기에서 우리가 함께 생각해 봐야 할 것은, 대부분의 교사들은 무슨 일이 벌어지면 학생의 입장에서보다는 자신의 입장에서 해석한다는 것입니다. 그래서 더 큰 배신감과 절망감을 느끼고, 교사의 입장에서 문제를 해결하는 방향으로 정리를 해 나간다는 것이지요.

먼저 선생님은 움츠려드는 마음을 접고 철저히 학생의 입장에 서서, '올 일 년 동안 네가 얼마나 재미없고 힘들었느냐.' 하는 마음으로 그 학생과 이야기를 시작해 보세요.

그 학생에게 너그러운 어른의 모습을 보여 주세요. 다시 말하면, '너의 정직한 답이 너를 평가하는 데 사적인 감정으로 작용하지 않는다.'는 것을 확실하게 보여 주는 겁니다. 아이들을 대상으로 설문을 하는 것은 지금까지 잘해 오던 것을 점검하기 위한 목적도 있지만, 부족한 부분을 좀 더 보완하기 위한 목적도 있으니까요.

혹시 다른 학생들도 그 학생처럼 수업 시간이 너무 딱딱하고 재미가 없다고 한 것은 아닌지요? 만약 다른 학생들은 문제가 없는데 그 학생만 그렇게 대답했다면, 선생님의 수업 방법보다 학생 본인에게 문제가 있다고 보아야겠지요.

그렇다고 할지라도 선생님께서는 이 기회에 교육과정을 열심히 가르치는 것만이 초등학교 교사가 할 일인가에 대해 고민해 보시는 것도 좋겠어요. 초등학교는 교과 외에도 어떻게 사는 것이 올바른 삶의 자세인지, 어떠한 모습이나 방법으로 다른 사람들과 더불어 살아갈 것인지를 배우는 곳이지요. 학생들이 마음껏 뛰놀고, 혹은 실수해도 용인될 수 있는 장이기도 해요.

선생님의 삶의 방향과 자세에 대해 깊은 고민을 하면서 그것을 교육과정에 어떻게 적절하게 녹여낼 것인지에 대한 고민을 해 봤으면 합니다. 구체적인 실천 방안을 예로 들어 보면, 수업 시간에 교과 내용에서 유추해 낼 수 있는 예화나 마음을 풍요롭게 해 주는 동화도 한 번씩 들려주시고, 아이들이 좋아하는 대중매체 속의 이야기로 동기 유발도 시켜 주는 것이지요. 아이들은 이야기를 많이 해 주는 선생님을 참 좋아하잖아요. 모처럼 선생님이 한 단계 더 깊어질 수 있는 기회가 찾아온 것에 감사했으면 좋겠어요. 이 문제를 긍정적이고 슬기롭게 잘 풀어 가시길 바랍니다.

A2 교과를 재구성하는 노력이 필요합니다

박지희 | 서울 상경초 교사

교사가 평가를 받든 아이들이 평가를 받든 평가의 목적은 서열화가 아니고 피드백입니다. 그런데 어른이든 아이든 좋지 않은 평가가 나오면 보완해야겠다는 마음보다 속상한 마음이 앞서 시험이나 평가자가 싫어지기도 하죠.

언젠가 6학년을 맡았을 때 아이들에게 담임선생님을 평가해 달라고 했는데, 그때 아이들이 어찌나 신랄하게 평가를 했는지, 기가 질려 며칠 동안 마음을 다잡지 못했던 기억이 선명합니다. 그 뒤로 몇 년 동안은 결과를 감당하지 못할 것 같아 감히 평가받기를 두려워했죠. 가장 신랄하게 비판했던 아이의 이름을 지금껏 기억하고 있는 걸 보면 꽤나 큰 충격이었던 것 같습니다.

선생님이 그 아이에 대해 갖고 있는 기분은 충분히 이해되지만, 그 아이는 또 무슨 죄일까요? 어쩌면 자기 상황(이래저래 평가와 공부에 짓눌리고 있는 상황)에 대한 하소연을 담임선생님에게 하고 싶었는데, 오히려 그 평가를 받고 괴로워하는 선생님 마음이 아이에게 느껴지면서 더욱더 외롭고 혼란스러워졌는지도 몰라요.

물론 일부러 악의적으로 썼을지도 모르죠. 그렇지만 그 아이가 그렇게 말한 데는 반드시 이유가 있을 거예요. 그 아이가 너무 힘든 상황에 처해 있거나 뭔가 다른 이야기를 하고 싶어 선생님한테 그런 방식으로 말을 걸고 있는 것은 아닐까요?

선생님이 마음을 다잡고 한 발짝 더 다가가는 것은 어떨까요. '야! 선생님은 나름대로 재미있게 수업하려 했는데 재미가 없었나 보다. 이번 단원 재미있게 수업하고 싶은데 네가 도와주라. 어떻게 할까?' 또는 그 아이를 조용히 남겨서 음식이라도 나누어 먹으며 어떤 부분이 그렇게 어려웠는지, 재미없었는지, 구체적으로 물어보면서 그 아이를 힘들게 한 것들을 함께 찾아보면 어떨까요?

5, 6학년을 맡게 되면 엄청난 학습량에 교사도 아이들도 지레 질리는 것 같습니다. 학습량이 많다 보니 활동보다는 일방적인 설명으로 수업을 하기 일쑤죠. 더군다나 중간고사와 기말고사를 치르는 학교도 많고. 그러니 교사도 아이들도 끊임없이 교과 내용을 외우는 데만 연연하고 문제 풀이에 집착하게 됩니다. 아이들은 숨 쉴 틈이 없고 수업은 지루해질 수밖에 없고요.

이런 조건 속에서 아이들과 학습 활동을 좀 더 흥미롭게 진행하기 위해서는 교사가 끊임없이 교육과정을 재구성하려는 노력을 해야 합니다. 교과서를 미리 보고 목표에 맞추어 수업을 재구성하면서, 차시 목표보다는 단원 목표를 염두에 두고 수업을 진행해야 합니다. 예를 들어, 사회과 '우리 조상들의 생활과 민속'이라는 단원을 가르친다면, 아이들에게 교과서에 나오는 자료들을 요약하는 활동만 반복하게 할 것이 아니라, 어느 한 분야를 깊이 있게 다루면서 생활 속에서 그런 지혜들이 돋보이는 것들 찾아보게 한다든지, 온돌과 솟대, 장승을 직접 만들어 보면서 옛 마을을 미니어처로 꾸며 보게 해 보세요. 아이들은 다양한 삶의 모습들을 담아내는 활동을 통해 지루하지 않게 수업 목표에 접근할 수 있습니다.

그리고 놀이와 조작활동을 수업 속에 충분히 넣어, 수업을 입체적이고 역동적으로 진행하면 어떨까요? 하루 활동에도 리듬이 있어야 하듯, 한 시간의 수업에도 리듬이 있어야 합니다. 아무리 좋은 것도 비슷한 활동이 반복된다든지, 교사의 설명이 반복되면 아이들은 금방 집중력을 잃게 되죠. 하루 6시간, 일주일 29~32시간의 수업을 매번 그렇게 할 수는 없습니다. 다만 간단한 조작이나 놀이라도 들어갈 수 있도록 시간표를 조정하고 수업을 기획해 보는 거죠.

무엇보다도 중요한 것은 아이들에게 즐겁게 공부할 수 있는 환경을 만들어 주는 것이어야 합니다.

책 속의 책 이야기

아이들과 함께 읽을 책, 아이들에게 들려줄 책

초등학교 아이들은 책을 읽는 것을 무척 좋아한다. 물론 재미있는 책을 꾸준히 경험한 경우에 그렇다.

아이들에게 좋은 책을 '경험' 시키기 위해서는 먼저 교사가 어린이책에 관심을 가지고 많이 읽어 보아야 한다. 좋은 책을 고를 자신이 없다면, 이 목록을 참고해도 좋을 것이다.

아이들에게 들려주는 것을 염두에 두고, 단편모음은 책 제목보다는 작품 이름을 앞에 두었다. 또 여러 작가가 함께 펴낸 단편모음인 경우, 작품 이름 옆에 작가를 밝혀 두었다. 한 작품으로만 이루어진 장편동화는 책 제목만 적었다.

한 작품씩 읽어 주다 보면, 생각에 힘이 붙고, 마음도 쑥쑥 자라는 아이들을 만나게 된다.

글쓴이 강승숙 | 인천 남부초 교사 · 김제곤 | 인천 부평동초 교사 · 노미화 | 인천 길상초 교사

동화

저학년

또야 너구리가 기운 바지를 입었어요

《또야 너구리가 기운 바지를 입었어요》, 글 · 권정생, 그림 · 박경진, 우리교육

이 동화집에는 짤막한 동화 여섯 편이 실려 있다. 개미, 너구리, 아기돼지, 다람쥐, 할머니가 주인공으로 나오는 아기자기한 이야기들이다. 이야기마다 무슨 대단한 사건이 있는 건 아니다. 그런데 읽고 나면 마음이 푸근해지고 사랑스런 인물들이 가슴에 남는다.

그 가운데 첫 작품 〈또야 너구리가 기운 바지를 입었어요〉에서는 흑백사진에서 볼 수 있을 듯한 정겨운 풍경이 펼쳐진다. 아이들은 '기운'이란 말뜻을 모른다. 어른들이 더 이상 해어진 바지나 양말을 꿰매 입거나 아이들에게 입히지 않으니 아이들도 그런 말을 쓰거나 들을 일이 없어진 까닭이다. 권정생은 사람과 자연이 함께 사는 지혜를 이 소박한 이야기 한 편으로 보여 준다. 아주 작은 일처럼 보이는 바지 꿰매 입는 일 하나가 바로 자연을 살리는 일이다.

그렇다고 이야기로 무언가를 가르치려 드는 것은 절대 아니다. 엄마 너구리는 아기 너구리한테 새 옷을 입힐 마음에 잠시 망설이지만 곧 마음을 고쳐먹고 엉덩이 뚫린 바지를 기운다. 아기 너구리가 좋아할 리 없다. 엄마의 정성은 안중에도 없다. 하지만 엄마는 아이한테 옛이야기 들려주듯 기운 바지를 입으면 꽃도 물고기도 잘 산다고 말한다. 썩 내키지 않지만 결국 기운 바지를 입은 아기 너구리는 유치원 가는 길에 만난 나무, 새에게 엄마한테 들은 이야기를 한다. 선생님한테도 한다. 선생님 머리에 무언가가 반짝인 것일까! 선생님은 아이들한테 또야 너구리 엄마가 한 일에 대해 이야기를 한다. 그러자 여기저기서 친구들이 기운 바지를 입겠다고 야단이다. 어떤 게 옳은 일인지 알고 나면 서로 하고 싶어하는 어린 아이들의 순진한 마음이 드러난 정감 어린 동화다.

덩실덩실 간다

《슬픈 종소리》, 글 · 송언, 그림 · 한지예, 사계절

이 작품집에는 1학년 아이들의 모습을 그려 낸 작품이 두 편 실려 있다. 그 가운데 〈덩실덩실 간다〉를 읽어 주면 아이들이 하하거리며 좋아할 것 같다. 자기 모습이 보이고 친구들 모습이 보이기 때문이다. 동화 속 아이들은 아무 계산 없이 마음 가는 대로 행동한다. 다친 친구를 양호실에 데려가는 일이 무슨 큰 구경거리인 듯 쫓아나간 아이들은 돌아와서 선생님한테 한바탕 야단을 맞는다.

사실 이야기 맛은 여기부터다. 졸지에 친구 쫓아 양호실에 다녀 온 아이들은 선생님한테 차례로 혼이 나기 시작한다. 그런데 줄줄이 나오는 아이들 이름 앞에 별칭이 하나씩 붙어 있다. 별칭은 그 아이만의 개성이나 버릇을 담고 있다. 은근히 아이에 대해서 소개하고 있는 셈이다. 여기서 아이들이 늘어놓는 변명이 재미있다. 엄마 생각나서 따라 나갔어요, 그냥요, 따라가다가 양호실 안 가고 정글짐으로 갔는데요, 꾸밈없으면서도 터무니없는 대답들이다. 하지만 여지없이 선생님한테 한바탕 불기를 맞는다. 친구를 때린 사실조차 잊고는 양호실로 쫓아간 아이, 그 아이는 제 잘못은 까맣게 잊고 가는 도중에 친구가 놀렸다고 도리어 선생님한테 이르기도 한다. 어린 아이들은 순간을 산다고 했다. 그래서 울다가 금세 다시 웃고, 싸운 친구하고 돌아서면 함께 어울려 노는 것 아닐까! 마지막에 실컷 훈계를 한 선생님 뒤에서 아이들의 속마음을 읽어 보자. 선생님만 까맣게 모를 뿐 아이들은 여전히 제 마음 가는 대로 움직인다.

토통 여우

〈토통 여우〉, 글 · 이마에 요시토모, 그림 · 김용철, 사계절

때로 사람들은 착한 일을 하고도 잊어버린다. 계산 없이 한 일이기 때문이다. 우리 옛이야기를 보면 그런 사람들이 복을 받는다. 〈토통 여우〉는 바로 그런 자그마한 일을 한 착한 이에게 어떤 즐거움이 다가오는지 요술을 부리는 신비스런 여우를 등장시켜 보여 준다.

토통은 여우가 문을 두드릴 때 나는 소리를 빗대어 쓴 말 같다. 한밤중에 마사코 집에 복슬복슬한 털이 노랗게 빛나는 아기 여우와 엄마 여우가 찾아온다. 낮에 동물원에서 도움 받은 일에 대해 은혜를 갚기 위해서다. 개구쟁이 아이들이 여우 꼬리를 잡아당겨 죽을 뻔했는데 마사코가 그러지 말라고 우는 바람에 아이들이 꼬리를 놓았던 것이다. 사실 여우는 우리한테 그다지 친숙한 동물이 아니지만 일본에서는 동화나 그림책에 사랑스런 동물로 그려지는 일이 많다.

여우 식구가 감사의 표시로 꼬리를 주려 하자 마사코는 거절한다. 아무리 감사의 표시라고 하지만 몸에 붙은 꼬리를 받을 수는 없는 노릇 아닌가! 하지만 여우는 꼬리로 온갖 일을 해 보인 뒤 얼른 꼬리를 떼어 주고 가 버린다. 토통 토통 토통 소리를 내며. 이 소리 하나가 이야기의 분위기를 경쾌하게 만든다. 재미있는 것은 마사코가 꼬리를 받아들고 어쩔 줄 몰라 하는데 그새 여우는 새 꼬리를 달고 걸어간다는 점이다. 모든 상황을 이해한 마사코는 달님 냄새가 나는 듯한 탐스러운 꼬리를 꼬옥 껴안는다. 따스한 기운이 느껴지는 마지막 장면은 여우 꼬리를 받은 마사코한테 어떤 일이 생길까 하는 궁금증과 은은한 여운을 준다.

맛있는 달 이야기 (글 · 슈버드라 쉔 굽따, 그림 · 비끼 아르야)

〈그림자 개〉, 엮음 · 말라 다얄, 그림 · 아잔따 구하타꾸르따 외, 창비

이 이야기는 인도동화집 《그림자 개》에 실려 있다. '인도' 하면 신비스러운 곳이라는 생각이 든다. 몇 년 전부터 인도로 여행을 가는 사람들이 많아지고 그곳을 소개하는 책들이 늘어나면서 인도와 한층 가까워진 듯하다. 하지만 아이들 처지에서 인도의 풍습이나 생활, 정서를 알 수 있는 창작동화는 좀처럼 눈에 띄지 않았다. 그러다 이렇게 인도의 이름 있는 작가들이 쓴 동화를 모은 동화집이 나오게 되니 즐겁다. 좀 싱겁거나 '무슨 이야기지?' 하는 작품도 있지만 재미있고 감동적인 작품이 더 많다. 저학년 아이들한테 읽어 줄 만한 작품도 있다. 그 가운데 〈맛있는 달 이야기〉가 좋겠다.

〈맛있는 달 이야기〉는 뛰어난 솜씨를 가졌지만 자존심이 너무 세서 때로 아슬아슬한 일을 겪는 요리사와 재치 있는 아들이 벌이는 이야기다. 어느 날 이들의 식당에 미식가로 이름난 영주가 찾아온다. 영주는 음식이 마음에 들면 식당을 차려 주는 일도 서슴지 않는다. 하지만 콧대 높은 요리사는 당장 요리를 해 달라는 영주의 뜻을 가볍게 물리치고 다음 날 정해진 시간에 모시러 가겠다고 한다. 하지만 다음 날 영주는 연날리기에 정신이 팔려 음식에 관심이 없다. 음식으로 영주를 감동시켜 식당을 받고 싶은 어린 아들은 친구의 도움으로 영주의 연을 멀리 날려 버린다. 결국 영주는 알맞은 시간에 아버지가 만든 음식을 맛본다. 아무것도 모르는 아버지는 자존심도 세우고 식당도 차리게 되었다. 세상을 살다 보면 진실한 태도 못지않게 지혜가 필요할 때가 있다. 요리사 아들은 바로 그러한 지혜를 가지고 있었던 것이다.

벽장 속의 모험

글 · 후루따 타루히, 그림 · 타바따 세이이찌, 창비

벽장이 있는 집에서 살아 본 어른이라면 벽장이 주는 매력을 충분히 맛보았을 것이다. 그러나 때로 벽장은 무시무시한 공간이 되기도 한다. 벌을 받고 갇혔을 때가 그렇다. 벚꽃 유치원에서 벌어지는 이 이야기는 선생님이 미니카 때문에 싸운 두 아이를 벽장의 위와 아래 칸에 밀어 넣는 데서 시작한다. 조금 전까지 싸웠던 아이들은 무서운 곳에 있다 보니 절로 가까워지고 놀이까지 즐기게 된다. 여기서 끝나면 싱겁다. 이제 아이들의 놀이에 무시무시한 쥐할멈이 불쑥 끼어들어 한바탕 모험극이 펼쳐진다.

이 작품은 유쾌하다. 어른들이 타이르고 설득하는 뻔한 구조에서 벗어나 있기 때문이다. 싸움을 소재로 한 동화를 보면 자칫 어설픈 화해를 이끌어 내려 드는 바람에 현실감이 떨어지거나 훈화가 되는 경우가 많다. 하지만 여기에 나오는 아이들은 서로를 의지할 수밖에 없는 긴박한 상황을 맞아 당당하게 시련을 헤치면서 엉크러진 마음을 푼다. 아이들한테 읽어 주면 숨소리조차 내지 않고 두 아이들의 긴박한 상황을 온몸으로 호흡한다. 인물도 생동감이 넘친다. 선생님한테 꼬박꼬박 말대답하고 억울한 것을 참지 못하는 아이들은 이유 없이 자신을 쥐로 만들려는 쥐할멈에게도 본능적으로 대항한다. 하지만 아이들에게는 누군가의 도움이 필요한 법, 두 아이는 돌연 나타난 증기 기관차와 자동차 덕분에 아슬아슬한 상황을 면한다. 그리고 마지막에는 멋진 반전이 기다리고 있다. 이제 벽장은 벌 서는 방이 아니라 서로 들어가려는, 벚꽃 유치원에서 가장 인기 있는 공간이 된 것이다.

하느님의 눈물

《하느님의 눈물》, 권정생, 산하

누구나 살아가면서 '왜?' 라는 물음을 갖게 마련이다. 늘 하던 일, 예전부터 해 오던 것도 어느 순간 되짚어보게 된다. 이런 일이 없다면 깨달음도 없을 것이다. 저학년 동화답게 큼지막한 글씨로 짧은 이야기들을 여러 편 담고 있는 《하느님의 눈물》이지만, 고학년이나 어른이 읽어도 쉽게 지나칠 수 없는, 머뭇거리며 생각하게 만드는 책이기도 하다.

지금은 분단이나 생태를 소재로 한 작품들이 꽤 나와 있지만 이십 년, 또는 십 년만 거슬러 올라가도 이런 주제로 쓴 작품은 드물었다. 특히 민감한 분단 문제와 관련지어서는 더 그랬다. 《하느님의 눈물》에는 분단 문제를 상징적으로 드러내는 작품, 사람과 자연의 관계를 다룬 작품들이 많다. 그 가운데 표제작 〈하느님의 눈물〉은 앞에서 말한 주제를 두루 포괄하는 작품이라고 할 수 있다.

동물 가운데에서도 가장 순한 동물을 상징하는 토끼, 그 토끼는 어느 날 늘 먹는 풀꽃들이 먹이가 될 때마다 두렵고 슬픈 마음을 갖는다는 것을 알고는 아무것도 먹지 못하게 된다. 토끼는 하느님처럼 이슬, 바람, 햇빛 따위를 먹으며 살고 싶지만 그것은 세상 모든 사람들이 남의 목숨을 소중히 여기는 날 가능하다는 하느님의 목소리를 듣는다. 하느님은 그 바람이 이루어지기는커녕 반대로만 치달아 가는 세상을 슬퍼하며 눈물을 흘린다. 하느님의 소망처럼 토끼의 소원처럼 살아가려면 어떻게 해야 하는지 생각하게 만드는 동화다.

버찌가 익을 무렵

《버찌가 익을 무렵》, 글 · 이오덕, 그림 · 이태호, 효리원

지금 어른들한테야 버찌가 어린 시절 달콤한 군것질거리였지만 먹어 본 일 없이 자란 아이들한테는 관상용 열매쯤으로 보일지도 모른다. '복숭아꽃이 필 무렵' 이라든가 '아카시꽃이 필 무렵' 이라는 말이 더 이상 때를 나타내는 말로 쓰이지 않는 이 시절 〈버찌가 익을 무렵〉은 고향 냄새를 물씬 풍기는 아련한 작품이 아닐 수 없다.

교문을 지날 때마다 가슴 떨리게 하는 선도부와 주번교사가 있던 시절, 학교 벚나무에 버찌가 먹음직스럽게 열렸다. 아이들은 버찌가 익기만 기다린다. 그러나 교장 선생님은 나무와 열매를 보호해야 한다며 조회 시간에 아이들한테 으름장을 놓는다. 하지만 아이들의 욕망은 좀처럼 막기 어렵다. 어른들도 그 욕망에 자유로울 수 없다. 벚나무를 지키겠다던 주번교사까지 버찌를 먹고 시침을 떼자 드디어 교장이 나선다. 벚나무 아래에 앉아 버찌를 지키던 교장은 자기가 뭘 하러 그곳에 있는지도 잊어버리고 추억의 시절로 돌아간다. 그리고는 자기도 모르게 나무를 타고 올라가 버찌를 먹는데 난데없이 아이들이 달려 나온다. 교장은 어떻게 했을까?
이런 이야기를 한 편 들려주면 그날로 학교 앵두나무에 달린 앵두는 감쪽같이 없어진다. 길가나 공원에 버찌가 까맣게 익을 무렵, 〈버찌가 익을 무렵〉을 들려주고 버찌 따먹기 놀이를 해 보면 어떨까!

처음 친구 집에서 자는 날

글, 그림 · 버나드 와버, 보림

40대 중반 정도의 어른들이라면 어린 시절 동네 친구들 집에서 잠을 잤던 경험을 가지고 있을 것이다. 아쉽게도 이런 경험은 도시화가 되면서 사라져 버렸다. 친구 집에 가서 잠자는 일은 어른들 눈치가 보이는 일이 되었기 때문이다. 《처음 친구 집에서 자는 날》은 익숙한 공간을 떠나는 데서 오는 설렘과 공포감을 섬세한 심리 묘사와 유머로 실감나게 그려 내고 있다.
주인공이 가서 잠을 잘 집은 바로 옆집 여자 친구네 집, 하지만 초대를 받은 기쁨에 들뜬 주인공에게 문제가 생겼다. 늘 껴안고 자던 곰 인형을 어떻게 해야 할지 모르겠는 거다. 누나는 어린 동생의 마음을 꿰뚫어보고는 시종 놀려 댄다. 인형을 가져가면 친구한테 겁쟁이로 보일 것이고 안 가져가면 제대로 잠을 이루지 못하는 동생의 약점을 누나는 잘 알고 있다. 약점을 긁어 대는 누나와 자기편을 들어주는 부모 사이에서 갈등하던 주인공은 결국 인형을 포기하고 친구네 집에 간다. 그리고 밤을 맞는다. 귀신 이야기까지 실컷 하고 으스스한 기분이 드는 밤, 뜻밖에 친구는 곰 인형을 끌어안고 잠자리에 든다. 친구도 자기처럼 곰 인형을 껴안아야만 잠이 든다는 것을 알게 되었을 때 주인공은 어떤 기분이었을까? 어른들한테는 별일 아닌 것 같은 일이 아이들한테는 더없이 심각하고 중요한 일이 된다. 곰 인형을 가져가야 되는가 말아야 되는가 같은 문제가 아이들에게는 아주 중요한 문제다. 주인공 아이의 마음을 따라가다 보면 아이들은 어느새 그 아이와 같은 마음이 되어 한숨을 쉬고 만족감을 느끼게 된다.

똥이 어디로 갔을까?

《똥이 어디로 갔을까》, 글 · 이상권, 그림 · 유진희, 창비

이 책은 똥에 대한 이야기다. 표제작인 〈똥이 어디로 갔을까〉부터 〈아빠의 똥 이야기〉, 〈똥 먹는 개〉, 〈똥개 생각〉, 〈개똥 참외〉까지 제목에 똥이 안 들어가는 작품이 없다.
아이들은 '똥' 하면 더럽다고 하면서도 재미있어한다. 하지만 정작 똥에 대해서는 잘 알지 못한다. 그래서 똥에 얽힌 여러 가지 이야기, 똥의 여러 모습을 보여 주는 이 책이 반갑다. 책을 보면 똥이 다시 흙으로 돌아가는 과정, 거름이나 약, 다른 짐승의 먹을거리가 되는 일도 볼 수 있고 똥 속에서 새로운 생명이 태어나는 것도 알 수 있다. 아이들은 킥킥대고 웃으면서 우리 삶에 들어와 우리와 하나가 되어 있는 똥의 존재를 느끼게 된다.
그 가운데 표제작인 〈똥이 어디로 갔을까〉는 똥의 두 가지 모습을 보여 준다. 하나는 단후가 눈 똥을 본 유치원 아이들, 언니, 오빠, 아주머니들, 할머니, 할아버지의 다양한 반응이다. 그 반응을 견주어 보는 맛이 재미난데, 특히 할머니와 할아버지의 태도가 인상적이다. 또 하나는 단후의 똥이 흙으로 되돌아가는 과정이다. 똥파리, 집파리, 말벌, 쇠똥구리, 노래기, 개미, 버섯이 등장하며 그 과정을 빠르게 보여 준다. 자연의 위대한 정화능력을 보여 주는 대목이다. 이 이야기를 읽어 주고 난 뒤 똥에 얽힌 자신과 식구들의 경험담을 조사해서 발표하는 시간을 갖는 것도 재미있을 것 같다.

엄마 마중 (이태준)

〈겨레아동문학선집 1〉, 방정환 외, 보리

〈엄마 마중〉의 작가 이태준은 1920년대 일어난 우리나라 아동문학 운동에 전문 문인으로서 큰 역할을 한 사람이다. 1929년에는 방정환이 힘쓰던 《어린이》의 자매격인 《학생》의 편집 일을 맡으면서 《어린이》에 꾸준히 동화를 발표했다. 어린이가 알아듣고 받아들일 수 있는 말로 작품을 써낸 그의 동화는 당시 흐름이었던 구태의연한 설화투의 동화, 또는 카프식 계급주의 동화와도 비교되는 생활동화를 이룩해 낸 점이 돋보인다. 또한 프로아동문학 전성기에 드물었던 유년동화(당시에는 유치원 동화라고 소개함)로 〈엄마 마중〉을 비롯한 여러 작품을 썼다. 〈엄마 마중〉은 조선아동문학전집에 실려 있는 작품으로 1930년 전후에 발표된 것으로 보인다.

이 동화를 들려줄 때 아이들이 재미있어하는 까닭은 무엇일까. 그건 다름 아닌 그의 뛰어난 문학성 때문이다. 아이들은 "우리 엄마 안 오?" "엄마, 꽃장수 용치?" "'땡땡' 하면서 지나갔습니다." "내 친구 다 잃어버렸다. 너 때문에!" 같은 말이 재미있어서 자꾸 다시 읽어 달라고 한다. 처음 글을 배우고 쓰는 저학년 아이들에게 기왕이면 더 좋은 문장, 좋은 글, 그리고 좋은 이야기를 택해서 읽고 쓰게 하는 것이 훌륭한 문학 공부의 첫걸음일 것이다.

무지무지 힘이 세고, 대단히 똑똑하고, 아주아주 용감한 당글공주

《무지무지 힘이 세고, 대단히 똑똑하고, 아주아주 용감한 당글공주》, 글 · 임정자, 그림 · 강을순, 우리교육

표지를 보면 튼튼한 팔다리에 벌어진 어깨, 그리고 가무잡잡한 피부를 가진 여자 아이가 허리에 손을 얹고 떠억 버티고 있다. '당글공주'라는 이름이 썩 잘 어울리는 이 아이는 밀림의 타잔 같은 옷을 입었다. 표지도 그렇지만 '당글공주'라는 주인공 이름도 꽤나 매력 있다. 책 밖으로 튀어나와 뭔가를 저지를 것 같은 아이, 이름만 들어도 뭐든지 헤쳐 나갈 것 같은 당찬 아이로 보인다. 이 동화집에는 〈무지무지 힘이 세고, 대단히 똑똑하고, 아주아주 용감한 당글공주〉를 포함하여 네 편의 이야기가 들어 있다. 모두 당글공주가 주인공이면 좋으련만 멋진 당글공주의 모습은 아쉽게도 한 편에서만 맛볼 수 있다.

책 서문에서 작가는, 딸이 홍역을 앓는 것을 지켜보면서 당글공주라는 인물을 떠올렸다고 한다. 아이들은 닥친 어려움을 이겨 내면서 몸도 마음도 함께 자란다. 하지만 홍역 같은 큰 병을 만나면 고생이 이만저만 아니다. 아프다고 엄마한테 온갖 투정을 부리기도 하고 짜증을 내기도 한다. 그래서 병을 잘못 앓고 나면 아이 버릇이 나빠지기도 한다. 하지만 당글공주가 병을 이겨 나가는 모습을 지켜본다면 약한 생각에 빠져 있는 아이도 조금 달라질 것 같다. 산책길에 만난 괴물에게 발뒤꿈치를 물린 당글공주는 아무리 해도 낫지 않자 하얀 할머니를 찾아가 빨간 물병, 푸른 주머니, 하얀 가루를 받아 온다. 당글공주 몸 안에서 퍼질 대로 퍼진 괴물독은 공주 귀로 나와서는 다른 이한테 옮겨 가려 든다. 하지만 용감한 당글공주는 때에 맞추어 세 가지 약을 쓰면서 힘들고 외로운 시간을 잘 버텨 내고 괴물을 멀리멀리 쫓아 버린다.

동무 (정명남)

《겨레아동문학선집 5》, 현덕 외, 보리

〈동무〉의 작가 정명남은 1930년대에 신문이나 잡지에 많은 글을 써서 발표한 사람인데, 해방 이후에는 그의 행적을 알 길이 없다. 초기 아동문학이 일어나던 시기의 모든 작가들이 그렇지만, 방정환을 포함한 몇몇 사람을 빼고는 알려진 바가 없고 작품들도 전혀 소개된 바 없으니 분단으로 인한 손실은 아동문학에 있어서 거의 100%에 가깝다고 보아도 좋을 듯하다. 그나마 더 늦기 전에 땅속에 묻힌 작품들을 찾아내고 아이들에게 읽힐 수 있다는 것이 얼마나 다행스러운 일인지 모른다.

3월이면 아이들의 관심사는 온통 새로 만난 친구, 새 짝꿍에 있지 않을까 싶다. 〈동무〉에서는 늘상 만나서 친하게 지내는 옥이와 찬이, 두 아이가 소꿉질하다 다투는 이야기가 나온다. 두 아이는 자기 오빠, 형을 한 명씩 데리고 나와 제 편을 들게 하지만 형들은 오히려 반갑게 만나 자기들 이야기만 하면서 즐겁게 가 버리니까 싸움이 싱거워질 수밖에.

늘상 벌어지는 어린 동무들 사이의 짤막한 말다툼에서 두 아이의 마음이 잘 나타나고, 똑같이 형을 불러내고 오빠를 불러내는 마음을 잘 느낄 수 있다. 동생들이 불러서 나왔지만 제 동생 편들기보다는 모른 척하고 자기들끼리 정답게 가 버리는 성숙한 형의 모습을 보여 주는 것도 그렇고, 아이들과 학기 초에 이야기 나누기에 좋은 동화다.

짧은 작품이니만큼, 교사가 읽어 주는 것도 좋지만 복사해서 나눠 주고 아이들과 같이 읽는 것도 좋겠다. 읽으면서 두 아이의 심리를 느낄 수 있고 싸우는 장면을 다시 연출해 낼 수 있는 이런 동화가 저학년 읽기자료로 그만이다.

학교에 간 개돌이

《학교에 간 개돌이》, 글 · 김옥, 그림 · 권문희, 김유대, 최재은, 창비

《학교에 간 개돌이》의 작가 김옥은 초등학교 선생님이다. 현재 학교를 다니고 있는 저학년 아이들을 누구보다 잘 알고 있기에 〈학교에 간 개돌이〉가 탄생할 수 있었으리라.

개구쟁이 준우는 학교에서 벌도 받고 야단도 맞으면서 말썽을 피우지만 개돌이에게는 누구보다 좋고 재미난 친구이다. 개돌이가 하루 동안 따라다니는 주인 준우의 학교생활은 평범한 개구쟁이의 일과이다. 개돌이는 동네에서는 뭐든 제일 잘하는 대장 준우가 교실에서는 공부도 못하고 야단맞는 말썽쟁이라는 사실을 알게 된다. 함께 지낸 하루가 즐겁기만 한 개돌이는 '내일 또 따라가야지. 랄라!' 하면서 준우와 함께 신나게 눈 속을 달린다.

책 속의 그림이 좋다. 실물화상기로 그림을 보여 주면서 읽어 주면 더 실감이 난다. 저학년이 읽을 생활동화의 전형을 보는 듯하다. 아이들은 자기들이 늘 겪는 실제 생활이 이야기 속에 나오면 재미있어한다. 생활동화를 읽는 즐거움과 그 가치는 바로 아이들의 현실을 그대로 보여 준다는 점이다. 이 이야기를 읽으면서 무심코 지나가 버리는 하루하루의 학교생활에 대해서 다시 한 번 생각해 볼 수 있을 것이다.

우체통

《톡톡 할아버지》, 글 · 이주홍, 그림 · 권문희, 우리교육

〈우체통〉의 작가 이주홍은 1920년대부터 동화를 썼으며 1980년대에 이르기까지 꾸준히 동화, 동시, 동요를 써 왔다. 그는 카프계열 동화작가 가운데 드물게도 서정성을 놓치지 않으면서 재미나게 읽을 맛이 나는 동화를 쓴 작가이다.

〈우체통〉은 나이 어린 소녀 숙희가 개떡을 먹다가 일본에 일하러 가신 아버지가 전에 개떡을 맛있게 먹던 모습을 생각해 내고는 그걸 싸서 우체통에 넣고 즐거워하는 이야기이다.

"'아이, 아버지가 이걸 왜 돌려보냈을까. 맛이 없든가 보이. 아이그 참 미안해서.' 숙희는 울 듯이 마음이 쓸쓸하여졌습니다."

되돌아온 개떡 뭉치를 보고 숙희가 하는 말에서 숙희의 마음이 그대로 아이들에게 전해 온다. 변명도 필요 없고 설명도 필요 없다. 그냥 숙희의 안타까운 마음, 양식이 없어서 더 보낼 게 없는 집안 살림이 그대로 전해 온다. 옆에서 이 걸 본 어머니는 숙희의 행동과 마음이 재미있어서 빙긋이 웃으며 우체통에 대해 자세히 설명해 주신다. 비로소 숙희는 우체통이 무얼 하는 물건인지, 어떻게 우편물이 전해지는 것인지를 깨닫게 된다. 저학년 아이의 심성과 수준에 꼭 맞는 동화라 하겠다. 이주홍의 작품은 문장들이 아주 날카롭고 간결하며 이야기의 진행이 군더더기 없이 잘 이어져 단숨에 읽힌다.

알 게 뭐야 (이현주)

《바람 도깨비》, 엮음 · 어린이도서연구회, 우리교육

이현주의 동화는 주제가 아주 분명하고 문장들이 날카롭다. 고학년에 알맞은 장편동화 〈육촌형〉을 읽으면 아래뜸 위뜸 아이들이 패를 갈라 싸우는 장면이 너무나도 실감나고, 싸우는 아이들의 대사가 정곡을 찌른다. 어른들 세계에 대해 날카롭게 지적하는 글들은 많이 볼 수 있으나 아이들이 읽는 동화에서 이러한 표현으로 독자를 사로잡는 힘은 이현주를 따를 작가가 없으리라. 〈알 게 뭐야〉는 아주 짧으면서도 두 가지 장면이 대비되어 잘 나타나 작가가 아이들에게 말하고자 하는 게 분명하게 드러난다. 이 점에서 저학년 동화로 손색이 없다. 재미나게 읽다가 나중에 벌어지는 어이없는 일을 보면서 "알 게 뭐야." 하는 사람에게 분노가 일게 된다. 작가가 노리는 게 이런 것 아닐까.

이야기가 단순해서 오히려 아이들의 뒤통수를 탕 때려 주는 효과가 있는 동화이다. 읽고 나서 동화 속에 나오는 장면을 그 자리에서 촌극으로 꾸며 보거나, 간단하게 무언극으로 해 보는 것도 재미있을 것이다. 등장인물 수가 적고 필요한 소품도 별로 없으며 장면이 선명하기 때문에 아이들이 잘할 수 있다.

있을 수 없고, 있어서는 안 될 일이지만 흔히 우리는 '알 게 뭐야.' 하는 식으로 해치우는 일들이 많다. 일상생활 중에, 또는 둘레의 어른들이 이런 식으로 행동하는 것들에 대해 하나하나 얘기해 보는 것도 필요하다.

물딱총 (현덕)

《겨레아동문학선집 5》, 현덕 외, 보리

〈물딱총〉에는 부잣집 아들 기동이와 집이 어려워서 물딱총을 구할 수 없는 노마가 주고받는 행동과 말이 그림을 보듯 잘 나타나 있다. 물딱총을 재미있게 가지고 놀며 뻐기고 싶은 기동이의 마음과, 대야에 물을 떠다 주면서라도 어떻게 해서든 한 번만이라도 물딱총을 쏘아 보고 싶은 노마의 마음이 잘 드러난다. 하지만 끝내 기동이는 마지막 물을 노마의 얼굴에다 쏘아 버리고, 노마는 그만 울음을 터뜨린다. 여기에서 끝나도 재미있지만 마지막 문장에서 작가의 마음이 노마의 가슴과 한 덩어리가 되어 나타난다. 어린 노마의 의식은 작가의 삶의 자세가 아니었을까 하는 생각조차 든다.

현덕의 동화는 문장이 짧다. 특히 유년동화가 그렇다. 짧고 반복되는 문장이 나와서 저학년 아이들의 읽기 학습교재로는 그만이다. 우선 문장 하나하나가 군더더기 없이 짧고 완벽하다. 설명하는 투의 말이 한 문장도 나오지 않는다. 작가의 치열한 노력을 여기에서 읽을 수 있다. 그래서 현덕의 동화는 1학년이나 2학년 아이들에게 그대로 읽어 주기 좋고, 아이들이 소리 내어 읽기 공부와 받아쓰기 공부를 하기에도 아주 좋다.

학교에 간 할머니

《전봇대 아저씨》, 글 · 채인선, 그림 · 원유미, 창비

《전봇대 아저씨》에는 우리 아이들이 처한 현실을 소재로 하여 현실 문제를 꼬집어 주는 동화들이 실려 있다, 그 중에도 〈학교에 간 할머니〉는 저학년 어린이들이 매우 유쾌하게 받아들이는 동화이다.

주인공 아이는 늘 할머니의 잔소리를 들으면서 힘들게 학교에 다닌다. 그러던 어느 날 병이 나서 일어나지 못하는 바람에 할머니가 대신 학교에 가게 된다. 주고받는 말은 반복되지만 역할이 뒤바뀌면서 새로운 느낌과 깨달음을 준다. 자기들의 한숨 나오는 학교생활을 할머니가 하나하나 맞닥뜨리게 되니까 재미가 나는, 새로운 판타지 동화이다.

1학년 어린이들에게 학교생활은 엄청난 스트레스이다. 거기에는 늘 옆에서 말해 주는 엄마나 할머니도 없고, 집에서처럼 아무 데나 앉아 있을 수도 없으며 더구나 마음대로 놀 수도 없다. 처음 학교에 가는 아이들에게는 학교에서 부딪히는 작은 문제 하나하나가 다 커다란 고민거리인 것이다. 그래서 그런지 1학년 아이들은 이 동화를 좋아한다. 물론, 2학년 아이들도 좋아한다.

선생님과 할머니, 주인공으로 역할을 나누어 맡아서 촌극을 꾸며 보는 것도 좋겠다. 무대가 교실이고 학교이니까 자연스럽게 할 수 있을 것이다. 모둠끼리 역할을 바꾸어 가면서 하는 것도 괜찮겠다.

원숭이 꽃신 (정휘창)

《똘배가 보고 온 달나라》, 글 · 권정생 외, 그림 · 강요배, 창비

〈원숭이 꽃신〉은 오래 전부터 교사가 아이들에게 들려주는 이야기로 많이 읽히던 동화지만, 요즘에 와서 더욱 시대에 걸맞는 상징을 지닌 이야기로 다가오는 것 같다. 〈원숭이 꽃신〉은 정신 차리지 못하면 우리도 꽃신을 신고 괴로움 속에 사는 원숭이 신세가 되고 말겠다는 섬뜩한 깨달음을 던져 준다. 강대국이 약소국을 도와줄 때에, 강대국이 약소국에게 조약을 맺자 할 때에, 늘 꽃신처럼 푸근하고 달콤한 선물을 가지고 찾아오지 않았던가. 그게 좋아서 덥석 손을 잡고 머리를 조아리다가 나중에는 싫어도 머리를 조아리고 그의 뜻에 따라야만 하는 어리석음을 지금 온 세계 정치가들이 보여 주고 있다.

한편 문명에 대한 새로운 해석도 가능하지 않을까. 문명은 사람에게 편리함과 달콤함을 선사한다. 그 편리함과 우수함이 하루아침에 변하여 인간에게 끔찍한 불행으로 다가오는 현실을 〈원숭이 꽃신〉은 훤하게 설명해 준다.

〈원숭이 꽃신〉을 읽고 생각나는 것을 말해 보라고 하면 아이들은 "원숭이는 꽃신을 안 신어도 되는데……."라는 말부터 하지 않을까? "원숭이가 왜 이렇게 불쌍한 신세가 되었을까요?"로 이야기를 풀어도 될 것이다.

여우 곤 (니미이 낭끼찌)

《울어 버린 빨간 도깨비》, 엮음 · 토리고에 신, 그림 · 마상용, 창비

저학년 아이들에게 〈여우 곤〉을 읽어 주면 재미있게 듣는다. 말썽쟁이 장난꾸러기 여우 곤이 어느 날 효오쥬우가 잡은 장어를 갖고 도망쳤는데 그날 효오쥬우는 어머니의 장례를 치른다. 곤은 장어를 먹고 싶어하던 효오쥬우의 어머니가 자기 때문에 장어도 못 먹고 돌아가셨으니 '참 안됐군.' 하고 참회를 한다. 그러다가 효오쥬우를 도와줄 기회가 왔다. 정어리 장수가 정어리를 파느라 잠시 자리를 뜬 사이에 정어리 몇 마리를 효오쥬우네 마당에 던져 주고 도망을 친 것이다. 그런데 즐거워할 줄 알았던 효오쥬우가 정어리 도둑 누명을 쓰고 얼굴을 맞아 상처까지 난 걸 보고 더욱 안됐다는 생각을 한다. 여우 곤은 산에서 밤이며 송이버섯이며 잔뜩 구해서 효오쥬우네로 몰래 갖다 준다.

그러나 밤을 갖다 주고 돌아 나오는 곤을 발견한 효오쥬우가 총으로 쏘는 바람에 곤은 그 자리에서 쓰러진다. 장어 도둑으로만 여겼던 곤이 하느님이 한 줄 알았던 일을 한 장본인이라는 걸 알고 효오쥬우도 놀라고 총에 맞은 곤도 놀라지만 이미 곤의 숨은 끊어지고 있는 것이 마지막 장면이다. 효오쥬우와 곤이 죽게 될 때에 비로소 친구가 될 수 있었다는 게 읽는 이의 가슴을 더욱 후려친다. 비록 사람과 동물이지만 충분히 마음을 주고받을 수 있다는 것을 느끼게 해 주는 한편, 진작 알지 못한 것이 가슴 아프게 한다.

페터와 페트라

《엄지소년 닐스》, 아스트리드 린드그렌, 창비

스웨덴의 작가 린드그렌은 우리에게 '말괄량이 삐삐'로 익히 알려진 사람이다. 《엄지소년 닐스》에는 린드그렌의 단편 작품들이 여러 편 실려 있는데, 난쟁이보다도 작은 사람 이야기인 〈페터와 페트라〉도 참 기발하고 재미난 이야기이다. 아이들은 큰 것을 좋아하기도 하지만 유난히 작은 것을 좋아하기도 한다. 작은 집, 작은 살림살이로 하는 소꿉놀이를 좋아하고 작은 인형으로 역할을 맡아 놀기를 좋아한다. 〈페터와 페트라〉를 저학년 아이들에게 읽어 주면 재미있다고 한다. "뭐가 재미있니?" 하고 물으면 작은 사람이 나와서 재미있다고 한다. 물론 현실에 일어날 수 있는 일은 아니지만 이야기 속에서 아이들은 작은 난쟁이 페터와 페트라를 쫓아가서 작은 집 속을 들여다보며 즐거워하는 구나르가 된다. 작가는 평범하고 마음씨 좋은 구나르를 등장시켜 작은 사람에게 관심과 애정을 가지고 그들 세계를 관찰하고 걱정하고 진정으로 사랑하는 마음을 가질 수 있게 독자들을 이끌어 준다. 처음에 선생님이 아이들에게 읽어 주고 나서 우리도 작은 사람을 등장시켜 극을 해 보자고 하면 좋겠다. 찰흙이나 지점토, 종이, 헝겊 따위를 가지고 페터와 페트라가 사는 작은 집을 함께 만들어서 들여다볼 수 있도록 꾸며 보는 것도 재미있는 작업이 될 것이다.

황소 아저씨

《짱구네 고추밭 소동》, 글 · 권정생, 그림 · 김병호, 웅진닷컴

권정생의 작품은 힘없는 자를 걱정하는 것 빼면 남는 게 없는 듯하다. 〈강아지똥〉이 그렇고 〈하느님의 눈물〉이 그렇고 〈몽실언니〉가 그렇다. 찬바람이 씽씽 부는 추운 밤에 덩치 큰 황소를 타고 노는 아기 쥐의 정겨운 모습을 그리는 〈황소 아저씨〉를 읽다 보면 작가의 따뜻한 마음을 느낄 수 있다. 힘센 자와 약한 자가 서로 짓누르고 짓밟히는 관계가 아니라 서로 손잡고 도와주면서 외로움을 떨치고 즐겁게 놀 수 있는 모양을 생생하게 이야기해 주고 있다.
권정생의 작품은 문장 하나하나를 꼼꼼히 읽을 필요가 있다. 줄거리야 외양간에 혼자 사는 황소와 아기 새앙쥐 다섯 마리가 만나서 함께 먹고 이야기하고 놀면서 추운 겨울을 따뜻하고 즐겁게 지내는 단순한 이야기이다. 하지만 그들이 주고받는 말 한마디 한마디, 움직이는 모양 하나하나가 참 깨끗하고 아름다운 우리말로 잘 표현되어 있어 읽을 맛이 난다.
황소와 아기 쥐들이 나누는 이야기를 가지고 아이들과 이야기를 나누어 보는 것도 좋겠다. 황소가 새앙쥐들에게 들려주는 외양간 바깥 세상 이야기는 모두 사람들과 함께 보고 겪은 것들이다. 황소로 태어나건 쥐로 태어나건 사람으로 태어나건 같은 세상에서 함께 살고 있음을 이처럼 자연스럽게 이야기로 풀어 주는 작품은 찾기 힘들다.

빗방울 목걸이

조안 에이킨, 우리교육

조안 에이킨은 영국의 아동문학을 대표하는 작가인데, 우리에겐 별로 알려지지 않았다. '우리교육' 쑥쑥문고 가운데 한 권인 《빗방울 목걸이》에는 그가 쓴 수많은 작품 가운데 몇 편이 우리 아이들이 읽을 수 있도록 재미있는 그림과 함께 엮여 있다. 〈빗방울 목걸이〉는 1968년에 발표된 그의 대표작으로, 마법이라는 소재가 특히 재미나다.

어느 날 날아가다가 나뭇가지에 걸린 북풍 아저씨를 구해 준 존슨 씨는 그 대가로 딸아이 생일 선물로 줄 빗방울 목걸이를 받는다. 해마다 북풍이 빗방울을 하나씩 가져다주면서 이 목걸이의 마법이 점점 커지는데, 주인공 아이는 마지막 열 번째 빗방울을 받기 전에 학교 친구의 시기심 때문에 목걸이를 잃어버리게 된다. 그러자 주위의 여러 동물 친구들이 도와주겠다고 나서면서 이 아이가 평소에 주위의 동물들에게 얼마나 마음을 잘 써 주었는지 알게 해 준다. 마지막에 목걸이를 되찾은 아이는 "목걸이를 찾아서 너무 기뻐. 하지만 친구가 많이 생겨서 훨씬 더 기뻐."라고 말한다.

짧은 이야기 속에서 주인공의 심성이 잘 드러나며 판타지 동화답게 사건을 휘휘 전개시켜 저학년 어린이들에게 읽어주기에 적합한 동화이다. 판타지 동화는 아이들에게 무한한 상상력과 재미에 빠져들어 새로운 힘을 얻게 하는 세계이다. 하지만 판타지 동화라고 일컬어지는 것 중에는 유치한 말장난 같은 동화도 많고 주인공이 잠에서 깨어나 보니 꿈나라에서 벌어진 일이었다는 식의 이야기도 많다.

조안 에이킨의 마법 세계는 이야기 속 주인공의 일상 공간에서 펼쳐진다. 강한 바람 때문에 나무가 심하게 흔들려서 나가 보니 북풍이 걸려 있다거나, 발닦개에 고양이가 앉아 있는 동안에는 원하는 것들이 이루어진다거나 하는 것이다. 주인공은 대부분 아주 가난하고 외로운 아이이거나 힘이 없는 할머니, 할아버지이다. 그래서 외로움과 가난에 처한 주인공이 어찌어찌 마법의 세계로 가서 하고 싶은 일들을 실컷 해 보고 다시 현실로 돌아오거나 새로운 세계에 가서 즐겁게 사는 이야기들이 많다. 그러는 중에도 욕심 없는 착한 마음의 주인공이 원하는 것들은 평범하기 그지없다. 그래서 가슴이 따뜻해지는 이야기들이다. 아마도 조안 에이킨이 바라는 아이들 세상이 그렇게 욕심 없고 밝고 즐거운 세상 아닐까 싶다.

처음에 이 이야기를 들려주고 아이들이 흥미롭게 들으면 장면 장면에 나오는 등장인물을 나누어 맡아서 역할극을 해 보는 것도 좋을 것 같다. 해마다 비가 안 와서 낙심하다가 또 비가 너무 와서 한바탕 물난리를 겪어야 하는 우리나라 어린이들에게는, 손뼉을 딱딱 치면 비가 멈추고 코를 풀면 비가 내리는 빗방울 목걸이가 통쾌한 이야기로 들릴 수도 있겠다.

중학년

돌멩이

《신기한 시간표》, 글 · 오카다 준, 그림 · 윤정주, 보림

학교를 배경으로 한 이야기들 가운데에는 신바람 나는 게 많지 않다. 친구에게 따돌림 당하는 아이, 선생님 때문에 괴로움을 겪는 아이들 이야기가 많다. 게다가 대부분 사실동화이다. 학교는 재미있는 이야기가 나올 만한 공간이 아니라는 생각 때문일까? 하지만 이런 생각은 어른들이 지나치게 아이들 생활을 단순하게 바라보는 데서 오는 것일지도 모른다. 오카다 준의 《신기한 시간표》를 보면 학교 공간에 대한 새로운 눈을 가질 수 있다. 학교에서 아이들이 느끼는 즐겁고 공포스러운 감정들을 작가는 사실과 상상 공간을 넘나들거나 뒤섞어 가며 흥미진진하게 펼쳐 낸다.

열 편의 짤막한 이야기가 실려 있는 이 책에는 아침부터 6학년 아이들의 공부가 끝나는 여섯째 시간, 방과 후와 저녁, 밤중에 일어나는 일들이 시간의 흐름에 따라 펼쳐진다. 공부 시간에 떨어뜨린 지우개를 찾아주는 도마뱀, 창고 뒤에 천연덕스럽게 앉아 있는 마법사, 순식간에 교실과 아이들을 삼켜 버리는 어둠, 마녀가 음식을 만드는 급식실, 한 번 울기 시작하면 모든 것을 휘어지게 만드는 아이……. 어이없고 신기한 이야기들이지만 아무렇게나 꾸며 댄 환상특급 같은 이야기하고는 결이 다르다. 학교에 다니는 아이들의 일상을 탄탄하게 그려 내면서도 학교를 독특한 상상의 공간으로 만들었기 때문이다.

그 가운데 〈돌멩이〉는 더욱 돋보이는 작품이다. 친구를 돌멩이로 만들었다는 생각에 괴로워하는 주인공 아이의 심리를 잘 그렸다. 따듯한 우정이 녹아 있는 이 이야기는 아이들한테 읽어 주고 싶은 작품이다. 이 밖에도 읽어 줄 만한 작품들이 많다. 마지막 작품 〈청소함〉은 어린이 마음을 잃지 않는 길을 한 선생님을 통해 보여 준다. 선생님들이 꼭 읽어 보면 좋겠다.

말하는 해골 무사칼랄라

《말하는 해골 무사칼랄라》, 글 · 양철준, 그림 · 존 킬라카, 돌베개어린이

표지의 원색이 시선을 사로잡는 이 책에는 아프리카의 옛이야기가 실려 있다. '아프리카' 하면 아이들은 무엇을 떠올릴까? 얼굴빛이 까만 사람들, 밀림의 동물들, 그리고 가난한 사람들의 모습 정도가 아닐까. 그리고 보니 우리는 아프리카의 문화에 대해 변변하게 아는 게 없다. 그래서 이 책을 처음 보았을 때 더 흥미를 느꼈는지도 모른다. 이야기는 아이들한테 한 나라의 생활 모습과 정신세계를 흥미롭고 자연스럽게 만나게 하는 징검다리 구실을 한다. 그런 점에서 미국이나 유럽의 문화나 책에 익숙한 아이들한테 이 책은 신선한 선물이 아닐 수 없다. 특히 이 책은 그동안 프랑스나 영어, 포루투갈어로 기록된 것을 다시 번역하던 방식과 달리 아프리카 사람들이 많이 쓰는 일상어 스와힐리 말을 우리말로 직접 옮긴 탓에 이야기의 생동감이 한껏 살아 있다.

이 책에 들어 있는 열여섯 편의 이야기들을 읽다 보면 우리 옛이야기와 비슷한 구석이 많다는 것을 느끼게 된다. 물론 아프리카의 드넓은 초원 냄새를 물씬 풍기는 색다른 이야기도 있다. 그 가운데 표제작 〈말하는 해골 무사칼랄라〉는 무시무시하면서도 날카로운 풍자성이 돋보인다.

무방가라는 사람이 있다. 이 사람은 굶주림을 면하려고 돌아다니다 말하는 해골 무사칼랄라를 만나 맛난 음식을 먹게 된다. 무방가는 날마다 음식을 먹는 대신 이 비밀을 지켜야 했다. 하지만 안타깝게도 말하는 해골 무사칼랄라가 입 때문에 죽게 되었다는 말을 듣고서도 무방가는 그 말을 새겨듣지 않았다.

비밀을 지키는 일은 참으로 어려운 일인 것 같다. 무방가는 결국 비밀을 참지 못하고 입을 연 까닭에 죽게 된다. 죽고 나서야 무방가는 무사칼랄라의 말이 무엇을 뜻하는지 알아차린다. 하지만 너무 늦었다. 아이들한테 이야기를 들려준 뒤 말 때문에 생긴 일에 대해 이야기를 나누면 좋겠다.

고무줄 새총을 가진 소년 (글 · 비샴 샤이니, 그림 · 슈자따 씽)

《그림자 개》, 엮음 · 말라 다얄, 그림 · 아잔따 구하타꾸르따 외, 창비

'창비'에서 나온 《그림자 개》는 인도현대창작동화 선집이다. 옛이야기도 아니고 한 작가가 쓴 작품도 아닌, 여러 작가들의 작품 가운데서 뽑아 엮은 선집을 만나게 되어 반가운 마음이 크다.

앞에서부터 차례로 한두 편을 읽었을 때는 '작품들이 좀 단순하군.' 하는 섣부른 생각을 가질 수도 있다. 하지만 한 권을 다 읽고 나면 그런 생각이 싹 가신다. 쓸쓸하면서도 아름다운 여운을 주는 〈마법의 빨간 금구두〉, 대자연의 무시무시한 야수성과 신비로움을 담아낸 〈굶주린 셉도푸스〉, 축제에 가서 먹고 싶은 것을 참아 내고 할머니를 위한 선물을 사 오는 아이 이야기를 그린 〈에이드 축제〉 같은 작품들은 아이들한테 틈나는 대로 읽어 주고 싶은 작품들이다.

그 가운데 〈고무줄 새총을 가진 소년〉은 짧으면서도 진한 여운을 남긴다. 어느 교실에서나 볼 수 있는 악동 보드 라즈, 이 아이가 주인공 아이의 어머니 부탁을 받고 광에 들어온 찌르레기를 없애기 위해 온다. 보드 라즈는 고무줄 총으로 가볍게 찌르레기를 해치울 생각을 한다. 물론 주인공 아이는 이 아이를 결코 마음에 들어 하지 않는다. 하지만 예기치 않게 솔개 한 마리가 광에 들어오면서 생각지 못한 일이 벌어진다. 악동이 자기도 모르는 다정한 마음을 발견하게 되는 이 사건은, 어른들이 아이들에 대해 고정된 생각을 갖는 것이 얼마나 위험한 것인지를 다시금 생각하게 한다.

잇자국

《우리 누나》, 글 · 오카 슈조, 그림 · 카미야 신, 웅진닷컴

오카 슈조는 주로 장애인의 현실을 담은 동화를 쓰는 작가다. 도쿄도립특수학교에서 아이들을 가르쳤던 경험, 마흔 살에 큰 병을 앓았던 일들이 작가가 작품을 쓰는 데 영향을 준 것 같다. 이 작가의 작품은 장애아의 삶을 소재로 하는 여느 작품들과는 조금 다르다. 보통 장애아의 현실을 담은 동화를 보면 장애인들에게 이런 아픔이 있었구나, 나도 이들의 친구가 되어야지 같은 깨달음을 얻거나 그들을 불쌍히 여기는 마음을 갖게 되지만 지나치게 감상적인 시선으로 장애인의 삶을 바라보게 하는 한계를 보이기 일쑤다. 하지만 오카 슈조는 장애를 가진 아이들의 현실을 그리면서도 장애인보다는 이들을 둘러싼 몸이 멀쩡한 이들의 삶과 태도에 더 초점을 맞추고 있다.

〈잇자국〉은 중학생이 된 주인공 아이의 회상으로 펼쳐진다. 작가는 이 작품에서 약자를 괴롭히면서 묘한 쾌감을 느끼는 아이들의 심리를 예리하게 잡아 보여 준다. 5학년 때 동무들과 어울려 온몸을 흔들거리며 힘겹게 걷는 장애인을 놀리다가 일어난 사건은 지금껏 주인공 아이를 힘들게 한다. 진실을 말해야 할 순간을 놓쳤기 때문이다. 결국 괴롭힘을 당하던 아이는 괴롭히는 아이의 다리를 물어뜯게 되고 사건은 크게 번진다. 하지만 자기들이 괴롭힌 장애인을 데려온 특수학교 선생님과 교장실에서 마주한 그 자리에서 주인공 아이는 끝내 진실을 말하지 못한다. 아이들에게 이 작품을 읽어 주고 나니 한참 긴 침묵이 이어졌다. 저마다 크기는 다르겠지만 아이들도 주인공이 겪은 아픔을 가지고 있지 않을까.

이상한 알약 (임정자)

《이상한 알약》, 임정자 외, 창비

《이상한 알약》은 창비아동문고가 200권을 넘어서면서 이를 기념하여 나온 작품집 가운데 하나이다. 〈이상한 알약〉을 쓴 임정자는 〈어두운 계단에서 도깨비가〉로 시작하여 〈무지무지 힘이 세고, 대단히 똑똑하고, 아주아주 용감한 당글공주〉, 그리고 〈물이, 길 떠나는 아이〉에 이르기까지 옛이야기의 상징과 구조를 활용하여 활발하게 작품을 쓰는 작가다.

〈이상한 알약〉은 제목부터 호기심이 간다. 옛이야기 〈여우 누이〉에 나오는 파랑병도 떠오르고 〈바리데기〉에서 사람을 살리는 피살이꽃도 생각난다. 하지만 여기에 나오는 약은 사악한 여우를 이겨 내거나 사람을 살려 내는 약이 아니라 죽음으로 내모는 약이다. 이 약은 이야기 속 칠득이 아들이 1등이 되려는 욕심 때문에 먹는 약이다. 하지만 책을 읽다 보면 어쩐지 우리도 이 약에서 자유롭지 못하다는 생각이 든다. 그래서 이야기가 더 절실하게 다가오는지도 모른다.

가난했던 칠득이는 온갖 고생을 해서 제법 살림을 이루고 결혼도 하여 자식을 낳는다. 이만큼 이루었으면 만족할 만도 하련만 사람의 욕심은 끝이 없는지 칠득이는 아들한테 모든 것을 걸기 시작한다. 결국은 먹기만 하면 공부를 잘하게 되는 이상한 알약까지 사 먹인다. 하지만 아들은 규칙을 어기고 약을 더 먹은 탓에 말이 되어 돌아오지 않았고 아들 소식을 모르게 된 식구들은 미치다시피 해서 마을을 떠난다. 아들은 경마장의 말이 되어 온갖 고생을 하다가 어느 날 사람이 되어 고향을 찾아온다. 경쟁의 허무함, 욕심의 그릇됨을 깨닫고 말이다. 그러나 모든 걸 잃은 뒤다. 대학 입시에 모든 걸 걸고 아이들을 내모는 어른, 어른에 밀려 억지로 달려가는 아이들 자신을 돌아보며 토론하기에 좋은 작품이다.

덕길이네 흰둥이, 메기 먹다

《강마을에 한번 와 볼라요?》, 글 · 고재은, 그림 · 양상용, 문학동네어린이

이 작품집에는 우리 창작동화나 교과서 문학작품에서 보기 어렵던 입말체, 그것도 사투리 입말체를 고스란히 살려 놓은 이야기 열한 편이 실려 있다. 그동안 사투리 입말체가 들어 있는 동화는 더러 있었지만 화자가 내내 사투리로 풀어내는 이 같은 이야기는 없었던 걸로 안다.

어른들이 읽다 보면 정감 어린 고향 마을을 들여다보는 듯한 심정에 빠지게 되는데, 그러면서도 한편으로는 이런 문체의 이야기를 아이들이 잘 읽어 낼까 하는 걱정이 들기도 한다. 하지만 꼬리에 꼬리를 물고 이어지는 이야기의 재미가 책을 손에서 놓게 만들지 않는다. 그 가운데 〈덕길이네 흰둥이, 메기 먹다〉부터 읽어 주면 어떨까?

이야기의 화자는 아이가 아니라 마을 아낙네, 성실 엄마다. 하지만 조금도 어른의 자리에서 마을을 구경하거나 아이들 세계를 스쳐 가듯 그리지 않는다. 읽는 이를 마을 속으로 끌고 들어가 아이들 마음이 되어, 이웃이 되어 함께 웃고 안타까워하게 만든다. 그러면서도 무슨 대단한 가치나 교훈을 도드라지게 드러내는 법이 없다. 다 읽고 나면 어쩐지 촌스럽고 가난해 보이는 이들의 삶에 담긴 온정을 느끼게 된다. 싸우고 오해하고 복닥거리면서도 누구 하나 밀어내지 않고 끌어안는 이들의 생활 모습이 그런 느낌을 갖게 하는 것 같다.

게으른 흰둥이가 고무신을 입에 물고 도망가는 버릇 때문에 강에 메기 잡으러 나가려던 주인 아저씨 발목을 묶게 되고 결국 목숨을 구하게 되는 이야기가 정겹고 구수하다.

화요일의 두꺼비

글 · 러셀 에릭슨, 그림 · 김종도, 사계절

도대체 화요일과 두꺼비가 무슨 상관이 있는 것일까? 표지를 보면 올빼미와 두꺼비가 다정하게 웃으며 차를 마시고 있다. 평화롭게 보인다. 그러나 이야기를 읽다 보면 차를 마시는 이 순간이 얼마나 아슬아슬한 순간인지를 알게 될 것이다. 두꺼비는 올빼미한테 잡혀 와 올빼미의 생일날 먹이가 될 처지에 놓여 있기 때문이다.

친구도 이름도 없이 쓸쓸하게 사는 올빼미는 다정하고 부지런한 두꺼비를 보면서 이따금 묘한 기분에 빠지기도 하지만 화요일에는 기필코 잡아먹으리라는 협박의 끈을 놓지 않는다. 그러면 두꺼비는 어떤가? 두꺼비는 낙천적이고 다정한 성격에서 오는 사랑스런 모습을 유감없이 보여 준다. 그렇다고 죽음을 앞두고 태연할 수는 없다. 어떻게든 살아 보려고 갖가지 궁리를 하여 안타까운 마음을 불러일으킨다. '혹시 올빼미 마음이 변할까? 아니면 어떡하지?' 하는 생각을 하며 달력에 빨간 동그라미를 친 화요일이 되기 전까지 올빼미와 두꺼비의 팽팽한 심리전에 온통 마음을 쏟게 된다.

이야기의 재미는 예측하지 못한 결과를 보는 데서 한껏 부풀어 오르게 마련이다. 이 작품은 그런 재미를 넉넉하게 맛보게 해 준다. 올빼미의 생일이 오기 전 두꺼비는 사슴다람쥐의 도움으로 탈출에 성공한다. 여기서 이야기가 끝났다면 퍽이나 싱거웠을 것이다. 하지만 다행히 아름답고 멋진 마무리가 기다리고 있다.

십여 분씩 해서 세 차례에 걸쳐 읽어 주면 알맞을 분량의 이 책은 두꺼비가 탈출한 부분에서 멈추고 아이들의 이야기를 들어 보면 좋을 것 같다. 친구를 사귀는 문제, 살아가는 태도와 관련하여 풍부한 이야깃거리가 나올 것이다.

이상한 나라의 이상한 농사 이야기 (윤태규)

《이상한 알약》, 임정자 외, 창비

예전 시험에는 어떤 과일이 어느 계절에 나오는지 물어보는 문제가 있었다. 이제는 그런 문제를 내지 않는다. 겨울철에도 딸기나 토마토를 수확할 수 있게 되었는데 제철 과일이란 말뜻을 아이들이 알아들을 리 없다.

작가 윤태규는 지금의 이런 세태를 이상한 나라, 이상한 나라에 사는 사람들의 이야기로 보고 이야기를 펼쳐 나간다. 하우스농사를 지어 아무 때나 바라는 먹을거리를 얻는 일을 나쁘게 보아서는 안 된다. 문제는 이런 생활에 익숙해지면서 부족한 것을 자연스럽게 알고 자연의 이치에 따라 기다리며 사는 삶을 잃어버리는 데 있다.

아이들과 〈이상한 나라의 이상한 농사 이야기〉를 보면서 새로운 것을 발명하고 원하는 것을 과학의 힘으로 얻는 문제에 대해, 까치산에서 제철 과일 농사를 짓는 농부의 태도에 대해 이야기를 나누어 보면 좋겠다. 까치산 농부는 도리어 이상한 사람으로 비치기도 한다. 하지만 까치산에서 제철에 자란 과일을 맛본 사람들은 비로소 농부의 말에 귀를 기울이게 된다. 10분이면 걸어갈 거리를 굳이 차를 몰고 가서는 주차할 곳을 찾아 30분을 헤매는 일이 일상이 되어 버린 지금, 이 작품은 우리들 삶을 되돌아보게 한다는 점에서 의미가 있다.

마법의 설탕 두 조각

미하일 엔데, 유혜자 옮김, 한길사

〈마법의 설탕 두 조각〉은 우리가 익히 아는 미하엘 엔데의 〈끝없는 이야기〉나 〈모모〉처럼 이야기의 거대한 세계 속을 헤맨다든지, 근대의 시간도둑과 한판 승부를 벌이는 것 같은, 규모가 큰 이야기는 아니다. 집안에서 흔히 생길 만한 일을 바탕으로 해서, 약간 마법을 걸었다가 풀어 주는 이야기이다.

해 달라고 하는 것마다 안 된다고 말하는 엄마, 아빠에게 화가 난 렝켄은 요정을 찾아가 "안 돼!"라고 말할 때마다 키가 반으로 줄어드는 마법의 설탕 두 조각을 얻어 온다. 하지만 홧김에 시작했다가 엄마 아빠의 키가 손톱 크기만큼 줄어들자 두려움을 느낀 렝켄은 요정에게 "엄마, 아빠를 되돌려 달라."고 호소한다.

이 작품은 일상에서 벌어지는 아이들의 불만을 환상적인 방법으로 다루면서 도시 문명 속에 살고 있는 아이들에게 한 줄기 샘물이 되어 준다. 여기에 등장하는 부모는 특별히, 대단히 문제 있는 부모가 아니다. 그저 보통 부모일 뿐이다. 하지만 아이들 편에서 본다면 보통의 부모가 하는 약간의 억압 앞에서도 엄마, 아빠가 없어졌으면 좋겠다는 생각을 얼마든지 할 수 있다. 그런 마음을 가졌다가도 아이들은 엄마, 아빠가 아프거나 무슨 일을 당하면 엉엉 울며 이제부터 잘하겠다고 싹싹 빌게 마련이다.

작가는 아이들한테는 부모가 조금만 못해 줘도 증오심을 느낄 시기가 있다는 걸 잘 짚어 흥미진진한 이야기로 풀어내고 있다. 그러다가 마지막엔 원래대로 모든 것을 돌려놓는다. 아이들이 불만을 해소하는 기쁨을 실컷 맛보게 한 뒤에 제자리로 돌아오게 하는 것이다.

여우의 전화 박스

글 · 도다 가즈요, 그림 · 다카스 가즈미, 크레용하우스

사랑하는 사람을 잃는 것처럼 슬픈 일이 있을까! 〈여우의 전화 박스〉는 사랑하는 아기 여우를 잃은 엄마 여우가 아름답게 슬픔을 이겨 내는 이야기이다. 아기 여우와 더 없이 행복한 나날을 보내던 엄마 여우는 갑작스런 아기 여우의 죽음으로 큰 슬픔에 빠진다. 아기 여우는 늘 엄마 여우의 요술 솜씨를 보고 싶어했다. 하지만 엄마 여우는 우리가 전설처럼 알고 있듯 둔갑술을 지닌 여우가 아니었다. 그냥 자연에서 살아가는 평범한 여우였던 것이다.
하지만 때로는 간절한 소망이 하늘을 움직여 기적을 일으키기도 한다. 여기까지만 말하면 대부분 엄마 여우가 아기 여우를 살려 냈거나 한 번쯤 다시 만나 실컷 놀게 되었구나 하는 상상을 할 것이다. 사실 그런 소망이 가장 이루고 싶은 소망이다. 하지만 그렇게 이야기가 끝났다면 이야기의 여운이 그리 오래 남지 않을지도 모른다.
기적은 아기를 잃은 엄마 여우와 아픈 어머니 때문에 산골 할아버지 집에 와 있는 어린 남자 아이 사이에서 일어난다. 날마다 공중전화에서 엄마한테 전화를 거는 아이, 그 아이를 보며 엄마 여우는 아기 여우를 보는 듯한 즐거움을 맛본다. 그러다 어느 날 아이가 전화를 걸러 올 시간이 다 되었는데 공중전화에 불이 들어오지 않는다. 고장이 난 것이다. 엄마 여우는 그 아이가 전화를 걸지 못해 슬픔에 빠질까 봐 걱정하면서 자기가 공중전화라면 얼마나 좋을까 하는 바람을 갖게 되고 소망은 기적처럼 이루어진다. 처음으로 요술을 부리게 된 엄마 여우는 제 몸으로 불 밝힌 공중전화 박스가 되었다. 엄마 여우를 보면서 아이들은 부모의 사랑이 얼마나 깊은지 깊이 느끼게 된다.

천 년 묵은 홰나무 (맹주천)

《겨레아동문학선집 1》, 방정환 외, 보리

〈천 년 묵은 홰나무〉는 무엇보다 홰나무가 쓰러져 가는 순간, 씨앗을 떨구어 아름답게 생명을 이어 가는 장면에서 빛이 난다. 홰나무는 다시 태어나서도 여린 풀꽃들을 보듬으며 살겠다고 한다. 그 마음에 어떻게 감동하지 않을 수 있을까. 이야기의 줄거리는 단순하다. 하지만 줄거리를 받쳐 주고 있는 생생한 묘사와 살아 있는 인물들, 그리고 홰나무의 푸근한 인정이 이야기의 재미를 한껏 더해 준다. 아무런 권위도 내세우지 않고 불평도 없이 모든 것을 감싸고 베풀기만 하는 홰나무는 참된 사랑이 무엇인지, 부모님의 사랑이 얼마나 깊은 것인지 생각하게 해 준다.
〈천 년 묵은 홰나무〉를 읽고 나서 떠오르는 인물이 있으면 누구인지, 어떤 점이 홰나무와 닮았는지 이야기 나누어 보자. 교사 자신도 살면서 홰나무 같은 사람을 만난 적이 있을 것이다. 그런 경험을 말해 주면 좋을 것 같다.
혹시 이야기 속에 나오는 새나 꽃에 대해 잘 모른다면 동 · 식물도감을 찾아보는 것이 도움이 될 것이다. '하달하달' 같은 의태어는 요즘 거의 쓰지 않는 낱말이다. 이런 말이 귀하고 깨끗한 우리말이라는 것도 짚어 주자. OHP를 써서 그림자 연극을 해 보는 것도 좋다. 극본을 만들어서 대사를 읽는 아이들과 종이 인형을 움직이는 아이들로 나누어 보자. 두꺼운 도화지에 나무와 인물을 그려서 오려 낸 다음, 나무젓가락을 붙여서 움직여 보자. 그림자 연극은 인형이 정교하지 않아도 얼마든지 분위기를 낼 수 있다. 비바람이 치는 장면들은 OHP 필름에 유성펜 등으로 그려서 덮어 주면 된다. 막에 커다랗게 비치는 홰나무 그림자는 다른 맛을 느끼게 해 줄 것이다.

늑대 숲, 소쿠리 숲, 도둑 숲

《늑대 숲, 소쿠리 숲, 도둑 숲》, 글 · 미야자와 겐지, 그림 · 이종미, 논장

이 동화집은 자연과 사람이 아름답게 어우러져 살아가는 모습을 담아내면서 현대 문명을 날카롭게 비판하고 있다.

숲에 살기 위해 들어온 농부들은 집을 짓고 불을 피우고 나무를 베기 전에 꼭 숲에게 먼저 묻는다. 숲도 이들에게 답한다. 여기서 자연은 두려움의 대상이 아니다. 높이 있지만 다정한 벗이다. 사람들은 함부로, 넘치게 자연을 갖다 쓰는 법이 없다. 농부들이 잃어버린 아이들을 찾으러 늑대 숲에 갔을 때 늑대들은 아이들과 어울려 있다가 겸허하게 사라지고 농부들은 그들에게 깊이 감사한다. 무엇이 없어질 때마다 긴장이 되지만 이내 유쾌하게 풀어 버리고 다음 이야기로 넘어가는 이 이야기는 마지막에 가서 사뭇 다른 모습을 보여 준다.

숲과 농부들의 주고받는 말이 많이 나오는 이 이야기는 실감나게 읽어 주어야 그 맛이 더 살아난다. "찾으러 가겠오." "오시오." 같은 말들을 아득한 곳을 보고 부르는 듯이 읽어 주면 훨씬 좋다.

이 작품을 읽고 나서 옛날 사람들이 자연을 어떻게 대하며 살았는지 이야기를 나누면 좋겠다. 그리고 이제는 왜 땅이 이렇게 병들었나, 고기나 곡식, 채소 따위를 왜 마음 놓고 먹을 수 없게 되었나를 생각해 보도록 하자. 자연을 살리고 사람을 다시 살리려면 어떤 마음가짐을 가져야하는지, 농부들의 태도를 짚어 가면서 곰곰이 생각해 보자.

웃음의 총 (이현주)

《똘배가 보고 온 달나라》, 글 · 권정생 외, 그림 · 강요배, 창비

〈웃음의 총〉은 누구나 가질 수 있는 작은 소망을 다루면서, 자칫 그 소망을 쉽게 이루려 할 때 어떤 함정에 빠지게 되는지를 유쾌한 필치로 보여 준다. 주인공인 '나'는 웃음의 총을 가진 난쟁이를 만나게 되고 '웃음의 총'을 얻게 된다. 이 총을 쏘기만 하면 화난 사람도, 우는 아기도 웃게 만들면서 잘 되어 가고 있다는 느낌을 갖게 한다. 하지만 주인공 '나'는 웃으면 안 될 사람들에게 총을 쏘면서 무언가 잘못 되었다는 것을 깨닫는다. 즐거움은 억지로 만들 수 없다. 웃음과 눈물이 진실하다면, 그것이 바르게 드러날 때 세상은 더 아름다운 것이다. 한바탕 즐거운 웃음소리로 가득한 이 이야기는 마냥 웃는 것만이 능사가 아님을 마지막에 가서 잘 드러내 준다.

"얘들아, 사람을 다치게 하거나 죽게 만드는 총이 아니라 웃게 만드는 총이 세상에 있다면 어디에 쓰겠니?" 하고 물어보자. 즐겁게 한마디씩 할 것이다. 그리고 나서 이 이야기를 들려주자. 같은 이야기도 읽어 주는 사람에 따라 맛이 아주 다르다. 호호호, 하하하 같은 웃음소리가 되풀이해서 나오는데 딱딱한 목소리로 읽어 준다면 재미가 떨어진다. 정말로 웃어 가며 읽어 주자. 그러면 아이들과 한바탕 웃음꽃을 피울 수도 있을 것 같다.

다 읽고 나서, 주인공이 한 말에 대해서 어떻게 생각하는지 이야기해 보자. 아이들이 진정한 웃음을 주는 사람으로 살아갈 수 있도록, 필요한 때에 진실한 눈물을 흘리며 살아가는 사람이 되도록 이야기를 이끌어 가면 좋을 것 같다.

바위나리와 아기별

《성난 수염》, 마해송, 우리교육

마해송의 1923년 작품으로, 우리나라 최초의 창작동화이다. 〈바위나리와 아기별〉은 하늘나라에 사는 아기별과 땅에 사는 바위나리의 슬픈 사랑을 바탕으로 한 판타지 동화이다. 이 동화는 옛이야기처럼 신분을 뛰어넘어 이루어지는 사랑을 그리지 않고, 현실에서는 이룰 수 없는 슬픈 사랑을 다루고 있다. 둘의 사랑을 조금도 이해하려 들지 않고 죽음으로 몰고 가는 옥황상제는, 봉건 질서가 지배하는 시대의 부모와 나라가 가진 권위의 상징으로 볼 수 있다. 또한 가파른 현실 위에 놓인 바위나리의 삶은, 나라를 빼앗겨 서럽고 쓸쓸하게 살다 간 우리 겨레의 모습이기도 하다.

이 이야기를 들려주면 아이들은 티 없이 맑은 바위나리와 아기별의 사랑에 깊이 빨려든다. 섬세한 묘사와 시처럼 리듬감 있는 문장은 오래 전의 것이지만 아이들의 마음을 사로잡기에 충분하다. 무엇보다 교과서에서 지워 버린 앞 장면, 아름다운 바닷가에 쓸쓸하게 사는 바위나리에 대한 묘사는 이야기의 쓸쓸한 분위기를 한껏 느끼게 해 주는 장면으로, 읽어 줄 때 이런 분위기를 잘 살리는 것이 중요하다. 아이들에게 쓸쓸한 외로움을 표현하는 바닷가 모습이나 바위나리의 아름다움을 묘사한 부분을 찾아보게 하는 것도 좋을 것 같다.

그림자 옮기기 놀이

〈생쥐가 지은 아침밥〉, 일과놀이

〈그림자 옮기기 놀이〉는 행복했던 한 가정이 전쟁 때문에 파괴되는 비극을 그리고 있다. 그런데 이 무서운 전쟁이, 문명이 고도로 발달했다는 지금도 곳곳에서 터지고 있으며 수많은 사람들의 목숨을 앗아 가고 있다.

이 이야기는 원자폭탄이 떨어졌던 일본을 배경으로 하고 있다. 몸이 약한 지이창의 아버지는 전쟁터에 나가기 전 네 식구의 손을 잡고 그림자 옮기기 놀이를 한다. 그림자 옮기기 놀이는 땅에 비친 그림자를 쳐다보며 열을 세면서 하늘을 보면 그림자가 순간 하늘에 옮겨져 보이게 된다는 놀이다. 하지만 전쟁이 지이창네 마을까지 찾아오면서 하늘은 전투기가 날아다니는 무서운 하늘, 더 이상 그림자 옮기기 놀이를 할 수 없는 하늘이 된다.

이 동화는 전쟁이 얼마나 무섭고 슬픈 것인지를 어린아이의 순진성과 대비시켜 표현하고 있기에 그 비극성이 더 진하게 느껴진다. 특히 어린 지이창의 죽음은 가슴을 흔드는 슬픔으로 다가와 전쟁의 본질을 다시 생각하게 한다. 아무것도 모르는, 그저 식구들과 놀고 싶은 마음밖에 없는 어린아이의 목숨까지 앗아 가는 이 전쟁은 도대체 누구를 위한 것일까. 동화 속에 답은 들어 있지 않다. 하지만 이 책을 읽는 아이들은 그런 의문을 마음속에 품게 될 것이다.

송아지가 뚫어 준 울타리 구멍 (손춘익)

〈똘배가 보고 온 달나라〉, 글 · 권정생 외, 그림 · 강요배, 창비

〈송아지가 뚫어 준 울타리 구멍〉은 아주 정겨운 작품이다. 이야기의 주인공으로 나오는 구만이와 엄지는 아주 친한 단짝이다. 이 두 동무는 솔가지로 엮어 놓은 울타리에 구멍을 뚫어 놓고 오가면서 정답게 지낸다. 하지만 똑같은 날 구만이네 소가 새끼를 낳지 못하고 엄지네 소가 먼저 새끼를 낳으면서 둘 사이는 조금씩 벌어진다. 아이들은 친하게 지내다가도 아주 작은 일로 시샘을 하며 서로 미워하는 일이 얼마나 잦은가. 그러다가 풀어지고 또 삐치고 하면서 커 가는 것일 테지만 말이다.

이 작품은 결말이 돋보인다. 두 아이 모두 화해하고 싶은 구실을 찾고 있을 즈음, 작가는 어느 쪽도 자존심이 상하지 않도록 자연스럽게 화해를 시켜 버린다. 엄지네 송아지와 구만이네 송아지가 함께 있는데 두 아이 모두 자기네 송아지를 알아보지 못한다는 설정은 참으로 재미있다. 두 아이는 송아지들이 정답게 젖 먹는 모습을 보며 웃고 좋아하다가 절로 마음이 다 풀려 버리는 것이다.

구만이나 엄지는 보자기 가방을 메고 다니고 집안일 가운데 소를 돌보며 사는 아이들이지만 참으로 밝고 건강하다. 구만이라는 인물에 대해 어떻게 생각하는지 얘기해 보아도 좋을 것 같다. 두 아이가 다투고 풀어지는 과정을 보면서 무엇을 느꼈는지, 친구들하고 어떤 일로 싸우게 되며 어떻게 화해하는지에 대해서도 이야기해 보자.

불꽃의 깃발

《엄마 없는 날》, 이원수, 웅진닷컴

이 작품은 제목에서부터 강렬함을 느낄 수 있다. 이야기의 시작은 그리 가볍지 않다. '나무의 마음'이라든가, '수목의 혼'이라는 어휘가 아이들한테 조금은 어렵게 느껴질 수 있기 때문이다. 하지만 마음 좋은 아저씨가 들려주는 듯한 다정한 화자의 목소리 때문에 이야기의 리듬을 살리면서 두 쪽만 잘 읽어 간다면 그 다음부터는 아이들의 마음을 충분히 붙잡아 둘 수 있다.

의인화 기법으로 쓰인 이 동화는 전나무 속에 살고 있는 노인의 혼이 어린 소녀의 혼과 자리를 바꾸면서 맞게 되는 운명을 그리고 있다. 슬프지만 넉넉하고 아름다운 노인의 혼의 사랑은 아이들을 깊이 사랑하는 작가의 마음이기도 하다.

이 작품은 꽃이나 나무와 어울려 놀아 본 경험이 없는 아이들한테 생각할 거리를 준다. '나무한테도 혼이 있다면, 그 혼이 인간 세상을 떠난 사람한테서 온 것이라면' 같은 문제를 가지고 이야기를 나누어 보자. 이야기를 나누다 보면 사람과 자연이 같은 생명이라는 생각을 하게 될 것 같다. 그 생각을 나무 하나도 소중히 여기는 마음으로 이끌어 주면 좋겠다. 노인의 혼의 사랑에 대해서도 역시 이야기를 나누어 보자.

자샤와 엘리자베트 할머니

《평화는 어디에서 오나요》, 구드룬 파우제방, 웅진닷컴

이 동화는 체코에서 태어나 독일에서 아이들을 가르치고 있는 구드룬 파우제방이라는 작가가 썼다. 이 작품이 실려 있는 《평화는 어디에서 오나요》를 보면, 작가가 평화라는 문제를 가지고 얼마나 깊이 고민하고 작품으로 형상화시키려 했는지 느끼게 된다. 〈자샤와 엘리자베트 할머니〉를 읽으면서 이 문제에 성큼 다가서 보자.

동네에서 못된 짓만 골라 하는 자샤는 어른 아이 할 것 없이 모두 싫어하는 아이이다. 그런데 이 아이가 휠체어를 타고 살아야 하는 외로운 할머니와 친구가 된다. 자샤는 우연히 남의 집 담장을 넘보다가 이 할머니를 만나게 되는데, 늘 그랬듯이 할머니를 골탕 먹이려고 새총을 쏘려 든다. 그러나 아무런 편견도 없이 그저 사랑스런 아이로 자기를 맞아 주는 할머니를 보면서 자샤의 외로움과 불신은 순식간에 사라진다. "이게 웬일이냐. 나를 다 찾아오다니!" 자샤는 이렇게 자기를 반겨 주는 말을 그 어디서도 들어 본 적이 없다. 늘 "쟤는 정말 싫어." 같은 따가운 말을 들으며 살아온 것이다. 이렇게 만난 아이와 할머니는 깊은 우정을 나눈다. 시간이 흘러 할머니는 죽지만, 할머니의 사랑을 듬뿍 받은 자샤는 한 사람이 다른 한 사람을 얼마나 아름답고 평화롭게 할 수 있는지에 대해 깊은 신뢰감을 갖고 살게 될 것이다. 이 작품의 미덕은 평화가 사람과 사람 사이에서 시작된다는 것을 가슴으로 느끼게 하는 데 있다.

포도와 구슬

《너하고 안 놀아》 글 · 현덕, 그림 · 송진헌, 창비

〈포도와 구슬〉은 중학년 또래 아이들이 이해하고 즐기기에 알맞은 동화다. 요즘 아이들한테 포도는 노마처럼 애타게 먹고 싶은 과일은 아니다. 하지만 쥐포와 구슬을 바꾸건, 떡꼬치와 딱지를 바꾸건 상관없다. 노마와 기동이가 주고받는 말과 둘 사이를 흐르는 팽팽한 긴장감에 이내 빠져들기 때문이다.

노마는 구슬을, 기동이는 포도 한 송이를 가지고 있다. 노마는 어떻게 해서든지 포도를 얻어먹으려고 구슬을 들이밀며 흥정을 하지만 포도가 한 알 남을 때까지 노마는 포도를 얻어먹지 못한다. 하지만 뒤로 가면서 사정은 뒤바뀐다. 이제는 기동이가 새삼 구슬이 아쉬워져서 노마한테 "그까짓 가지고 노는 게 존가. 먹는 포도가 좋지." 하며 꼬드기는 처지

가 되는 것이다. 하지만 노마는 거들떠보지도 않는다. 포도 한 알에 더 이상 자신의 자존심을 내놓지 않는다.

〈포도와 구슬〉에서는 되풀이되는 말 속에 아이들의 심리가 절묘하게 드러난다. 아이들은 기동이의 처지가 되어 본 적도 있고 노마의 처지가 되어 본 적도 있다. 그렇기 때문에 이야기 속에서 자신의 모습을 보고 어떤 일을 떠올리면서 삐져나오는 웃음을 참을 수 없게 된다. 아이들한테 물어보자. 노마나 기동이와 비슷했던 경험들을 신나게 이야기할 것이다.

나쁜 어린이표

글 · 황선미, 그림 · 권사우, 웅진닷컴

이 작품의 주인공은 보통의 괜찮은(?) 선생님 반에서 공부하는 건우라는 아이이다. 건우의 선생님은 매를 들기도 어렵고 교사의 권위도 한없이 떨어진 교육현실 속에서, 시끄럽게 떠드는 아이들을 잠시나마 고요하게 만들고 잘만 하면 아이들의 마음을 움직일 수도 있는 표를 만들어 주는데, 그게 바로 나쁜 어린이표와 착한 어린이표이다. 교사와 아이가 이같이 표를 주고받는 관계에서는 당연히 갈등이 생길 수밖에 없다. 건우는 선생님이 벌점으로 주는 노란 스티커를 받지 않으려고 안간힘을 쓰다가 결국 그것을 훔쳐 변기통에 쓸어 넣는 일까지 저지른다.

이 작품에서 표는 여러 가지 의미를 갖는다. 먼저 표는 교사의 바람과 달리 아이들을 이중적으로 만든다. 착한 어린이표를 많이 받은 아이들은 저희들끼리만 어울린다. 친구가 나쁜 어린이표를 받을 때 더 안심한다. 모든 아이들이 표에 매달려 사는 것이다. 교사 역시 겉으로 보기에 문제가 쉽게 해결되는 듯하니까 점점 아이들의 내면세계에서 멀어진다. 아이들 사이에 어떤 다툼이 일어나는지, 건우라는 아이가 표 때문에 어떻게 괴로움을 겪는지 전혀 모르는 것이다. 표 때문에 교사는 아이들과 부대끼며 어떻게든 문제의 원인을 밝히고 해결하려는 노력을 덜 하게 된다.

이 이야기는 우리 교육이 지금 어디에 놓여 있는지, 어른이 여전히 아이들 위에 어떻게 자리하고 있는지를 아이의 마음을 좇아가며 세밀하게 보여 준다. 모든 문제가 한꺼번에 해결되는 결말이 아쉽기는 하지만, 교사가 자신의 존재를 돌아보고 아이와 어른의 관계를 생각해 볼 수 있게 하는 좋은 작품이다.

건우의 행동을 어떻게 생각하는지, 여기에 나오는 선생님을 어떻게 생각하는지, 이렇게 표를 주고받는 데에 어떤 문제가 있다고 느끼는지 질문을 던지면서 이야기가 터져 나오게 해 보자. 아이들은 너무나 할 말이 많을 것이다. 자유롭게 그 이야기를 들어 주자. 이렇게 조금씩 읽고 이야기를 나눈 다음, 나중에 독후감을 써도 좋겠다.

여름휴가 때 생긴 일

《학교에 간 사자》, 필리파 피어스, 논장

〈여름휴가 때 생긴 일〉은 어른들 몰래 아이 혼자서 생쥐에 대한 비밀을 간직하게 되는 이야기다. 외딴 시골집에서 식구들과 휴가를 보내던 앤디는 몸이 좋지 않아서 혼자 빈집에 있게 된다. 고요한 집 거실에서 앤디는 생쥐 한 마리를 발견한다. 아주 예쁘고 빠르며 깔끔한 생쥐를 말이다.

생쥐는 어린아이의 눈에 아주 귀엽고 사랑스런 동물로 비친다. 어른 같으면 그랬을까. 사람에 따라서 다르겠지만 이미 다 커 버린 어른한테 쥐란 그저 음식물을 더럽히거나 망가뜨리는, 그래서 없어져야만 하는 불쾌한 동물일 뿐이다. 앤디의 아버지는 쥐덫을 사 와서 생쥐가 다니는 길목에 덫을 놓고, 앤디는 그 어린 생쥐가 쥐덫에 걸려 처참하게 죽어 갈 일이 마음에 걸려 결국 쥐덫을 일부러 건드려 생쥐의 목숨을 구해 준다.

이 작품을 읽으며 생쥐에 대한 앤디의 태도와 어른의 태도를 견주어 볼 필요가 있다. 앤디는 생명에 대해 깊은 연민을 갖고 있다. 하지만 앤디 아버지한테서는 그것을 찾아보기 어렵다. 어른이 된다는 것은 사람과 생명에 대한 사랑을 잃고 냉정한 인간이 되어 가는 것인지도 모른다. 이 이야기를 읽고 나서 아이들이 동물을 어떤 태도로 대하고 있는지, 앤디의 태도를 보면서 무엇을 느꼈는지 이야기해 보면 좋겠다. 그리고 사람들은 살아가면서 자신의 필요에 의해 동물을 해치기도 하지만, 그것은 꼭 필요한 정도에서 이루어져야 하고 되도록 줄여야 한다는 점을 강조했으면 좋겠다.

복진이의 손

《롤러블레이드를 타는 의사 선생님》, 글 · 이상교, 그림 · 김유대, 푸른책들

〈복진이의 손〉은 시원스럽게 흘러가는 짧은 이야기 안에 복진이라는 아이의 인상을 강하게 남겨 놓는다. 그리고 복진이한테 묘한 관심을 갖게 되는 향이의 심리도 읽는 이의 관심을 끈다. 대단한 사건이 있는 것은 아니지만 어머니가 없고, 그래서인지 늘 혼자 따로 있고, 무언가 생각에 빠져 있고, 화도 낼 줄 모르는 복진이와, 어쩐지 이 아이를 변호해 주고 싶고, 괜히 이 아이가 궁금해지는 여자 아이 향이의 마음결을 섬세하게 보여 준다. 그러면서도 배경처럼 나오는 사건, 문구점 아저씨의 복진이에 대한 오해 같은 일은 어른이면서 교사인 나를 돌아보게 한다. 어른이나 교사도, 복진이를 우습게 여기거나 오해하는 문구점 아저씨 또는 또래 아이들 같은 실수를 흔히 저지르기 때문이다.

아이들한테 읽어 주고 둘레 친구들을 어떻게 대하고 있는지 이야기해 보면 좋겠다. 사람을 존중하는 마음은 어릴 때부터 자연스럽게 몸에 익혀야 하는데 우리 사회와 교육은 이 문제를 조금도 해결하지 못하고 있다. 장애 아이가 다니는 일반학급의 학부모가 시위를 하는 일까지 벌어질 정도니 아이들이 장애 아이나 마음의 병을 겪는 아이들을 제대로 대접할 리가 없다. '히말라야'에서 나온 《내게는 소리를 듣지 못하는 동생이 있습니다》(글 · 존 W. 피터슨, 그림 · D. K. 래이) 같은 작품을 한 편 더 읽어 주고 남을 존중하는 문제를 깊이 다루어 보는 것도 좋겠다.

서울로 간 허수아비

《서울로 간 허수아비》, 윤기현, 산하

〈서울로 간 허수아비〉는 산업화 과정의 이농 문제를 허수아비의 여정을 따라가며 보여 준다. 농민들이 갈무리하지 않아 내버려진 허수아비는 사실 농민 자신의 모습이다. 이들은 잘못된 농정 때문에 빚더미에 올라앉게 되고 하나 둘 도시로 떠난다. 하지만 허수아비가 가졌던 도시에 대한 환상이 부잣집 아이의 손에 안길 때 한꺼번에 무너지듯, 농촌을 떠난 이들이 잠시 가졌던 희망은 도시에서 무참하게 깨어진다. 고향을 떠나온 이들이 둥지를 틀 수 있는 곳은 결국 도시 변두리 허름한 판자촌밖에 없었던 것이다.

허수아비의 눈을 통해 독자들에게 보여지는 부잣집에서 일어난 일들은, 우리 사회가 얼마나 부조리한지 여실하게 느낄 수 있도록 해 준다. 그런데 도시와 농촌의 차이는 비단 빈부의 차이에만 머무는 것이 아니다. 이 두 공간은 이제 문화에서도 커다란 차이가 나 버렸다. 도시에서는 마징가로 상징되는 기계 문명이 어른과 아이의 삶과 생각, 감성까지 지배하고 있다.

그러나 허수아비는 가장 소중한 것이 무엇인가를 자신의 몸을 희생하면서 인상 깊게 말해 준다. 아마 허수아비가 마지막으로 가게 된 판잣집은 난지도쯤에 있지 않을까. 도시문명이 남긴 거대한 쓰레기더미가 있는 곳. 이곳에 사는 돌이네는 농촌으로 돌아갈 소망을 품은 이들이다. 그들은 언젠가 다시 허수아비를 만들어 논에 세우고 새를 쫓아내며 농사짓는 일을 소망으로 삼고 있다. 허수아비는 이들에게서 희망을 보며 아낌없이 자신을 내어 준다. 가슴 아프게 아름다운 결말이다.

고학년

턱수염

《진휘 바이러스》, 글 · 최나미, 그림 · 홍선주, 우리교육

학교를 배경으로 하는 작품을 볼 때면 교사인지라 어쩔 수 없이 내가 만나는 아이들을 떠올려 보게 되고 교사로서의 모습도 다시금 생각하게 된다. 〈턱수염〉에 나오는 주인공 승권이도 어느 반에나 있을 법한 아이이다. 일어나는 문제나 갈등이 풀리는 방식도 크게 색다를 건 없다. 하지만 주인공 승권이의 이성 친구에 대한 마음, 아버지에 대한 반항심과 아픔을 섬세하게 그려 내어 공감을 주고 있다.

택시 운전을 하던 아버지가 사고를 내는 바람에 그나마 옹색한 임대주택마저 잃어버린 승권이네는 희망이란 말을 섣불리 갖다 대기 어려울 만큼 갑갑한 사정에 처해 있다. 거대한 아파트 단지가 들어선 신도시 언덕배기에 사는 승권이는 끝없이 생겨나는 아파트 집집마다 다 임자가 있다는 사실이 신기하기만 하다.

그러나 승권이가 희망을 잃은 건 단지 가난 때문은 아니다. 술을 먹으면 가끔씩 어머니까지 때리는 아버지 때문이라고 해야 옳다. 그래서 승권이는 버려진 화분에 물을 주며 살아 보려고 애쓰는 어머니 모습도 보기 싫다. 이런 승권이한테 같은 반 효주의 비밀일기와 소지품이 숨겨진 장소는 한 줄기 빛으로 다가온다. 효주를 좋아하기 때문이다. 그러나 안에서 일어나는 문제를 외면하고 밖을 보며 마냥 좋을 수는 없다. 임시로 마을버스 기사 자리를 얻어 새 출발을 해 보려는 아버지를 끝내 인정하지 못하는 바람에 아버지 또한 승권이한테 상처를 받는다. 승권이는 주먹질까지 하게 된다. 하지만 아버지는 항의하러 찾아온 친구 부모한테 승권이를 위해 무릎을 꿇고 진심을 다해 사과하면서 아들과 화해의 길을 튼다.

샤하드 (박기범)

《또야 너구리의 심부름》, 권정생 외, 창비

《또야 너구리의 심부름》은 《이상한 알약》과 더불어 창비아동문고가 200권을 넘어서면서 이를 기념하여 201, 202호로 나온 작품집 가운데 하나이다. '창비아동문고 200 오늘의 동화선집'이라는 부제가 달려 있는 두 권의 책에는 현재 활발하게 글을 쓰고 있는 작가와 한동안 활동이 뜸했지만 나름의 작품세계를 보여 주던 신인, 중견, 원로 작가 스물여덟 명의 작품이 실려 있다. 때문에 여러 작가의 개성을 고루 맛보는 즐거움을 느낄 수 있다. 작품도 크게 떨어지는 것 없이 고루 좋다.

그 가운데 《또야 너구리의 심부름》에 실린 〈샤하드〉는 〈문제아〉를 쓴 박기범의 작품이다. 박기범은 작품을 느리게 내는 작가다. 이야기가 무르익고 익어야 쏟아 내는 작가라고 할 수 있을 것 같다. 이런 사정에다, 작가가 이라크에서 벌어진 전쟁 때문에 반전운동에 몸을 싣고 있어서 새 작품을 만나는 일이 더 어렵다. 그래서 이렇게 작품 하나를 만나게 되면 단비를 만난 듯 반갑다.

외국인 노동자가 이 땅에 와서 겪는 생활을 그린 이 작품은, 3인칭 시점과 1인칭 시점을 교차시키면서 지금 몸담고 있는 공장에서의 생활과 고향에서 지내던 일, 이전 공장에서 있던 일들을 엮어 내고 있다. 이 같은 방식으로 이야기를 풀다 보니 외국인 노동자의 삶을 밖에서 또는 안에서 두루 살펴보는 느낌이 든다. 공장에서 샤하드가 만난 한국 사람들은 그다지 좋은 모습이 아니다. 손가락이 잘리기도 하고 월급을 못 받기도 한다. 그럴 때마다 한국 사람인 내 자신이 부끄럽다. 하지만 우리에게도 따스한 온정이 있지 않은가! 샤하드는 우연히 마음 좋은 한국인을 형으로 사귀게 되면서 고단한 현실을 이겨 나간다. 아이들에게 읽어 준 뒤 외국인 노동자 문제에 대해 토론을 하면 좋을 것 같다.

손바닥에 쓴 글씨

《손바닥에 쓴 글씨》, 글 · 김옥, 그림 · 이은천, 창비

김옥은 학교에서 아이들을 가르치는 교사로, 저학년 동화집 《학교에 간 개돌이》를 쓰면서 널리 알려진 작가다. 《학교에 간 개돌이》는 저학년 특성에 맞는 유쾌한 동화적 상상력이 작품 곳곳에서 배어난다. 하지만 고학년을 대상으로 한 동화집 《손바닥에 쓴 글씨》에서는 사뭇 다른 목소리로 이야기를 해 나간다. 저학년 동화에서 보여 준 발랄함이 아닌 차분함으로 무게 있는 주제를 표현해 내고 있다. 그 가운데 표제작 〈손바닥에 쓴 글씨〉는 광주민주화운동을 배경으로 하고 있어서 눈여겨보게 되는 작품이다.

어느 날 섬에 흘러 들어와 한 남자와 살림을 차리고 아이까지 낳게 된 여자는 봄만 되면 반미치광이가 된다. 어렸을 때 겪은 불행한 일이 세월이 흘러도 새록새록 되살아나기 때문이다. 보다 못해 남편은 여자를 떠나고, 아들만 불쌍한 어미를 돌보고 있다. 어느 날 어머니는 아들한테 그날의 일을 털어놓는다. 은반지를 사 달라고 오빠에게 조르는 바람에 오빠는 광주 시내로 들어갔고, 다시는 돌아오지 못했다. 이만큼이었다면 어른이 되어서까지 반미치광이로 지내지는 않았을지 모른다. 얼굴도 알아보기 어려운 시체를 넘어 다니며 가족과 오빠를 찾던 중 우연히 어떤 남자 아이의 손을 보게 되는데 그 손바닥에 자기가 써 준 글씨가 남아 있었다. 하지만 식구들한테 야단맞을 게 두려워 돌아서게 되고 그 죄책감을 이겨 내지 못한 채 살아온 것이다. 이야기를 듣던 아들은 아픔을 가진 어머니를 끌어안는다.

광주민주화운동의 배경을 조금 이야기해 준 뒤 이 작품을 읽어 주면 아이들은 깊이 공감할 것이다. 광주의 비극이 어떻게 가족과 한 사람의 운명을 바꾸었는지 생각할 수 있는 좋은 작품이다. 역사적 상황을 전혀 이해하지 못하는 개인이 자신의 잘못만 생각하며 평생을 고통으로 살아가게 그린 점은 작품의 아쉬움으로 남는다. 하지만 평범한 사람들은 실제로 이런 아픔을 겪으며 살지 않았을까. 아이들하고 많은 이야기를 나눌 수 있을 것 같다.

목걸이

《우리 누나》, 글 · 오카 슈조, 그림 · 카미야 신, 웅진닷컴

오카 슈조는 일본의 도쿄도립특수학교에서 몸이 불편한 아이들을 오랫동안 가르쳤다. 마흔 살에 큰 병을 앓았던 작가는 그 즈음부터 장애 아이의 현실을 담은 동화를 쓰기 시작했다고 한다. 얼마 전까지만 해도 장애 아이의 삶을 다룬 우리 동화는 그다지 눈에 띄지 않았다. 그만큼 소수자인 장애인에 대한 사회의 관심이 적었다는 의미이기도 하다. 하지만 장애인 자신이 스스로 목소리를 내고 소수자의 삶에 대한 사회적 관심이 조금씩 커지면서 이들의 삶을 다룬 작품들도 나오기 시작했다.

아쉬운 것은 작품 대부분이 지나치게 감상적이거나 미담류에 그치고 있다는 점이다. 물론 이런 작품을 읽으면서도 아이들은 장애를 가진 친구들을 불쌍히 여기거나 자신의 태도를 반성할 수 있다. 하지만 눈물샘을 자극하는 이 같은 작품들은 장애인을 그저 대상으로 바라보게 하는 한계가 있다.

그럼 오카 슈조는 장애인의 일상 또는 장애와 관련된 우리의 태도를 어떻게 그리고 있을까? 〈목걸이〉를 보자. 여기에는 중증장애를 앓고 있는 옆집 여자 아이에게 갖가지 액세서리를 사다 주며 위로하는 6학년 남자 아이 아키라가 나온다. 하지만 반 친구들은 사연을 알지 못한 채 액세서리를 사 모으는 아키라를 이상하게 취급한다. 결국 아키라는 오해를 풀 기회를 얻지 못하고 전학을 가고, 오해는 아키라의 이웃집 할머니의 편지로 풀린다. 할머니는 우연히 아키라 이야기를 하며 지나가는 아이들의 말을 듣고 진실을 알리는 편지를 쓴다. 이 작품은 우리의 비겁한 태도를 돌아보게 할 만큼 울림이 크다. 우리도 아키라를 놀리는 반 친구들 가운데 한 명이었음을 뼈저리게 느끼게 만든다. 함께 실려 있는 〈귀뚜라미〉도 읽어 주면 좋다.

새끼 개

글 · 박기범, 그림 · 유동훈, 낮은산

이 작품은 사람이 한 생명체에게 무심코 하는 행동이 상대의 입장에서 보면 얼마나 부당한 폭력이 될 수 있는가를 여실히 보여 준다. 상대의 마음을 헤아리지 못하는 사랑은 순수한 마음에서 시작한다 해도 때로 상대에게는 큰 고통이 될 수 있다는 것이다.

이야기는 태어난 지 얼마 안 되는 새끼 개가 어미 곁을 떠나 두 아이의 집으로 오게 되면서 시작된다. 두 아이는 보통 아이들처럼 새끼 개와 장난을 치며 즐거운 시간을 보낸다. 하지만 이런 일들은 개의 처지에서 보면 무섭고 괴로운 것일 수도 있다. 책을 읽다 보면 애완견을 사랑한다며 옷을 입히고 염색을 시켜 안고 다니는 사람들도 떠오르고 어릴 적 강아지를 가지고 온갖 놀이를 했던 일들도 떠오른다. 그래서 읽는 내내 마음이 불편하다.

유난히 약했던 새끼 개는 결국 새 주인이 벌이는 갖가지 장난에 적응하지 못하면서 사나워진다. 그러다 골칫덩어리가 되어 개 파는 가게로 돌아가고 만다. 하지만 새끼 개는 개장을 뛰쳐나와 잠시 정을 붙인 두 아이한테 달려가다 차에 치여 죽는다. 안타깝게도 마지막까지 아이들과 새끼 개의 화해는 이루어지지 않는다. 아이들은 새끼 개가 그렇게 죽은 줄도 모르고 새로 얻은 강아지와 즐겁게 노는 것이다. 책을 읽고 나면 판화로 찍은 나무 결 무늬의 그림, 새끼 개의 슬프디 슬픈 눈망울이 가슴에 남는다.

희망 (김중미)

《또야 너구리의 심부름》, 권정생 외, 창비

《괭이부리말 아이들》로 잘 알려진 작가 김중미는 〈종이밥〉, 〈내 동생 아영이〉, 〈우리 동네에는 아파트가 없다〉 같은 작품으로 도시 변두리에서 어렵게 살아가는 아이들의 희망과 아픔을 진실되게 그리고 있다.

《또야 너구리의 심부름》에 실려 있는 〈희망〉 역시 김중미의 이 같은 작품세계를 여실히 담아내고 있다. 이 작품은 단편이지만 《괭이부리말 아이들》 못지않은 현실을 냉정하게 응축시켜 담아냈다는 생각이 든다. 여기서 '희망'은 모든 게 잘되는 해피엔드를 말하는 게 아니다. 뼈저린 아픔을 동반한 희망이다.

가족은 어떻게 해서든 지켜야 한다는 것이 보통 사람의 생각이다. 하지만 〈희망〉을 읽고 나면 그런 신념이 여지없이 깨진다. 술과 폭력으로 식구들을 비참하게 만드는 아버지 앞에서 밤을 타 도망가는 모자 편에 설 수밖에 없기 때문이다.

지금까지 아동문학 작품을 보면 대부분의 갈등이 문제를 일으킨 쪽에서 뉘우치거나 서로 화해하는 것으로 해결되곤 했다. 하지만 〈희망〉에서는 그렇지 않다. 되풀이되는 폭력을 가족의 힘으로 해결할 수가 없을 때 가족을 깨고서라도 탈출할 수밖에 없는 상황을 그리고 있다. 가슴 아픈 일이지만 책을 읽은 아이들은 집을 떠나는 모자의 선택을 희망으로 받아들였다. 무엇보다 아이들은 또래 친구인 석이의 갈등에 깊이 공감한다. 어머니를 때리는 아버지를 미워한 석이, 하지만 석이의 마음속에도 그 폭력성이 자라고 있었다. 무섭고 슬픈 일이다. 희망은 매를 휘두르는 아버지를 벗어나는 일이기도 하지만 석이 마음속에 꿈틀거리는 폭력의 싹을 잘라 내는 일이기도 하다.

숨비소리

《교양아줌마》, 오경임, 창비

《교양아줌마》에는 열한 편의 작품이 실려 있다. 매 작품마다 다루는 소재가 다르고 소재에 따라서 문장의 호흡도 달라 저마다 읽는 맛이 있다. 6학년 읽기 교과서에 실려 있는 〈가마솥〉은 소재만 보자면 이른바 IMF형 동화이다. 그런데 이런 류의 동화들이 범하기 쉬운 뻔한 이야기 구조를 이 작품은 잘 벗어나고 있다. 무엇보다 사업에 실패한 뒤 시골로 내려온 아버지의 귀향을 도리어 새로운 삶의 출발점으로 삼으려는 할머니의 행동이 각별한 의미로 다가온다. 〈교양아줌마〉는 세태풍자형 동화로, 자잘한 에피소드가 이어지다가 뒤에 가서 생각지 못한 반전으로 마무리된다. 이 작품은 누구나 가질 수 있는 사람에 대한 환상을 여지없이 벗겨 내면서 새로운 삶의 진실을 깨닫게 만든다.

〈숨비소리〉는 작가가 태어나 자란 섬, 제주를 배경으로 한 색다른 분위기의 작품이다. 열세 살부터 잠녀(해녀) 일을 하며 평생을 살아온 할머니, 그 할머니에 대한 추억을 한 여자 아이가 풀어내고 있다. 할머니의 삶을 묘사한 대목들을 보면 보통 사람들은 좀처럼 가늠하기 어려운 바다에 대한 해녀들의 마음을 느낄 수가 있다. 하늘만 보아도 바다 생각이 나서 뛰어들고 싶은 잠녀 할머니의 마음, 신비로운 거북이, 할머니 가슴에 사는 새 이야기를 소중하게 여기는 손녀의 모습도 인상 깊게 다가온다.

어른들이 살아온 이야기를 더 이상 듣고 자라지 못하는 아이들에게 이 이야기를 들려준 뒤 할머니, 할아버지가 살아온 이야기를 알아보자는 숙제를 내는 것도 좋겠다.

싸움 동무

《장님 강아지》, 글 · 손창섭, 그림 · 송재호, 우리교육

1950년대 전쟁 뒤의 쓸쓸한 삶을 그린 여러 소설가 가운데 손창섭이라는 작가가 있다. 이 작가가 쓴 소설을 읽어 보았다면 그 분위기가 대부분 어둡고 음울하다는 인상을 받았을 것이다. 6 · 25 전쟁이 망가뜨린 '잉여인간' 들의 삶은 건강한 생명력보다 무기력하고 비참한 모습을 보여 준다. 손창섭은 그런 인물들의 모습을 통해 6 · 25 전쟁이 남겨 놓은 상처를 아주 또렷하게 보여 주었다.

〈싸움 동무〉에 나오는 주인공은 덕기란 아이이다. 그는 부모 없이 누나와 산다. 작품 속에 자상한 설명이 없어 그의 부모가 어디에 있는지, 왜 그가 누나와 단둘이 사는지 또렷이 알 수는 없지만 당시 시대상에 비추어볼 때, 아마 그 두 남매는 전쟁 중에 고아가 된 오누이가 아닌가 싶다. 누나는 직장에 다니고 덕기는 학교에 다니는 소년이다. 이야기는 덕기가 새로 이사를 가서 만난 아이들과 갈등을 겪다가 마침내 화해하는 줄거리를 담고 있다.

이 동화에서 손창섭은 마치 아이들의 생활이나 심리를 세세히 꿰뚫고 있는 듯 보인다. 그런 까닭에 작가가 주려는 교훈이 겉으로 드러나지 않고 이야기 속에 잔잔히 배어들어 있다는 느낌을 가지게 된다. 더욱 돋보이는 것은 살아 있는 인물들의 창조다. 심지가 굳고 올곧은 주인공 덕기, 제 힘 하나만을 믿고 남을 못살게 구는 문수, 힘센 동무에게 붙어 그의 비위를 살살 맞추는 병걸, 힘센 동무의 앞잡이 노릇을 하는 창호 등이 모두 우리 곁에 살아 있는 아이들같이 느껴진다.

소년 역전부

《도토리와 산고양이》, 글 · 스즈끼 미에끼찌, 그림 · 이선주, 창비

〈소년 역전부〉는 세계를 두루 다니는 여행자가 스웨덴 북쪽의 노를란드라는 곳에서 만난 열두 살짜리 소년, 랄스에 대한 기억을 담은 작품이다. 영하 30도까지 내려가는 노를란드 사람들은 우리가 보기에는 가난하고 안쓰럽게 느껴지는 생활을 하고 있다. 하지만 이들은 더없이 친절하고 순박하며 평화롭다.

이 지역에는 여행자를 위해 말을 빌려 주는 곳이 있다. 그 일을 맡아 하는 이들이 역전부이다. 여행자는 눈보라가 무섭게 치는 날, 다음 여행지로 가기 위한 말을 얻기 위해 한 마을에 들르지만 여행자들이 말을 죄 빌려 간 탓에 농가에 가서 말을 빌리게 된다. 그 집에서 앳되고 사랑스런 소년 랄스를 만난다. 말하자면 '소년 역전부'란 바로 랄스를 말하는 셈이다. 한치 앞도 안 보이는 캄캄한 밤에 눈보라까지 치는데도 랄스 어머니는 태연하게 랄스를 내보내고 랄스 역시 싫은 내색 없이 익숙하게 길 떠날 채비를 한다.

소년은 놀랍도록 태연하게 말을 격려하며 앞으로 나아간다. 하지만 험한 눈보라에 길이 사라져 버려 하룻밤을 눈 속에서 지내야 하는 상황이 된다. 여행자는 두려움에 떨었지만 랄스는 이럴 때 아버지가 어떻게 했는지 잘 안다며 솜씨 있게 썰매 속에다 잠자리를 만들어 낸다. 덕분에 얼어 죽을 거라며 겁을 먹었던 여행자는 편안히 아침을 맞이한다.

이 일은 여행자에게 깊은 감동을 준다. 추우면 전기와 가스로 거뜬하게 몸을 덥힐 수 있는 곳에 사는 우리들은 상상하지 못할 삶이다. 자연에 맞서 지혜롭게 살아가는 이들의 용감하고 인내심 있는 생활을 엿보며 가슴이 뭉클해진다.

할머니의 모자

《잃어버린 겨울방학》, 글 · 이소완, 그림 · 양상용, 소년한길

《잃어버린 겨울방학》에는 중편이라 할 수 있는 세 편의 작품이 들어 있다. 이 책을 쓴 작가 이소완은 사람이면 누구나 가질 수 있는 보편적인 감정을 예민하게 잡아내어 어린 티를 벗은 아이들이 만만하지 않은 세상과 맞닥뜨리면서 겪는 아픔이나 갈등을 긴장감 있게 그려 낸다.

두 차례 정도 나누어 읽어 주어야 할 분량이지만 또래 아이들의 고민을 자신의 일처럼 느낄 수 있도록 그려 놓았기 때문에 아이들은 어렵지 않게 작품 속에 빨려 들어간다. 그 가운데 〈할머니의 모자〉는 돌아가신 할머니에 대한 죄의식으로 혼란을 겪는 순영이의 이야기로, 깊은 공감을 자아낸다. 주인공 순영이는 겉과 속이 다른 자신의 모습 때문에 괴로워하는데 이 같은 내면의 모습은 대부분의 사람들이 가지고 있는 것이기도 하다. 그래서 읽는 동안 가까운 사람들에게 보였던 자신의 태도가 떠오르면서 불편해지기도 한다.

한때 아름다운 추억을 나누었던 사람일지라도 늙고 아프고 보잘것없어지면 귀찮은 존재가 되어 버릴 수 있다. 할머니를 따라다니며 착한 손녀딸이라는 칭찬을 듣던 순영이한테도 할머니는 어느새 그런 존재가 되었다. 이런 상황에서 맞이한 할머니의 죽음은 아이한테 두려움으로 다가서기 충분하다. 불안한 마음에 밤마다 잠들지 못하던 순영이는 결국 고모한테 이중적이었던 자신의 태도를 고백하면서 할머니와 화해할 수 있는 길을 찾게 된다. 할머니에 대한 자신의 태도를 정직하게 바라보면서 상처를 추스르는 순영이의 모습은 쓸쓸하면서도 잔잔한 감동으로 다가온다.

착한 아이 (김옥)

《또야 너구리의 심부름》, 권정생 외, 창비

요즘 아이들은 5, 6학년부터 사춘기를 겪는다. 하지만 아이들의 절실하고 아픈 연애 감정을 아이들의 눈높이에서 생생하게 반영하는 노래나 동화는 별로 눈에 띄지 않는다. 그래서 아이들은 곧바로 대중가요 속 사랑노래에 마음을 주기도 하고 하이틴 소설이나 귀여니 류의 소설에 맘을 빼앗기기도 한다. 고학년 아이들의 연애 감정을 안아 줄 한 줄기 바람이 아쉬운 때, 김옥의 〈착한 아이〉는 단연 돋보인다. 사춘기에 찾아든 사랑의 홍역을 어린애 다루듯 하거나 코믹하게 스쳐 다루지 않고 진지하면서도 발랄하게 풋풋한 첫사랑의 감정으로 살려 냈다.

소위 문제아에 속하는 삐딱한 주인공은 어느 날 같은 반 남자 아이에게 마음을 빼앗기면서 자신도 그 아이의 마음을 훔치리라 결심한다. 그 결심은 자신의 생활을 달라지게 한다. 그 아이를 위해 착한 아이가 되겠다고 다짐까지 하고는 구겨 신던 실내화까지 반듯하게 신는 노력을 기울인다. 하지만 불행히도 그 남자 아이는 자기가 아닌 다른 여자 아이를 좋아하고 있었고 진실한 자신의 사랑은 장난꾸러기 아이들에 의해 한바탕 우스꽝스러운 소동으로 취급받고 만다. 마지막 장면은 상처만 남은 주인공 아이의 독백으로 채워진다. 주인공은 눈물을 삼키며 사랑의 증거인 비밀일기를 땅에 묻는데 그때 하는 말이 책을 덮고 나서도 귓전에 남는다. "그래도 난 착하게 자라날 거야. 착한 아이가 될 거야."
어찌 보면 신파 같은 분위기도 나고 비현실적인 결말로 보일 수도 있지만 의외로 순결한 아이의 마음과 앞날에 대한 성장의지를 담은 이 대목이 깊이 남는다.

만년샤쓰 (방정환)

《겨레아동문학선집 1》, 방정환 외, 보리

〈만년샤쓰〉는 방정환이 1927년 《어린이》에 발표한 작품이다. 오래 전에 씌어졌지만 요즘 아이들도 재미와 감동을 느낄 수 있는 작품이다. 교과서에는 아쉽게도 이야기의 앞부분을 잘라 버리고 뒤쪽 일부만 실어 놓아 주인공의 성격이며 작품이 주는 감동을 전혀 느낄 수 없도록 해 놓았다. 문장 또한 손본 곳이 많아 원작이 주는 생생한 맛이 잘 느껴지지 않는다. 교과서가 지니는 이런 아쉬운 점들을 '원조' 〈만년샤쓰〉를 읽으며 말끔히 씻어 보기 바란다.
보는 이에 따라서는 주인공 한창남의 영웅적인 행동이 너무 감상주의적이지 않은가 비판을 할지도 모르겠지만, 그 생기발랄하고 낙천적인 인물 형상은 우리 아동문학이 만들어 낸 중요한 캐릭터 가운데 하나로 손꼽을 만하다. 아이들은 오히려 한창남의 과장되고 장난기 넘치는 행동에 넉넉한 응원을 보낼 것이고, 자신의 희생을 무릅쓴 선행에 고개를 끄덕이리라 본다. 이처럼 이 글은 인물의 성격이 돋보이는 글이라 아이들과 인물의 성격을 공부하기에 더없이 좋다.

문제아

《문제아》, 글 · 박기범, 그림 · 박경진, 창비

제목부터가 범상치 않다. 제목 그대로 이 작품은 한 평범하고 순진한 아이가 그릇된 사회 구조와 제도 속에서 어떻게 간단히 '문제아'로 낙인찍히고 마는지를 보여 준다. 그 어처구니없이 쓸쓸한 현실을 날카롭게 보여 주면서도 이 작품은 거기서 머무르지 않는다. 어떤 존재이든 따뜻한 사랑을 원한다는 단순한 진리를 함께 깨우치고 있는 것이다.
《문제아》에는 고학년들에게 읽어 줄 만한 재미있는 이야기들이 여러 편 더 들어 있는데, 그것들 대부분이 우리 동화작가들이 다루기 꺼려하는 현실적인 소재들로 되어 있다. 그래서 동심주의 계열의 이야기들과는 사뭇 다른 느낌을 던져 주지만, 아이들에게 그의 동화를 읽어 주면 대부분 재미있어한다. 그 속에 자신들이 몸으로 직접 부딪치는 '삶'이 들어 있기 때문이다.
어찌 보면 〈문제아〉는 우리 교사들이 읽기에 조금 '껄끄러운 느낌'을 주는 작품이다. 나도 처음에는 이 작품을 읽어 줄 때 뒤가 켕겨서 혼났다. 아이들이 여기 나오는 선생을 내 모습과 같다고 생각하지 않을까, 속으로 전전긍긍하면서 이 작품을 읽어 주었던 기억이 있다.
이 작품은 아이들 말을 그냥 받아 적은 것처럼 술술 읽힌다. 아이들과 가까운 소재에다 속도감 있는 문체는 아이들 귀를 붙들어 놓기에 충분하다. 아이들은 숨을 죽이고 귀를 기울여 이 이야기를 들을 것이다. 읽고 나서는 무엇을 할까? 짐짓 이 이야기와 상관없이 딴청을 부려도 좋을 듯한데, 굳이 무슨 활동 같은 것이 필요하다면 아이들의 억울하고 맺힌 이야기를 글로든 말로든 잠시 풀어놓게 하는 것이 좋을 듯하다.

나비를 잡는 아버지 (현덕)

《겨레아동문학선집 5》, 현덕 외, 보리

〈나비를 잡는 아버지〉(현덕, 《겨레아동문학선집5》, 보리)의 작가 현덕은 이른바 월북 작가이다. 그래서 1980년대 후반 복원되기 전까지는 그의 작품이 일반에 널리 알려지지 못했다. 대부분의 월북 작가들이 그러했지만 '해금'이 되어 일반에 알려지기 전까지 그는 이념 문제로 월북한 '빨갱이 작가'쯤으로 매도되기 일쑤였다. 이후 그의 작품이 복원되면서 그는 새롭게 주목 받는 소설가가 되었다. 등단작 〈남생이〉를 비롯하여 〈경칩〉, 〈군맹〉 등은 모두 1930년대 후반 우리 겨레의 고단한 삶을 또렷하게 그린 수작들로 새로운 평가를 받게 되었다.

지금 소개하는 작품 〈나비를 잡는 아버지〉는 해방 전후 고단했던 농촌의 현실을 짐작케 한다. 그러나 이 작품의 감동은 그런 현실을 반영하고 있는 데서만 오는 것이 아니다. 그것은 무엇보다 삶을 버거워하는 어른을 껴안는 아이의 넉넉한 마음에서 우러나온다. 살기 위해 세상에 고개 숙이지 않으면 안 되는 아버지와 그런 아버지를 원망하다 결국 애타게 껴안는 아들의 모습은 시대를 초월한 진정성의 힘으로 우리를 감동시킨다.

벌써 50년이 훨씬 넘은 이야기이지만 이 작품을 들려주면 아이들은 대개 골똘한 얼굴들을 한다. 이 작품을 들려주고 무엇을 할까? 자신의 처지와 견주어 느낀 점을 글로 써 보게 하면 좋을 것 같다. 글 쓰는 것을 부담스러워한다면 가장 기억에 남는 한 장면을 그림으로 그려 보게 하는 것은 어떨까.

호수 속의 오두막집 (이원수)

《정말 바보일까요?》, 엮음 · 이오덕, 사계절

〈호수 속의 오두막집〉은 1960년대 막바지에 나온, 분단의 아픔을 다루고 있는 작품이다. 이 작품을 쓴 이원수는 동시, 동화, 평론 등 모든 아동문학 분야에서 뚜렷한 발자취를 남긴 작가이다.

분단을 소재로 했다는 선입견에 비추어 〈호수 속의 오두막집〉의 색깔을 미리 짐작하실 분들이 있을는지 모르겠다. 이를테면 한 편의 따뜻한 문학작품으로 읽히기보다 뭔가 딱딱한 역사나 뻔한 훈화로 읽히지나 않을까 하는 염려가 그것이다. 그러나 그런 우려는 한낱 기우에 지나지 않는다. 이 작품은 분단의 아픔을 또렷이 드러내면서도 그 목소리는 나지막하고 잔잔하고 슬프기 때문이다.

작품을 읽어 주기 전에 교사는 먼저 작품의 배경을 귀띔해 주는 것이 좋다. 이 작품이 나올 당시 우리 현실이 어떠했는지를 간략하게 설명하고 나서 작품으로 들어가는 것이 좋겠다. '아버지 서진규의 집, 호수 속에 있음 — 장수리 국민학교 6년 서숙희 —' 라는 작은 푯말에 대한 이야기가 나오면 그냥 읽기만 하지 말고 칠판에 써 주자. 작품에 나온 공간에 대한 이해를 돕기 위해 칠판에 그림을 그려 가며 읽어 주는 것도 좋다.

가자미와 복장이

《못나도 울엄마》, 글 · 이주홍, 그림 · 송진헌, 창비

이주홍은 '익살과 재치'가 넘치는 작가다. 특히 〈가자미와 복장이〉에 그러한 면모가 잘 드러난다. 우선 '가자미'와 '복장이'의 그 능청스럽고 뻔뻔한 인물 형상들을 보자. 저절로 웃음이 나올 법하지 않은가. 두 인물이 서로를 골탕 먹이려다 결국 자신을 망치고 마는 이 이야기는 독자에게 결국 '남을 위하는 것이 곧 스스로를 위하는 길'이라는 가르침을 은근히 던지고 있다. 보통 동화를 쓰는 작가들은 동화가 아이들이 읽는 글이라고 해서 그 속에 어떤 '교훈'을 담으려고 한다. 그런데 그 교훈이라는 것을 너무 의도적으로 드러내 아이들을 이내 곤혹스럽게 만들곤 한다. 그래서 아이들은 “아이구, 이거 읽어 보았자 뻔한 잔소리군.” 하며 그런 작품에서 도망치기 일쑤다. 그런데 이 작품은 그렇지 않다. 그야말로 작가가 주려는 교훈이 적절한 재미 속에 잘 용해되어 있는 것이다.

남과 북의 교류가 눈에 띄게 활발해지고 남북 이산가족의 만남 또한 몇 차례나 진행되고 있다. 겉으로 봐서는 남북 관계가 많이 부드러워진 듯도 하지만 그 이면을 들여다보면 아직도 ‘분단’의 질곡 속에서 고통을 겪고 있는 것이 엄연한 우리의 현실인 듯싶다. 분단은 여전히 우리 겨레의 삶 구석구석에 영향을 미치는, 보이지 않는 굴레로 작용하고 있는 것이다. 이런 의미에서 문학작품을 통해 아이들에게 분단 현실을 깨닫게 하는 일은 여전히 중요하고 유효한 일이라는 생각이 든다.

이 작품이 교과서에 실렸을 때, 이야기를 읽어 주려 하면 아이들은 “선생님, 그거 아는 이야기에요. 딴 거 해 주세요.” 아우성을 쳤다. 이미 교과서를 통해 배웠으니 시시하다는 뜻이겠다. 그렇다고 물러설 수 있나. “지난번에 너희들이 배운 것은 이 작품의 줄거리일 뿐이야. 내가 이번 기회에 원조 〈가자미와 복장이〉를 읽어 주도록 하마. 교과서에서 배운 것과는 비교도 안 될걸.” 하고 운을 뗀 뒤 이야기를 읽어 주었다. 지금은 교과서에 없으니, 읽어 주어도 무방하다. 아마 대부분 아이들은 눈을 반짝이며 이 이야기에 귀를 기울일 것이다.

읽고 나서는 무엇을 할까? 간단하게는 작품에 등장하는 가자미와 복장이의 인물평을 해 보는 것이 좋을 것이다. 조금 시간이 넉넉하다면 모둠별로 가자미, 복장이, 기자 역할을 분담한 뒤에 간단한 질문자료와 답변자료를 준비해서 가상 인터뷰를 진행해 보는 것도 재미있겠다.

독후감 숙제

《문제아》, 글 · 박기범, 그림 · 박경진, 창비

〈독후감 숙제〉에서 우선 돋보이는 것은 주인공인 나의 ‘엄마’다. 이 작품에는 엄마와 단둘이 살아가는 가난한 아이가 등장하는데, 보통 동화 작가들은 이런 경우 ‘엄마’를 따스한 인물로 미화하는 경우가 참 많다. 그러나 이 작품에서 작가는 예의 그런 ‘관습’에 발목 잡히지 않고, 현실을 아주 냉정하게 붙들고 있다. 콩나물을 팔아 생계를 꾸리는 ‘엄마’의 형상이 마치 살아 있는 인물처럼 여겨지도록 하면서, 아이가 헤쳐 나가야 하는 세상의 모습을 ‘있는 그대로’ 정직하게 펼쳐 보여 주고 있는 것이다. 작가의 이런 정직한 태도는 결국 이 작품의 결말에 가서 ‘뭉클한 감동’을 선사하는 넉넉한 힘으로 작용한다.

이 작품은 중간에 나오는 오세영의 만화 〈부자의 그림 일기〉를 함께 보여 주지 않고는 아이들에게 깊은 감동을 줄 수 없다. 그만큼 이 만화가 중요한 구실을 하는 셈인데, 실물화상기가 있으면 화면에 크게 비추어 주거나 OHP가 있는 경우 미리 필름으로 떠 두었다가 중간에 함께 보여 주는 것이 좋겠다.

읽어 주고 나서는 무엇을 할까? 이 작품이야말로 ‘독후감 숙제’가 꼭 필요한 그런 작품이 아니겠는지. 아이들에게 이 작품을 듣고 난 소감을 자연스럽게 글로 표현해 보도록 하는 것이 좋겠다.

우리들의 영등폭포

《파랑도》, 강정훈, 창비

강정훈은 1953년 제주도 서귀포에서 태어나 제주에서 자랐다. 그런 이유 때문인지 그는 제주도를 배경으로 한 여러 편의 동화를 썼다. 그 가운데 〈우리들의 영등폭포〉는 이른바 ‘관광 붐’으로 제주도의 순박성이 상실되어 가는 것에 대한 아픔을 그린 작품이다.

이 이야기의 배경은 제주도의 어느 한적한 마을이다. 이 마을에는 영등이라는 폭포가 있다. 세상에 이 폭포가 알려지기 전까지 마을 아이들은 해마다 여름이 되면 이곳에서 자유롭게 멱을 감았다. 아이들뿐만이 아니었다. 남자 어른, 여자 어른 할 것 없이 이 폭포에서 너도나도 즐겁게 멱을 감았다. 그런데 어느 날 이 폭포가 관광을 하러 온 외지 사람에게 '발견' 되면서부터 영등폭포 앞에는 '나체 목욕을 금한다.' 는 경찰서장의 경고판이 붙게 된다. 아이들은 그에 아랑곳하지 않고 전처럼 신나게 멱을 감지만 그것이 그리 오래 가지는 못했다. 폭포 주변에 철조망이 둘러쳐지고 입장료를 내야만 출입을 할 수 있는 진짜 '관광지' 가 되어 버렸기 때문이다.

제주도의 한 작은 마을을 배경으로 실제 일어났을 법한 사건을 그리고 있는 이 작품은 이른바 '개발의 논리' 란 것이 아름다운 자연과 동심을 어떻게 멍들게 하는지를 또렷하고도 차분하게 보여 준다. 또한 간결한 문체로 철저하게 아이들의 시선에서 이야기를 풀어 가고 있어 믿음을 주는 작품이기도 하다.

주문이 많은 요리점

《주문이 많은 요리점》, 글 · 미야자와 겐지, 그림 · 이가경, 우리교육

〈주문이 많은 요리점〉은 미야자와 겐지의 판타지 작품 가운데 하나다. 사냥꾼 복장을 한 젊은 신사 두 사람이 깊은 산 속에서 길을 잃고 배고픔과 추위에 떨다가 문득 훌륭한 서양식 집 한 채를 발견하고 그 집에 들게 된다. 그리고는 문 앞에 씌어진 다음과 같은 글씨를 보게 된다. "우리 회관은 주문이 많은 요리점이니 부디 그 점을 헤아려 주시기 바랍니다."라는. 맛있는 요리를 내놓기 위해 제법 뽐낼 줄 아는 요리점이라는 생각에 그들은 집안에 붙어 있는 주문을 착실히 따른다. 이를테면 머리를 깔끔하게 빗고 신발에 묻은 흙을 털고, 모자와 외투와 구두를 벗고, 항아리 속의 크림을 얼굴과 손발에 바르고, 향수를 머리에 뿌리고……. 주문에 착실히 따르던 두 신사는 급기야 온몸에 소금을 잘 비벼서 뿌려 달라는 주문을 보고는 그제야 일이 뭔가 잘못되었다는 것을 깨닫는다. 그들이 찾아든 요리점은 '찾아온 손님에게 맛있는 서양 요리를 먹여 주는 곳' 이 아니라, '찾아온 손님을 서양 요리로 만들어서 먹어 주는 집' 이었던 것이다. 두 신사는 혼비백산해서 그 집을 빠져 나오려고 허둥대는데…….

이 작품은 뒤로 가면 갈수록 호기심을 느끼게 해서 생각지도 못한 반전을 던지는 묘미가 일품이다. 또한 '목숨 있는 것' 을 하찮게 여기던 신사들이 혼쭐나는 모습을 통해 폭력적인 '문명의 속성' 을 날카롭게 비판하는 작가의 태도 또한 예사롭지 않다는 생각이 든다.

언청이 순이

《언청이 순이》, 서정오, 지식산업사

〈언청이 순이〉의 시대적 배경은 6 · 25 전쟁 직후이다. 이 작품은 전쟁이란 수많은 목숨을 앗아 가는 것일뿐더러, 살아남은 사람들 사이의 골을 더욱 깊이 갈라 놓는 것이라는 사실을 새삼 보여 준다. 그럼에도 아이들 마음속의 따스한 동심이 그 패인 골을 너끈히 메울 수 있음을 보여 주고 있어 눈길을 끈다. 빨치산이었던 아버지를 둔 죄로 깊은 산 속에 숨어 살게 된 언청이 순이와 순경 아버지를 둔 덕분에 동네 아이들의 대장이 되어 뻐기는 영규의 모습은 전쟁 뒤 우리 겨레의 쓸쓸한 삶을 상징하는 캐릭터라 할 만하다.
빨치산의 딸 순이는 산 속으로 숨어들었다가 결국 죽어 귀신이 되었다는 풍문의 주인공이 되고, 지서 순경 아들인 영규는 플라스틱 장총을 들고 공비를 잡는 병정놀이 속의 토벌대장이 된다. 토벌대장 영규가 시키는 대로 늘 공비 역할만 하는 '나'는 어느 날 병정놀이를 하다 산 속에서 죽은 줄로만 알았던 순이와 마주친다. 순이는 죽어 귀신이 된 것이 아니라 깊은 산 속에서 어머니와 단둘이 외롭게 살고 있었다. 그러나 순이는 그런 처지에도 오히려 따스한 마음씨를 잃지 않고 있었다. 어른처럼 이분법적인 세계관으로 세상을 볼 줄 모르는 '나'는 그런 순이와 자연스럽게 교감한다. 그 교감의 장면은 우리에게 참으로 따스하고 찡한 감동을 준다.

작은 주검들이 한 이야기

《깜둥바가지 아줌마》, 글 · 권정생, 그림 · 권문희, 우리교육

〈작은 주검들이 한 이야기〉는 제목 그대로 '주검들이 한 이야기'를 옮겨 적은 형식이다. 이 작품의 주인공은 살아 있는 인물이 아니라 얼어 죽은 어느 시체의 일부분들이다. 시체의 일부분이란 몹시도 추운 밤 포플러 가로수 밑에 누더기를 입은 채 얼어 죽은 '거지'의 시체에 붙은 작은 주검들 — 눈, 귀, 입, 손, 다리 — 을 말한다. 그냥 시체도 아니고 거지의 시체라니! 그러나 주검들의 이야기를 읽다 보면 그들의 주인이었던 거지가 시대가 끼치는 고통에 몸부림치며 얼마나 진정 어린 삶을 살려고 노력했는지가 잘 드러난다. 그래서 이 작품을 읽고 나면 처음에는 거들떠보기조차 싫던 거지의 시체를 마음속으로 가만히 끌어안게 된다.
주제도 무겁고 이야기 자체도 그리 쉽게 귀에 들어오는 작품은 아니다. 교사가 들려주려 할 때는 우선 그 배경을 간략하게나마 설명하는 것이 좋겠다. 이 작품을 다 읽어 주고 난 뒤에는 무엇을 할까? 요즘 들어 긴요해진 반전, 평화에 대한 교육과 연결지어 생각해 보면 좋을 주제라는 생각이 든다.

조커 — 학교 가기 싫을 때 쓰는 카드

글 · 수지 모건스턴, 그림 · 미레이유 달랑세, 문학과지성사

《조커 — 학교 가기 싫을 때 쓰는 카드》를 읽어 보니 다른 나라라고 우리보다 훨씬 자유롭고 바람직한 학교교육을 한다고는 생각되지 않는다. 그곳에서도 학교교육은 여전히 어떤 '틀'에 얽매여 있고, 아이들은 늘 갑갑증에 시달리고 있는 듯 보이기 때문이다. 이를테면 《조커 — 학교 가기 싫을 때 쓰는 카드》는 그런 갑갑한 아이들의 현실에 조그만 숨구멍을 뚫어 주기 위해 애쓰다가 결국 교단을 떠나게 되는 한 '늙은 평교사'의 이야기를 그리고 있다.
주름투성이에다 배가 공만 하고 흰머리가 사방으로 뻗친 할아버지, 노엘 선생님. 실망이 너무도 커서 거의 울 지경인 아이들에게 던진 선생님의 첫마디는 "너희들을 위해 선물을 준비했다."는 말이었다. 그리고는 아이들 한 명 한 명의 책상 위에 카드를 한 벌씩 올려놓았다. 그 카드 뒷면에는 다음과 같은 문구들이 쓰여 있었다.
'잠자리에서 일어나고 싶지 않을 때 쓰는 카드, 학교에 가고 싶지 않을 때 쓰는 카드, 지각하고 싶을 때 쓰는 카드, 숙제한 것을 잃어버렸을 때 쓰는 카드, 숙제를 하고 싶지 않을 때 쓰는 카드, 수업 시간에 잘 때 쓰는 카드…….'
선생님은 아이들에게 이 카드를 건네주며 자신이 쓰고 싶을 때 언제든 마음대로 쓰라고 권한다.
책의 두께는 얇지만 글 전체를 아이들에게 꼬박 다 읽어 주기에 좀 무리가 따를 것이다. 이런 책은 아무래도 교사가 먼저 구해서 읽고 아이들에게 책에 대한 소개를 하는 것이 좋겠다. 아이들이 어느 정도 읽었다고 생각하면 자신이 받고 싶은 '조커'에는 어떤 것이 있나 적어 보도록 하자. 할아버지 노엘 선생님에게 편지를 써 보는 것도 좋겠다.

그림책

저학년

강아지똥

글 · 권정생, 그림 · 정승각, 길벗어린이

《몽실언니》로도 잘 알려진 작가 권정생은 예나 지금이나 변함없이 안동의 작고 작은 집 조그만 방에서 홀로 결핵과 싸우면서 살아가고 있다. 〈강아지똥〉은 그림책으로 여러 번 고쳐 나오면서 원문이 간결하게 다듬어지기도 하고 조금씩 문장이 바뀌기도 했다. 어느 책이 작가의 마음에 쏙 들지는 모르겠지만 정승각 그림의 《강아지똥》은 작가 권정생이 직접 글을 줄인 책이다.

"돌이네 강아지 흰둥이가 똥을 누었어요. 골목길 담쪽에……."로 시작하는 이 동화는 하잘것없는 강아지똥의 일생이지만 읽는 이로 하여금 인생의 뜻을 생각하게 하는 철학동화이다. 우리나라에서 가장 훌륭한 철학동화를 꼽으라 하면 주저 없이 이 동화를 꼽겠다. 등장하는 나비나 병아리, 참새 따위들의 짤막한 말과 강아지똥의 말이 어린이, 특히 저학년 아이들의 마음을 파고든다. 물론 고학년 동화로도 손색이 없다. 어른들이 읽어도 그렇고.

민들레 뿌리 속으로 강아지똥이 녹아 들어가 노랗고 예쁜 민들레가 피어나는 마지막 장면에서는 아이들 얼굴이 환해진다. 사랑스러운 강아지똥의 마음에 아이들이 사랑스럽게 피어나는 걸 보게 될 때 선생님도 행복하고 아이들도 행복하다. 철학동화의 위대한 힘이 이런 것이 아닐까 한다. '무엇무엇에 대해 생각해 봅시다.'라거나 '무엇무엇을 잘 지킵시다.' 하는 설교식 교육자의 냄새를 풍기는 이야기는 이미 동화의 생명이 끝나 버린 것이다.

우리 몸의 구멍

글 · 허은미, 그림 · 이혜리, 돌베개어린이

《우리 몸의 구멍》은 아이들이 즐겁게 몸 이야기를 할 수 있도록 만든 그림책이다. 이 책을 보여 주기 전 한 번쯤 아이들한테 우리 몸에 구멍이 몇 개나 있냐고 물어보자. 여덟 개요, 아홉 개요! 아이들은 갑자기 몸에 구멍이 몇 개인지 헷갈리기 시작한다. 이렇게 호기심을 살짝 불러일으켜 놓고 이 책을 보여 주자. 가르치려 들지 않고 즐기면서 몸에 대한 정보를 섬세하게 풀어 주는 이 책에 아이들은 단번에 빠져들 것이다.

첫 장을 열면 구멍이 하나 나오는데 무슨 구멍인지 도무지 알 수 없다. 맞혀 보려고 온갖 이야기를 한 끝에 보니 수채구멍이다. 아이들은 이때부터 뒷장에 뭐가 나올지 궁금해한다. 《우리 몸의 구멍》은 이렇듯 눈, 코, 입, 귀, 항문같이 우리 몸에 있는 중요한 기관들을 구멍 이야기로 풀어 간다. 수채 구멍, 샤워기 구멍으로 이야기를 시작해 차차 우리 몸에 있는 구멍을 안내한다. 숨은 코를 통해 허파로 들어갔다 나오고, 소리는 귓속 고막을 거쳐 뇌로 전달되며, 음식은 입으로 들어가 식도, 위, 장을 지나 항문으로 나온다.

아이들은 입으로 들어갈 듯 흘러내리는 콧물이 달린 코를 볼 때는 더럽다고 소리를 지르기도 하고 몸에 대한 정보를 자세히 말해 주는 장면이 나올 때는 그림을 그대로 따라 하기도 하면서 관심을 보인다. 읽어 주는 어른도 아이들과 함께 움직이면 좋겠다. 똥 이야기가 나올 때는 배를 살살 만지면서 읽어 주자. 아이들도 덩달아 배를 살살 만진다. 배를 만지면서 큰창자, 작은창자에 대해 배우고, 오줌, 땀, 방귀가 나오는 구멍까지 다 보여 주고 나면 천연덕스럽게 "아기는 어디에서 나올까?" 하고 묻는다. 놀이하듯 몸에 대한 공부를 하다가 마지막에 가서 은근히 몸이 소중한 것임을 느끼게 하는 것도 이 책의 미덕이다.

씨앗은 어디로 갔을까

글, 그림 · 루스 브라운, 어린이중앙

《씨앗은 어디로 갔을까》는 작은 씨앗 하나가 해바라기로 자라는 과정을 통해 생명의 탄생과 성장이라는 대자연의 신비를 서정적인 문장과 화면 속에 담아내고 있다. 이 그림책은 보통 그림책보다 판형이 작지만 화면 가득 시원스럽게 그린 그림과 역동적이면서도 웃음이 나오는 이야기의 흐름 때문에 좀처럼 눈을 떼기 어렵다.

네 살쯤 되었을까? 사랑스런 아기가 흙 묻은 손으로 씨앗을 심는 장면부터 이야기는 시작된다. 아기가 심은 열 개의 씨앗은 화면이 바뀔 때마다 이런저런 사연으로 한 개씩 없어진다. 들쥐가 씨앗 한 개를 움켜쥐기도 하고 비둘기가 쪼아 먹기도 한다. 겨우 싹을 틔운 해바라기는 거친 두더지나 장난꾸러기 고양이들 때문에 망가지기도 한다. 씨앗이나 싹이 하나씩 없어질 때마다 안타까운 마음도 들지만 그렇다고 이런 현실이 슬프게 비치지는 않는다. 동물 역시 생명의 큰 테두리 안에서 제 몫을 챙기기 때문이다.

작가는 동물과 식물의 공생을 화면마다 재미있게 표현하고 있다. 사람 손 못지않은 실감 나는 들쥐의 손, 커다란 이파리를 뒤집어쓴 채 달려드는 두더쥐, 호기심 가득한 눈을 한 고양이들은 저마다 달라지는 화면 속 개성 있는 주인공들이다.

그러다 진딧물에 스러져 간 봉오리 옆에서 끈질기게 살아남은 단 하나의 꽃봉오리, 그 봉오리가 다음 장면에서 화려하게 피어난다. 이 장면은 깊은 감동을 준다. 그 감동은 씨앗이 꽃을 피우는 길이 험난하다는 것을 아는 데서 오는 감동이다. 다시 씨가 맺히고 아이는 씨앗을 봉지에 담는다.

《씨앗은 어디로 갔을까》를 보고 나면 길에 핀 들풀 하나도 예사롭게 보이지 않는다. 꽃이 핀 풀이나 나무 한 그루가 그저 감상적으로만 보이지 않는다.

검피 아저씨의 뱃놀이

글, 그림 · 존 버닝햄, 시공주니어

《검피 아저씨의 뱃놀이》에 나오는 검피 아저씨는 아이들이 가장 좋아하는 어른, 어른이 되어서도 닮고 싶은 삶을 사는 사람이다. 그는 호수가 보이는 곳에 집을 짓고 산다. 언제라도 호수에서 노닐 수 있는 배도 있다. 그리고 아이들과 친구처럼 어울릴 수 있는 자유로운 감성과 여유를 가지고 있다.

배를 끌고 나간 아저씨에게 동네 아이들과 토끼를 비롯한 갖가지 동물들이 "우리도 따라가도 돼요?" "나도 타고 싶은데." 하면서 저마다 순진한 얼굴로 물어본다. 아저씨는 싸우지 않고 뛰지만 않으면 된다고 하면서 모두 배에 태워 준다. 아저씨는 약속을 정하고 동물들은 약속을 지킬 것 같은 얼굴을 하고 있지만 그것이 가능하지 않으리라는 것은 아이들도 아저씨도 다 알고 있다.

하지만 처음부터 일을 저지르려고 작정한 것은 아니다. 아이들도 규칙을 지켜야 한다는 것쯤 알고 있다. 다만 생각만큼 몸이 따라 주지 않는 것뿐이다. 이 그림책이 재미있는 까닭은 즐거운 뱃놀이 때문만은 아니다. 그림책 속 인물이나 그림책을 보는 아이들 모두 무슨 일이 일어나기를 바라고 있기 때문에 더 재미있다. 장난 끝에 정말 배는 뒤집어진다. 그런데 아무도 무서워하지 않는다. 기다린 일이라는 듯 젖은 몸을 하고도 마냥 즐겁다. 검피 아저씨도 만만치 않다. 말썽꾸러기들을 모조리 집으로 끌고 가서 따뜻한 차까지 대접한다.

단순하게 되풀이되는 이야기 구조에 한결같이 무덤덤한 인물들, 하지만 존 버닝햄은 어린아이가 그린 듯 납작하고 어설픈 그림으로 아이들이 일상에서 느끼는 갖가지 감정을 더없이 풍부하게 그려 냈다.

둥!

글 · 야마시타 요스케, 그림 · 초 신타, 돌베개어린이

북소리는 심장 소리와 닮았다고 하던가. 북소리는 흥을 돋우어 주고 어깨춤이 절로 나게 만든다. 초 신타가 그림을 그린 그림책 《둥!》은 북소리에 대한 모든 기억을 낱낱이 일깨워 준다. 소리에 대한 감각을 한껏 살려 낸다.

이야기의 주인공은 장난꾸러기 도깨비 용이와 남자 아이 건이다. 둘은 어른들이 참을 수 없는 장난질을 한 탓에 집에서 쫓겨난다. 쫓겨날 짓을 한 두 주인공의 캐릭터도 재미있지만 그림이 주는 즐거움 또한 크다. 유치원생이 물감을 풀에 섞어 손가락으로 쓱쓱 그려 낸 듯한 우스꽝스러운 그림은 어설프면서도 자유로워서 해방감마저 느껴진다. 북을 맨 채로 집에서 쫓겨난 두 주인공은 만나는 순간부터 북을 치며 다투기 시작한다. “너는 누구냐?” 덩! 덩! “사람이다!” 두둥 두둥둥! 이렇게 시작한 말싸움과 장단 맞치기 싸움은 큰북을 둘러메고 달려온 양쪽 부모들이 끼어들고 온갖 동물들이 섞여들면서 신명 난 집단 북싸움, 한판 대동놀이로 고조된다.

이야기는 어떻게 될까? 벌어진 싸움판은 둥! 하고 한순간에 맞아떨어진 북소리로 극적인 반전을 맞이한다. 싸움판이 웃음판으로 변한 것이다. 풍물굿을 본 사람이라면 미칠 듯이 휘몰아치던 북소리가 멈추는 순간 숨이 멎는 듯한 느낌을 받은 경험이 있을 것이다. 이어 온갖 웃음들이 터져 나오기 시작한다. 이 그림책은 수많은 북소리와 웃음소리를 놓치지 않고 읽어야 제 맛이 난다. 용이와 건이는 다시 만날 약속을 하며 헤어진다. 날마다 되풀이해서 어른한테 혼나고 친구들과 싸우고 풀고 하는 아이들의 모습이 이 그림책 속에 고스란히 담겨 있다.

비오는 날의 소풍

글, 그림 · 가브리엘르 벵상, 시공주니어

어린 쥐 셀레스틴느와 곰 아저씨 에르네스트는 가브리엘르 벵상의 연작 그림책에 등장하는 주인공들이다. 스케치하듯 거침없이 그린 선과 수채물감을 엷게 칠한 화면 속에서 가난한 이들의 일상이 한없이 부드럽고 생기발랄하게 펼쳐진다. 여백이 많은 담백한 그림, 한두 문장으로 아껴 쓴 글 또한 이들의 이야기를 절실하게 느끼게 한다.

그 가운데 《비오는 날의 소풍》은 셀레스틴느의 애절한 몸짓과 어린이 마음을 잃지 않은 곰 아저씨의 낭만을 거침없이 보여 주는 그림책이다. 어른과 아이는 사실 다른 세계에 살고 있다. 이치를 따지고 계산에 밝은 어른이 아이들과 어울려 뒹굴기란 쉽지 않기 때문이다. 하지만 에르네스트는 어른의 세계에 묶여 있지 않다. 때로 어른의 굴레에서 걸어 나와 멋지게 아이들 세계로 들어간다.

소풍을 가기로 한 날 비가 오고 셀레스틴느는 깊은 슬픔에 빠진다. 곰 아저씨는 할 수 없이 비가 안 온다 치고 소풍을 가자고 한다. 곰 아저씨는 이웃의 눈길을 피하고 싶은 듯 움츠리고 걷다가 빗속에서 자기도 모르게 아이가 되어 간다. 끝내 둘은 짐을 던지고 비를 맞으며 춤을 춘다. 아름다운 장면이다.

소풍은 땅 주인 때문에 망쳐질 위기를 맞기도 하지만 부드러운 성품의 곰 아저씨는 솔직하고 겸손한 태도로 상대방을 동심의 세계로 이끈다. 이들은 나중에 땅주인과 이웃이 되어 차를 마시며 멋진 오후를 보낸다. 이 책을 덮을 때면 추운 날 따스한 차 한 잔을 마실 때처럼 마음이 훈훈해진다. 어린아이처럼 살고 싶은 마음이 든다.

넉점반

글 · 윤석중, 그림 · 이영경, 창비

그림책 《아씨방 일곱동무》(글, 그림 · 이영경, 비룡소)에 곱디고운 그림을 그린 화가 이영경이 윤석중의 동요 〈넉점반〉

에 그림을 입혔다. 작가는 그림책 《넉점반》에 이 동요를 부르며 자랐던 세대의 정감 어린 생활상을 아름답게 살려 냈다. 표지를 보면 앙증맞은 치마저고리를 입은 아기가 한눈을 팔고 있다. 이 아기가 하는 대로 마냥 지켜보고만 싶다. 이 아기가 보내는 하루를 따라가 보자. 아기는 어머니 심부름을 간다. 코앞 가겟방에 가서 시간 좀 물어보고 오라 했는데 아기는 날이 저물도록 '넉점반'을 외며 잠자리, 개미 따위를 쫓아다니기에 바쁘다. 실컷 놀다가 해가 저물어서야 집에 들어가서는 "엄마, 시방 넉점 반이래." 하고 말하는 아기. 시간이 뭔지도 모르는 여자 아이는 그저 '넉점반'이라는 말만 외워 가면 엄마 심부름을 다한 것으로 생각한 것이다. 어른들이 이 책을 좋아하는 까닭은 계산에 바쁘고, 눈치 보고, 일상에 찌든 자신의 모습을 훌쩍 벗어나 어린 시절 자신의 순진한 모습을 마주할 수 있기 때문인지도 모른다.
〈넉점반〉을 부르지 않고 자란 지금 아이들이 이 시에 담긴 정서와 풍경을 낯설어하지 않을까 걱정할 필요는 없다. 어른이 그렇듯 아이들도 자신이 더 어릴 때를 생각하거나 귀엽고 엉뚱한 아이의 행동에 이끌려 책을 보게 될 것이다.

빨간 끈으로 머리를 묶은 사자

글, 그림 · 남주현, 돌베게어린이

동물의 왕 사자는 우연히 빨간 리본을 본 순간부터 머리에 매고 싶어 안달이 난다. 하지만 혼자 힘으로 끈을 자를 수 없어서 숲 속 친구들에게 도움을 청한다. 코끼리, 사슴, 토끼가 차례로 나타나지만 땅에 양끝이 파묻힌 끈은 꼼짝도 않는다. 문제를 해결해 주겠노라고 의기양양하게 나타난 친구들이 줄줄이 실패하고 아무도 생각지 못한 약자가 문제를 해결하는 이야기는 그림책이나 옛이야기에 단골로 등장하는 줄거리이다. 그러면 이 그림책의 새로움은 무얼까?
동물들의 익살맞은 표정을 꼽을 수 있다. 사자뿐 아니다. 등장하는 동물들의 복잡한 마음이 얼굴에 그럴듯하게 드러난다. 코끼리가 짓는 표정은 예닐곱 가지나 된다. 읽는 이의 생각을 훌쩍 뛰어넘는 상상력도 이 그림책의 매력이다. 약한 동물이 해결사가 되리라는 짐작은 하겠지만 거미라고는 미처 짐작하지 못한다. 그래서 그림책 속 다른 동물과 다를 바 없이 거미가 나설 때 덩달아 비웃게 되는 것이다. 작가는 바로 동물과 아이들이 가질 법한 반응에서 헛점을 찾아냈다. 문제를 해결할 열쇠는 힘에 있지 않고 지혜에 있다는 것, 가진다는 생각에서 자유로워지는 데 있다. 거미가 빨간 리본을 살살 움직여 가며 사자 머리에 리본을 만들어 놓으면 여러 동물들처럼 아이들은 황당한 얼굴을 하다가 끝내 소리를 지르고 만다. 남성과 권력을 상징하는 사자가 리본을 매지 못해 안달이 난 세상이라면 좋겠다는 생각도 든다.

도대체 그동안 무슨 일이 일어났을까

글, 그림 · 이호백, 재미마주

주인이 집을 비운 사이, 베란다에 사는 토끼 한 마리가 문을 열고 방안으로 들어온다. 토끼는 이곳저곳을 다니며 그간 보아 두었던, 하지만 해 보지 못했던 온갖 일들을 해 본다. 아줌마의 화장대 위로 가서 립스틱도 칠해 보고 아가의 돌옷도 입어 보고 튀김용 젓가락을 꺼내서 인라인스케이트도 타 본다.
이 그림책은 작가가 집에서 키웠던 하얀 토끼를 생각하며 만든 책이라고 한다. 사랑스런 토끼를 의인화시켜 만든 작품이라 아이들이 첫 장을 여는 순간부터 눈을 떼지 못한다. 아이들이 토끼가 벌이는 일에 관심을 갖는 까닭은 토끼가 하고 다니는 일들이 다름 아닌 자신이 하고 싶었던 것들이기 때문이다. 어른이 나가고 없을 때, 아이들은 다락을 뒤지거나 옷장을 뒤지고 싶은 욕망을 갖는다. 화장대에서 온갖 화장품을 꺼내 발라 보면서 한껏 멋을 부리고 싶은 유혹도 느낀다. 그런 아이들 마음을 토끼는 그대로 해 보이는 것이다. 토끼가 펼치는 일대 모험은 토끼와 읽는 사람만이 알고 있는 비밀이라는 데서 즐거움이 더 크다.

학교에 간 데이빗

글, 그림 · 데이빗 섀논, 지경사

《학교에 간 데이빗》은 데이빗이 아직 학교에 들어가기 전 생활을 그린 《안 돼, 데이빗!》의 뒷이야기다. 학교에 들어가기 전부터 끊임없는 말썽으로 엄마의 잔소리를 달고 살던 데이빗이 자라 학교에 간다. 학교에서는 좀 나아졌을까? 우리의 장난꾸러기들이 다 그렇듯, 데이빗은 학교에서도 달라진 게 없다. 여전히 말썽꾸러기이다. 학교에 가는 순간부터 데이빗은 선생님께 잔소리를 듣는다. 데이빗 또 늦었구나, 자리로 돌아가, 공부 시간에 껌 씹으면 안 돼, 한눈팔지 마, 차례를 지키지 못하겠니, 이제 쉬는 시간 끝났다…….

이 책을 읽다 보면 그동안 만났던 개구쟁이들이 떠오른다. 그래서 웃음이 나기도 하고 속 꽤나 썩이던 그 녀석하고 똑같군 하는 생각도 든다. 하지만 은근히 미안한 마음도 든다. 자신을 어쩌지 못해서 장난치다 벌서고 규칙을 따르지 못해서 혼나는 데이빗이 안쓰러워 보이는 것이다. 신나게 노는데 공부 시간 종이 울릴 때 데이빗의 마음이 어땠을까 하는 생각도 하게 된다. 아침부터 집에 갈 때까지 칭찬 한 번 듣지 못하는 아이, 어지른 벌로 청소를 한 뒤 상표 하나 받고는 신이 나서 달려가는 데이빗의 뒷모습에 수많은 개구쟁이 아이들 얼굴이 겹친다.

그럼 아이들은 어떨까? 아이들, 특히 남자 아이들은 데이빗 연작에 열광한다. 책을 읽어 주면 책장 넘기기가 무섭게 "나다, 나하고 똑같네!"를 되풀이하는 아이들이 나타난다. 그 아이들은 읽은 책을 몇 번씩 다시 본다. 저만 구박받고 살아서 억울하고 슬펐는데 자신보다 더 심한 데이빗이 나타나서 조금은 위로를 받게 된 것인지도 모른다.

까막나라에서 온 삽사리

글, 그림 · 정승각, 초방책방

이 그림책은 전통문양과 강렬한 색채로 해와 달을 찾아 우주를 누비는 불개의 독특한 매력을 잘 그려 냈다. 잘생긴 구석이라고는 없는 불개이지만 용감하고 영웅다운 행동에 아이들은 흠뻑 빨려든다. 해와 달을 구하는 일은 엄중한 일이고 갖가지 동물과 대결하는 일은 험난하지만 불개와 대결하는 백호와 청룡은 우스꽝스러운 모습이다.

이런 캐릭터들이 웃음을 자아내지만 불개의 여정은 안타깝기만 하다. 불에 데이고 얼어붙을 지경에 이르면서도 해와 달을 구해야 했던 불개가 위험한 존재로 모함을 받아 임금에게 버림을 받기 때문이다. 그러나 학과 주작의 도움으로 살아남아 황금빛 삽사리와 검푸른 빛을 띤 청삽사리를 낳는다.

삽사리는 우리나라 개이다. 김유신이 군견으로 데리고 다녔을 정도로 총명하고 사랑스러운 개 삽사리는 안타깝게도 일본의 우리 문화 죽이기 정책에 희생양이 되어 더 이상 보기 어렵다. 화가 정승각은 이렇게 사라진 우리 개, 삽사리를 아이들 곁으로 데려왔다. 옛이야기의 몇 가지 모티브를 버무려 다시 창작한 《까막나라에서 온 삽사리》에는 십장생의 하나인 학과 사신도에 나오는 청룡, 백호, 주작, 현무가 나온다. 이들은 상상의 동물로, 미술책이나 고구려 고분벽화에서 희미하게 볼 수 있는 동물에 지나지 않았다. 하지만 이 한 권의 그림책은 이들의 존재를 느끼게 해 준다.

당나귀 실베스터와 요술 조약돌

글, 그림 · 윌리엄 스타이그, 다산기획

이 그림책은 저학년 아이들부터 고학년 아이들까지 고루 좋아한다. 이 그림책이 아이들 마음을 깊게 흔드는 까닭은 다음과 같다. 한 가지는 아이들 마음속에 있는 불안감을 잘 다루었다는 점이다. 영원히 바위로 살아야 할지도 모르는 실베스터, 절망에 빠져 슬퍼하는 실베스터를 보면서 아이들은 인생에 대한 막연한 불안감을 느꼈을지도 모른다. 아무 잘못이 없는 실베스터가 돌이킬 수 없는 일을 당한 걸 보며 어떻게 인생의 모순을 느끼지 않을 수 있을까!

다음으로는 당나귀 실베스터 부모의 눈물 어린 사랑이다. 사라진 아이 때문에 슬퍼하는 실베스터 부모의 모습은 애절하다. 어쩌면 아이들은 이 장면을 보면서 잘못을 저지르고 숨어 있거나 집 밖을 서성이던 일을 떠올렸을지도 모른다.

이 그림책을 말할 때 윌리엄 스타이그의 그림을 빼놓을 수 없다. 그의 그림은 선 하나하나가 살아 있다. 동물들의 표정이 사람 못지않은 온기를 느끼게 한다. 따뜻한 손을 만지는 듯한 부드러움이 있다.

돈이나 보물보다 가족의 사랑이 중요하다는 주제는 흔하다. 이 그림책 역시 그런 주제를 다루고 있다. 하지만 작가는 서정성 높은 언어와 그림으로 이 평범한 진리를 가슴으로 느끼게끔 표현했다.

꼬마 인형

가브리엘 벵상, 열린책들

이 작가는 늘 자잘한 일상을 배경으로 삼는다. 하지만 그 작은 일상 속에 인간에 대한 깊은 사랑과 연민이 배어 있고 인생에 대한 통찰이 담겨 있다. 그러면 《꼬마 인형》에서는 어떤 이야기로 우리에게 인생의 단면을 보여 줄까? 예전에는 꽤 여러 동료들과 인형극을 했을 법한 할아버지가 이제는 홀로 인형극장을 지키고 있다. 아무도 관심을 갖지 않는 이곳을 기웃거리던 동네 꼬마가 어느 순간 극장 안에 발을 들여놓는다. 할아버지는 이 꼬마 손님을 위해 기꺼이 인형극을 시작한다.

이렇게 낭만적인 할아버지 앞에 앉은 꼬마 손님은 어떻게 화답을 할까? 꼬마 손님은 인형극을 시작하는 순간부터 인형극에 푹 빠져들어 인형들을 살아 있는 사람처럼 대한다. 늑대가 나타나면서 꼬마 손님의 감정은 참을 수 없는 지경에 이른다. 도저히 실에 매달린 인형을 두고 볼 수 없던 꼬마 손님은 마침내 위험한 늑대로부터 인형을 구해 달아나 버린다. 멋진 판타지다. 할아버지는 자신 앞에 펼쳐진 인형극보다 더 아름다운 공연을 보면서 더없이 행복해한다.

이제 둘은 친구가 되었다. 사람들이 거니는 거리에서 늙어 가는 할아버지와 작은 여자 아이는 〈비오는 날의 소풍〉에 나오는 에르네스트와 셀레스틴느처럼 어울려 춤을 춘다. 가브리엘 벵상은 인생이 아름다운 축제이기를 간절히 바랐던 것 같다. 앞으로 인형극을 더 이상 할 수 없을지도 모르는 할아버지에게 이 아이는 가장 멋진 관객이었음에 틀림없다.

쇠를 먹는 불가사리

글 · 정하섭, 그림 · 임연기, 길벗어린이

《쇠를 먹는 불가사리》는 고려가 망해 갈 무렵을 배경으로 한 상상의 동물 이야기이다. 이 동물은 뭐든지 닥치는 대로 먹어 치웠는데 백성들만큼은 해치지 않았다고 한다. 그래서 백성들은 이 동물을 좋아했다. 좋아하는 마음에서 한 발 나아가 삶을 구렁텅이로 빠뜨리는 전쟁이나 관리들의 욕심까지 먹어 치우기를 바랐을 것이다. 역사의 큰 흐름에서 보면 참다운 세상을 기대하는 백성들의 바람은 조금씩 이루어져 왔다. 그러나 한 시기를 놓고 보면 이 같은 소망은 수없이 무너지기도 한다.

불가사리는 어찌 될까? 온갖 쇠붙이를 먹으면서 커져 버린 불가사리는 오랑캐 때문에 위태로운 지경에 빠진 나라를 구했지만, 점점 커지는 불가사리의 힘을 두려워한 왕은 불가사리를 죽음으로 몰아간다. 그러나 불길 때문에 온몸이 녹아내리는데도 불가사리는 아랑곳없이 자신을 만든 아주머니를 구해 사라진다.

마지막 장면. 처음 장면과 같이 방안에서 밥풀로 인형을 만드는 아주머니가 그림자로 비친다. 아주머니는 조용히 노래를 부른다. 모든 쇠를, 모든 탐욕을 먹어 치울 불가사리가 태어나기를 꿈꾸며 노래한다. 간절한 소망이 담긴 이 노래는 예사롭게 들리지 않는다. 아주머니가 부르는 노래가 백성들의 노래처럼 들리기 때문이다. 우리 역사에서 불가사리는 누구였을까? 조정이 백성을 버리고 도망갔을 때 온몸으로 왜군과 맞서 싸우던 의병들, 동학농민들, 만주벌판에서 독립운동을 하다 이름 없이 쓰러져 간 이들이 바로 불가사리가 아니었을까? 책을 읽은 뒤 아이들과 우리 역사 속에서 불가사리 같은 사람이 누구였는지 찾아보면 좋겠다.

행복한 봉숭아

글, 그림 · 박재철, 돌베개어린이

이 그림책은 표지에서 한참 머물게 된다. 제목에 '행복한'이란 말을 넣으면 조금은 상투적인 느낌이 들 터인데 '봉숭아'란 낱말과 만나니 정말 잘 어울린다. 엄마와 아이가 나눌 수 있는 정겨운 풍경은 꽤 많겠지만 봉숭아 꽃물을 들이는 장면만큼 아름다운 장면은 흔치 않다.

이야기는 단순하다. 어쩌다 길가에 핀 어린 봉숭아를 여자 아이가 가져다 정성껏 키운다. 수묵화로 부드럽게 농담을 표현한 화면에 오직 봉숭아만 빛깔을 내고 있다. 다른 것들은 먹빛으로 표현했는데 봉숭아만 초록빛, 붉은빛을 띠고 있으니 주인공이구나 싶다. 하지만 담백한 흑백화면은 그저 봉숭아를 돋보이게 하기 위한 장치로만 보이지 않는다. 봉숭아물을 들이는 일 자체가 먹빛 속에서 더욱 소박하고 정겹게 다가온다. 시간이 흐를수록 보기 어려운 장면이기에 아련한 추억을 불러일으키는 흑백사진처럼 느껴지기도 한다.

봉숭아꽃이 활짝 핀 날, 엄마는 아이의 손톱에 빨갛게 봉숭아 물을 들여 준다. 사실 화면에는 엄마가 아이한테 물을 들여 주는 장면이 나오지 않는다. 화면 왼쪽에는 막자사발과 명반, 이파리, 꽃잎이 있고 오른쪽에는 물들인 열손가락을 좍 펴고 있는 아이가 나올 뿐이다. 하지만 그 사이에 일어난 일은 충분히 떠올릴 수 있다.

이 그림책에서 가장 아름다운 장면은 씨앗 주머니가 터지면서 씨앗 아이들이 세상으로 날아가는 장면이다. 마지막 장면에는 씨앗을 날려 보낸 봉숭아가 줄기만 남은 채 희미하게 서 있고 아이는 행복하게 잠들어 있다. 봉숭아는 자기를 보듬어 준 귀여운 여자 아이 생각을 하다가 깊이 잠든다. 할 일을 다 마친 봉숭아가 아름답게 보이기도 하고 쓸쓸해 보이기도 한다.

엄마를 꺼내 주세요

글, 그림 · 유혜전, 한림출판사

《엄마를 꺼내 주세요》는 성격이 정반대인 아빠와 엄마 이야기이다. 이 그림책에 나오는 엄마는 아이들 편에서 보면 정말 마음에 드는 멋진 엄마다. 푼수끼 있는 엄마. 하루 종일 하고 싶은 일이 너무 많아 심심할 사이가 없는 엄마. 엄마는 하고 싶은 것을 하면서 사는 사람이다. 아이들도 그렇게 하도록 내버려 둔다. 아무것도 문제될 게 없다.

아이들한테 보여 주면 첫 장면부터 우하하하 하며 웃어 댄다. 도시에 살면서도 약은 구석이 없는, 어쩐지 똑똑치 못한 사람들 이야기가 우습기도 하고 친근하게 느껴지기도 하는 것이다. 작가는 자신의 일상이며 우리의 일상이기도 한 집안 문제 가운데 한 가지를 붙잡아 막힘없이 시원하게 이야기를 풀어 간다. 인물의 움직임이나 크기에도 리듬감이 있다. 화자인 아이는 일기를 쓰듯 솔직하게 엄마 이야기를 하면서 집안 풍경을 있는 그대로 보여 준다. 펜으로 비틀비틀 아무렇게나 그린 듯한 그림에 수채물감을 맑게 풀어 칠한 화면은 편하고 시원하다.

이야기는 속도감 있게 흘러간다. 즐거운 하루가 지나고 아빠가 돌아올 시간, 엄마는 허둥대기 시작한다. 아빠는 엄마하고는 영 딴판인 사람이기 때문이다. 아빠는 현관에 들어서는 순간부터 구석구석 청소를 시작한다. 지칠 줄 모르고 청소기를 밀어 대는 아빠는 식구들도 모조리 청소해 버리고 싶은 게 아닐까 하는 생각이 들게 한다. 아니나 다를까 휴지가 말려 들어가면서 식탁보가 끌려가고 엄마가 식탁보를 잡으려는 순간, 청소기는 엄마를 빨아들인다.

엄마는 병원도 아닌 청소기병원에서 기계분해를 한 뒤에 겨우 청소기 밖으로 나온다. 하지만 삶은 지속될 것이고 일상은 간단치 않다. 엄마는 여전히 늘어놓고 아빠는 여전히 못마땅한 얼굴로 청소기를 돌린다. 사람의 기질이 그리 쉽게 달라지나! 하지만 다시는 엄마가 청소기에 들어가는 일은 없다. 아빠가 살짝 후퇴했기 때문이다. 조금 더럽게 사는 게 낫지 깨끗하게 살자고 싸울 일이 없기 때문이다. 이 정도면 멋진 결말이다.

선인장 호텔

글 · 브렌다 기버슨, 그림 · 미간 로이드, 마루벌

사구아로 선인장은 미국 애리조나 주 남부의 소노란 사막과 멕시코 북부에서만 볼 수 있다고 한다. 우리 땅에서는 볼 수 없는 사구아로 선인장을 주인공으로 한 이 그림책을 보면 신비로운 느낌과 함께 나누면서 살아가는 것이 얼마나 아름다운 일인지 새삼 깨닫게 된다.

뜨겁고 메마른 사막, 키 큰 사구아로 선인장에서 빨간 열매가 떨어져 싹을 틔운다. 선인장은 느리게 자란다. 10년이 지나서야 겨우 엄마 손 한 뼘 크기만 해지고 25년이 지나니까 다섯 살 어린이 키만 해졌다. 그리고 50년이 지나서야 엄마 키 두 배만큼 자랐고 꼭대기에 꽃을 피웠다. 이렇게 꽃이 피고 지고 열매가 열리고 덩치가 커지면서 딱따구리 한 마리가 찾아온다. 사막에서 호텔을 짓기에 알맞은 곳을 찾은 것이다. 딱따구리는 구멍을 파서 멋진 집을 지었고 해로운 벌레를 잡아먹으며 선인장을 건강하게 해 주었다.

150년이 지나자 선인장은 아버지 키의 열 배가 될 만큼 자랐고 가지를 일곱 개나 뻗었으며 자동차 다섯 대를 합한 것만큼 무거워졌다. 모두들 선인장 호텔에서 살고 싶어했고 선인장은 크고 작은 구멍으로 가득했다. 꽃과 열매, 그리고 구멍 속 동물로 가득한 선인장이 참 아름답게 보인다.

그림책을 읽다 보면 사구아로 선인장이 식물로만 보이지 않는다. 모진 풍파를 헤쳐 오면서 자식들에게 몸과 지혜를 나누어 준 할머니, 할아버지 같다는 생각이 든다. 마을 한가운데 서서 아이들의 놀이터가 되고 어른들의 쉼터가 되는 느티나무처럼 여겨지기도 한다.

200년이 지나서야 선인장은 쓰러진다. 자연으로 돌아가는 걸까? 숙연한 마음이 드는 것도 잠시, 다음 장을 넘기면 생각지 않은 반전이 기다린다. 높은 곳에 살던 동물들은 떠나고 이제는 낮은 곳을 좋아하는 지네, 전갈, 개미 따위가 호텔의 새 손님이 된다.

지금 학교와 사회는 사람 되는 공부를 소홀히 하고 있다. 좋은 직업과 많은 돈을 위해 공부하고 대학에 간다. 사랑도 배움도 나누면 자신에게도 좋다는 것을 잊은 것 같다. 그림책 한 권을 보면서 느리게 자라고 넉넉하게 나누는 삶에 대해 생각해 보면 좋겠다. 사구아로 선인장 같은 인생을 살게 하려면 어떤 교육이 필요한지 생각해 보았으면 좋겠다.

나는 평화를 꿈꿔요

엮음 · 유니세프, 비룡소

유니세프에서 엮은 책 《나는 평화를 꿈꿔요》는 전쟁이 아이들한테 무엇을 남겼는지 낱낱이 보여 준다. 유고슬라비아의 많은 학교와 수용소에서는 전쟁 뒤 아이들의 마음을 치료하기 위해 글을 쓰고 그림을 그리게 했다고 한다. 이 책에는 전쟁을 겪은 아이들의 무섭고 슬픈 기억이 고스란히 담겨 있다. 그림을 보면 아이들이 느꼈던 공포와 두려움, 떨림이 그대로 전해 온다. 이토록 전쟁의 상처가 깊은데 큰 전쟁을 치룬 우리 민족은 상처조차 제대로 드러내지 못한 채 수십 년을 살아왔다. 통일이 되어도 쉽게 아물지 못할 상처들.

미국이 아프카니스탄을 공격하고 이라크에 포탄을 퍼붓고 있을 때 아이들한테 이 그림책을 보여 주었다. 〈파괴된 도시〉 〈공포와 비명〉 〈수용소에 끌려가는 여자들과 아이들〉 〈폐허 속을 걷다〉……. 제목만 보아도 참혹한 전쟁이 눈앞에 펼쳐지는 듯하다. 열세 살, 알리크가 그린 〈제일 무서운 일〉을 보여 주었을 때 아이들은 가장 놀랐다. 아이들이 보는 앞에서 군인들이 식구를 죽이는 장면이다. 얼굴을 가리는 아이들도 있었다.

가장 힘센 나라, 미국이 하려는 전쟁을 막는 일은 불가능한 일처럼 보인다. 하지만 폭격을 맞아 심한 화상을 입은 사라예보의 꼬마 알렉산다르가 꿈꾸었던 평화를 위해 반전 평화 시위가 곳곳에서 일어나고 있다. 수많은 아이들과 어른들이 핵 없는 세상과 전쟁 없는 세상을 앞당기기 위해 희망을 잃지 않고 싸운다.

자라는 아이들한테 가장 필요한 것은 전쟁 없는 평화다. 그러나 평화를 이루기 위해서는 자라는 아이들도 전쟁으로 고통 받는 친구들의 목소리에, 상처에 귀를 기울여야 한다. 이 한 권의 책은 아이들에게 전쟁과 평화에 대한 값진 깨달음을 줄 것이다.

우리 할아버지

글 · 릴리스 노만, 그림 · 노엘라 영, 미래M&B

2004년 EBS에서 국제다큐페스티벌을 할 때 〈오세이 교장 선생님의 교실혁명〉을 본 일이 있다. 직업이 교사인지라 잔뜩 호기심이 일었다. 직접 수업을 하는 교장 선생님, 그는 암에 걸려 죽음을 앞두고 있었다. 여러 장면 가운데 그림책을 보여 준 뒤 죽음에 대해 아이들하고 이야기를 나누는 장면이 각별히 기억에 남는다. 그림책은 죽은 이가 무엇을 남겼는지 동무들이 한 가지씩 이야기를 하는 것을 줄거리로 하고 있었다. '죽음' 하면 심각하고 무거운 주제로 생각해서 좀처럼 수업에서 다룰 생각을 하지 못한다. 하지만 오세이 교장은 죽음이 어떻게 삶과 이어지는지 그림책으로 시작하여 슬기롭게 풀어 간다. 자신이 암에 걸렸다는 사실, 얼마 살지 못한다는 사실도 아이들 앞에서 털어놓았다. 아름답고 슬픈, 하지만 아이들과 교사가 더없이 진지하게 교감하는 수업이었다.

할아버지, 할머니는 아이들이 친근했던 사람 가운데 죽음을 이유로 가장 빨리 이별하게 되는 사람들이다. 그런 점에서 《우리 할아버지》는 아이들과 죽음에 대해 이야기하기에 좋은 다리가 되는 책이다.

할아버지에 대한 회상으로 구성된 이 그림책은 잔잔하다. 하지만 더없이 사랑스런 소년, 고집스러워서 식구들을 꽤나 힘들게 하는 할아버지, 시아버지와의 갈등으로 힘들어하는 며느리가 저마다 제 빛깔을 내면서 적당한 긴장감을 자아낸다. 썩 좋아하지 않던 할아버지가 앓다가 돌아가시자, 소년은 지겹던 잔소리를 더 이상 들을 수 없다는 사실에 묘한 그리움을 느낀다. 그리고 처음으로 친구들한테 할아버지가 쇠못으로 만들어 주신 동물을 자랑하려고 마음먹는다. 구수하고 퀴퀴한 우리네 할아버지와는 다른 분위기의 할아버지가 나오지만 아이들하고 죽음에 대해 자연스럽게 이야기해 볼 수 있는 좋은 그림책이다.

펠레의 새 옷

글, 그림 · 엘사 베스코브, 비룡소

《펠레의 새 옷》은 스웨덴 그림책이다. 첫 장을 열면 순한 양을 안고 마치 나를 보듯 서 있는 소년이 있다. 아이는 맨발로 들판에 서 있고 둘레에 들꽃이 한들한들 피어 있다.

스스로 해내려는 마음이 강한 아이 펠레, 펠레는 새끼 양이 자라면서 자신한테 맞는 옷을 해 입고 싶어진다. 펠레는 주저하지 않고 양털을 깎아서는 수북해진 양털을 가지고 어른들을 찾아다니며 도움을 구한다. 펠레는 먼저 자루에 담은 양털을 가지고 할머니를 찾아가 손질해 달라고 부탁한다. 이어 외할머니, 페인트 가게 아저씨 어머니, 재봉사 아저씨를 찾아가 옷을 만들기 위해 필요한 일들을 한 가지씩 부탁하는데 어른들은 펠레가 할 수 있는 일을 시키며 기꺼이 도와준다.

펠레는 즐거운 마음으로 잡초를 뽑고 소에게 풀을 먹이며 아기를 돌본다. 돼지에게 먹이를 주기도 하고 장작도 나른다. 강 건너 가게까지 배를 저어 심부름을 한다. 노 젓기가 끝나자 털실에 물을 들이는 일도 스스로 한다.

이 그림책이 값지게 느껴지는 것은 옷이 만들어지는 과정을 자연스럽게 보여 주면서도 사람이 사람답게 살아가는 태도를 마음속 깊이 배우고 느끼게 한다는 점이다. 마을은 그지없이 평화롭고 어른들은 친절한데, 그 까닭 가운데 한 가지가 그들이 성실하게 일하는 데 있다는 생각이 든다. 어른들은 누구나 힘에 닿는 일을 한다.

그래도 아쉬움은 있다. 사람들이 모두 성실하고 착해서 '아프거나 몸이 성치 않은 사람은 어떻게 하나?' 이런 생각이 든다. 펠레가 일을 부탁하기 위해 찾아간 어른 가운데 한 사람쯤은 몸이 성치 못해서 펠레가 차 한 잔 끓여 주고 갔다면 더 좋았을 것 같다.

펠레가 학교에 다니는지 어쩐지 모르겠지만 학교 이야기는 없다. 하지만 나는 어른들한테 일을 배우고 스스로 할 수 있는 일을 즐겁게 하는 것이 진짜 공부라는 생각을 한다. 마지막 장면에 이르면 펠레는 다 된 옷을 입고 고맙다는 인사를 하기 위해 새끼 양 앞에 서 있다. 저절로 마음이 경건해진다.

고학년

까마귀 소년

글, 그림 · 야시마 타로, 비룡소

깊은 산골에 사는 땅꼬마에게 학교는 첫 세상이었다. 그러나 친구도, 선생님도 모두 두려울 뿐이었다. 땅꼬마는 입학 날부터 구석에 숨어 있거나 혼자 놀며 지냈다. 6학년이 되어 이소베 선생님을 만나기 전까지 아무도 그 아이한테 눈길을 돌리지 않았다. 그저 놀림감으로 여겼을 뿐이다. 하지만 이소베 선생님은 땅꼬마 마음속에 담긴 세상을 볼 줄 알았고 그것을 끌어낼 줄 알았다. 선생님은 자그마한 이 아이를 위해 반 아이들과 뒷산에 올랐다. 땅꼬마는 산 어디쯤에 어떤 열매가 있는지 잘 알고 있었고 아이들은 적잖이 놀랐다.

졸업을 앞둔 마지막 학예회 날, 그 누구도 생각지 못했던 아이, 땅꼬마가 혼자 무대에 섰다. 땅꼬마는 온갖 까마귀 소리를 흉내 냈다. 배고플 때, 짝짓기 할 때, 쓸쓸할 때, 위험이 닥칠 때 내는 까마귀 소리를 땅꼬마는 잘 알고 있었다. 까마귀 소리를 들으며 그 자리에 앉은 마을 어른들과 친구들은 땅꼬마가 사는 곳을 처음으로 그려 보았다. 그리고 참회의 눈물을 흘렸다. 높은 산 둘레에 산다는 까마귀, 그 까마귀 소리를 흉내 낼 수 있다는 것이 무엇을 뜻하는지 알았기 때문이다. 까마귀 소년은 졸업을 한 뒤에도 여전히 그곳에 살며 이따금씩 숯을 팔러 장에 나왔다. 사람들은 따뜻한 눈빛으로 그를 바라보았고 소년은 당당하게 살아갔다.

이 책은 아이들한테는 약하고 모자란 동무를 대하는 자신의 태도를 돌아보게 하고 아이들을 가르치는 교사나 어른에게는 교육을, 아이들을 어떻게 바라보아야 하는지 생각하게 만든다. 땅꼬마 아이를 세상과 이어 준 이소베 선생님은 아이들한테 땅꼬마를 어떻게 대하라고 말하지 않는다. 그저 묵묵히 땅꼬마를 격려해 주고 존중해 줄 뿐이었다.

고래들의 노래

글 · 다이안 셸든, 그림 · 개리 블라이드, 비룡소

머리가 허옇게 센 할머니는 손녀딸에게 늘 고래 이야기를 들려준다. 바다에 고래가 가득했던 시절 이야기, 그리고 언젠가 들었던 고래들의 노래에 대해. 이야기를 나누는 할머니와 아이는 아주 행복해 보인다. 하지만 할머니의 늙은 오라버니는 그때마다 말을 자르고 나선다. 할아버지한테 고래는 고기와 뼈, 기름을 제공하는 유용한 동물일 뿐이었다.

그림책을 보는 아이들은 이렇게 말하는 할아버지를 못마땅하게 여긴다. 아이한테 조곤조곤 이야기를 들려주는 할머니와 달리 투박하고 잔소리나 할 것 같은 할아버지가 마음에 들 리 없다. 하지만 구부정한 이 할아버지 말에도 귀를 기울일 필요가 있다. 이제는 편안한 여생을 보내고 있지만 젊은 날 할아버지는 거친 파도와 싸우면서 죽을 고비를 넘겨 가며 고기를 잡았을 것이다. 그건 살아가기 위해 아주 귀한 일이다. 하지만 아쉽게도 할아버지는 거친 바다와 싸우면서 꿈과 노래를 잃은 듯하다. 그 꿈을 간직하고 있는 할머니는 그 마음을 아이한테도 전해 주고 싶었을 것이다.

아이들은 꿈을 좇는다. 아이는 할머니 말에 귀를 기울이게 되고 고래한테 노래를 듣는 꿈까지 꾼다. 꿈에서 깨자 아이는 고래에게 줄 노란 꽃을 바다에 던진다. 그리고 그날 밤 바다에서 들려오는 소리를 듣는다. 고래들의 춤을 보고 노래를 듣게 된 것이다. 처음부터 끝까지 펼침면으로 구성되어 있는 이 그림책은 한편 한편이 완결된 그림을 보는 기분에 젖게 한다. 그림만 보아도 즐겁다.

부러진 부리

글 · 너새니얼 래첸메이어, 그림 · 로버트 잉펜, 문지아이들

이 책을 아이들한테 보여 주면 새들도 장애를 가지고 있다는 사실에 적잖이 놀란다. 강아지가 절뚝거리며 골목을 헤매는 것을 본 아이들은 많지만 눈여겨볼 틈도 주지 않고 날아가 버리는 참새는 좀처럼 자세히 보기가 쉽지 않아서이다. 이 책을 본 뒤 걷는 비둘기를 보면 다리나 부리를 보게 된다. 그러던 어느 날 한쪽 발목이 없는 비둘기를 종로 거리에서 보았다. 한참이나 그 자리에 멈추어 비둘기가 열심히 모이 쪼는 것을 바라보았다.

그림책을 펼치면 어느 날 아침, 한쪽 부리가 부러진 어린 참새가 한 마리 나온다. 하루아침에 모든 게 달라진 참새는 달라진 일상에 어찌할 줄 모른다. 참새는 먹을 수도 없고 이상하게 생겼다고 멀어져 간 친구들을 쫓아갈 수도 없다. 먹을 것을 찾다가 볼품없이 말라 버린 참새는 어느 순간 갓 구운 듯한 빵 조각을 보게 된다. 화면에 덩그마니 그려진 빵 조각, 하지만 불쑥 내려온 손이 빵을 집어 가고 만다. 누구일까? 메마르고 갈라진 데다 시커멓게 때가 낀 손톱은 이 사람이 살아온 길을 말없이 보여 준다. 놀라 위를 올려다 본 참새는 자기와 닮은, 지저분하고 슬픈 모습의 떠돌이 할아버지를 보고 그는 마음속의 부리가 부러진 사람이라는 것을 알아차린다. 친구도 가족도 이웃도 없는 쓸쓸한 사람인 것을 알아차린 것이다.

하지만 할아버지를 잘 보자. 지저분하지만 눈매와 조금 벌린 입이 한없이 부드럽다. 그는 빵을 자기 입에 대기 전 꼬마 참새한테 먹인다. 자신보다 이웃을 먼저 생각한 할아버지는 그렇게 친구를 얻었다. 이들은 공원 의자에서 밤을 보낸다. 할아버지는 의자에 몸을 기대고 참새는 할아버지 머리카락을 둥지 삼아 잠이 든다. 좀처럼 눈을 뗄 수 없는 마지막 이 장면은 쓸쓸하면서도 마음을 불편하게 한다. 마치 이런 현실을 어떻게 할 거냐고 물음을 던지는 듯하다.

부엉이와 보름달

글 · 제인 욜런, 그림 · 존 쇤헤르, 시공사

아이들은 자라면서 어른들이 하는 일을 따라 하고 싶어한다. 그러면 어른들은 '좀 더 크면'이라는 말로 아이를 달래곤 한다. 하지만 아이도 언젠가는 어른이 하는 일, 형들이 하는 일을 해 볼 기회를 얻게 된다. 《부엉이와 보름달》은 그런 때를 맞이하는 아이의 마음을 섬세하게 그리고 있다.

아이가 소망하던 일은 얼음장같이 차가운 겨울날 이루어진다. 그 일은 깊은 밤중에, 예전에 형들이 그랬듯이 아버지를 따라 깊은 산속으로 부엉이를 보러 가는 일이다. 추위를 이기려고 몸을 무장한 아이가 아버지를 따라 환한 보름달빛을 받으며 눈밭을 걸어간다. 화면은 앞에서 옆에서 또는 위에서 이들의 움직임을 붙잡아 보여 준다. 단조로운 듯 하지만 부엉이를 찾아 숲 속으로 나아가는 이들의 풍경은 묘하게 마음을 잡아끈다. 아이는 얼음 손이 등을 훑는 듯한 추위를 참으며 아버지와 떨어질까 봐 걸음을 재촉한다. 뒤쫓아 가면서도 아버지를 부르지는 않는다. 혼자서 이 일을 해내고 싶은 것이다.

아버지는 가끔씩 멈추어서 부엉이를 부른다. 마치 어린아이처럼 부우우우우우엉 부엉이를 부른다. 어느 순간, 아버지가 부르는 소리를 듣고 부엉이가 찾아든다. 아버지와 아이는 숨이 멎을 듯한 긴장감 속에서 부엉이와 멋진 만남을 갖는다. 돌아오는 길, 이제는 조잘대며 떠들어도 될 터인데 아이는 제가 마치 그림자가 된 듯 말이 없다.

눈부시게 아름다운 부엉이와 보름달빛을 선물로 받은 아이는 기억을 되새김질 하느라 아무 말도 하고 싶지 않았는지 모른다. 그림책은 아버지가 아이를 안고 성큼성큼 걷는 모습을 마지막에 담고 있다. 차가운 달빛, 눈밭 위에서 아이를 뿌듯하게 여기는 아버지의 마음, 무언가를 해낸 기쁨에 들떠 있는 아이의 마음이 고스란히 느껴진다.

새벽

글, 그림 · 유리 슐레비츠, 시공사

중국 시인의 한시를 바탕으로 만든 이 그림책은 순간순간 달라지는 새벽을 그리고 있다. 첫 장을 여는 순간부터 숨이 멎을 듯 고요하다. 검푸른 빛깔로 채워진 달걀 모양의 자그마한 화면 아래에는 '조용하다.' 라고 쓰여 있다. 모두가 잠들어 있는 시간, 그 순간의 느낌이 절제된 이 한마디에 생생하게 담겨 있다. 이어 달걀 모양의 화면은 빛이 들어오는 만큼 밝아지고 커진다. 호숫가 나무 아래 마치 자연과 한 덩어리가 된 듯 잠들어 있는 할아버지와 손자가 보인다. 야영을 하고 있는 듯한 이들의 모습이 평화롭다.

작가는 2차 세계대전의 포화에 휩싸인 조국을 탈출하여 유럽을 떠돌며 어린 시절을 보냈다. 전쟁을 겪은 그림책 작가 가운데에는 전쟁의 아픔을 드러내는 그림책을 그리는 이들이 많은데 이 작가는 좀 다른 방식으로 세상을 그리고 소망을 이야기한다. 아이들과 노인이 동무처럼 어울리는 세상, 자연 속에서 노니는 세상이 그가 바라던 평화로운 세상 아니었을까?

검푸른 어둠 속에 잠겨 있던 호숫가에는 시간이 흐르면서 바람이 불고, 사물은 제 빛깔을 찾아간다. 잠이 깬 할아버지와 소년은 익숙한 솜씨로 물을 긷고 조그만 모닥불을 피우고 담요를 갠다. 몸짓만 보아도 이들의 검소한 생활이 느껴진다. 자신들의 흔적을 남기지 않은 채 이들은 낡은 배를 타고 호수 한가운데로 나아간다. 사위는 갈수록 밝아오고 순간, 산과 호수가 초록이 된다. 눈이 부시다. 와! 하는 소리가 입에서 절로 나온다. 특별한 사건도 없이 담담한 풍경 묘사로 흘러가지만 이 그림책은 아이들을 섬세한 사물의 변화에 빠져들게 만든다. 새벽이 오는 순간, 그 빛깔의 아름다움과 밝은 기운을 한껏 느끼게 한다.

두루미 아내

글 · 아가와 수미코, 그림 · 아카바 수에키치, 비룡소

아카바 수에키치는 이 작품에서 한지의 번짐 효과를 이용한 수묵화 기법으로 인생의 단면을 쓸쓸하게 보여 준다. 첫 장면을 펼치면 휘몰아치는 눈발 속에 화살을 맞고 쓰러져 가는 두루미와 두루미를 구하려고 다가오는 총각 요헤이가 보인다. 요헤이는 두루미를 구해 준 보답으로 아름다운 아가씨를 얻어 행복한 나날을 보낸다.

하지만 이들은 가난했기에 아가씨가 베를 짜 생계를 꾸려 간다. 이미 불행은 예고되어 있었다. 요헤이는 제 몸을 놀려 돈 벌 생각을 하지 않고 아가씨에게 기댔다. 하지만 금기를 지키기만 했어도 요헤이는 불행을 막을 수 있었다. 요헤이는 아가씨가 베 짜는 모습을 절대 보지 말아야 했다. 아가씨는 베를 짤 때마다 초췌한 모습이 되어 나오곤 했다. 아가씨가 짠 베를 팔아 돈주머니를 메고 집으로 가는 요헤이를 보여 주는 장면이 있다. 거대한 능선 아래서 조그맣게 움직이는 요헤이, 대자연 속에서 탐욕에 빠져드는 인간이 한없이 초라해 보인다.

쉽게 돈을 얻게 된 요헤이는 더 많은 돈을 벌 욕심에 아가씨를 재촉했고 아가씨는 마지막으로 베를 짠다. 아름다운 베를 사이에 두고 한층 야윈 아가씨와 비굴한 몸짓의 요헤이가 보인다. 베를 짜는 시간이 길어지자 요헤이는 불안감을 떨치지 못하고 가리개를 연다. 결국 피에 젖은 두루미가 자기 깃털을 부리로 뽑아 베틀에 거는 것을 보고 만다. 하얀 깃털 사이에 붉은 점 몇 개를 찍어 놓았을 뿐인데도 엎드려 탄식하는 듯한 요헤이와 두루미의 모습이 너무나 처절하게 다가온다. 금기 사항을 어긴 요헤이가 마주하게 될 현실은 어떤 것일까? 아가씨는 떠나고 흩날리는 몇 개의 깃털과 베 한 필이 요헤이 앞에 놓여 있다. 몸을 감춘 아가씨는 조용한 음성으로 자신이 언젠가 눈길에서 구원받은 그 두루미였음을 고백한다. 마치 자막도 음악도 없이 느리게 움직이고 있는 영화의 마지막 장면을 보는 것 같다. 영화가 끝나도 일어날 수 없는 때의 그 느낌이다.

프레드릭

글, 그림 · 레오 리오니, 시공주니어

《프레드릭》은 예전에 《잠잠이》이라는 제목으로 나온 적이 있다. '잠잠이'라는 이름은 가만히 앉아 빛과 색깔을 모으는 들쥐 시인의 이름으로 잘 어울린다는 생각이 든다. 들쥐 프레드릭은 서민성을 가진 예술가다. 결코 평범하지 않은, 자유롭고 외로운 존재이지만 땀 흘리는 식구들과 자신이 가진 것들을 나누려고 한다. 그 일에 만족하고 기쁨을 느끼며 자부심도 강하다. 그래서 누가 뭐라 해도 주눅 드는 법 없이 나는 무얼 하고 있는 중이라고 천연덕스럽게 말한다.

하얀 바탕에 종이를 찢어 붙이거나 오려 붙인 레오 리오니의 그림은 단순해 보인다. 색깔이 은근한데도 선명한 느낌이 들기도 한다. 자연스러운 종이선과 칼로 자른 듯한 반듯한 선들이 차갑고 부드러운 느낌을 적절하게 조절해 주는 데서 오는 느낌인 것 같다.

프레드릭은 일하는 들쥐 식구와 달리 늘 등을 돌리고 바위에 앉아 있거나 조는 듯한 모습으로 나온다. 식구들은 그런 프레드릭이 때로는 답답하고 못마땅해서 뭘 하느냐고 묻곤 한다. 그럴 때마다 프레드릭은 천연덕스럽게 말한다. 빛깔을 모은다고, 긴긴 겨울을 위해 이야기를 모으고 있다고 말한다. 긴 겨울이 오고 풍성한 먹을거리와 이야깃거리도 어느덧 다 떨어졌다. 배고프고 심심해진 식구들은 그제서야 생각난 듯 빛과 이야기는 어찌되었냐고 프레드릭에게 묻는다. 프레드릭은 눈을 감으라고 한 뒤 햇님 이야기를 꺼내고 네 마리 작은 쥐는 따스함을 느낀다. 차갑고 어두운 집안에는 노란 빛이 환하게 감돈다.

레오 리오니는 《프레드릭》에서 일과 예술의 문제를 아이들도 쉽게 공감할 수 있게끔 다루었다. 처음에는 아이들도 프레드릭을 의심할 만큼 예술과 일이 사사건건 부딪힌다. 하지만 결말에 가서는 이 두 가지가 아름답게 화해한다. 아이들도 프레드릭을 인정한다. 살아가는 데 일은 근본이고 소중하지만 시와 노래, 상상력 또한 필요하기 때문이다.

곰 인형 오토

글, 그림 · 토미 웅거러, 비룡소

이 그림책에서는 다비드라는 아이의 곰 인형이 화자가 되어 전쟁과 인종차별의 참상을 보여 준다. 다비드는 단짝 오스카와 함께 늘 곰 인형 오토를 데리고 논다. 하지만 행복한 아이들의 놀이는 다비드가 가슴에 노란 별표를 달게 되면서 끝이 난다. 전쟁은, 인종차별정책은 그 어떤 행복한 순간도 멈출 수 있다는 것을 여실히 보여 주는 장면이다. 하지만 오토의 눈에는 모든 사람이 똑같아 보이기만 한다. 오토는 사심 없는 진실한 눈을 가졌기 때문이다. 이 눈은 바로 정직한 세상의 눈이고 작가의 눈이기도 하다.

이어지는 장면들은 유태인 문제를 다룬 영화에서 익히 보았음직한 장면들이다. 어느 날 다비드네 식구들은 모두 잡혀가고 곰 인형 오토는 친구 오스카에게 맡겨진다. 오스카는 커다란 아파트 창문에서 트럭에 실려 가는 다비드네 식구를 슬프게 바라본다. 하지만 다비드네 식구의 캄캄한 인생길은 오스카한테도 마찬가지로 주어진다. 오스카도 독일 민중한테 불어 닥친 나치즘의 광포를 비껴 갈 수 없었다. 오스카의 아버지는 전쟁터로 나간다.

오토는 폭격을 맞아 튕겨 나오면서 흑인 군인, 군인의 딸 자스민, 고물 줍는 아주머니 손을 거쳐 골동품 가게까지 가게 된다. 그리고 세월이 한참 흐른 뒤 오스카와 다비드, 오토는 다시 만난다. 이들은 어린 시절 누렸던 행복이 어떻게 사라졌는지 기억하고 있다. 가족을 잃고 오랜 세월 사랑하는 사람들과 헤어져 있었던 일도 잊을 수 없다. 이제 이들이 할 일은 무엇일까? 마지막 장면에서 오토는 타자기 앞에 홀로 앉아 있다. 오토는 다비드와 오스카를 포함한 많은 사람들이 겪은 전쟁과 폭력에 대하여 쓸 것이다.

백두산 이야기

글, 그림 · 류재수, 통나무

굉장한 기운이 느껴지는 그림책 《백두산 이야기》는 우리 민족의 형성 과정을 압축하여 보여 주는 거대한 서사적 흐름을 갖고 있다. 조단조단 들려주는 옛이야기가 아니라 위엄 있는 할아버지가 거대한 육성으로 들려주는 이야기 같다. 그래서 조금은 건조한 느낌이 들기도 하지만 땅의 의미, 백성의 삶과 풍속, 역사를 압축하여 화폭에 담아낸 이 그림책은 아이들이 한 번쯤 보아야 할 귀한 책이다.

혼돈된 세상이 하늘과 땅의 꼴을 갖춘 뒤 온갖 동식물이 생겨나고 만주 벌판까지 터전으로 삼았던 조선인 마을이 드러난다. 백성들은 해와 달이 두 개라 고통을 받기도 하고 적이 쳐들어와 짓밟히기도 한다. 그때마다 백두거인이 나타나 해를 하나 떨어뜨려 주기도 하고 적과 흑룡거인을 물리치기도 한다. 그러던 어느 날 백두거인은 백성이 자신을 필요로 할 때 다시 일어날 것을 약속하며 땅 위에 누워 잠이 든다.

땅을 의인화시킨 백두거인은 마치 자연도 인간과 한 가지임을 암시하는 것처럼 여겨진다. 이 장면을 보면 어쩐지 우리가 발 딛고 살아온 산천이 사람처럼 여겨지고 백두거인의 피로감이 쓸쓸하게 다가온다. 소리 없이 누워 있는 백두거인의 모습은 신이 아닌 인간의 모습에 가깝게 느껴진다.

어느덧 세월이 흐르고 백두거인은 백두산이 되고 전설과 노래로서만 백성들 사이에서 불려진다. 백성들이 이제 스스로 어려움을 이겨 내는 지혜를 얻은 걸까? 죽음 같은 가뭄이 닥치면 기우제를 지내고 신명 난 놀이판을 펼치면서 힘을 모은다. 백두산을 바라보며 잘 살아가리라 다짐한다. 이 그림책은 지난 역사를 신화적 존재를 통해 시종 진지하게 보여 주면서 많은 생각을 하게 만든다. 묵직하고 깊은 화면, 황톳빛 땅, 천근 화살과 거인의 손은 깊은 인상을 준다. 책을 덮고 나면 백두산이 깨어날 때가 통일될 날이었으면 하는 바람이 생긴다.

행복한 청소부

글 · 모니카 페트, 그림 · 안토니 보라틴스키, 풀빛

청소부 일을 하면서도 보람을 느끼고 대접받는 세상이라면 정말 좋은 세상일 것이다. 하지만 내가 하는 일을 기쁘게 해야지 마음먹는다고 해서 행복해지는 것은 아니다. 행복해지려면 뭔가 필요한 게 있다. 그림책 《행복한 청소부》는 바로 행복해지기 위해서 사람한테 무엇이 필요한가에 대해 말하고 있다.

작가와 음악가의 거리에서 표지판을 닦는 청소부 아저씨, 이 사람은 자신의 일을 열심히 하면서 행복해하던 사람이다. 하지만 엄마와 아이가 표지판의 작곡가 이름을 보고 대화를 나누는 장면을 보면서 모든 게 달라진다. 날마다 작곡가와 작가의 이름이 씌어진 표지판을 닦고 있으면서도 자신은 아는 게 없다는 것을 깨달았기 때문이다.

청소부는 이때부터 모르는 작곡가에 대해 공부하기 시작한다. 누구한테 내보이고 싶어서가 아니라 자신을 위해 그렇게 한다. 음악회장, 오페라 극장을 찾아다니고 크리스마스 때는 자신한테 레코드를 선물해서 음악을 듣는다. 작곡가에 대해 알게 되자 다음에는 작가에게 관심을 갖는다. 청소부는 작곡가와 작가들이 자신의 친구가 될 정도로 알게 되었을 때 비로소 청소를 하면서 노래를 부르고 시를 읊조리며 읽은 소설에 대해 이야기하기 시작한다.

시와 음악을 아는 청소부는 사람들의 고정관념을 한순간에 무너뜨렸다. 사람들은 그가 옮겨 가는 장소에 미리 가서 기다릴 정도로 그의 이야기를 좋아했다. 방송국과 대학에서 부를 정도로 이름이 났지만 노래를 부르고 싶을 때 부르면서 살기를 원했기에 청소부로 남는다.

행복해지기 위해 때로는 많은 노력을 해야 할 때도 있다. 하지만 그 노력이 누구한테 보이기 위한 것이 될 때 행복은 사라진다. 청소부는 자신의 행복을 위해 노력할 줄도 알고 지킬 줄도 알았다.

폭죽소리

글 · 리혜선, 그림 · 김근희, 이담, 길벗어린이

《폭죽소리》는 옥희라는 아이를 통해 조선족이 낯선 중국 땅에 가서 어떻게 살았는지 보여 준다. 옥희는 백여 년 전 청나라 왕씨네 집에 종자 한 되에 팔려 간 아이이다. 왜 우리 조상들은 그 먼 만주까지 갔을까? 깊은 산골에서 화전을 일구면서 겨우 입에 풀칠을 하더라도 제 나라에 사는 것이 나을 텐데 말이다. 하지만 일본과 포악한 지주에게 땅과 소출을 모조리 빼앗긴 농민들은 이 땅에서 더 이상 살 길을 찾지 못했다. 이원수 동시 중에도 북간도로 떠나는 동무를 그리는 시가 있다. 두렵고 막막하지만 유민들은 혹 제 땅을 가지고 간섭받지 않으며 농사를 지을 수 있을지 모른다는 희망을 가졌을 것이다. 그러나 드넓은 이국 땅은 발붙이기에 너무나도 힘겨운 땅이었다. 중국인 사이에서 홀로 서야 했던 가련한 옥희가 그들이 겪었던 신산한 삶을 그대로 보여 준다.

왕씨네 가족한테 구박과 모함을 받다 시장에 팔려 나간 옥희는 중국인들의 구경거리가 된다. 짧은 저고리, 긴 옷고름이 그들한테는 기이한 구경거리였다. 그 낯선 눈길을 참아 내야 하는 옥희, 중국에 간 동포들이 이주 초기에 겪었을 어려움은 척박한 땅만 문제가 아니었을 것이다. 이렇게 다른 문화, 그리고 약한 나라를 업수이 보는 눈길 또한 참기 힘들었을 것이다. 하지만 이 그림책은 유랑의 길을 떠나 중국 땅에 정착했던 우리 동포들의 애환만을 그리는 것이 아니다. 서로 다른 민족이 놀이와 문화를 가지고 어떻게 섞일 수 있는지, 고향을 떠난 이들이 몸속에 고향의 기억을 어떻게 간직하고 있는지 또한 소중하게 보여 준다. 그것은 바로 쥐불놀이이다.

그런데 참 이상하다. 책 제목은 '폭죽소리'인데 장면은 쥐불놀이니 말이다. 작가는 표지에 중국의 폭죽소리라는 글자와 쥐불놀이 장면을 공존시키면서 중국 동포가 살아가는 방식을 상징적으로 드러냈다는 생각이 든다. 우리 동포는 중국인과 어울려 살려고 애를 쓰면서도 우리 것을 놓치지 않으려고 발버둥치고 있었던 것이다. 마지막에 옥희는 이웃 남자 친구의 도움으로 보따리를 싸들고 부모를 찾아 나선다. 부모를 찾았는지 못 찾았는지는 알 수 없다. 하지만 옥희가 찾는 것을 오늘로 가져온다면 바로 고향, 대한민국 땅이 아닐까. 이 그림책은 백여 년 전 울며 떠났던 우리 동포, 그들의 후대에 대해 다시금 생각하게 한다.